한국어 준구어 형태론적 연구

노성화 盧星華

아세아-아프리카언어문학박사
중국 연변대학교 조선-한국학학원 조선어학부 부교수

〈경력〉

1991.9~1995.7 연변대학 조문학부 본과.
1995.9~1998.7 연변대학 조문학부 석사연구생.
2006.9~2011.7 연변대학 조선-한국학학원 박사연구생.
2013.11~현재 중국 낙양외국어학원 박사후 과정.

〈주요저서〉

『세계문학사』(1~5권), 료녕민족출판사, 2002.
『초급한국어시청각』(상, 하), 흑룡강조선민족출판사, 2006.
『중급한국어시청각』(상, 하), 흑룡강조선민족출판사, 2006.
『고급한국어시청각』, 흑룡강조선민족출판사, 2006.
『한국어시청각참고자료』, 흑룡강조선민족출판사, 2006.

〈논문〉

「외국어로서의 한국어 교육을 위한 준구어 형태론적 연구」, 연변대학 조선-한국학학원 박사학위론문, 2011.
「한국어 준구어 어절 구조 연구」, 순천향인문과학논총(제31집), 2012.
「한국어 구어에서 실질 형태의 범주별 사용 실태와 그 특징」, 조선-한국언어문학연구(제9호), 2012.
「중국 국내 한국어 듣기 교재 연구」, 외국어로서의 한국어 교육(제37집), 2012.
「중국 국내 한국어 듣기 교재의 제시대화문 연구」, 외국어로서의 한국어 교육(제39집), 2013.

해외한국학연구총서 K061
한국어 준구어 형태론적(形態論的) 연구

초판 인쇄 2014년 12월 04일
초판 발행 2014년 12월 10일

지은이 노성화 **│ 펴낸이** 박찬익 **│ 편집장** 권이준 **│ 책임편집** 김경수
펴낸곳 도서출판 박이정 **│ 주소** 서울시 동대문구 천호대로 16가길 4
전화 02) 922-1192~3 **│ 팩스** 02) 928-4683 **│ 홈페이지** www.pjbook.com
이메일 pijbook@naver.com **│ 등록** 1991년 3월 12일 제1-1182호

ISBN 978-89-6292-741-2 (93710)

* 책값은 뒤표지에 있습니다.

해외한국학연구총서
K061

한국어 준구어 형태론적 연구

노성화 지음

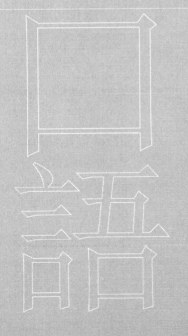

도서
출판 박이정

서문

　새로운 도전을 하면서 기존의 것들을 새로운 것으로 바꿔야 하고 모든 것들을 새롭게 시작해야 한다는 생각 때문에 두려워하고 선뜻 나서지 못하게 되는 상황이 발생할 수 있습니다. 하지만 첫 걸음을 떼기 시작하면 그것이 주는 새로운 즐거움과 자신감 때문에 인생이 한층 재미있고 의미 있어지는 것 같습니다. 제 인생의 또 다른 시작인 본 연구를 완성하면서 중간에 포기하거나 그냥 주저앉고 싶었던 적이 한두 번이 아니었지만 많은 분들의 도움으로 잘 참고 오늘까지 견디어 왔습니다.

　본 연구가 비록 하찮은 것일지라도 저를 그토록 이끌어 주시고 도와주시고, 항상 옆에서 힘을 실어주셨던 은사님들과 주위의 선, 후배 여러 분, 그리고 가족 모든 분들께 이 자리를 빌려 감사의 말씀을 전하고 싶습니다.

　먼저 학문의 뜻을 올곧게 다듬어 학자의 길을 흔쾌히 열어주시고 학문적인 기틀을 마련해 주신 박사 지도 교수 김영수 교수님과 고 이득춘 교수님, 김광수 교수님, 이민덕 교수님께 감사의 말씀을 올립니다. 제가 힘들어할 때면 항상 저에게 힘과 용기를 실어주시고 즐거워할 때만 같이 기뻐해 주셔서 감사합니다. 그리고 항상 온화하고 부드러운 모습으로 어리석은 저를 포근히 감싸 주신 석사 지도 교수 채미화 교수님께도 감사의 말씀을 드립니다.

　이 기회를 빌려 멀리 한국에 계신 홍윤표 교수님과 성기철 교수님께도 감사의 말씀을 올립니다. 집을 떠나 멀리 한국 땅에 있을 때 학문적인 지도뿐만 아니라 일상생활의 여러 가지 어려운 점들을 세세히 걱정해 주시고 도와주셔서 감사합니다. 학문의 길에서는 누구보다 엄격히 요구하셨고 평소에는 누구보다 학생들의 마음을 편하게 해 주셨습니다. 한국에 있는 동안 교수님들의 관심과 사랑으로 힘든 생활을 이겨낼 수 있었습니다. 두 분 교수님에 대한 존경스럽고 어려운 마음을 항상 가슴 깊이 간직하겠습니다.

또한 한국국제교류재단 관계자 여러 분들께도 감사의 말씀을 드립니다. 귀 재단의 지원으로 한국에 가서 본 논문에 필요한 자료들을 얻어서 연구를 진행할 수 있었고 여러 소중한 분들을 만나 뵐 수 있었습니다. 물심양면으로 아낌없는 지원을 주셔서 다시 한 번 감사의 말씀을 드립니다.

그리고 여기서는 일일이 언급하지 못하지만 연구 초기부터 마지막까지 한잔 술을 나누면서 좌절에 마음을 졸일 때는 격려와 박수를 보내주시고 약간한 성공에 마음이 들떠 있을 때는 따끔한 충고와 조언을 해 주시던 제 주위의 선, 후배 여러분들과 친구 분들께 감사의 말씀을 전합니다. 앞으로도 아낌없는 격려와 충고를 보내주셨으면 감사하겠습니다.

끝으로 언제나 저의 정신적인 지주이시고, 인생에 있어서 중요한 것이 무엇인지를 항상 생각하도록 해 주신 가족 모든 분들께 정말로 감사의 마음을 전하고 싶습니다. 저를 위한 아버님, 어머님의 사랑과 희생을 생각할 때마다 눈물이 앞을 가립니다. 베푸신 사랑만큼은 안 되겠지만, 항상 그 마음을 가슴 깊이 간직하고 올바르게 살아가도록 노력하겠습니다. 그리고 우직하고 미련한 남편이 학업에 전념할 수 있도록 진정으로 이해해 주고 끝까지 내조를 아끼지 않고 최선을 다해 뒷바라지한 아내에게도 이 자리를 빌려 다시 한 번 감사의 마음을 전합니다.

지금까지 저를 그토록 사랑해 주시고 지켜봐 주신 주위의 모든 분들께 이 책을 선물로 드립니다.

감사합니다!

2014년 9월
노성화 올림

차례

표
목차

그림
목차

제1장

서론

초록

중국 연변대학 조선-한국학학원 조선어학부 07급 75명 학과생들에 대한 설문 조사 결과 한국의 영화와 드라마는 한국어 학습자들이 가장 좋아하는 학습 자료 일 뿐만 아니라 또한 유일한 학습 자료라고 할 수 있으며 절대 대부분의 한국어 학습자들이 한국의 영화나 드라마를 통해 한국어 듣기나 말하기 능력을 제고하기 를 희망하고 있다. 그런데 한국 국내에서 진행되는 한국 영화나 드라마에 대한 연구들은 대부분 순구어와의 비교 연구가 아닌, 영화나 드라마 그 자체에 대한 연구에서 그치거나 개별 형태에 대한 단편적인 연구가 주류를 이루고 있다. 따라서 본 연구에서는 준구어의 형태론적 특징을 밝히고자 10편의 한국 영화와 4편의 한국 드라마로 구성된 104,451어절의 준구어 음성 전사 말뭉치와 준구어 형태 분석 주석 말뭉치에 대해 드라마와 영화, 남자와 여자로 나누어 각각 통계학 적 분석을 진행하였으며 이 결과를 다시 990,662어절에서 추출한 한국 연세대학 교의 '연세국어말뭉치_빈도표'와 비교 분석을 진행하여 그 차이점을 살펴보았다. 마지막으로 준, 순구어의 형태론적 특징과 한국 국내에서 출판된 9권의 한국어 교재 내 제시대화문으로 구성된 31,025어절의 형태 분석 주석 말뭉치와 비교 분석을 진행한 뒤 이를 바탕으로 향후 한국어 듣기와 말하기 교재 내 제시대화문 에 대해 몇 가지 개선 방안을 제시하였다. 이 연구들은 총 35개의 도표와 150개의 그림을 사용하여 알아보기 쉽도록 직관적으로 제시되어 있다.

첫째, 한국어 문장은 어절 단위로 구성되기 때문에 어절은 통사적인 짜임새의 기본적인 단위이면서 또한 형태론적인 짜임새의 최대 단위이다. 따라서 본 연구 는 2장에서 준구어에서 출현한 어절들에 대한 통계학적 분석을 통해 준구어 어절의 사용 실태와 그 특징을 살펴보았다. 이 부분은 크게 세 개의 부분으로 구성되는데 하나는 준구어 어절의 음절수, 두 번째는 준구어 어절의 형태수, 세 번째는 준구어 어절의 형태 결합 양상이다. 이 중 준구어 어절의 형태 결합 양상은 다시 명사(NN)류 어절 구조, 대명사(NP)류 어절 구조, 수사(NR)류 어절 구조, 동사(VV)류 어절 구조, 형용사(VA)류 어절 구조, 부정지정사(VCN)류 어절 구조, 보조용언(VX)류 어절 구조, 부사(MA)류 어절 구조, 감탄사(IC)류 어절 구조

등 9개로 세분되어 있다. 뿐만 아니라 이 연구 결과를 다시 영화와 드라마, 남자와 여자로 나누어 이들의 공통점과 차이점을 살펴보았다.

둘째, 일반적으로 한국어 문장 중의 어절은 실질형태와 형식형태로 구성되는데 '어절=실질형태+(형식형태1)+(형식형태2)…'의 구성을 갖는다. 따라서 본 연구는 3장에서 실질형태의 사용 실태와 그 특징을 살펴보고 이를 다시 드라마와 영화, 남자와 여자, 준구어와 순구어로 나누어 비교 분석을 진행하였다. 이 부분은 크게 품사별 쓰임과 품사 내 개별 형태 쓰임으로 구성되는데 이 중 품사 내 개별 형태 쓰임은 다시 일반명사(NNG), 의존명사(NNB), 대명사(NP), 수사(NR), 동사(VV), 형용사(VA), 보조용언(VX), 관형사(MM), 일반부사(MAG), 접속부사(MAJ), 감탄사(IC) 등 11개로 세분되어 있다.

셋째, 4장에서는 3장에서 분석한 실질형태에 이어 형식형태의 사용 실태와 그 특징을 드라마와 영화, 남자와 여자, 준구어와 순구어로 나누어 비교 분석을 진행하였다. 이 부분은 크게 굴절접사(J, E)와 파생접사(X)로 나누어 볼 수 있는데 굴절 접사는 다시 조사(J)와 어미(E), 조사는 다시 격조사(JS), 보조사(JX), 접속조사(JC), 격조사는 다시 주격(JKS), 보격(JKC), 관형격(JKG), 목적격(JKO), 부사격(JKB), 호격(JKV), 인용격(JKQ), 서술격(VCP)으로 세분되어 있다. 그리고 어미는 다시 선어말어미(EP), 종결어미(EF), 연결어미(EC), 전성어미(ET), 전성어미는 다시 명사형전성어미(ETN)과 관형형전성어미(ETM)으로 세분된다. 그리고 파생접사는 접두사(XP)와 접미사(XS), 어근(XR) 등 세 개 부분으로 구성되는데 접미사는 다시 명사파생접미사(XSN)과 동사파생접미사(XSV), 형용사파생접미사(XSA)로 세분되어 있다.

넷째, 5장에서는 2장에서 밝힌 준구어의 어절 구조 특징과 3, 4장에서 밝힌 준, 순구어의 실질형태, 형식형태 특징을 토대로 어느 개별적인 형태의 쓰임에서가 아니라 큰 틀에서 기존의 한국 국내 한국어 교재 내 제시대화문과의 비교 연구를 통해 향후 외국어로서의 한국어 교재, 특히 듣기와 말하기 교재 내 제시대화문의 음절수, 형태수, 형태 결합 양상, 실질 형태, 형식 형태의 범주별 쓰임에 대해 몇 가지 개선 방안을 제시하였다.

본 연구는 준구어의 형태론적 특징을 밝힌 첫 연구로서 준구어 전반에 대한 연구 뿐만 아니라 영화와 드라마, 남자와 여자, 준구어와 순구어에 대해 비교 분석을 진행함으로써 한국어 구어 본체론적 연구에 기여한 바가 비교적 크다고 할 수 있다. 뿐만 아니라 위의 분석 수치들을 다시 한국어 교재 내 제시대화문과 비교 분석을 진행하여 향후 한국어 교육에 대한 몇 가지 개선 방안을 제시함으로써 한국 국내 한국어 교육 뿐만 아니라 중국 국내 한국어 교육에도 비교적 큰 의의를 갖고 있다고 할 수 있다. 또한 본 연구에서 제시한 준구어와 순구어의 차이, 영화와 드라마와의 차이, 남자와 여자의 차이, 준-순구어와 한국어 교재 내 제시대화문과의 차이는 향후 한국어 듣기와 말하기 교육 및 교재 편찬에 중요한 참고 자료가 될 것이며 '한국어 시청각 사전', '한국어 구어 문법 사전', '한국어 구어 어절 사전'의 편찬에도 상당한 도움을 줄 것으로 예상한다.

키워드 한국어교육, 말뭉치, 준구어, 순구어, 형태론

제1장 서론

1.1 개념 정의

(1) '외국어로서의 한국어 교육'

박영순 외(2008: 3)에서는 한국어 교육을 다음과 같이 분류하고 있다. "한국어교육은 내국인에 대한 국어로서의 한국어 교육과 대비되는 제2언어로서나 외국어로서의 한국어 교육을 말하는 것이다. 제2언어(Second language)란 화자(speaker)의 모국어 혹은 제1언어가 공용어가 아닌 환경에서 정상적인 생활을 영위하기 위하여 사용하지 않으면 안 되는 언어이다. 그러므로 이런 화자는 새로운 환경에서 생활하기 위하여 새로운 공동체의 언어를 필수적으로 배우지 않으면 안 되는데, 이런 경우의 언어를 제2언어

라고 하며, 이러한 환경에 놓인 사람은 대체로 이중언어인(Bilingual)이 되어야 한다. 〈중략〉 외국어(Foreign language)는 한국 내에서 배우게 되는 영어와 같이 생활어는 아니지만 여러 가지 이유로 필요하기 때문에 배우는 언어이다. 영어의 중요성은 아무리 강조해도 지나치지 않을 만큼 학습의 목적이 뚜렷하다. 그러나 영어는 어디까지나 한국 내에서 사는 한국 사람에게는 외국어지 제2언어가 될 수는 없다."

또 한재영 외(2005: 4)에서는 한국어 교육에 대해, "한국어 교육은 외국 어로서의 한국어 교육과 제2언어로서의 한국어 교육의 두 가지로 나눌 수 있다. 위에 소개한 국내에서의 한국어 교육은 물론이고 외국에서의 한국어 교육도 대부분은 외국어로서의 한국어 교육이라고 할 수 있다."라고 정의를 내리고 있다.

위의 정의대로라면 '외국어로서의 한국어 교육'은 두 부류 학습자들에 대한 교육을 모두 포함하는데, 한국 국내에 들어가서 한국어를 배우는 외국인들에 대한 한국어 교육과 한국이 아닌 외국에서 한국어를 배우는 외국인들에 대한 한국어 교육이다. 본 연구에서는 이 두 부류를 분명히 구별하고자 한다. 한국 국내에서 한국어를 배우는 외국인 학습자들은 생존을 위해 필수적으로 요구되는 언어를 배우기 때문에 그들에 대한 대부분의 한국어 교육은 현실에서의 삶을 위주로 진행된다. 그러나 한국 이 아닌 외국에서 한국어를 배우는 외국인 학습자들은 생존을 위한 것이 아니라 직업적인 수요라든지 또는 외국어 하나를 더 배우기 위한 것을 목적으로 하기 때문에 이들에 대한 한국어 교육은 분명히 한국에서의 한국어 교육과는 다른 방법으로 진행되어야 한다. 본 연구에서 제시한 '외국어로서의 한국어 교육'은 이 중 한국이 아닌 외국에서 한국어를 배우는 외국인들에 대한 한국어 교육을 가리킨다.

(2) '준구어'

서상규 외(2002: 14)에서는 전달 매체에 따라 언어를 구어(일상대화, 전화대화, 상담, 인터뷰 등), 문어적 특징을 지닌 구어(강연, 연설, 발표 등), 구어적 특징을 지닌 문어(희곡, 시나리오, 대본, 소설의 대화 등), 문어(수필, 소설, 학술서적, 교과서 등) 등 네 가지로 나누고, 음성을 매개로 해서 전달되는 '일상대화, 전화대화, 강연, 연설, 발표'와 함께 구어적 특징을 지닌 '희곡, 시나리오, 드라마 대본' 등도 구어의 범주에 포함된다고 하였다.

그런데 '구어'와 '구어적 특징을 지닌 문어'는 분명히 차이가 있기 때문에 이 두 가지 형식을 구별하지 않고 구어에 포함시킨다면 자칫 혼란을 가져올 수 있다. 따라서 본 연구에서는 위에서 제시한 대로 '구어'와 '구어적 특징을 지닌 문어'를 모두 구어라는 범주에 포함시키되 '일상대화, 전화대화, 상담, 인터뷰'와 같은 '구어'는 이상억(2006:14)의 논의에 따라 '순구어'라 부르고 '희곡, 시나리오, 영화나 드라마 대본'과 같은 '구어적 특징을 지닌 문어'는 강범모(2003:28)의 논의에 따라 '준구어'라 부르기로 한다. 또 본 연구는 한국어 교육, 특히 한국어 시청각 교육을 중심으로 전개되기에 영상과 소리를 모두 구비한 영화와 드라마만 연구대상으로 정하고 영상과 소리가 없이 문자 형태로만 되어 있는 희곡이나 소설 속의 대화 등은 연구 대상에 포함시키지 않기로 한다.

1.2 연구의 필요성과 목적

본 연구의 목적은 중국 현지 한국어 학습자들이 한국어 학습 자료로써 가장 많이 이용하는 한국 영화와 한국 드라마에서 어절들의 구조와 그 구조 속의 실질형태, 형식형태가 어떻게 사용되었는지 그 사용 실태와 특징을 고찰해 보고 그것을 순구어와 비교 분석한 뒤 의사소통 능력 신장을 위해 한국어 교재, 특히 한국어 듣기와 말하기 교재에서 제시대화문 속의 어절들의 짜임새와 실질형태, 형식형태의 보다 효율적인 제시 방안을 모색해 보는 데 있다.

지금까지 한국 영화나 드라마에 대한 연구는 대부분 문학적 분석이나 영상학적 분석, 비교 분석에 치중되어 왔다. 그외 언어학적인 연구가 있다 하더라도 교수법, 수업 구성, 문화 교육, 화행 연구에서의 활용 방안이 대부분을 차지하고 순수 언어학적인 연구마저도 단편적인 것에 그치고 있다. 이처럼 영화나 드라마에 대한 언어학적인 연구가 부진한 이유를 본 연구자는 다음과 같이 세 가지 측면에서 찾아보고자 한다.

첫째, 본체론적 측면에서의 연구 부진이다. 한국에서 구어에 대한 연구는 그 시간이 짧아 아직까지 대부분의 연구 인력들이 순구어 쪽에 편중되어 있고, 또 순구어의 언어학적인 특징을 분석하기에는 인위적으로 만들어낸 영화나 드라마가 적합하지 않다는 평가를 받고 있다. 따라서 본체론적 측면에서 영화나 드라마에 대한 순수 언어학적인 연구가 거의 이루어지지 않고 있다.

둘째, 한국어 교육적인 측면에서의 연구 부진이다. 이는 한국과 중국을 구별하여 생각해 볼 수 있는데, 한국 국내 한국어 교육 환경을 보면 한국어 학습자들은 한국어 실제 사용 환경에 충분히 노출될 수 있다. 따라서 한국 국내 한국어 교육자들은 영화나 드라마가 아닌, 실제적인 언어 사용을 중시하면서 기능 중심, 의사소통 중심, 상황 중심 교육을 실시하고 있다. 이는 직접적으로 영화나 드라마에 대한 연구를 홀시하는 결과를 가져왔다. 또, 중국에서의 한국어 교육을 보더라도 현재 많은 학교에서 듣기와 말하기를 중시하는 쪽으로 교육의 방향을 틀고 있다고는 하지만 아직까지도 대부분의 고급 연구 인력들이 읽기(정독)에 집중되어 있거나 말하기 교육 쪽에 흘러가고 있다. 따라서 듣기 교육에서 많이 사용되는 영화나 드라마는 일반적으로 읽기나 말하기 교육을 위한 보조적인 수단 내지 문화 감상 정도로 인식되어 푸대접을 받고 있다.

셋째, 영화와 드라마 말뭉치 구축 과정에서의 어려움이다. 영화와 드라마 말뭉치는 문어 말뭉치와는 달리 씌어진 원본을 눈으로 보고 타이핑을 하는 것이 아니라 배우들의 실제 발음을 전사자가 반복적으로 귀로 듣고 전사를 하기 때문에 엄청난 시간과 정력이 수요된다. 이는 영화나 드라마에 대한 언어학적 연구 부진의 직접적인 원인이 된다고 할 수 있다.

하지만, 교육학적 측면에서 영화와 드라마에 대한 연구의 필요성은 여러 가지 측면에서 제기되는데, 본 연구에서는 크게 아래와 같이 학습자 외적 학습 환경과 내적 학습 동기, 두 가지 측면에서 그 필요성을 찾아보고자 한다.

(1) 한국어 학습자 외적 학습 환경으로 인한 필요성

한국어를 모국어나 제2언어로 배우는 환경에서는 한국어에 대한 노출이 많고, 교실 밖에서도 매일같이 한국어를 접할 수 있다. 그러나 중국과 같이 한국어를 외국어로 배우는 상황에서는 주로 교실 수업을 통한 인위적인 학습 환경에서 한국어를 배우고 있기 때문에 한국어에 대한 노출이 극히 제한되어 있다. 이는 연구자가 2010년 2학기에 진행한 한국어 학습자 설문 조사[1] 결과에서도 드러난다.

아래의 그림은 중국에서의 한국어 듣기 학습 환경에 대한 설문 조사 결과를 '전체, 남자, 여자, 중국 현지에서 학습한 학생, 한국에 1년 동안 유학을 갔다 온 학생' 등 다섯 부류로 나누어 각각 보인 것이다.

---

1) 본 연구자는 2010년 3월부터 5월까지 중국 연변대학 조선-한국학학원 조선어학부 07급 학생 75명을 대상으로 일곱 차례에 걸쳐 총 173문제에 대한 설문 조사를 실시하였다.

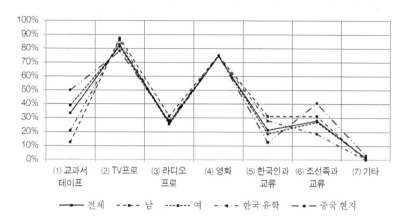

설문지1-질문41 한국어 듣기 향상을 위해 학습자가 이용하는 환경은?

〈그림 1〉 중국에서 듣기 향상을 위해 학습자가 이용하는 환경에 대한 설문 조사 결과

위의 그림을 보면 중국이라는 학습 환경에서 학습자들이 듣기 학습에 이용하는 환경은 TV프로가 82.7%로 가장 많고, 영화가 74.7%로 2위를 차지하고 있다. 흥미로운 것은 1, 2위에서 다섯 부류의 학생들이 거의 일치를 보인다는 점이다. 3, 4위는 중국 현지에서 공부한 학생과 한국에서 유학하고 돌아온 학생들의 대답이 다소 다르다. 중국 현지의 학생 중 50%가 3위로 교과서 테이프, 40.6%가 4위로 조선족과의 교류를 꼽은 반면 한국에서 유학하고 돌아온 학생들 중 27.9%가 3위로 한국인과의 교류, 25.6%가 4위로 라디오프로라고 대답하였다.

이 결과는 한국에서 유학하는 동안 학습자 듣기 환경에 대한 설문 조사 결과와는 판이하게 다르다.

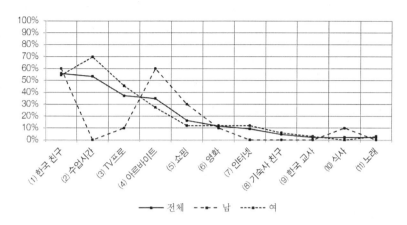

설문지6-질문8 한국에서 듣기 향상을 위해 학습자가 이용한 환경은?

〈그림 2〉 한국에서 듣기 향상을 위해 학습자가 이용한 환경에 대한 설문 조사 결과

수업시간을 빼면 학습자들은 한국에서 듣기 학습에 이용하는 환경으로
55.8%가 1위로 한국인과의 직접 교류를, 37.2%가 2위로 TV프로를 꼽았
다. 남학생들은 1위와 2위가 똑같이 60%로 한국 친구와의 교류와 아르바
이트를 꼽은 반면 여학생들은 54.5%가 1위로 한국 친구와의 교류를 꼽았
고 45.5%가 2위로 TV프로를 꼽았다. 또한 남학생들 중 30%가 3위로 쇼핑을
선택한 반면 여학생들 중 27.3%가 아르바이트라고 대답하였다.

위의 두 가지 수치를 비교해 보면 한국이라는 학습 환경과 중국이라는
학습 환경이 얼마나 차이가 나는지 알 수 있다. 언어 학습 환경이 언어
교육에서 결정적 요인 중의 하나라고 할 때 중국에서의 한국어 시청각
교육에서 영화와 드라마의 활용은 무엇보다 중요하다고 할 수 있다.

현재 중국에서 대부분의 한국어 교육은 한국어 원어민이 아닌, 함경북
도나 경상도 말씨를 쓰는 중국 현지의 조선족 교수들과 학사나 석사
과정을 마친 한족 학생들에 의해 이루어지고 있다. 한국어 학부를 설치한
학교들에서 한국어 원어민 교사를 초청하여 강의하기에는 경제적으로나

기타 이유 때문에 사실상 불가능한 경우가 많다. 이처럼 중국에서 대부분의 한국어 교육이 수업 시간에 이루어지고 있고 또 강당에 한국어 원어민 교사를 초청할 수 없다면, 한국어 수업에서, 특히 듣기나 말하기 수업에서 원어민이 실제로 사용하고 있는 구어체 한국어 듣기자료를 많이 활용하여 학습자들이 구어체 한국어에 익숙할 수 있도록 하는 것이 무엇보다 중요하다고 할 수 있다. 그 중심에 바로 영화와 드라마가 서 있는 것이다.

(2) 한국어 학습자 내적 학습 동기로 인한 필요성

아래의 그림은 한국어를 학습할 때 즐겨 사용하는 자료에 대한 설문 조사 결과이다.

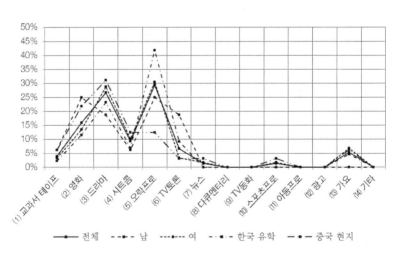

설문지1-질문39 한국어를 학습할 때 즐겨 사용하는 것은?

〈그림 3〉 학습 자료에 대한 학습자 선호도 설문 조사 결과

위의 그림을 보면 학습자들이 한국어를 학습할 때 가장 즐겨 사용하는 자료는 1, 2, 3위가 오락프로, 드라마, 영화로 각각 29.3%, 26.7%, 16%를 차지한다. 각 부류별로 살펴보면 남학생은 영화와 오락프로를 똑같이 좋아하는 반면 여학생은 1위가 오락프로, 2위가 드라마이다. 또 한국에 유학을 갔다 온 학생들은 1위가 오락프로, 2위가 드라마인 반면 중국 현지에서 공부한 학생들은 1위가 드라마, 2위가 영화이다. 이 수치 상으로 도 중국 현지의 한국어 교육에서 영화와 드라마가 얼마나 중요한지 알 수 있다.

혹자는 다음과 같은 의문을 제기할 수 있다. 그렇다면 한국어 교육의 최종 목적은 의사소통 중심 교육인가 아니면 영화나 드라마 중심 교육인가?

영화나 드라마는 현실생활 중의 대화들을 각색한 뒤 모니터에 올려놓은 예술이라고 할 수 있다. 아직까지 순구어 연구진들이 영상과 소리와 문자가 겸비한 말뭉치 자료를 구축해 놓지 않은 한 시청각 교육에 사용할 수 있는 가장 좋은 구어체 자료가 바로 영화와 드라마라고 할 수 있다. 따라서 영화나 드라마에 대한 음운론, 형태론, 통사론, 의미론 측면에서의 언어학적 기초 연구가 이루어지지 않고 순구어와의 비교 연구가 이루어 지지 않는다면 한국어 교육을 위한 진정한 의미에서의 영화나 드라마의 활용은 운운하기 어렵다. 따라서 본 연구에서는 영화와 드라마에 대한 언어학적 연구의 첫 단계로 형태론적 측면에서의 연구를 진행하여 그 특징을 밝히고자 한다.

1.3 선행 연구 및 연구 과제

한국의 학술 데이터베이스 검색 사이트 KISS의 검색 결과 영화와 관련 된 학술지 논문은 총 4,368편이고 드라마와 관련된 학술지 논문은 총

1,517편이다. 그리고 한국국회도서관 소장 학위논문에 대한 검색 결과 영화와 관련된 석, 박사학위논문은 총 6,072편이고 드라마와 관련된 석, 박사학위논문은 총 1,970편[2]이다. 이들 중 한국 국내외의 감독이나 작품에 대한 문학적 분석, 영상학적 분석, 비교 분석이 주류를 이룬다. 그 외에 영어나 일본어, 프랑스어, 독일어, 외국어로서의 한국어 등 외국어 교육과 관련된 논문들도 일부 눈에 띄는데 이 중 한국어 교육과 관련된 논문들을 보면 학술지 논문이 총 11편이고 학위논문이 총 45편이다. 이 연구들은 다음과 같이 네 가지로 분류할 수 있다.

첫째, 영화와 드라마를 활용한 교수법이나 수업 구성에 대한 연구가 가장 많은 비율을 차지한다. 여기에 속하는 연구들로는 운영(2008),김영만(2007), 방혜숙(2007), 박선희(2006), 이정희(1999) 등 5편의 학술지 논문과 이윤희(2010), 김희진(2009), 김미숙(2009), 류정호(2009), 박아현(2009), 변경희(2009), 손건(2009), 진교어(2009), 최지혜(2009), 김선호(2008), 윤지훈(2008), 김경희(2007), 두위(2007), 이선영(2007), 김영희(2006), 권용해(2006), 신혜원 외(2006), 전지수(2006), 홍순주(2006), 김재영(2004), 염수진(2004), 원수은(2003), 사모토 마리(2002), 김경지(2001) 등 24편의 학위논문이다.

둘째, 영화와 드라마를 활용한 문화 교육 방안에 관한 연구도 일정한 부분을 차지한다. 여기에는 임금복(2009), 김서형(2009) 등 2편의 학술지 논문과 김미자(2009), 박수정(2008), 박찬숙(2008), 한선(2008), 김은호(2007), 박희은(2007), 이명주(2004), 나정선(2002) 등 7편의 학위논문이 포함된다.

셋째, 드라마를 이용한 화행 연구도 몇 편 보이는데 이 부류의 연구는 학술지 논문에서는 확인되지 않고 학위논문에서만 확인된다. 여기에는 조정남(2010), 홍주희(2010), 김현주(2009), 양희진(2009), 남궁혜남(2009),

---

2) 이 결과는 2010년 8월 26일을 기준으로 한다.

박지영(2006), 박경옥(2006), 차정민(2005) 등 8편의 학위논문이 속한다.

넷째, 영화와 드라마에 대한 형태, 통사론적 연구들도 일정한 부분을 차지한다. 이 부류의 연구에는 서정희(2009), 이은희(2009), 이근용(2008) 등 3편의 학술지 논문과 민여은(2009), 김예영(2008), 안윤미(2007), 하지선(2006), 이언경(2005) 등 5편의 학위논문이 포함되어 있다. 이 부류의 논문들은 본 연구와 직접적인 관련이 있기에 아래에 상세히 보기로 한다.

서정희(2009)에서는 한국어 학습자에게 '무엇'의 다양한 용법을 명시적으로 제시할 수 있는 방안 모색을 목적으로 한국어 교재에 제시된 '무엇'의 기술 양상과 문제점을 점검한 후, 한국어 모어 화자의 자연스러운 담화를 보여 준다고 판단되는 드라마 대본 3편(10회/편)을 선정하여 '무엇'의 의미 기능 및 형태, 통사적 특징을 밝히고 '무엇'의 의문사, 부정사, 담화표지로서의 용법을 교육이라는 실용적 관점에서 새로이 조명하였다.

이은희(2009)에서는 한국어 명령형의 교수-학습을 위해서는 실제 사용 실태에 대한 고찰이 반드시 필요함을 지적하고 4편의 장편 드라마(5회/편)과 9편의 단막극 대본, 7편의 소설 대화문을 상대로 한국어 명령형의 사용 실태를 분석하고 한국어 교육을 위한 명령형 화계와 교육 내용으로 다루어야 될 구체적인 사항들을 제시하였다.

이근용(2008)에서는 현재 한국어 교육에 쓰이고 있는 교재들의 내용이 한국인들이 일상적으로 쓰는 말과는 상당한 거리가 있다고 지적하고 영화 '내 생에 가장 아름다운 일주일'을 대상으로 영화에 사용된 어휘의 특징과 담화 상황에 따른 언어 표현을 분석한 뒤 한국어 교육에서의 활용 방안을 제시하였다.

민여은(2009)에서는 접미사 '-답-', '-롭-', '-스럽-'에 대해 형태, 통사, 의미, 담화적 측면에서의 접근을 시도하였는데 그 중 담화적 측면에서 15편의 드라마 내본을 사용하여 그 특징을 밝히고 한국어 교육에서의 적용 방안을 제시하였다.

김예영(2008)에서는 기존의 통사적인 관점에서 논의된 '명령 표현'에 관한 연구의 문제점을 지적하고 총 9편의 드라마를 대상으로 하여 기능적 관점에서 발화 의도에 따른 명령 기능의 다양한 실제 사용의 표현 형식들을 분석하고, 분석 결과를 바탕으로 기능에 따른 표현 형식들을 목록화하여 제시하였다.

안윤미(2007)에서는 드라마 대본과 한국어 모어 화자들에 대한 설문 조사를 통해 한국어 부정 의문문의 사용 실태를 분석하고, 한국어 학습자들에 대한 설문 및 면접 조사를 통해 학습자들의 오용 실태를 분석한 뒤, 이 두 결과를 바탕으로 한국어 부정 의문문의 교육 방안을 제시하였다.

하지선(2006)에서는 국어학계와 한국어교육학계에서의 종결기능 연결어미의 분류를 비교 분석한 뒤 드라마 대본, 뉴스, 신문, 잡지 등을 통해 국어 텍스트별 종결기능 연결어미들의 사용 빈도를 조사하고 그 중 종결어미기능 연결어미 '-고/구', '-니까', '-어서'와 종결어미화된 연결어미 '-거든', '-는데', '-다고', '-다면서', '-다니까'를 선정하여 이들에 대한 교육 방안을 제시하였다.

이언경(2005)에서는 16회 이상 방송된 4편의 드라마 대본과 5편의 단막극 대본을 중심으로 청자와 화자의 사회적 관계에 따른 청자 대우 사용 양상과 호칭의 유형 및 청자 대우와의 공기 관계를 분석하였다. 또한 다섯 종류의 주요 한국어 교재에서 나타난 청자 대우법의 교육 현황을 교재의 대화문과 기술 부분으로 나누어 고찰하고 드라마 대본을 통해 고찰한 청자 대우법의 사용 양상에 근거하여 교재의 개선 방안과 교수 방안을 제시하였다.

그런데 위의 선행 연구들을 살펴보면 다음과 같은 아쉬운 점들이 있다.

첫째, 위의 연구들은 명령형 어미나 접미사, 연결어미, 부정 의문문, 대우법 등과 같이 영화나 드라마에 대한 단편적인 연구가 대부분이다. 한국어 교육의 입장에서는 이러한 연구들이 상당히 중요하다. 하지만 한국이 아닌 외국에서의 한국어 교육, 특히 한국어 시청각 교육의 입장에서는 이러한 단편적인 연구뿐만 아니라 영화와 드라마에 대한 음운, 형태, 통사, 의미, 담화 측면에서의 전면적인 연구가 우선되어야 한다.

둘째, 기존의 연구들은 준구어와 순구어의 비교 연구가 이루어지지 않았다. 영화와 드라마는 각색하여 제작된 것이므로 분명히 순구어와는 일정한 차이가 있을 것으로 생각된다. 이러한 차이점들에 대한 비교 분석이 이루어지지 않은 채 마치 영화와 드라마 극본이 실생활의 대화를 그대로 올려놓은 듯이 교육에 사용된다면 진정한 의미에서의 의사소통 중심 교육이 이루어질 수 없다고 생각한다. 이 면에서 위의 연구들은 순구어와의 비교 연구가 아닌, 영화나 드라마 그 자체에 대한 연구에서 그쳤기에 일정한 한계를 갖고 있다.

셋째, 위의 선행 연구들을 보면 영화나 드라마의 대본을 기초 분석 자료로 사용하고 있는데 이러한 대본들은 인터넷에서 검색을 통해 쉽게 구할 수 있다는 장점을 가지고 있다. 하지만 이러한 자료들은 영화나 드라마 제작 전 작가에 의해 완성된 원고로서, 감독의 현장 지도와 배우들의 실제 연기를 거쳐 우리에게 들리는 발음과는 상당한 차이가 있다. 예를 들어, 부사 '좀' 하나만 보더라도 대본에는 대부분 '좀' 한 가지로 표기되어 있지만 배우들의 실제 발음을 보면 '좀, 줌, 즘, 쫌, 쯤, 쭘' 여섯 가지 형태로 나타난다. 이러한 차이는 언어학적인 분석 결과에 직접적인 영향을 미치므로 대본 중심의 언어학적 연구는 바람직하지 않다고 생각한다.

따라서 본 연구는 기존의 연구 성과들에서 보여 졌던 아쉬운 점들을 극복함과 동시에 형태론적 측면에서의 영화와 드라마에 대한 연구 및 활용 방안을 모색하고자 다음과 같은 연구 과제를 제시한다.

첫째, 영화와 드라마 속 내화는 어떤 형태론적 특징을 가지고 있는가?

둘째, 이와 같은 형태론적 특징은 순구어의 형태론적 특징과 비교했을 때 어떤 공통점과 차이점을 보이는가?

셋째, 준구어와 순구어에서 보여 줬던 형태론적 특징은 기존의 한국어 교재 내 제시대화문에서는 어떻게 체현되었으며 향후 한국어 듣기와 말하기 교재 내 제시대화문들은 어떤 면에서 개정이 필요한가?

1.4 연구 자료와 연구방법

본 연구에서 사용한 연구 자료와 연구방법은 다음과 같다.

(1) 연구 자료

본 연구에서 사용한 기초 분석 자료는 모두 세 개인데 첫 번째는 『노성화 한국어 교육용 말뭉치1[3]-준구어 말뭉치』(2010), 두 번째는 『노성화 한국어 교육용 말뭉치6-한국어 교재 말뭉치』(2010), 세 번째는 한국 연세대학교의 『연세국어말뭉치_빈도표』(2010)이다.

---

3) 본 연구자가 구축 중에 있는 한국어 교육용 말뭉치는 모두 6개인데 첫 번째는 영화와 드라마 중심으로 구성된 『준구어 말뭉치』(영화 10편과 드라마 4편×5회), 두 번째는 『오락프로 말뭉치』(4가지 종류의 오락프로×4회), 세 번째는 『TV토론 말뭉치』(정치토론 4회, 사회문제토론 6회), 네 번째는 『뉴스 말뭉치』(KBS/SBS/MBC ×30일 분량)이다. 이러한 말뭉치들은 한국어 듣기 환경에 대한 학습자 설문지 조사 결과를 바탕으로 구축된 것으로서 앞으로 한국어 교과서 편찬에서 기초자료로 쓰일 수 있을 뿐만 아니라 한국어 오프라인 교육이나 온라인 교육에 광범위하게 쓰이게 될 것이다. 다섯 번째 말뭉치는 『한국어 학습자 음성 말뭉치』(20개 주제×20명=400명)으로서 학습자의 발음, 어휘, 문법의 사용 실태와 오류 분석에 유용하게 사용될 것이다. 그리고 여섯 번째는 『한국어 교재 말뭉치』로서 고려대학교, 서강대학교, 서울대학교, 연세대학교, 이화여자대학교 등 5개 학교의 총 9권의 한국어 교재 내 제시대화문을 중심으로 구축되었다. 그 중 본 박사논문에 사용된 기초 분석 자료는 영화와 드라마를 중심으로 구축된 『노성화 한국어교육용말뭉치1-준구어 말뭉치』와 한국어 교재를 중심으로 구축된 『노성화 한국어교육용말뭉치6-한국어 교재 말뭉치』이다. 이 말뭉치들은 한국이나 중국에서 구축되고 있는 기타 말뭉치들과 차별화하기 위해 구축자의 이름을 앞에 붙였다.

『노성화 한국어 교육용 말뭉치1-준구어 말뭉치』(2010)은 총 104,451개 어절로서 학습자들에 대한 설문지 조사 결과를 바탕으로 총 10편의 영화 와 4편의 드라마(5회/편)을 선정하였는데 그 선정 기준이 된 몇 가지 설문 조사 결과를 제시하면 다음과 같다.

먼저 한국 영화 장르에 대한 학습자 흥미도 조사 결과를 보기로 한다.

설문지1-질문55 아래의 한국 영화 중에서 학습자가 좋아하는 것은?

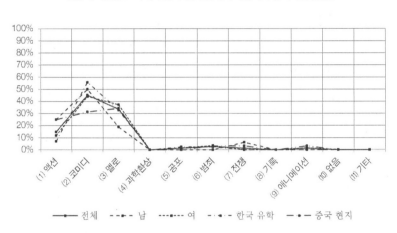

〈그림 4〉 한국 영화 장르에 대한 학습자 선호도 설문 조사 결과

위의 설문 조사에서 학습자들은 한국 영화중에 1위는 45.3%로 코미디 를 선택하였고 2위는 33.3%로 멜로를 선택하였으며 3위는 14.7%로 액션 ~~을 선택하였다. 이들 세 가지를 합~~치면 93.3%이다. 이처럼 학생들의 선택 이 거의 이 세 가지 장르에 집중~~되~~었기에 본 준구어 말뭉치에서의 영화 부분은 코미디, 멜로, 액션을 중심~~으~~로 구축하였다.

영화에 관한 두 번째 질문은 좋아하~~는~~ 영화가 구체적으로 어떤 영화인 지에 관한 것이다. 여기에 대한 설문 조~~사~~ 결과 총 49편의 영화가 선정되 었는데 본 말뭉치에서는 개인별 취미는 ~~배~~제하고 보편성을 확보하기 위해 선택률이 비교적 낮은 36편의 영화는 일단 고려 대상에서 제외하고 아래와 같이 나머지 10편⁴⁾을 선정하였다.

〈도표 1〉 준구어 말뭉치 영화 목록

영화명5)	장르	감독	각본	방송일
칠급공무원	코미디, 로맨스/멜로, 액션	신태라	천성일	2009.04
과속스캔들	코미디	강형철	강형철	2008.12
영화는 영화다	액션	장훈	김기덕	2008.09
아기와 나	코미디	김진영	최원 외	2008.08
미녀는 괴로워	코미디	김용화	김용화	2006.12
괴물	스릴러	봉준호	봉준호 외	2006.07
내 머리 속의 지우개	로맨스/멜로	이재한	이재한	2004.11
동갑내기 과외하기	코미디	김경형	박연선	2003.02
클래식	로맨스/멜로	곽재용	곽재용	2003.01
엽기적인 그녀	코미디	곽재용	곽재용	2001.07

드라마도 다음의 두 개 설문 조사 결과를 바탕으로 선정되었다.

---

4) 도표에서 제시한 10편의 영화 외에 상위권에는 '해운대', '태극기 휘날리며', '왕의 남자' 도 포함되었지만, '해운대'는 경상도 방언 위주로 대화가 이루어지고, '태극기 휘날리며' 는 남북간의 전투 내용을 담고 있으며, '왕의 남자'는 역사극이기 때문에 본 말뭉치에서 는 제외시켰다.
5) 영화명은 방송 연도에 따라 배열하였다.

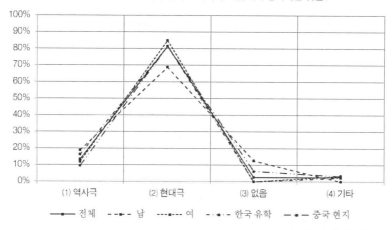

설문지1-질문52 아래의 한국 드라마 중 학습자가 좋아하는 것은?

〈그림 5〉 한국 드라마 장르에 대한 학습자 선호도 설문 조사 결과

현대극으로서 81.3%, 2위가 역사극으로서 13.3%이다. 이처럼 현대극과 역사극에 대한 학습자 선호도가 현저한 차이를 보이기에 본 말뭉치에서는 드라마 부분을 현대극으로 한정한다.

드라마에 관한 두 번째 질문은 영화와 마찬가지로 좋아하는 드라마가 구체적으로 어떤 것인지에 관한 것이다. 여기에 대한 설문 조사 결과 총 64편의 드라마가 선정되었는데 본 말뭉치에서는 학습자들이 가장 많이 선택한 드라마 4편6)을 선정하였다.

---

6) 상위권에는 이 외에도 '거침없이 하이킥'과 '일지매'도 포함되었는데 '거침없이 하이킥'
은 시트콤으로서 독립적인 말뭉치 구축 가능성을 고려하여 본 말뭉치에서는 제외시켰
다. 그리고 '일지매'는 역사극이기 때문에 고려 대상에 넣지 않았다. 또 하나는 '아이리
스'에 대한 선정 여부이다. 영화 중 '태극기 휘날리며'는 남북간의 전쟁을 소재로 하였기
때문에 본 말뭉치에서 제외시킨 바 있다. '아이리스'도 역시 주 선율이 남북간의 문제를
다루었지만 무시할 수 없는 높은 청취율을 보였기에 본 말뭉치에서는 일단 고려 대상에
포함시켰다.

〈도표 2〉 준구어 말뭉치 드라마 목록

드라마명7)	장르	연출	극본	방송월
아이리스	현대극	김규태 외	김현준 외	2009.10~2009.12
마이걸	현대극	전기상	홍정은 외	2005.12~2006.02
미안하다 사랑한다	현대극	정성효	이경희	2004.11~2004.12
풀하우스	현대극	표민수	민효정	2004.07~2004.09

연구 결과가 보편성을 띠기 위해서는 될수록 많은 영화나 드라마를 선정하는 것이 바람직하지만 본 말뭉치는 현재 기초 구축 단계에 있고 또 학습자들의 설문 조사 결과를 바탕으로 해마다 부단히 늘려야 되기 때문에 위와 같이 우선 07급 학습자들의 흥미도가 비교적 높은 영화 10편과 드라마 4편(5회/편)을 선정하였다.

그런데 여기에서 제기되는 첫 번째 문제는 한 편의 드라마에서의 횟수의 선택이다. 한 편의 드라마가 일반적으로 16회에서 24회 정도 된다고 할 때 1~2회 정도의 분량으로는 한 편의 드라마의 언어적 특징을 충분히 반영할 수 없다고 보고 편당 5회씩을 선정하였다.

두 번째로 제기되는 문제는 영화와 드라마의 편수 균형이다. 숫자상으로는 영화가 드라마보다 훨씬 앞서나 실제 나타나지만 영회는 일반적으로 2시간 미만, 드라마는 일반적으로 1시간 미만이기 때문에 영화 10편의 총 방영 시간은 19시간 21분 39초, 드라마 4편(5회/편)의 총 방영 시간은 21시간 45분 58초로서 오히려 드라마가 약간 더 많다. 어절 수를 보면 준구어 말뭉치에서 영화가 총 51,125 어절로서 48.95%를 차지하고 드라마가 총 53,326어절로서 51.05%를 차지해 어절 상 큰 차이를 보이지 않는다. 따라서 본 말뭉치에서는 영화와 드라마 간의 어절수와 방영 시간 균형을 우선적으로 고려하여 드라마를 4편(5회/편)으로 한정하였다.

---

7) 드라마명은 방송 연도에 따라 배열하였다.

『노성화 한국어 교육용 말뭉치6-한국어 교재 말뭉치』(2010)은 총 31,025개 어절로서 고려대학교, 서강대학교, 서울대학교, 연세대학교, 이화여자대학교 등 5개 학교의 총 9권의 한국어 교재 내 제시대화문을 중심으로 구축되었다.

일반적으로 한국어 초급 교재들은 발음 교육 위주로 되어 있고, 고급 교재들은 읽기 학습으로 연결시켰기 때문에 서면어 위주로 되어 있다. 따라서 본 연구에서는 위의 각 대학에서 내놓은 교재들 중 대화문 위주로 되어 있는 교재들만 선택하였다. 그 중 고려대학교 민족문화연구소의 『한국어회화3』(1995)와 『한국어회화4』(1995)는 2,639개 어절, 서강대학교 국제문화교육원의 『서강한국어3A』(2002)와 『서강한국어3B』(2002)는 5,886개 어절, 서울대학교 어학연구소의 『한국어3』(2006)은 4,117개 어절, 연세대학교 한국어학당의 『100시간 한국어3』(2006)과 『100시간 한국어4』(2006)는 7,765개 어절, 이화여자대학교 언어교육원의 『말이 트이는 한국어3』(2001)과 『말이 트이는 한국어4』(2002)는 10,618개 어절이다.

『연세국어말뭉치_빈도표』(2010)은 『연세국어말뭉치』의 개별 형태 사용 빈도를 제시한 빈도표이다. 『연세국어말뭉치』는 현재 한국 국내에서 규모가 가장 큰 순구어 말뭉치로서 총 990,662개 어절로 되어 있는데 텍스트 유형별 분류를 보면 강의가 17.6%, 강연이 3.8%, 발표가 4.1%, 설교가 1.4%, 식사(式辭)가 0.5%, 경험담 말하기가 10.4%, 줄거리 말하기 1.2%, 동화 구연이 0.8%, 상담이 3.3%, 토론이 11.3%, 회의가 1.4%, 구매 대화가 2.3%, 진료 대화가 0.3%, 방송 대화가 1%, 중계가 1.4%, 일상대화가 23.9%, 주제 대화가 12.9%, 수업 대화가 2.3%이다.

(2) 연구 방법

영화와 드라마에 대한 기존 연구의 한계는 주로 작가가 쓴 대본에 의거하여 분석하였다는 데 있다. 위에서도 제시한 바 있지만 이러한 방법론은 표면적인 실현형, 즉 실제 발화에 대한 분석이 아니기 때문에 다소 보수적일 수밖에 없으며 진정한 의미에서의 준구어 연구라고 할 수 없다. 따라서 연구자는 직접 귀로 들으면서 반복적인 수정을 거쳐 영화와 드라마 대화의 표면적인 실현형을 중심으로 음성 전사 말뭉치를 구축하였다.

그 다음 이 음성 전사 말뭉치를 '지능형태소분석기'로 1차 형태 주석을 부착한 다음 표준적인 형태들은 다시 '연세한국어사전'(1998), '표준국어대사전'(1999), '한글전자사전'(2007)을 찾아 일일이 확인하였으며 사전들 중 달리 표기된 형태들은 될수록 '연세한국어사전'을 따르는 방침을 취하였다. 그리고 한국어 구어에서 특이하게 출현하는 축약형태나 생략형태, 이형태 표기는 '21세기세종계획_현대구어말뭉치_구축지침'(2009)[8)]와 '연세국어말뭉치_구축지침'(2010)을 따랐다.

그리고 영화와 드라마 속의 모든 어절에 대해 일반 정보 주석, 대화 장면 주석, 대화자 정보 주석을 부착하였는데 일반 정보 주석에는 총어절 번호, 시어 수, 단위, 그 비율, 영화/드라마 제목, 장르, 시나리오/대본, 대본 /극본, 방송월일 등이 포함되고 대화 장면 주석에는 대화 장소, 대화 형식이 포함되며 대화자 정보 주석에는 화자명, 화자실명, 화자성별, 화자연령, 화자직업, 청자명, 청자실명, 청자성별, 청자연령, 청자직업, 대화자 연령 관계, 대화자 지위 관계, 대화자 사회관계 등이 포함된다. 이 중

---

8) 이 지침은 "21세기 세종계획 최종 성과물, 2009.12. 수정판"에 "현대구어 말뭉치_구축 지침"이라는 이름으로 수록된 것인데 원문에는 년도에 대한 주석이 없다. 그렇지만 원문에서 일부 항목에 대하여 "2006.12 개정"이라는 해석을 단 것으로 보아 서상규 외(2002: 327~347)의 "21세기세종계획_현대국어구어 전사 말뭉치 전사 및 마크업 지침, 2002.8(VER.3)"보다는 썩 뒤에 나온 것으로 추정된다. 따라서 본 논문에서는 DVD에 인쇄된 연도를 기준으로 "2009"로 표기하였다.

본 연구에 사용된 것은 '영화/드라마', '화자성별' 두 가지 정보 주석이다.

다음, 준구어 형태 주석 말뭉치에 나타난 모든 어절과 어절 속의 실질형태, 형식형태를 부류별로 목록화하고, 계량 언어학적 방법을 통해 실현된 빈도와 사용 비율에 대하여 통계 처리한다. 실현된 어절과 실질형태, 형식형태들을 목록화할 때에는 각 형태들의 모든 변이형태를 각각의 형태로 인정하고, 빈도와 사용 비율의 통계도 각각 따로 처리한다.

그리고 위와 같이 계량 언어학적 방법을 통해 준구어에서의 언어 현상에 대한 객관적인 사실을 수치화함으로써 연구자의 선험적이며 주관적인 판단을 최소화하고 보편적인 언어 법칙을 이끌어 낸다. 또한 이 수치를 순구어 연구진들에서 제시한 '연세국어말뭉치_빈도표'(2010) 중의 형태 목록, 출현율과 비교, 대조하여 두드러진 차이점을 살펴본다.

마지막으로, 준구어와 순구어에서 보여 줬던 형태론적 특징을 기존의 한국어 교재 내 제시대화문의 형태론적 특징과 비교 분석을 진행한다.

1.5 본 책의 구성

본 연구는 위의 '1.2'에서 제기한 연구 과제를 해결하고자 다음과 같이 여섯 개 부분으로 나누어 진행하고자 한다.

1장 서론 부분은 개념 정의, 연구의 필요성과 목적, 선행 연구 및 연구 과제, 연구 자료와 연구 방법, 본 책의 구성, 연구 결과의 활용 등 여섯 개 소부분으로 이루어진다.

2장에서는 준구어에서 나타난 어절들의 사용 실태와 그 특징을 밝히고자 준구어에서 나타난 어절들의 음절수, 형태수, 결합 양상에 대해 통계학적 분석을 진행하고 이 결과를 다시 드라마와 영화, 남자와 여자로 나누어 이들이 어떤 차이가 있는지 알아본다.

3장에서는 준구어 말뭉치에서의 실질형태의 사용 실태와 그 특징을 살펴보고 이를 다시 드라마와 영화, 남자와 여자, 준구어와 순구어로 나누어 비교해 본다. 이 부분은 크게 품사별 쓰임과 품사 내 개별 형태 쓰임으로 나누어 볼 수 있는데 이 중 품사 내 개별 형태 쓰임은 다시 일반명사, 고유명사, 의존명사, 대명사, 수사, 동사, 형용사, 보조용언, 관형사, 일반부사, 접속부사, 감탄사 등 12개로 세분하여 그 쓰임을 살펴본다.

4장에서는 3장에서 분석한 실질형태에 이어 준구어 말뭉치에서의 형식형태의 사용 실태와 그 특징을 드라마와 영화, 남자와 여자, 준구어와 순구어로 나누어 비교 분석을 진행한다. 여기에는 남기심 외(2001: 47~48)에서의 논의[9]에 따라 조사와 어미와 같은 굴절접사뿐만 아니라 조어적 기능을 띤 파생접사도 포함시킨다. 따라서 본 연구에서는 이 부분을 크게 굴절접사와 파생접사로 나누고 굴절 접사는 조사와 어미로, 파생접사는 접두사와 접미사로 세분하여 그 쓰임을 살펴본다.

5장에서는 2장에서 밝힌 준구어의 어절 구조 특징과 3, 4장에서 밝힌 준, 순구어의 실질, 형식형태 특징을 토대로 어느 개별적인 형태의 쓰임이 아니라 큰 틀에서 기존의 한국 국내 한국어 교재 내 제시대화문과의 비교 연구를 통해 향후 외국어로서의 한국어 교재, 특히 듣기와 말하기 교재 내 제시대화문의 음절수, 형태수, 형태 결합 양상, 실질 형태, 형식 형태 등의 범주별 쓰임에 대해 몇 가지 제언을 하고자 한다.

6장은 결론 부분으로서 위의 결과들을 개괄한다.

---

9) 실질형태소에 붙어 주로 말과 말 사이의 관계나 기능을 형식적으로 표시하는 형태소들을 형식형태소라 일컫는다(남기심 외, 2001: 47). 형식형태소에는 문법적 기능을 띤 굴절접사와 조어적 기능을 띤 파생접사가 포함된다(남기심 외, 2001: 48).

1.6 연구 결과의 활용

본 연구 결과는 크게 다음과 같은 네 가지 측면에서 그 활용 가능성을 찾아보고자 한다.

첫째, 한국어 듣기와 말하기 교육의 참고자료로 활용할 수 있다. 본 연구 결과는 외국어로서의 한국어 듣기와 말하기 교재의 과문 내용, 어휘 제시, 문법 요소 배열의 중요한 기준 중의 하나가 될 것이며 본 연구에서 구축한 말뭉치는 이들에게 활용 가능한 예문과 연습문제 등을 제공해 주는 자료 원천이 될 것이다.

둘째, 본 연구에서 구축한 말뭉치는 연구자가 개발 중에 있는 '한국어 시청각 사전'(프로그램)의 주 자료가 될 것이다.

셋째, 본 연구 결과는 연구자가 편집 중에 있는 '한국어 구어 문법 사전'의 표제어 선정의 기준이 될 것이며 구축된 준구어 말뭉치는 선정된 표제어에 다양한 예문을 제공해 줄 것이다. 또한 말뭉치에 포함된 영화나 드라마들은 중국의 한국어 학습자들의 선호도를 기준으로 선정했기 때문에 종전의 사전에 비해 훨씬 더 학습자들의 흥미를 끌 수 있을 것으로 생각된다.

넷째, 한국에서 구축된 순구어 말뭉치는 아직까지 대학생들의 대화가 상당 부분 차지하기 때문에 화자와 청자의 다양한 연령층이나 직업, 사회적 관계 등 면에서 아쉬운 점들이 적지 않다. 영화나 드라마가 순수 구어적인 언어 연구에서 일부 제한성을 보이는 것은 사실이지만 이런 자료들은 화자나 청자의 연령층이나 직업, 사회적 관계 등이 다양하기 때문에 여기에 대한 연구는 한국에서 진행 중에 있는 순구어 중심의 연구와 나란히 구어 연구에 일조할 것이다.

제2장

준구어 어절의 사용 실태와
그 특징

제2장 준구어 어절의 사용 실태와 그 특징

2.1 들어가기

나찬연(2010: 122)에서 지적했던 바와 같이 어절은 '최소 자립 형식'의 언어 형식인데, 체언에는 조사가 붙어서 어절을 이루며 용언의 어간에는 여러 가지 어미가 붙어서 어절을 이룬다. 이들 어절이 통사적 규칙에 맞게 결합하여 더 큰 언어 형식인 구나 절이나 문장을 이루므로, 어절은 통사적인 짜임새를 구성하는 기본적인 단위이면서 또한 형태소들이 모여서 이루는 형태론적인 짜임새의 최대 단위이기도 하다. 그러므로 형태론에서는 어절의 짜임새와 그 짜임새를 구성하는 각종 형태소의 종류와 문법적인 기능에 관심을 둔다고 할 수 있다.

이처럼 어절이 형태론적 짜임새의 최대 단위이면서 동시에 통사론적 짜임새를 구성하는 기본적인 단위인 점을 고려하면, 어절을 분석하여 그 짜임새를 정확하게 이해하는 것은 한국어 문장을 파악하는 데 상당한 도움이 되리라 생각된다. 따라서 대부분의 외국어로서의 한국어 시청각 교육 현장에서 교육 자료로 활용하고 있는 한국 드라마와 한국 영화와 같은 준구어에서 사용되는 어절들의 사용 실태와 그 특징을 살피고 이를 한국어 교육 현장에서 효율적으로 활용할 수 있는 방법을 개발하는 것은 큰 의의가 있을 것으로 생각한다.

본 연구의 목적은 외국어로서의 한국어 교육을 위해 한국어 준구어의 형태론적 특징을 밝히고 이를 다시 교육에서의 효율적인 교육 방안을 제시하려는 데 있으므로 준구어의 형태론적 특징을 밝힘에 있어 그 첫 번째 단계는 준구어의 어절 구조의 사용 실태와 그 특징이라고 생각한다. 따라서 다음과 같은 순서로 준구어 어절 구조의 사용 실태에 대해 살펴보고자 한다.

첫째, 음절수에 따라 준구어의 어절을 11개 유형으로 세분하고 이들의 사용 실태에 대해 통계학적 분석을 진행한다.

둘째, 어절 내 형태수에 따라 준구어 어절 구조를 7개 유형으로 세분하고 각 구조들의 사용 실태에 대해 통계학적 분석을 진행한다.

셋째, 어절 내 형태들의 결합 양상에 따라 준구어 어절 구조를 10개 유형으로 세분하고 각 구조들의 사용 실태에 대해 통계학적 분석을 진행한다.

2.2 음절수에 따른 어절 구조에 대한 통계학적 분석

지금까지 한국어 교육 현장이나 한국어 교재들은 학습자들에게 더 많은 언어학적 지식을 전수하기 위해, 또는 한국어 규범에 맞는 말들을 만들어 내기 위해 많은 노력을 해 왔다. 이러한 노력들이 큰 교육적 효과를 거두었음은 두말할 나위가 없다. 그렇지만 이러한 긍정적인 면을 가지고 있음에도 불구하고 한국어 교육 현장에서 쓰이는 교재 내 대화문들은 일부 문제점들을 안고 있는데 가장 중요한 것이 바로 대화문들의 비현실성이다. 특히 자체의 독특한 특징을 가지고 있어야 할 듣기 교육이나 말하기 교육에서도 이는 예외가 아니다.

영화 '과속스캔들(2008)'에서 차태현 씨와 박보영 씨가 출입문을 사이에 두고 나누었던 대화를 보기로 한다.

[예]

차태현 여긴 어쩐 일루?
박보영 황보경이 우리 엄만데.

차태현 근데요?

박보영 모르세요?

차태현 알아야 대요?

박보영 아실 텐데?

차태현 모를걸요?

박보영 남현수 씨 중삼 때 옆집 살던 누나. 다섯 살 많구.
       남현수 씨 첫 경험.

차태현 나는 이분이 꼭 내 딸 같애.

위의 대화문들의 어절 내 음절수를 보면 아주 적은데 이를 한국어 교재에서 나오는 대화문들과 비교해 보면 비교적 큰 차이가 남을 알 수 있다. 따라서 본 연구에서는 먼저 준구어 말뭉치에서 출현한 어절들의 음절수부터 살펴보고자 한다.

연구를 진행하기 전에 연구자는 다음과 같은 작업을 진행하였다. 본 연구자가 구축한 준구어 말뭉치의 철자 주석 부분은 대량의 문장 종결 부호를 포함하고 있다. 그런데 Excel 2007의 'LEN' 함수를 사용해 음절수를 계산할 경우 이런 문장 부호들까지도 하나의 음절로 인식된다. 예를 들어, '뭐 멕이지 말아요!'라는 문장을 보면 세 개의 어절로 구성되어 있는데 문장부호를 제거하지 않은 상황에서는 '뭐'가 1음절(뭐), '멕이지'가 3음절(멕+이+지), '말아요!'가 4음절(말+아+요+!)로 된다. 따라서 정확한 음절수를 얻기 위해 본 연구자는 먼저 철자 주석 말뭉치에서 문장부호를 모두 제거하였다. 그다음 'LEN' 함수를 사용해 각 어절들의 음절수를 계산하였다. 마지막에 Excel의 피벗 테이블 기능을 사용해 각 비교 항목별로 음절수 종류별 어절수를 계산하였다.

음절수에 따른 어절 종류들의 출현 횟수와 출현 빈도를 출현 빈도 순위에 따라 도표로 제시하면 다음과 같다.

〈도표 3〉 음절수에 따른 어절 종류

순위	어절 종류	출현 횟수	출현 빈도
1	2음절	36,154	34.616%
2	1음절	27,525	26.354%
3	3음절	25,648	24.557%
4	4음절	10,504	10.057%
5	5음절	3,492	3.343%
6	6음절	852	0.816%
7	7음절	216	0.207%
8	8음절	41	0.039%
9	9음절	8	0.008%
10	10음절	3	0.003%
11	12음절	1	0.001%
합계		104444[1]	100%

예

[2음절] ⇨ 가구, 간다, 가끔…
[1음절] ⇨ 간, 걔, 거…
[3음절] ⇨ 갈게요, 가르쳐, 가만히…
[4음절] ⇨ 가만있어, 고향에서, 발견했다…
[5음절] ⇨ 감사합니다, 서울역에서, 올림픽도로…
[6음절] ⇨ 드리겠습니다, 특징이라든지, 할아버지께서…
[7음절] ⇨ 거절했다니까요, 아프리카어과가, 부끄러워하기는…
[8음절] ⇨ 결혼하신다면서요, 비틀비틀거리다가, 가을왕중왕전에서…
[9음절] ⇨ 준비하셔야겠는데요, 교육인적자원부에서, 국가안전국이
　　　　라고두…
[10음절] ⇨ 미국질병관리통제쎈터, 떠블류티에이대회에서…
[12음절] ⇨ 구구공육사이일공공삼삼구.

---

1) 음절수를 계산할 때 전사 시 알아듣지 못한 어절(UNC)들은 계산에서 제외하였기 때문
에 여기서 나타나는 어절수는 준구어 말뭉치 전체 어절수와 차이가 있다.

위의 도표를 보면 준구어에서 가장 많이 사용된 어절은 2음절 어절로서 전체 어절의 34.616%를 차지한다. 그리고 1음절 어절은 26.354%, 3음절 어절은 24.557%로 각각 2위와 3위를 차지한다. 그리고 4음절로 된 어절도 사용률이 비교적 높은데 전체 어절의 10.057%를 차지한다. 이들 네 종류의 어절들은 전체 어절의 95.58%를 차지해 준구어에서의 대부분의 대화들은 이들에 의해 실현된다고 할 수 있다.

그런데 문제는 이와 같이 전체 말뭉치에 대한 통계적 분석 결과가 각 비교 항목별로 보편성을 갖고 있는가 하는 것이다. 영화나 드라마 작품별로 수치들이 높고 낮을 수 있고 남자와 여자에 따라 차이가 있을 수 있으며 연령에 따라 다를 수 있다. 이러한 가능성을 다음의 도표를 통해 살펴본다.

	어절 종류	총어절수	남자 어절수	여자 어절수
예1	1음절	1,000	900	100
예2	1음절	1,000	500	500

위의 도표를 보면 예1과 예2의 총어절수가 똑같이 1,000이기 때문에 전체 어절에서의 출현 빈도는 차이가 없다. 그런데 남자와 여자의 쓰임을 보면 예2는 남자와 여자가 똑같이 어절수가 500으로서 그 쓰임이 비교적 안정적이지만 예1은 남자가 900이고 여자가 100이기 때문에 그 쓰임에 큰 차이가 있다고 할 수 있다. 이와 같은 남자와 여자의 차이를 무시한 채 전체 말뭉치에 대한 분석 결과를 한국어 교육에 그대로 활용할 경우 문제를 일으킬 가능성이 많다. 따라서 본 연구에서는 이러한 문제점을 보안하기 위해 기존의 연구들처럼 전체 어절에 대한 분석 결과를 제시할 뿐만 아니라 한설음 더 나아가 선제 어설에 대한 통계석 분석을 통해

얻은 결과들을 다시 영화와 드라마2), 남자와 여자3)로 나누어 그 수치들의 안정성을 검증해 보기로 한다.

먼저 준구어에서의 음절수에 따른 어절 종류들의 쓰임을 드라마와 영화로 나누어 비교해 본다.

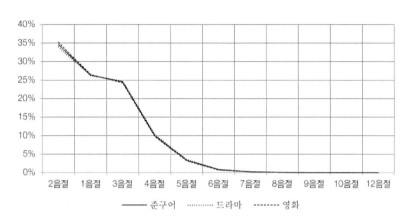

〈그림 6〉 음절수에 따른 어절들 쓰임의 장르별 비교

위의 세 곡선을 비교해 보면 전체적인 모습에서는 거의 일치를 나타내는데 이는 준구어에서 사용률이 높은 음절수에 따른 어절 유형들이 드라마와 영화에서도 사용률이 높으며 준구어에서 사용률이 낮은 음절수에 따른 어절 유형들이 드라마와 영화에서도 사용률이 낮음을 알 수 있다.

그런데 구체적인 쓰임에서는 약간한 차이가 나타난다. 2음절 어절과

---

2) 본 연구에서 사용한 준구어 말뭉치는 총 104,451어절인데 그 중 드라마는 53,326어절로서 전체 어절의 51.05%를 차지하며 영화는 51,125어절로서 전체 어절의 48.95%를 차지한다.

3) 본 연구에서 사용한 준구어 말뭉치 104,451어절 중 남자의 발화가 60,329어절로서 전체 어절의 57.76%를 차지하며 여자의 발화가 43,547어절로서 전체 어절의 41.69%를 차지한다. 그 외에 478(0.46%)개 어절은 여럿이 함께 발화한 것이고 97(0.09%)개 어절은 성별은 남자이지만 여자처럼 행동하는 특수한 경우에 한한 발화이다. 본 연구에서는 이 중 남자와 여자의 발화만 연구대상으로 한다.

1음절 어절은 영화가 35.254%, 26.545%, 드라마가 34.004%, 26.170%로 영화에서의 사용률이 드라마보다 약간 높은 반면 3음절, 4음절, 5음절 어절은 드라마가 24.801%, 10.328%, 3.507%, 영화가 24.302%, 9.774%, 3.173%로 드라마에서의 사용률이 영화보다 높다. 이는 큰 차이는 아니지만 드라마에서 사용되는 어절들의 음절수는 영화보다 약간 많다고 할 수 있다.

두 번째로 준구어에서의 음절수에 따른 어절 유형들의 쓰임을 남자와 여자로 나누어 비교해 보기로 한다.

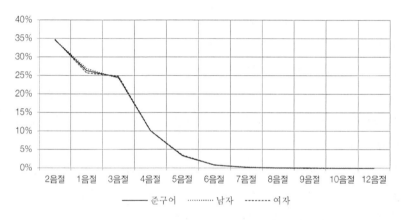

〈그림 7〉 음절수에 따른 어절들 쓰임의 성별별 비교

위의 세 곡선을 비교해 보면 역시 전체적인 흐름에서는 남자와 여자가 큰 차이를 나타내지 않는다. 이는 준구어에서 출현율이 높은 음절수에 따른 어절 유형들이 남자와 여자의 대화에서도 출현율이 높으며 준구어에서 출현율이 낮은 음절수에 따른 어절 유형들이 남자와 여자 대화에서도 출현율이 낮음을 의미한다.

그런데 개별적인 쓰임을 보면 남자와 여자가 일부 차이를 드러낸다. 2음절, 3음절, 4음절, 5음절 어절은 여자가 34.775%, 24.886%, 10.112%, 3.443%, 남자가 34.562%, 24.258%, 10.024%, 3.251%로 여자 대화에서의 사용률이 남자보다 높은데 반해 1음절 어절은 남자가 26.829%, 여자가 25.738%로 남자 대화에서의 사용률이 여자보다 높다. 따라서 남자들의 대화는 어절 내 음절수가 비교적 적은 데 반해 여자들의 대화는 어절 내 음절수가 비교적 많다고 할 수 있다.

2.3 형태수에 따른 어절 구조에 대한 통계학적 분석

한국어는 유형론적으로 첨가어에 속한다. 즉 어휘적 의미를 갖는 어간에 문법적 의미를 갖는 조사나 어미들이 결합되어 문장을 이루게 되는 것이다. 그런데 이런 조사나 어미들은 어휘적 의미를 갖는 어간과 반드시, 또는 한번만 결합하는 것이 아니라 실제 발화 시 생략될 수도 있고 여러 번 덧붙을 수도 있다. 따라서 한국어 어절은 '어휘형태소+문법형태소'라는 원칙을 준수하는 것이 아니라 '어휘형태소+(문법형태소1)+(문법형태소2)…+(문법형태소N)'과 같은 구조를 갖는다. 이와 같이 복잡한 구조가 출현 가능한 한국어에서 몇 개 형태의 구조가 가장 많이 쓰이고 몇 개 형태의 구조가 가장 적게 쓰이는지 에 대해 살펴볼 필요가 있으며 이러한 연구 결과는 본체론뿐만 아니라 한국어 교육 현장에서도 유용하게 사용될 수 있을 것으로 생각한다. 따라서 본 장절에서는 준구어에서 출현한 어절 내부의 형태수에 대해 통계학적 분석을 진행한다.

여기에 대한 분석은 음절수에 대한 분석과는 달리 철자 주석 말뭉치가 아니라 형태 분석 주석 말뭉치를 활용하여야 한다. 그런데 형태 분석 주석 말뭉치는 구축 당시 './SF', '?/SF', '!/SF', ',/SP', '~/SS', '…/SE'와 같은 문장 부호 주석을 대량 포함하고 있는데 이들 문장부호와 형태간의 결합 관계는 별도의 기호를 사용한 것이 아니라 형태와 형태간의 결합 관계와 마찬가지로 전부 다 '+' 기호로 표시를 했기 때문에 어절 내 형태수를

'+'의 개수로 측정한다면 수치가 정확하지 않다. 예를 들어 '너 구해 줄려 구 그랬다니까.'라는 문장을 "'+'의 개수+1"의 원칙에 따라서 계산을 한다 면 '너'는 1개 형태(너/NP), '구해'는 2개 형태(구하/VV+ㅕ⁴⁾/EC), '줄려구' 는 2개 형태(주/VX+ㄹ려구/EC), '그랬다니까.'는 4개 형태(그러/VV+ㅕㅆ⁵⁾ /EP+다니까/EF+./SF)가 나온다. 따라서 본 연구에서는 수치를 추출하기 전에 다음과 같은 작업을 진행하였다. 먼저 준구어 형태 분석 말뭉치에서 '+./SF', '+?/SF', '+!/SF', '+./SP', '+~/SS', '+…/SE'를 모두 제거하였다. 그다음 "'+'의 개수+1"의 계산식을 도입하여 각 어절 내 형태수를 계산하였다.

형태수에 따른 어절 종류들의 출현 횟수와 출현 빈도를 출현 빈도 순위에 따라 도표로 제시하면 다음과 같다.

〈도표 4〉 형태수에 따른 어절 종류

순위	어절 종류	출현 횟수	출현 빈도
1	1개 형태	47,536	45.510%
2	2개 형태	39,987	38.283%
3	3개 형태	14,383	13.770%
4	4개 형태	1,979	1.895%
5	5개 형태	227	0.217%
6	6개 형태	12	0.011%
7	7개 형태	4	0.004%
합계		104,128⁶⁾	100%

---

4) 한국어 구어에서는 발음의 축약현상이 많이 나타난다. 즉, 두음절이 한음절 사잇소리가 된다거나, 두음절이 한음절 겹홀소리가 되는 것 등이다. '21세기세종계획_현대구어말뭉 치_구축지침(2009)'에서는 이에 대해 발음되는음절수와표기상의음절수를맞추는것을 원칙으로축약형의경우모두표기에반영할 것을 주장하면서 축약된 형태는 해당 부분(예 를 들면, 모음의 'ㅇ')을 생략하여 표기하는 방법을 채택하였는데 본 준구어 말뭉치에서 는 이 지침을 그대로 따른다.

5) 개별 형태 중 'ㅕㅆ, ㅕㅆ, ㅏㅆ'과 같은 형태들은 축약형들인데 이런 축약형들은 원래 'ㅕ, ㅕ, ㅏ' 밑에 'ㅆ'이 있는 형태로 표시되어야 하지만 WORD 2007에서 이런 형태들을 표기할 수 없으므로 위와 같이 'ㅕ, ㅕ, ㅏ' 옆에 'ㅆ'이 있는 형태로 표기하였다.

[1개 형태] ⇨ 뭐/IC, 너무/MAG…

[2개 형태] ⇨ 조금/MAG+만/JX, 없/VA+어/EF…

[3개 형태] ⇨ 터/NNB+ㅣ/VCP+니까/EC(테니까), 고통/NNG+스럽/XSA
　　　　　　+게/EC…

[4개 형태] ⇨ 좋/VA+아/EC+하/VX+ㅕ/EF(좋아해), 개인/NNG+적/XSN
　　　　　　+이/VCP+ㄴ/ETM(개인적인)…

[5개 형태] ⇨ 좋/VA+아/EC+하/VX+ㅕㅆ었/EP+어/EF(좋아했었어), 분
　　　　　　/NNB+이/VCP+시/EP+ㅓㅆ/EP+는지/EC(분이셨는지)…

[6개 형태] ⇨ 깨끗/XR+하/XSA+ㅕ/EC+지/VX+ㅕㅆ/EP+네/EF(깨끗해
　　　　　　졌네), 좋/VA+아/EC+하/VX+시/EP+잖/EPX+아/EF…

[7개 형태] ⇨ 세련/NNG+되/XSA+ㅓ/EC+지/VX+시/EP+ㅓㅆ/EP+네/EF
　　　　　　(세련돼지셨네), 준비/NNG+하/XSV+시/EP+ㅓ야/EC+(하)7)
　　　　　　/VX+겠/EP+네/EF(준비하셔야겠네)…

위의 도표를 보면 1개 형태로 되어 있는 어절이 45.510%, 2개 형태로
되어 있는 어절이 38.283%로 이 두 구조의 어절만 전체 어절의 83.793%를
차지한다. 여기에 3개 형태로 되어 있는 어절 13.770%까지 합치면 이
3개 형태의 어절만 전체 어절의 97.563%이다. 따라서 준구어에서의 대부
분의 대화들은 이 세 개 구조에 의해 실현된다고 할 수 있다.

위의 결과를 '2.2'에서 검증하던 방법과 마찬가지로 드라마와 영화,
남자와 여자로 나누어 그 수치들을 검증해 본다.

먼저 준구어 어절 내 형태수에 따른 분석 결과를 드라마와 영화로
나누어 비교해 보도록 한다.

---

6) 음절수를 계산할 때 끊어진 어절(UNT), 불분명한 어절(UNC)은 계산에서 제외하였기
　　때문에 여기서 나타나는 총 수치는 준구어 말뭉치 전체 수치와 차이가 난다.

7) 한국어 구어에서는 생략형들도 많이 출현하는데 이 경우 '21세기세종계획_현대구어말
　　뭉치_구축지침(2009)'에 따라 최대한 원어절로 복원이 가능하도록 ( )를 사용하여 표기
　　하였다.

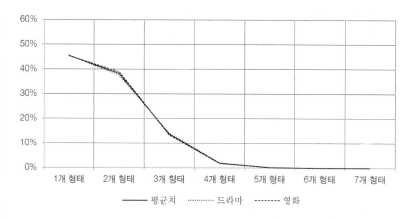

〈그림 8〉 형태수에 따른 어절들 쓰임의 장르별 비교

위의 세 곡선을 비교해 보면 곡선들의 전체적인 흐름은 큰 차이를 보이지 않는데 이는 준구어에서 사용률이 높은 형태수에 따른 어절 구조들이 드라마와 영화에서도 사용률이 높으며 준구어에서 사용률이 낮은 형태수에 따른 어절 구조들이 드라마와 영화에서도 사용률이 낮음을 알 수 있다.

하지만 개별적인 쓰임에서는 일부 차이를 보인다. 1개 형태, 3개 형태, 4개 형태, 5개 형태, 6개 형태, 7개 형태로 되어 있는 어절들은 드라마가 45.646%, 14.121%, 1.998%, 0.259%, 0.017%, 0.006%, 영화가 45.369%, 13.405%, 1.787%, 0.174%, 0.006%, 0.002%로 드라마에서의 사용률이 영화보다 높은 반면 2개 형태의 어절은 영화가 38.963%, 드라마가 37.631%로 영화에서의 사용률이 드라마보다 높다. 위의 수치들을 보면 1개 형태의 어절 사용에서 드라마가 영화보다 조금 더 많이 사용된 것은 사실이지만 그 차이가 극히 적으며 3개 형태의 어절 구조부터는 모두 드라마가 높다. 따라서 드라마와 영화의 어절 구조를 형태수에 따라 비교해 봤을 때 영화에서 출현하는 어절들은 드라마보다 어절 내 형태수가 약간 적음을 알 수 있다.

이번에는 준구어 어절 내 형태수에 따른 분석 결과를 남자와 여자로 나누어 비교해 보기로 한다.

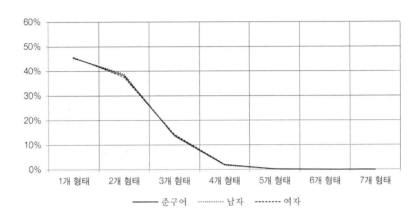

〈그림 9〉 형태수에 따른 어절들 쓰임의 성별별 비교

위의 세 곡선을 비교해 보면 전체적인 모습은 큰 차이가 없다. 이는 준구어에서 사용률이 높은 형태수에 따른 어절 구조들이 남자 대화와 여자 대화에서도 사용률이 높고 준구어에서 사용률이 낮은 형태수에 따른 어절 구조들이 남자 대화와 여자 대화에서도 사용률이 낮음을 뜻한다.

그런데 개별적인 쓰임에서는 일부 차이를 보인다. 남자는 2개 형태로 된 어절과 7개 형태로 된 어절에서만 38.879%, 0.005%로 37.594%, 0.002% 인 여자보다 약간 높은 데 반해 여자는 1개 형태, 3개 형태, 4개 형태, 5개 형태, 6개 형태로 된 어절이 각각 45.693%, 14.152%, 2.055%, 0.223%, 0.014%로 45.285%, 13.512%, 1.756%, 0.211%, 0.010%인 남자보다 사용률 이 높다. 위의 수치들을 보면 1개 형태 어절은 여자가 남자보다 사용률이 높지만 그 차이는 아주 작다. 또 2개 형태의 어절은 남자 대화에서의 사용률이 여자보다 높다. 그 외의 대부분의 형태수에 따른 어절 구조들은 여자 대화에서의 사용률이 남자보다 높다. 따라서 남자 대화에서 사용되는 어절 내 형태수는 여자보다 적다고 할 수 있다.

2.4 결합 양상에 따른 어절 구조에 대한 통계학적 분석

본 장절에서는 준구어 말뭉치에서 출현한 어절 구조에 대한 마지막 연구로 어절 내 형태들의 결합 양상에 따른 구조 유형에 대해 통계학적 분석을 진행하고자 한다. 연구를 진행하기 전에 본 연구에서는 형태 분석 표지를 다음과 같은 수정하였다.

첫째, '일반명사(NNG), 고유명사(NNP), 의존명사(NNB)'를 '명사(NN)'으로 통합하고 '체언접두사(XPN)'에 '일반명사(NNG)'가 붙은 경우 '명사(NN)'로 통합하였으며 '일반명사(NNG)'에 '일반명사(NNG)'가 붙은 경우도 역시 '명사(NNG)'로 통합하였다.

둘째, '어근(XR)'에 '동사파생접미사(XSV)'가 붙은 경우 이를 '동사(VV)'로 통합하고 '어근(XR)'에 '형용사파생접미사(XSA)'가 붙은 경우 이를 '형용사(VA)'로 통합하였다.

셋째, '일반부사(MAG)'와 '접속부사(MAJ)'는 '부사(MA)'로 통합하였다.

넷째, '감탄사(IC)'와 '감탄사(IC)'가 결합한 경우 이를 하나의 '감탄사(IC)'로 통합하였다.

위와 같은 수정을 거쳐 얻어낸 준구어 어절 구조는 모두 384개 유형인데 이들을 머리 형태에 따라 10개 유형으로 분류할 수 있다. 본 연구에서는 먼저 이들 10개 유형의 전반적인 쓰임에 대해 통계학적 분석을 진행한 후 다시 이들 각 부류별 개별 구조에 대해 통계학적 분석을 진행하고자 한다.

결합 양상에 따른 어절 구조들의 출현 횟수와 출현 빈도를 출현 빈도 순위에 따라 도표로 제시하면 다음과 같다.

순위	머리 형태 유형	출현 횟수	출현 빈도
1	명사(NN)류	34,088	32.744%
2	동사(VV)류	18,733	17.994%
3	감탄사(IC)류	15,437	14.828%
4	부사(MA)류	12,726	12.224%
5	대명사(NP)류	8,886	8.536%
6	형용사(VA)류	5,893	5.661%
7	관형사(MM)류	3,699	3.553%
8	보조용언(VX)류	3,395	3.261%
9	부정지정사(VCN)류8)	836	0.803%
10	수사(NR)류	413	0.397%
	합계	104,106	100%

예

1. [명사류] ⇨ 때/NNG, 감사/NNG+하/XSA+ㅂ니다/EF(감사합니다)…
2. [동사류] ⇨ 가/VV+ㄴ다구/EF(간다구), 알/VV+겠/EP+습니다/EF…
3. [감탄사류] ⇨ 거참/IC, 예예예/IC…
4. [부사류] ⇨ 가까이/MAG, 잘/MAG+하/XSV+ㅕ쓰/EP+어/EF(잘하셨어)…
5. [대명사류] ⇨ 너/NP, 거기/NP+서/JKB…
6. [형용사류] ⇨ 같/VA+구/EC, 없/VA+구나/EF…
7. [관형사류] ⇨ 그/MM, 다른/MM…
8. [보조용언류] ⇨ 싶/VX+어/EF, 있/VX+을/ETM…
9. [부정지정사류] ⇨ 아니/VCN+ㄴ데/EC(아닌데), 아니/VCN+구요/EF…
10. [수사류] ⇨ 하나/NR, 오백/NR+이/VCP+ㄴ데/EC…

---

8) 부정지정사는 결합 구조상으로는 11개 구조가 출현하지만 머리 형태는 한 개이기 때문에 어절 구조 분석에서는 이를 하나의 유형으로 설정하였지만 실질 형태 분석에서는 형용사에 통합시켰다.

위의 도표를 보면 명사류 어절 구조가 가장 많은데 전체 준구어 어절의 32.744%를 차지한다. 그 다음 2, 3, 4위는 동사류 어절 구조와 감탄사류 어절 구조, 부사류 어절 구조로서 각각 17.994%, 14.828%, 12.224%로 전체 어절의 45.046%를 차지한다. 그 외에 대명사류 어절 구조도 8.536%를 차지해 비교적 높은 사용률을 보인다. 이들 5가지 구조 유형은 전체 준구어 어절의 86.326%를 차지하는데 준구어의 어절들은 대부분 이 구조 유형들에 집중되어 있다고 할 수 있다. 그리고 준구어에는 형용사류 어절 구조, 관형사류 어절 구조, 보조용언류 어절 구조, 부정지정사류 어절 구조, 수사류 어절 구조도 출현하지만 준구어 전체 어절에서의 사용률이 그다지 높지 않다.

위와 같은 쓰임이 드라마와 영화는 어떤 차이가 있는지 비교해 보기로 한다.

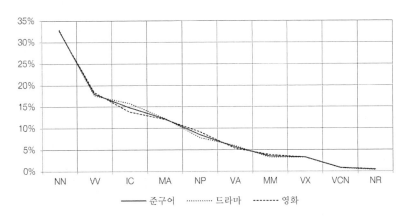

〈그림 10〉 결합 양상에 따른 어절 구조 쓰임의 장르별 비교

위의 세 곡선을 비교해 보면 전체적인 흐름에서는 큰 차이를 보이지 않아 준구어에서 사용률이 높은 결합 양상에 따른 어절 구조들이 드라마와 영화에서도 사용률이 높으며 준구어에서 사용률이 낮은 결합 양상에

따른 어절 구조들이 드라마와 영화에서도 사용률이 낮음을 알 수 있다.

그런데 일부 개별적인 구조들은 그 쓰임에 차이가 난다. 명사류 어절 구조, 감탄사류 어절 구조, 부사류 어절 구조, 형용사류 어절 구조는 드라마가 32.823%, 15.802%, 12.334%, 5.950%, 영화가 32.660%, 13.813%, 12.109%, 5.359%로 드라마에서의 사용률이 영화보다 높은 반면 동사류 어절 구조, 대명사류 어절 구조, 관형사류 어절 구조, 부정지정사류 어절 구조, 수사류 어절 구조는 영화가 18.381%, 9.238%, 3.860%, 0.816%, 0.467%, 드라마가 17.623%, 7.862%, 3.259%, 0.790%, 0.329%로 영화에서의 사용률이 드라마보다 높다. 따라서 감정 표현 기능을 띠고 있는 구조들이 영화보다 드라마에서 더 많이 사용됨을 알 수 있다.

이번에는 결합 양상에 따른 어절 구조들의 쓰임을 남자와 여자로 나누어 비교해 보기로 한다.

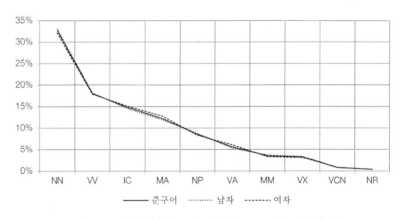

〈그림 11〉 결합 양상에 따른 어절 구조 쓰임의 성별별 비교

위의 세 곡선을 비교해 보면 역시 큰 흐름에서는 세 곡선이 비슷한 모양을 보여 준구어에서 고빈도로 사용되는 결합 양상에 따른 어절 구조 유형이 남자와 여자 대화에서도 고빈도로 사용되며 준구어에서 저빈도로

사용되는 결합 양상에 따른 어절 구조 유형이 남자와 여자 대화에서도 저빈도로 사용됨을 알 수 있다.

그런데 개별적인 쓰임에서는 약간한 차이가 난다. 명사류 어절 구조, 동사류 어절 구조, 대명사류 어절 구조, 관형사류 어절 구조, 보조용언류 어절 구조, 부정지정사류 어절 구조, 수사류 어절 구조는 남자가 32.987%, 18.185%, 8.745%, 3.708%, 3.352%, 0.827%, 0.438%, 여자가 21.133%, 17.856%, 8.330%, 3.360%, 3.146%, 0.778%, 0.345%로 남자 대화에서의 사용률이 여자 대화보다 약간 높은 반면 일반적으로 감정적 표현에 많이 사용되는 감탄사류 어절 구조, 부사류 어절 구조, 형용사류 어절 구조는 여자가 15.131%, 12.789%, 6.131%, 남자가 14.555%, 11.860%, 5.343%로 여자 대화에서의 사용률이 남자보다 높다.

아래에 체언, 용언, 수식언[9], 독립언의 순서에 따라 각 어절 구조 유형에서 나타나는 개별 구조에 대해 통계학적 분석을 진행한다.

2.4.1 명사(NN)류 어절 구조

명사류 어절 구조는 가장 많은 구조를 갖고 있는 유형으로서 본 연구에서 사용한 준구어 말뭉치에서는 모두 137가지 명사류 어절 구조가 출현하였는데 100회 이상 출현한 명사류 어절 구조들의 목록과 이들의 출현 횟수, 출현 빈도를 제시하면 다음과 같다.

---

[9] 관형사의 특성상 관형사(MM)류 어절 구조는 전체 준구어 말뭉치에서 한 가지 구조민 출현했기 때문에 수식언에 대한 통계학적 분석은 연구대상에 부사류 어절 구조만 포함시킨다.

〈도표 6〉 명사류 어절 구조 유형

순위	명사(NN)류 구조 유형	출현 횟수	출현 빈도
1	명사(NN)	13,021	38.198%
2	명사(NN)+부사격조사(JKB)	3,028	8.883%
3	명사(NN)+긍정지정사(VCP)+종결어미(EF)	2,779	8.152%
4	명사(NN)+보조사(JX)	2,754	8.079%
5	명사(NN)+주격조사(JKS)	2,531	7.425%
6	명사(NN)+목적격조사(JKO)	1,517	4.450%
7	명사(NN)+명사파생접미사(XSN)	1,044	3.063%
8	명사(NN)+호격조사(JKV)	835	2.450%
9	명사(NN)+동사파생접미사(XSV)+연결어미(EC)	780	2.288%
10	명사(NN)+긍정지정사(VCP)+연결어미(EC)	606	1.778%
11	명사(NN)+동사파생접미사(XSV)+종결어미(EF)	577	1.693%
12	명사(NN)+동사파생접미사(XSV)+관형형전성어미(ETM)	527	1.546%
13	명사(NN)+관형격조사(JKG)	334	0.980%
14	명사(NN)+부사격조사(JKB)+보조사(JX)	330	0.968%
15	명사(NN)+형용사파생접미사(XSA)+종결어미(EF)	300	0.880%
16	명사(NN)+동사파생접미사(XSV)+선어말어미(EP)+종결어미(EF)	271	0.795%
17	명사(NN)+보격조사(JKC)	248	0.728%
18	명사(NN)+명사파생접미사(XSN)+부사격조사(JKB)	246	0.722%
19	명사(NN)+명사파생접미사(XSN)+주격조사(JKS)	230	0.675%
20	명사(NN)+명사파생접미사(XSN)+보조사(JX)	226	0.663%
21	명사(NN)+접속조사(JC)	217	0.637%
22	명사(NN)+형용사파생접미사(XSA)+관형형전성어미(ETM)	171	0.502%
23	명사(NN)+긍정지정사(VCP)+관형형전성어미(ETM)	170	0.499%

24	명사(NN)+형용사파생접미사(XSA)+연결어미(EC)	130	0.381%
25	명사(NN)+형용사파생접미사(XSA) +선어말어미(EP)+종결어미(EF)	125	0.367%
26	명사(NN)+긍정지정사(VCP)+선어말어미(EP) +종결어미(EF)	110	0.323%
27	명사(NN)+명사파생접미사(XSN) +긍정지정사(VCP)+종결어미(EF)	109	0.320%
	합 계		97.445%

예

1. [명사] ⇨ 가게/NN, 일/NN…
2. [명사+부사격조사] ⇨ 남자/NN+한테/JKB, 돈/NN+으로/JKB…
3. [명사+긍정지정사+종결어미] ⇨ 다행/NN+이/VCP+네요/EF,
   말/NN+이/VCP+ㅂ니까/EF…
4. [명사+보조사] ⇨ 남자/NN+는/JX, 얼마/NN+든지/JX…
5. [명사+주격조사] ⇨ 기분/NN+이/JKS, 마누라/NN+가/JKS…
6. [명사+목적격조사] ⇨ 눈/NN+을/JKO, 소리/NN+ㄹ/JKO(소릴…
7. [명사+명사파생접미사] ⇨ 고모/NN+네/XSN, 다/NN+들/XSN…
8. [명사+호격조사] ⇨ 기집애/NN+야/JKV, 놈/NN+아/JKV…
9. [명사+동사파생접미사+연결어미] ⇨ 걱정/NN+하/XSV+지/EC,
   얘기/NN+하/XSV+면/EC…
10. [명사+긍정지정사+연결어미] ⇨ 말/NN+이/VCP+ㄴ지/EC, 사이/NN
    +(이)/VCP+니까/EC(사이니까)…
11. [명사+동사파생접미사+종결어미] ⇨ 대답/NN+하/XSV+ㅕ/EF(대
    답해), 조심/NN+하/XSV+라구/EF…
12. [명사+동사파생접미사+관형형전성어미] ⇨ 거짓말/NN+하/XSV+
    ㄴ/ETM(거짓말한), 시작/NN+하/XSV+ㄹ/ETM(시작할)…
…

위의 도표를 보면 단지 명사 하나로 되어 있는 어절이 전체 명사류 어절의 38.198%를 차지해 높은 사용률을 보인다. 그 외에 2위인 '명사+부사격조사', 3위인 '명사+긍정지정사+종결어미', 4위인 '명사+보조사', 5위인 '명사+주격조사'의 구조들도 사용률이 비교적 높은데 각각 8.883%, 8.152%, 8.075%, 7.425%를 차지한다. 또 6위인 '명사+목적격조사', 7위인 '명사+명사파생접미사', 8위인 '명사+호격조사', 9위인 '명사+동사파생접미사+연결어미', 10위인 '명사+긍정지정사+연결어미', 11위인 '명사+동사파생접미사+종결어미', 12위인 '명사+동사파생접미사+관형형전성어미' 등 구조들도 비교적 많이 쓰이는 구조들로서 각각 4.450%, 3.063%, 2.450%, 2.288%, 1.778%, 1.693%, 1.546%를 차지한다. 이들은 전체 명사류 어절 구조의 88.005%를 차지하는데 준구어에서 명사류 어절들은 대부분이 12개 구조에 의해 실현된다고 할 수 있다.

그리고 위에서 제시한 구조들을 보면 단순 구조일수록 사용률이 높으며 복잡한 구조일수록 사용률이 낮다. 명사에 아무런 형식형태가 붙지 않은 '명사'형 단순 구조가 38.198%로 명사류 어절 구조에서 절대적인 우세를 차지하며 순위가 뒤로 밀릴수록 구조들이 복잡해진다. 이는 '2.3'에서 제시한 결론을 뒷받침해 주는 결과라고 할 수 있다.

위의 구조들 중 전체 명사류 어절의 90.833%를 차지하는 앞 15위만 뽑아 드라마와 영화로 나누어 비교해 보기로 한다.

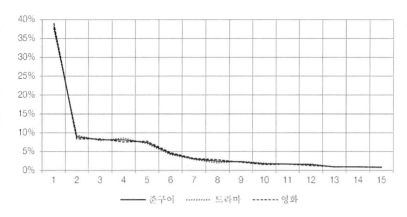

〈그림 12〉 명사류 어절 구조 쓰임의 장르별 비교

위의 세 곡선을 보면 전체적인 모습에는 큰 차이가 없는데 이는 준구어에서 사용률이 높은 명사류 어절 구조 유형이 드라마와 영화에서도 사용률이 높으며 준구어에서 사용률이 낮은 명사류 어절 구조 유형이 드라마와 영화에서의 사용률이 낮음을 의미한다.

그런데 개별적인 구조들의 쓰임에서는 일부 차이를 드러낸다. 2위인 '명사+부사격조사', 4위인 '명사+보조사', 9위인 '명사+동사파생접미사+연결어미', 10위인 '명사+긍정지정사+연결어미', 12위인 '명사+동사파생접미사+관형형전성어미', 14위인 '명사+부사격조사+보조사', 15위인 '명사+형용사파생접미사+종결어미' 등 구조들은 드라마가 9.379%, 8.599%, 2.413%, 1.961%, 1.771%, 1.003%, 0.940%, 영화가 8.363%, 7.534%, 2.157%, 1.586%, 1.310%, 0.931%, 0.817%로 드라마에서의 사용률이 영화보다 높으며 1위인 '명사', 3위인 '명사+긍정지정사+종결어미', 5위인 '명사+주격조사', 6위인 '명사+목적격조사', 7위인 '명사+명사파생접미사', 8위인 '명사+호격조사', 11위인 '명사+동사파생접미사+종결어미' 등 구조들은 영화가 38.963%, 8.381%, 7.757%, 4.692%, 3.202%, 2.902%, 1.724%, 드라마가 37.468%, 7.934%, 7.108%, 4.219%, 2.929%, 2.018%, 1.662%로 영화에서의 사용률이 드라마보다 높다.

이번에는 남자와 여자로 나누어 비교해 보기로 한다.

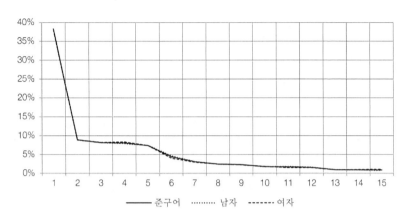

〈그림 13〉 명사류 어절 구조 쓰임의 성별별 비교

위의 세 곡선을 비교해 보면 전체적인 모습뿐만 아니라 개별적인 구조의 쓰임에서도 큰 차이를 보이지 않는다. 이는 준구어에서 사용률이 높은 명사류 어절 구조가 남자와 여자 대화에서도 사용률이 높으며 준구어에서 사용률이 낮은 명사류 어절 구조가 남자와 여자 대화에서도 사용률이 낮음을 의미한다.

일부 차이가 있다면 1위인 '명사', 6위인 '명사+목적격조사', 12위인 '명사+동사파생접미사+종결어미' 등 구조들은 남자가 38.247%, 4.715%, 1.816%, 여자가 37.966%, 4.035%, 1.519%로 남자 대화에서의 사용률이 여자보다 약간 높으며 4위인 '명사+보조사', 10위인 '명사+긍정지정사+연결어미', 15위인 '명사+형용사파생접미사+종결어미' 등 구조들은 여자가 8.393%, 1.835%, 1.054%, 남자가 7.928%, 1.760%, 0.767%로 여자 대화에서의 사용률이 남자보다 높다.

2.4.2 대명사(NP)류 어절 구조

본 준구어 말뭉치에서 출현한 대명사류 어절 구조는 모두 54가지인데 10회 이상 출현한 대명사류 어절 구조들의 목록과 이들의 출현 횟수, 출현 빈도를 제시하면 다음과 같다.

〈도표 7〉 대명사류 어절 구조 유형

순위	대명사(NP)류 구조 유형	출현 횟수	출현 빈도
1	대명사(NP)	3,414	38.420%
2	대명사(NP)+주격조사(JKS)	1,801	20.268%
3	대명사(NP)+보조사(JX)	1,337	15.046%
4	대명사(NP)+부사격조사(JKB)	600	6.752%
5	대명사(NP)+긍정지정사(VCP)+종결어미(EF)	582	6.550%
6	대명사(NP)+목적격조사(JKO)	419	4.715%
7	대명사(NP)+긍정지정사(VCP)+연결어미(EC)	109	1.227%
8	대명사(NP)+명사파생접미사(XSN)	105	1.182%
9	대명사(NP)+관형격조사(JKG)	77	0.867%
10	대명사(NP)+호격조사(JKV)	60	0.675%
11	대명사(NP)+부사격조사(JKB)+보조사(JX)	53	0.596%
12	대명사(NP)+보격조사(JKC)	50	0.563%
13	대명사(NP)+명사파생접미사(XSN)+주격조사(JKS)	39	0.439%
14	대명사(NP)+긍정지정사(VCP)+선어말어미(EP)+종결어미(EF)	38	0.428%
15	대명사(NP)+접속조사(JC)	34	0.383%
16	대명사(NP)+명사파생접미사(XSN)+보조사(JX)	31	0.349%
17	대명사(NP)+긍정지정사(VCP)+관형형전성어미(ETM)	18	0.203%
18	대명사(NP)+명사파생접미사(XSN)+부사격조사(JKB)	14	0.158%

19	대명사(NP)+보조사(JX)+보조사(JX)	13	0.146%
합 계			98.967%

예

1. [대명사] ⇨ 너/NP, 우리/NP…
2. [대명사+주격조사] ⇨ 내/NP+가/JKS, 이거/NP+ㅣ/JKS(이게)…
3. [대명사+보조사] ⇨ 너/NP+ㄴ/JX(넌), 나/NP+두/JX…
4. [대명사+부사격조사] ⇨ 나/NP+한테/JKB, 여기/NP+서/JKB…
5. [대명사+긍정지정사+종결어미] ⇨ 뭐/NP+(이)/VCP+야/EF(뭐야),
   걔/NP+이/VCP+ㅔ요/EF(걔예요)…
6. [대명사+목적격조사] ⇨ 나/NP+ㄹ/JKO(날), 당신/NP+을/JKO…
…

위의 도표를 보면 명사류 어절 구조와 마찬가지로 대명사 1개 형태로만 되어 있는 '대명사' 구조가 압도적인 우세를 차지하는데 전체 대명사류 어절 구조의 38.420%를 차지한다. 그 외에 2위인 '대명사+주격조사', 3위인 '대명사+보조사' 등 구조도 사용률이 비교적 높은 구조로서 각각 20.268%, 15.046%를 차지한다. 또 4위인 '대명사+부사격조사', 5위인 '대명사+긍정지정사+종결어미', 6위인 '대명사+목적격조사' 등 구조들도 각각 6.752%, 6.550%, 4.715%를 차지해 비교적 높은 사용률을 보인다. 위의 6개 구조는 전체 대명사류 어절의 91.751%를 차지한다. 따라서 준구어에서 대부분의 대명사류 어절들은 이들 6개 구조에 의해 실현된다고 할 수 있다.

그리고 대명사류 어절 구조 역시 단일 구조가 높은 사용률을 보이며 구조가 복잡해질수록 사용률이 낮아진다.

아래에 전체 대명사류 어절 중 94.160%를 차지하는 앞 8위를 뽑아 각 항목별로 비교해 보기로 한다.

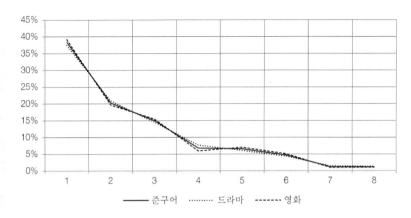

〈그림 14〉 대명사류 어절 구조 쓰임의 장르별 비교

위의 세 곡선을 비교해 보면 전체적인 모습에는 큰 차이가 보이지 않는데 이는 대명사류 어절 구조도 준구어에서 사용률이 높은 구조가 드라마와 영화에서도 사용률이 높으며 준구어에서 사용률이 낮은 구조가 드라마와 영화에서도 사용률이 낮음을 의미한다.

그런데 개별적인 쓰임에서는 일부 차이를 드러낸다. 2위인 '대명사+주격조사', 4위인 '대명사+부사격조사', 7위인 '대명사+긍정지정사+연결어미', 8위인 '대명사+명사파생접미사' 등 구조들은 드라마가 20.919%, 7.683%, 1.460%, 1.316%, 영화가 19.690%, 5.926%, 1.020%, 1.062%로 드라마에서의 사용률이 영화보다 높은 반면 1위인 '대명사', 3위인 '대명사+보조사', 5위인 '대명사+긍정지정사+종결어미', 6위인 '대명사+목적격조사' 등 구조들은 영화가 39.231%, 15.506%, 6.988%, 5.055%, 드라마가 37.506%, 14.528%, 6.056%, 4.332%로 영화에서의 사용률이 드라마보다 높다.

아래에 남자와 여자로 나누어 비교해 보기로 한다.

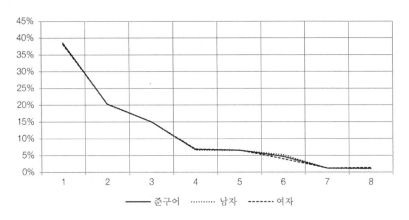

〈그림 15〉 대명사류 어절 구조 쓰임의 성별별 비교

　위의 세 가지 곡선을 비교해 보면 곡선들의 전체적인 모습이나 개별적인 쓰임에서 큰 차이를 보이지 않는다. 이는 준구어에서 사용률이 높은 대명사류 어절 구조가 남자와 여자의 대화에서도 사용률이 높으며 준구어에서 사용률이 낮은 대명사류 어절 구조는 남자와 여자의 대화에서도 사용률이 낮음을 의미한다.

　약간한 차이가 있다면 6위인 '대명사+목적격조사' 구조는 남자가 5.231%, 여자가 3.981%로 남자 대화에서의 사용률이 여자보다 높다.

2.4.3 수사(NR)류 어절 구조

　본 준구어 말뭉치에서는 모두 17가지 서로 다른 수사류 어절 구조가 출현하였는데 10회 이상 출현한 수사류 어절 구조들의 목록과 이들의 출현 횟수, 출현 빈도를 제시하면 다음과 같다.

<도표 8> 수사류 어절 구조 유형

순위	수사(NR)류 어절 구조	출현 횟수	출현 빈도
1	수사(NR)	281	68.039%
2	수사(NR)+보조사(JX)	51	12.349%
3	수사(NR)+주격조사(JKS)	26	6.295%
4	수사(NR)+부사격조사(JKB)	13	3.148%
	합 계		89.831%

예

1. [수사] ⇨ 하나/NR, 둘/NR…
2. [수사+보조사] ⇨ 하나/NR+두/JX, 하나/NR+밖에/JX…
3. [수사+주격조사] ⇨ 둘/NR+이/JKS, 하나/NR+가/JKS…
4. [수사+부사격조사] ⇨ 셋/NR+에/JKB, 열/NR+부터/JKB…

위의 도표를 보면 수사류 어절 구조도 그 사용률이 소수의 구조에 집중되어 있는데 수사 하나로 이루어진 '수사' 구조가 전체 수사류 어절 출현율의 68.039%로 압도적인 우세를 차지한다. 2위는 '수사+보조사' 구조로서 전체 수사류 어절 구조 출현율의 12.349%를 차지한다. 그 외에 3위인 '수사+주격조사', 4위인 '수사+부사격조사' 구조도 사용률이 비교적 높은 구조로서 각각 6.295%, 3.148%를 차지한다. 위의 4개 구조는 전체 수사류 어절 구조의 89.831%를 차지해 대부분의 수사류 어절들이 이들 형태에 의해 실현됨을 알 수 있다.

그리고 또 도표를 보면 대명사류 어절 구조도 단순 구조가 가장 많이 쓰이는데 구조가 복잡해질수록 사용률도 낮아진다.

위에서 제시한 수사류 어절 구조의 출현 빈도를 드라마와 영화로 나누어 비교해 보기로 한다.

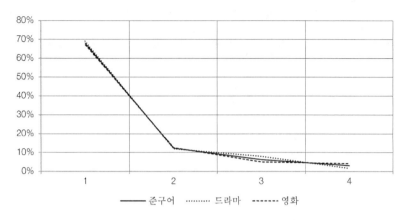

<그림 16> 수사류 어절 구조 쓰임의 장르별 비교

위의 차트를 보면 세 곡선이 전체적인 모습에는 큰 차이를 보이지 않아 준구어에서 사용률이 높은 수사류 어절 구조가 드라마와 영화에서도 사용률이 높으며 준구어에서 사용률이 낮은 수사류 어절 구조가 드라마와 영화에서도 사용률이 낮음을 알 수 있다.

그런데 개별적인 구조의 쓰임에서는 일부 차이를 나타낸다. 1위인 '수사'와 3위인 '수사+주격조사' 구조는 드라마가 69.143%, 8.000%, 영화가 67.227%, 5.042%로 드라마에서의 사용률이 영화보다 약간 높으며 4위인 '수사+부사격조사' 구조는 영화가 4.202%, 드라마가 1.714%로 영화에서의 사용률이 드라마보다 높다.

아래에 수사류 어절 구조의 출현 빈도를 남자와 여자로 나누어 비교해 보기로 한다.

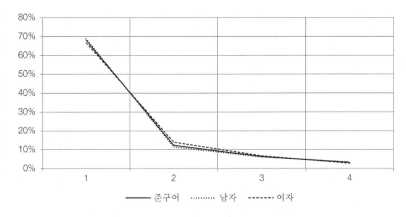

〈그림 17〉 수사류 어절 구조 쓰임의 성별별 비교

남자의 곡선과 여자의 곡선을 준구어의 곡선과 비교했을 때 역시 전체적인 모습에서는 큰 차이를 보이지 않는데 이는 준구어에서 사용률이 높은 수사류 어절 구조가 남자와 여자 대화에서의 사용률이 높으며 준구어에서 사용률이 낮은 수사류 어절 구조는 남자와 여자 대화에서도 사용률이 낮음을 알 수 있다.

그런데 개별적인 구조 쓰임에서는 일부 차이를 드러낸다. 1위인 '수사', 4위인 '수사+부사격조사' 등 구조들은 남자가 68.821%, 3.422%, 여자가 66.667%, 2.667%로 남자 대화에서의 사용률이 여자보다 높은 반면 2위인 '수사+보조사', 3위인 '수사+주격조사' 등 구조들은 여자가 14.000%, 6.667%, 남자가 11.407%, 6.084%로 여자 대화에서의 사용률이 남자보다 약간 높다.

2.4.4 동사(VV)류 어절 구조

동사류 어절 구조는 명사류 어절 구조 다음으로 많은 구조로서 본 연구에서 사용한 준구어 말뭉치에서는 총 59가지 동사류 어절 구조가 출현하는데 10회 이상 출현한 동사류 어절 구조들의 목록과 이들의 출현 횟수, 출현 빈도를 제시하면 다음과 같다.

〈도표 9〉 동사류 어절 구조 유형

순위	동사(VV)류 구조 유형	출현 횟수	출현 빈도
1	동사(VV)+연결어미(EC)	5,791	30.913%
2	동사(VV)+종결어미(EF)	5,755	30.721%
3	동사(VV)+관형형전성어미(ETM)	2,989	15.956%
4	동사(VV)+선어말어미(EP)+종결어미(EF)	2,600	13.879%
5	동사(VV)+선어말어미(EP)+연결어미(EC)	459	2.450%
6	동사(VV)+선어말어미(EP)+관형형전성어미(ETM)	252	1.345%
7	동사(VV)+연결어미(EC)+보조사(JX)	135	0.721%
8	동사(VV)+선어말어미(EP)+선어말어미(EP)+종결어미(EF)	132	0.705%
9	동사(VV)+명사형전성어미(ETN)	102	0.544%
10	동사(VV)+선어말어미(EP)+축약형선어말어미(EPX[10])	100	0.534%
11	동사(VV)+명사형전성어미(ETN)+보조사(JX)	88	0.470%
12	동사(VV)+축약형선어말어미(EPX)+종결어미(EF)	86	0.459%
13	동사(VV)+선어말어미(EP)+선어말어미(EP)+연결어미(EC)	29	0.155%
14	동사(VV)+연결어미(EC)+보조용언(VX)+선어말어미(EP)+종결어미(EF)	27	0.144%
15	동사(VV)+명사형전성어미(ETN)+부사격조사(JKB)	27	0.144%
16	동사(VV)+연결어미(EC)+보조용언(VX)+연결어미(EC)	23	0.123%
17	동사(VV)+연결어미(EC)+보조용언(VX)+관형형전성어미(ETM)	17	0.091%

18	동사(VV)+선어말어미(EP)+연결어미(EC)+보조사(JX)	14	0.075%
19	동사(VV)+명사형전성어미(ETN) +부사격조사(JKB)+보조사(JX)	10	0.053%
	합 계		99.482%

예

1. [동사+연결어미] ⇨ 하/VV+ㅕ/EC(해), 가/VV+ㅏ 서/EC(가서)···
2. [동사+종결어미] ⇨ 알/VV+지/EF, 맞/VV+죠/EF···
3. [동사+관형형전성어미] ⇨ 하/VV+는/ETM, 되/VV+ㄹ/ETM(될)···
4. [동사+선어말어미+종결어미] ⇨ 가/VV+겠/EP+습니다/EF, 가/VV+ㅏ ㅆ/EP+거든요/EF(갔거든요)···
5. [동사+선어말어미+연결어미] ⇨ 오/VV+ㅏ ㅆ/EP+는데/EC(왔는데), 모르/VV+겠/EP+지만/EC···
6. [동사+선어말어미+관형형전성어미] ⇨ 주/VV+시/EP+ㄴ/ETM(주신), 그러/VV+ㅕ ㅆ/EP+던/ETM(그랬던)···

...

위의 도표를 보면 1위인 '동사+연결어미'와 2위인 '동사+종결어미'는 비슷한 쓰임을 보이는데 각각 30.913%, 30.721%로 전체 동사류 어절의 61.634%를 차지한다. 그 외에 3위인 '동사+관형형전성어미'와 4위인 '동사+선어말어미+종결어미'도 사용률이 높은 동사류 어절 구조로서 각각 15.956%와 13.879%를 차지한다. 그리고 5위인 '동사+선어말어미+연결어미', 6위인 '동사+선어말어미+관형형전성어미' 등 구조들도 각각 2.450%,

---

10) EPX는 일반적으로 구어에서만 나타나는 '축약형선어말어미'들인데'잖, 랬, 다잖, ㄴ댔, 으랬, ㄴ대잖, 대잖' 등이 포함되며 이들은 각각 '-지 않-, -라고 하였-, -다지 않-, -ㄴ다고 하였-, -으라고 하였-, -ㄴ다고 하지 않-, -다고 하지 않'의 축약형이다. 이들은 '21세기세종계획_현대구어말뭉치_구축지침'(2009)에서는 'UNA(분석불가능)' 표지를 부여받았지만 2010년 '연세대학교 국어말뭉치(서상규)'부터 'EPX(축약형선어말어미)'라는 새로운 표지를 부여받았다. 본 연구에서는 연세대 순구어 말뭉치와의 비교 연구가 큰 비중을 차지하기 때문에 이 부분은 연세대 표기 지침을 따른다.

1.345%로 비교적 높은 사용률을 보인다. 위의 6개 구조는 전체 동사류 어절의 95.264%를 차지하는데 준구어에서 동사류 어절은 대부분 이 6개 구조에 의해 실현된다고 할 수 있다.

동사는 의존형태로서 반드시 어미가 붙어야만 쓰일 수 있다는 원칙에 근거한다면 동사류 어절의 가장 적은 형태 수는 2개라고 할 수 있다. 따라서 위의 도표를 보면 동사류 어절 구조 역시 단순 구조가 가장 많이 쓰이며 순위가 뒤로 밀릴수록 어절 구조가 복잡해지고 사용률도 급속도로 낮아진다.

아래에 전체 동사류 어절 중 95.264%를 차지하는 앞 6위만 뽑아 드라마와 영화로 나누어 비교해 보기로 한다.

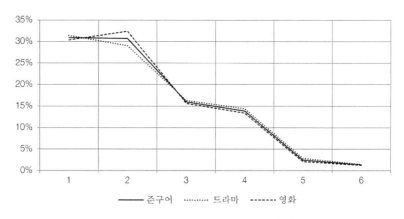

〈그림 18〉 동사류 어절 구조 쓰임의 장르별 비교

위의 차트를 보면 곡선들의 전체적인 흐름에서는 큰 차이를 보이지 않아 준구어에서 자주 사용되는 동사류 어절 구조가 드라마와 영화에서도 자주 사용되며 준구어에서 적게 사용되는 동사류 어절 구조가 드라마와 영화에서도 적게 사용됨을 알 수 있다.

그런데 역시 개별적인 쓰임에서는 일부 차이를 나타낸다. 1, 2위에서 드라마와 영화는 비교적 큰 차이를 나타내는데 드라마는 1위가 '동사+연결어미' 구조로서 31.454%인데 반해 영화는 1위가 '동사+종결어미' 구조로서 32.444%이다. 그리고 드라마는 2위가 '동사+종결어미'의 구조로서 28.999%인데 반해 영화는 2위가 '동사+연결어미' 구조로서 30.373%이다. 그 외에 3위인 '동사+관형형전성어미', 4위인 '동사+선어말어미+종결어미', 5위인 '동사+선어말어미+연결어미', 6위인 '동사+선어말어미+관형형전성어미'와 같은 구조들은 드라마에서의 사용률이 영화보다 높다. 따라서 드라마에서는 복합문이 비교적 많이 쓰이고 영화에서는 단일문이 비교적 많이 쓰임을 알 수 있다.

이번에는 남자와 여자를 비교해 보기로 한다.

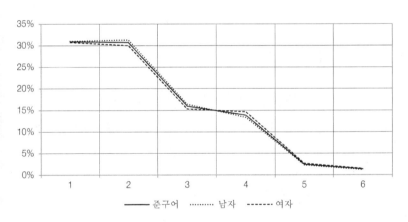

〈그림 19〉 동사류 어절 구조 쓰임의 성별별 비교

남자와 여자 곡선을 준구어의 곡선과 비교했을 때 전체적인 모습은 거의 차이를 보이지 않는다. 이는 준구어에서 사용률이 높은 동사류 어절 구조가 남자와 여자 대화에서의 사용률이 높으며 준구어에서 사용률이 낮은 동사류 어절 구조가 남자와 여자 대화에서도 사용률이 낮음을 의미한다.

그런데 개별적인 쓰임에서는 일부 차이를 보이는데 2위인 '동사+종결어미' 구조와 3위인 '동사+관형형전성어미' 구조는 남자가 31.278%, 16.394%, 여자가 30.027%, 15.323%로 남자 대화에서의 사용률이 여자보다 높은 반면 4위인 '동사+선어말어미+종결어미' 구조는 여자가 14.665%, 남자가 13.329%로 여자 대화에서의 사용률이 남자보다 높다. 그 외의 구조들은 큰 차이를 보이지 않는다. 전체적으로 봤을 때 동사류 어절 구조의 사용에서 남자는 여자보다 형태수가 적은 어절 구조를 선호한다.

2.4.5 형용사(VA)류 어절 구조

본 준구어 말뭉치에서 출현한 형용사류 어절 구조는 모두 37가지인데 10회 이상 출현한 형용사류 어절 구조들의 목록과 이들의 출현 횟수, 출현 빈도를 제시하면 다음과 같다.

〈도표 10〉 형용사류 어절 구조 유형

순위	어절 구조 유형	출현 횟수	출현 빈도
1	형용사(VA)+종결어미(EF)	2,725	46.241%
2	형용사(VA)+관형형전성어미(ETM)	1,263	21.432%
3	형용사(VA)+연결어미(EC)	1,025	17.394%
4	형용사(VA)+선어말어미(EP)+종결어미(EF)	316	5.362%
5	형용사(VA)+축약형선어말어미(EPX)+종결어미(EF)	108	1.833%
6	형용사(VA)+연결어미(EC)+보조용언(VX) +관형형전성어미(ETM)	73	1.239%
7	형용사(VA)+연결어미(EC)+보조용언(VX) +종결어미(EF)	69	1.171%
8	형용사(VA)+연결어미(EC)+보조용언(VX) +연결어미(EC)	49	0.831%

9	형용사(VA)+선어말어미(EP)+연결어미(EC)	47	0.798%
10	형용사(VA)+선어말어미(EP)+관형형전성어미(ETM)	39	0.662%
11	형용사(VA)+명사형전성어미(ETN)+보조사(JX)	38	0.645%
12	형용사(VA)+연결어미(EC)+보조사(JX)	35	0.594%
13	형용사(VA)+연결어미(EC)+보조용언(VX) +선어말어미(EP)+종결어미(EF)	32	0.543%
14	형용사(VA)+선어말어미(EP)+선어말어미(EP) +종결어미(EF)	16	0.272%
	합 계		99.017%

예

1. [형용사+종결어미] ⇨ 없/VA+어/EF, 있/VA+습니다/EF…
2. [형용사+관형형전성어미] ⇨ 좋/VA+은/ETM, 나쁘/VA+ㄴ/ETM(나쁜)…
3. [형용사+연결어미] ⇨ 없/VA+어서/EC, 맛있/VA+게/EC…
4. [형용사+선어말어미+종결어미] ⇨ 많/VA+았/EP+습니다/EF, 낫/VA+겠/EP+다/EF…
5. [형용사+축약형선어말어미+종결어미] ⇨ 재밌/VA+잖/EPX+아/EF, 괜찮/VA+다잖/EPX+아/EF…
6. [형용사+연결어미+보조용언+관형형전성어미] ⇨ 좋/VA+아/EC+하/VX+는/ETM, 슬프/VA+ㅓ/EC+하/VX+ㄹ/ETM(슬퍼할)…
7. [형용사+연결어미+보조용언+종결어미] ⇨ 좋/VA+아/EC+하/VX+ㅓ/EF(좋아해), 멀/VA+어/EC+지/VX+ㄹ걸/EF(멀어질걸)…

…

위의 도표를 보면 1위인 '형용사+종결어미' 구조는 전체 형용사류 어절의 46.241%를 차지하는데 이는 거의 절반이 되는 숫자이다. 2위인 '형용사+관형형전성어미'와 3위인 '형용사+연결어미' 구조도 비교적 많이 쓰이는 구조로서 각각 21.432%와 17.394%를 차지한다. 앞에서 동사류 어절 구조

는 '동사+연결어미', '동사+종결어미' 구조가 비슷한 쓰임을 보이는 데
비해 형용사류 어절 구조는 '형용사+종결어미' 구조가 압도적인 우세를
차지한다. 그 외에 4위인 '형용사+선어말어미+종결어미', 5위인 '형용사+
축약형선어말어미', 6위인 '형용사+선어말어미+보조용언+관형형전성어
미', 7위인 '형용사+연결어미+보조용언+종결어미'와 같은 구조들도 비교
적 많이 쓰이는데 각각 5.362%, 1.833%, 1.239%, 1.171%를 차지한다.
위의 7가지 구조는 전체 형용사류 어절의 94.672%를 차지하는데 준구어
에서 형용사류 어절은 대부분 이들 구조에 의해 실현된다고 할 수 있다.

그리고 형용사류 어절 구조도 동사류 구조와 마찬가지로 반드시 어미
가 붙어야만 쓰일 수 있다는 원칙에 근거한다면 형용사류 어절 구조의
가장 적은 형태수는 2개라고 할 수 있다. 따라서 위의 도표를 보면 형용사
류 어절 구조 역시 단순 구조가 가장 많이 쓰이며 순위가 뒤로 밀릴수록
어절 구조가 복잡해지고 사용률도 낮아진다.

아래에 전체 형용사류 어절 중 94.672%를 차지하는 앞 7위만 뽑아
드라마와 영화로 나누어 비교해 보기로 한다.

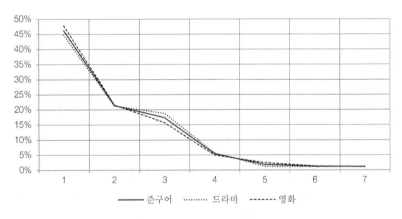

〈그림 20〉 형용사류 어절 구조 쓰임의 장르별 비교

위의 세 곡선을 비교해 보면 전체적인 모습에서는 큰 차이를 보이지 않아 준구어에서 사용률이 높은 형용사류 어절 구조가 드라마와 영화에서도 사용률이 높으며 준구어에서 사용률이 낮은 형용사류 어절 구조가 드라마와 영화에서도 사용률이 낮음을 알 수 있다.

그런데 개별적인 구조의 쓰임에서는 일부 차이를 보인다. 1위인 '형용사+종결어미' 구조와 5위인 '형용사+축약형선어말어미+종결어미' 구조는 영화가 47.895%, 2.490%, 드라마가 44.813%, 1.265%로 영화에서의 사용률이 드라마보다 높은 반면 3위인 '형용사+연결어미' 구조와 4위인 '형용사+선어말어미+종결어미' 구조는 드라마가 18.817%, 5.694%, 영화가 15.745%, 4.980%로 드라마에서의 사용률이 영화보다 높다. 그 외의 구조에서는 큰 차이가 나타나지 않는다. 따라서 영화에서는 단순 구조와 축약형선어말어미가 드라마보다 더 많이 쓰임을 알 수 있다.

아래에 남자와 여자를 비교해 보기로 한다.

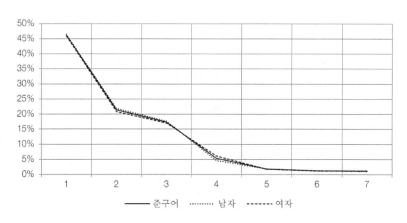

〈그림 21〉 형용사류 어절 구조 쓰임의 성별별 비교

위의 세 곡선을 비교해 보면 전체적인 모습에서는 큰 차이를 보이지 않아 준구어에서 자주 쓰이는 형용사류 어절 구조가 남자와 여자의 대화에서도 사용률이 높으며 준구어에서 사용률이 낮은 형용사류 어절 구조가 남자와 여자의 대화에서도 사용률이 낮음을 알 수 있다.

그런데 개별적인 쓰임에서는 일부 차이를 보인다. 남자는 1위인 '형용사+종결어미', 2위인 '형용사+관형형전성어미', 3위인 '형용사+연결어미' 구조에서는 각각 46.513%, 21.887%, 17.715%로 45.943%, 20.811%, 17.055%인 여자보다 약간 높은 반면 5위인 '형용사+선어말어미+종결어미' 구조에서는 4.670%로 6.198%인 여자보다 낮다. 위의 수치들을 보면 형용사류 어절 구조의 쓰임에서 남자는 여자보다 형태수가 적은 어절을 더 선호한다.

2.4.6 부정지정사(VCN)류 어절 구조

본 준구어 말뭉치에서 출현한 부정지정사류 어절 구조는 모두 11가지로서 10회 이상 출현한 부정지정사류 어절 구조들의 목록과 출현 횟수, 출현 빈도를 도표로 제시하면 다음과 같다.

〈도표 11〉 부정지정사류 어절 구조 유형

순위	부정지정사(VCN)류 어절 구조	출현 횟수	출현 빈도
1	부정지정사(VCN)+종결어미(EF)	597	71.411%
2	부정지정사(VCN)+연결어미(EC)	157	18.780%
3	부정지정사(VCN)+선어말어미(EP)+종결어미(EF)	24	2.871%
4	부정지정사(VCN)+관형형전성어미(ETM)	23	2.751%
5	부정지정사(VCN)+축약형선어말어미(EPX) +종결어미(EF)	16	1.914%
합 계			97.727%

1. [부정지정사+종결어미] ⇨ 아니/VCN+야/EF, 아니/VCN+ㄴ가/EF(아
   닌가)…
2. [부정지정사+연결어미] ⇨ 아니/VCN+라/EC, 아니/VCN+ㅁ/EC(아님)…
3. [부정지정사+선어말어미+종결어미] ⇨ 아니/VCN+시/EP+ㅔ요/EF
   (아니세요), 아니/VCN+시/EP+ㄴ가/EF(아니신가)…
4. [부정지정사+관형형전성어미] ⇨ 아니/VCN+라는/ETM, 아니/VCN+
   ㄹ/ETM(아닐)…
5. [부정지정사+축약형선어말어미+종결어미] ⇨ 아니/VCN+잖/EPX+
   아요/EF, 아니/VCN+잖/EPX+습니까/EF…

위의 도표를 보면 1위인 '부정지정사+종결어미' 구조는 전체 부정지정
사류 어절의 71.411%를 차지해 부정지정사류 어절들은 대부분 이 구조에
집중되어 있다고 할 수 있다. 그 외에 2위인 '부정지정사+연결어미' 구조
도 18.780%를 차지해 비교적 높은 사용률을 보인다. 또 3위인 '부정지정사
+선어말어미+종결어미', 4위인 '부정지정사+관형형전성어미', 5위인 '부
정지정사+축약형선어말어미+종결어미' 구조들도 각각 2.871%, 2.751%,
1.914%로 전체 준구어 말뭉치에서 15회 이상 반복된 구조들이다. 위의
5개 구조는 전체 부정지정사류 어절의 97.727%를 차지한다.
그리고 부정지정사류 어절 구조도 형태수가 가장 적은 구조가 2개
형태라고 할 수 있는데 위의 도표를 보면 단순 구조가 가장 많이 쓰이며
순위가 뒤로 밀릴수록 어절 구조가 복잡해지고 사용률도 낮아진다.
위의 부정지정사류 어절 구조들의 쓰임을 드라마와 영화로 나누어
비교해 보기로 한다.

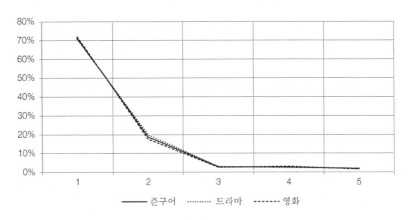

〈그림 22〉 부정지정사류 어절 구조 쓰임의 장르별 비교

위의 세 곡선을 비교해 보면 전체적인 모습에서는 큰 차이를 보이지 않아 준구어에서 사용률이 높은 부정지정사류 어절 구조가 드라마나 영화에서도 사용률이 높으며 준구어에서 사용률이 낮은 부정지정사류 어절 구조가 드라마나 영화에서도 사용률이 낮음을 알 수 있다.

그런데 개별적인 쓰임에서는 약간한 차이가 나타난다. 1위인 '부정지정사+종결어미' 구조는 영화가 72.115%, 드라마가 70.714%로 영화에서의 사용률이 드라마보다 높지만 2위인 '부정지정사+연결어미' 구조는 드라마가 20.000%, 영화가 17.548%로 드라마에서의 사용률이 영화보다 높다. 이는 부정지정사류 어절들도 드라마에서는 복합문이 많이 쓰이고 영화에서는 단일문이 많이 쓰인다는 사실을 뒷받침해 준다. 그 외에 3위인 '부정지정사+선어말어미+종결어미' 구조와 5위인 '부정지정사+축약형선어말어미+종결어미' 구조는 드라마가 3.095%, 2.143%, 영화가 2.644%, 1.683%로 드라마에서의 사용률이 영화보다 약간 높으며 4위인 '부정지정사+관형형전성어미' 구조는 영화가 3.125%, 드라마가 2.381%로 영화에서의 사용률이 드라마보다 약간 높다.

이번에는 남자와 여자로 나누어 비교해 본다.

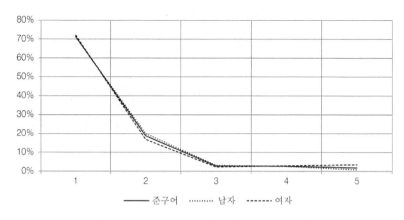

〈그림 23〉 부정지정사류 어절 구조 쓰임의 성별별 비교

위의 세 곡선을 보면 전체적인 모습에서는 큰 차이를 보이지 않아 준구어에서 사용률이 높은 부정지정사류 어절 구조가 남자와 여자 대화에서도 사용률이 높으며 준구어에서 사용률이 낮은 부정지정사류 어절 구조가 남자와 여자 대화에서도 사용률이 낮음을 알 수 있다.

그런데 개별적인 쓰임에서는 일부 차이가 나타나는데 2위와 5위에서 비교적 큰 차이가 나타난다. 2위인 '부정지정사+연결어미' 구조는 남자가 19.920%, 여자가 16.864%로 남자 대화에서의 사용률이 여자보다 높은 반면 5위인 '부정지정사+축약형선어말어미+종결어미' 구조는 여자가 3.550%, 남자가 0.805%로 여자 대화에서의 출현율이 남자보다 높다. 이는 부정지정사류 어절 사용에서 복합구조는 남자들이 여자보다 더 많이 사용하고 축약형선어말어미는 여자가 남자보다 더 많이 사용함을 의미한다.

2.4.7 보조용언(VX)류 어절 구조

본 준구어 발붕지에서 줄현한 보조용언류 어절 구조는 모두 30가지로서 10회 이상 출현한 보조용언류 어절 구조들의 목록과 출현 횟수, 출현 빈도를 제시하면 다음과 같다.

〈도표 12〉 보조용언류 어절 구조 유형

순위	어절 구조 유형	출현 횟수	출현 빈도
1	보조용언(VX)+종결어미(EF)	1,571	46.274%
2	보조용언(VX)+연결어미(EC)	661	19.470%
3	보조용언(VX)+관형형전성어미(ETM)	477	14.050%
4	보조용언(VX)+선어말어미(EP)+종결어미(EF)	405	11.929%
5	보조용언(VX)+선어말어미(EP)+연결어미(EC)	109	3.211%
6	보조용언(VX)+선어말어미(EP) +관형형전성어미(ETM)	53	1.561%
7	보조용언(VX)+연결어미(EC)+보조사(JX)	19	0.560%
8	보조용언(VX)+선어말어미(EP)+선어말어미(EP) +종결어미(EF)	17	0.501%
9	보조용언(VX)+축약형선어말어미(EPX) +종결어미(EF)	15	0.442%
10	보조용언(VX)+연결어미(EC)+보조용언(VX) +선어말어미(EP)+종결어미(EF)	12	0.353%
	합 계		98.351%

예

1. [보조용언+종결어미] ⇨ 있/VX+습니다/EF, 주/VX+(ㄹ)께[11]/EF…
2. [보조용언+연결어미] ⇨ 가지/VX+구/EC, 하/VX+ㅕ/EC(해)…
3. [보조용언+관형형전성어미] ⇨ 있/VX+는/ETM, 버리/VX+ㄹ/ETM
   (버릴)…
4. [보조용언+선어말어미+종결어미] ⇨ 주/VX+시/EP+ㅔ요/EF(주세

---

11) 본 준구어 말뭉치에서는 구어에서의 '줄께'와 '주께'를 달리 표기하기 위해 '줄께'는 '주/VX+ㄹ께/EF'로 분석하고 '주께'는 '주/VX+(ㄹ)께/EF'로 분석하였다.

요), 드리/VX+겠/EP+습니다/EF…

5. [보조용언+선어말어미+연결어미] ⇨ 주/VX+시/EP+면/EC, 놓/VX+
ㅏㅆ/EP+으니까/EC(놓았으니까)…

6. [보조용언+선어말어미+관형형전성어미] ⇨ 싶/VX+었/EP+던
/ETM, 않/VX+았/EP+을/ETM…

…

위의 도표를 보면 1위는 전체 보조용언류 어절의 거의 절반을 차지하는
'보조용언+종결어미' 구조로서 46.274%이다. 그 외에 2위인 '보조용언+연
결어미', 3위인 '보조용언+관형형전성어미', 4위인 '보조용언+선어말어미
+종결어미' 등 구조들도 비교적 많이 쓰이는 구조로서 각각 19.470%,
14.050%, 11.929%를 차지해 전체 보조용언류 어절의 45.449%이다. 그리
고 5위인 '보조용언+선어말어미+연결어미'와 6위인 '보조용언+선어말어
미+관형형전성어미'도 각각 3.211%와 1.561%를 차지한다. 위의 6개 구조
는 전체 보조용언류 어절 출현율의 96.495%를 차지한다.

그리고 보조용언류 어절 구조도 동사나 형용사류 어절 구조와 마찬가
지로 어미가 붙어야만 쓰일 수 있다는 원칙에 근거한다면 가장 적은
형태수가 2개라고 할 수 있다. 따라서 위의 도표를 보면 형용사류 어절
구조 역시 단순 구조가 가장 많이 쓰이며 순위가 뒤로 밀릴수록 어절
구조가 복잡해지고 사용률도 급속도로 낮아진다.

아래에 전체 보조용언류 어절 구조 중 96.495%를 차지하는 앞 6위를
뽑아 드라마와 영화로 나누어 비교해 보기로 한다.

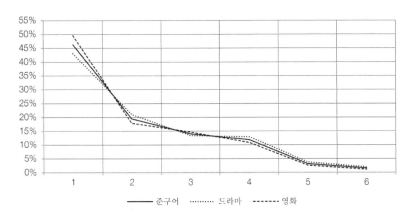

― 준구어   ……… 드라마   ------- 영화

〈그림 24〉 보조용언류 어절 구조 쓰임의 장르별 비교

위의 세 곡선을 비교해 보면 전체적인 모습에서는 큰 차이를 보이지 않는데 이는 준구어에서 고빈도로 사용된 보조용언류 어절 구조들이 드라마와 영화에서도 고빈도로 사용되며 준구어에서 저빈도로 사용된 보조용언류 어절 구조들이 드라마와 영화에서도 저빈도로 사용됨을 의미한다.

그런데 개별 구조들의 쓰임에서는 일부 차이가 드러난다. 1위인 '보조용언+종결어미' 구조와 3위인 '보조용언+관형형전성어미' 구조는 영화가 49.583%, 14.702%, 드라마가 43.032%, 13.411%로 영화에서의 사용률이 드라마보다 높으며 2위인 '보조용언+연결어미', 4위인 '보조용언+선어말어미+종결어미', 5위인 '보조용언+선어말어미+연결어미', 6위인 '보조용언+선어말어미+관형형전성어미' 구조는 드라마가 21.050%, 12.945%, 3.790%, 1.983%, 영화가 17.857%, 10.893%, 2.619%, 1.131%로 드라마에서의 사용률이 영화보다 높다. 보조용언류 어절 구조를 봐도 드라마는 영화보다 복합문이 비교적 많이 쓰이고 어절 내 형태수가 비교적 많다.

이번에는 남자와 여자 대화에서의 보조용언류 어절들의 쓰임을 살펴보도록 한다.

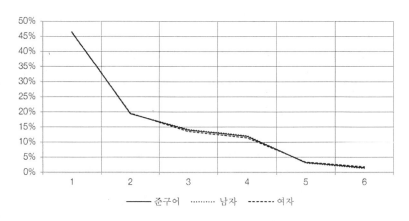

〈그림 25〉 보조용언류 어절 구조 쓰임의 성별별 비교

위의 세 곡선을 비교해 보면 전체적인 모습에서는 거의 차이를 보이지 않는다. 따라서 준구어에서 고빈도로 사용되는 보조용언류 어절 구조들이 남자와 여자 대화에서 고빈도로 사용되며 준구어에서 저빈도로 사용되는 보조용언류 어절 구조들이 남자와 여자 대화에서도 저빈도로 사용됨을 알 수 있다.

개별적인 쓰임에 차이가 있다면 3위인 '보조용언+관형형전성어미' 구조와 4위인 '보조용언+선어말어미+종결어미' 구조는 남자가 14.243%, 12.159%, 여자가 12.543%, 11.420%로 남자 대화에서의 사용률이 여자보다 약간 높지만 5위인 '보조용언+선어말어미+연결어미' 구조와 6위인 '보조용언+선어말어미+관형형전성어미' 구조는 여자가 3.441% 1.903%, 남자가 3.077%, 1.340%로 여자 대화에서의 사용률이 남자보다 약간 높다. 위의 수치나 곡선을 통해 알 수 있듯이 보조용언류 어절들의 쓰임에서 남자는 여자보다 종결어미를 좀 더 많이 쓰는 반면 여자는 남자보다 연결어미를 좀 더 많이 쓴다. 그리고 형태수가 적은 어절 구조에서 남자가 여자보다 좀 더 사용률이 높다.

2.4.8 부사(MA)류 어절 구조

본 준구어 말뭉치에서 출현한 부사류 어절 구조는 모두 33가지 유형인데 10회 이상 출현한 부사류 어절 구조들의 목록과 출현 횟수, 출현 빈도를 제시하면 다음과 같다.

〈도표 13〉 부사류 어절 구조 유형

순위	부사(MA)류 구조 유형	출현 횟수	출현 빈도
1	부사(MA)	11,745	92.291%
2	부사(MA)+보조사(JX)	547	4.298%
3	부사(MA)+동사파생접미사(XSV)+종결어미(EF)	121	0.951%
4	부사(MA)+동사파생접미사(XSV)+연결어미(EC)	59	0.464%
5	부사(MA)+보조사(JX)+보조사(JX)	49	0.385%
6	부사(MA)+동사파생접미사(XSV)+선어말어미(EP)+종결어미(EF)	49	0.385%
7	부사(MA)+동사파생접미사(XSV)+관형형전성어미(ETM)	34	0.267%
8	부사(MA)+형용사파생접미사(XSA)+연결어미(EC)	23	0.181%
9	부사(MA)+긍정지정사(VCP)+종결어미(EF)	19	0.149%
10	부사(MA)+명사파생접미사(XSN)	14	0.110%
11	부사(MA)+형용사파생접미사(XSA)+종결어미(EF)	12	0.094%
합 계			99.575%

예

1. [부사] ⇨ 안/MA, 왜/MA…
2. [부사+보조사] ⇨ 잠깐/MA+만/JX, 왜/MA+요/JX…
3. [부사+동사파생접미사+종결어미] ⇨ 그만/MA+하/XSV+자/EF, 잘/MA+하/XSV+ㄴ다/EF(잘한다)…
4. [부사+동사파생접미사+연결어미] ⇨ 못/MA+하/XSV+게/EC, 그렁

그렁/MA+하/XSV+ㅓ/EC(그렁그렁해)…

…

위의 도표를 보면 부사가 독립적으로 쓰인 '부사' 구조가 전체 부사류 어절의 92.291%를 차지해 아주 높은 사용률을 보인다. 2위인 '부사+보조사' 구조도 사용률이 비교적 높은데 4.298%를 차지한다. 그 외에 3위인 '부사+동사파생접미사+종결어미' 구조와 4위인 '부사+동사파생접미사+연결어미' 구조가 각각 0.951%와 0.464%를 차지한다. 위의 네 개 구조는 전체 부사류 어절의 98.004%를 차지한다.

그리고 부사류 어절 구조 역시 단일 구조가 가장 많이 쓰이고 사용률이 낮아질수록 어절 구조 또한 복잡해진다.

아래에 전체 부사류 어절 중 98.004%를 차지하는 앞 4위만 뽑아 드라마와 영화로 나누어 비교해 보기로 한다.

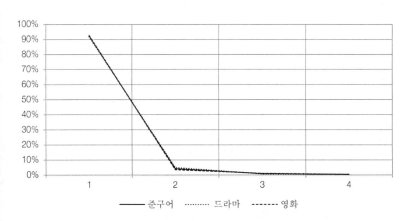

〈그림 26〉 부사류 어절 구조 쓰임의 장르별 비교

위의 세 곡선을 보면 준구어와 드라마, 영화에서 부사류 어절의 사용은 거의 일치하는 모습이다. 이는 준구어에서 사용률이 높은 부사류 어절 구조가 드라마와 영화에서도 사용률이 높으며 준구어에서 사용률이 낮은 부사류 어절 구조가 드라마와 영화에서도 사용률이 낮음을 의미한다.

약간한 차이가 있다면 1위인 '부사' 구조는 영화가 92.789%, 드라마가 91.823%로 영화에서의 사용률이 약간 높은 반면 2위인 '부사+보조사' 구조는 드라마가 4.973%, 영화가 3.581%로 드라마에서의 사용률이 영화보다 높다. 그리고 3위인 '부사+동사파생접미사+종결어미' 구조는 영화가 1.086%, 드라마가 0.824%로 영화에서의 사용률이 드라마보다 높은 반면 4위인 '부사+동사파생접미사+연결어미' 구조는 드라마가 0.488%, 영화가 0.438%로 드라마에서의 사용률이 영화보다 높다. 위의 수치들을 종합해 보면 부사류 어절 구조 사용에서 영화는 드라마보다 단순구조를 더 선호하며 연결어미보다 종결어미를 좀 더 많이 씀을 알 수 있다. 이번에는 남자와 여자를 비교해 보기로 한다.

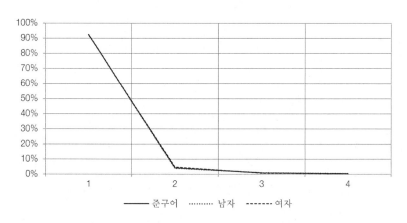

〈그림 27〉 부사류 어절 구조 쓰임의 성별별 비교

위의 남자와 여자의 곡선을 준구어의 곡선과 비교해 보면 거의 정확하게 일치하는 모습을 보이는데 이는 준구어에서 사용률이 높은 부사류 어절 구조가 남자와 여자 대화에서도 사용률이 높으며 준구어에서 사용률이 낮은 부사류 어절 구조가 남자와 여자 대화에서도 사용률이 낮음을 의미한다.

약간한 차이가 있다면 1위인 '부사', 3위인 '부사+동사파생접미사+종결어미', 4위인 '부사+동사파생접미사+연결어미' 등 구조들은 남자가 92.341%, 1.094%, 0.505%, 여자가 92.184%, 0.756%, 0.414%로 남자 대화에서의 사용률이 여자보다 높은 반면 2위인 '부사+보조사' 구조는 여자가 4.808%, 남자가 3.928%로 여자 대화에서의 사용률이 남자보다 높다.

2.4.9 감탄사(IC)류 어절 구조

감탄사(IC)류 어절 구조는 본 연구에서 사용한 준구어 말뭉치에서 모두 4가지 유형이 확인되는데 감탄사가 독립적으로 쓰임 '감탄사(IC)' 구조가 전체 감탄사류 어절의 99.968%를 차지하며 그 외의 3가지 구조는 1회씩밖에 출현하지 않아 매우 낮은 사용률을 보인다. '감탄사(IC)' 구조의 쓰임을 드라마와 영화, 남자와 여자로 나누어 비교해 보면 드라마는 99.988%, 영화는 99.943%, 남자는 99.943%, 여자는 100%로서 감탄사류 구조에서 드라마, 영화, 남자, 여자 할 것 없이 전부 단일 구조 'IC' 유형에 집중되어 있음을 알 수 있다.

2.5 나오기

본 장절에서 연구자는 어절이 통사적인 짜임새의 기본적인 단위이면서 또한 형태론적인 짜임새의 최대 단위라는 점을 중시하여 준구어에서 나타나는 어절들의 사용 실태와 그 특징을 밝히고지 준구어에서 나타나는 어절들의 음절수와 형태수, 결합 양상에 대해 통계학적 분석을 진행하였다.

본 준구어 말뭉치는 준구어의 모든 언어학적 특징에 대해 명확한 결론을 내릴 수 있는 대규모의 말뭉치는 아니지만 10만여 어절에 대한 분석 결과 잠정적으로 다음과 같은 결론을 얻어내었다.

첫째, 준구어 어절들의 음절수를 보면, 음절수가 2개, 1개, 3개, 4개인 어절이 전체 어절의 95%를 차지하며 그중 2개, 1개, 3개인 어절이 전체 어절의 85%를 차지한다. 즉, 한국어 준구어에서 인물들의 대화는 절대 대부분이 2음절, 1음절, 3음절 어절에 의해 실현된다고 할 수 있다. 그 외의 구조들은 음절수가 증가할수록 사용률이 급속히 낮아지는데 8음절부터는 사용률이 아주 낮다.

본 연구에서는 이와 같은 결과를 다시 드라마와 영화, 남자와 여자로 나누어 비교 분석을 진행하였는데 각 비교 항목별로 큰 차이를 보이지 않아 준구어에서 사용률이 높은 음절수에 따른 어절 구조들이 각 항목별로도 사용률이 높고 준구어에서 사용률이 낮은 음절수에 따른 어절 구조들이 각 항목별로도 사용률이 낮음을 알 수 있었다. 하지만 개별적인 쓰임에서는 드라마와 영화, 남자와 여자가 일부 차이를 보였는데 드라마에서 사용된 어절들의 음절수는 영화보다 좀 더 많았으며 여자 대화에서 사용된 어절들의 음절수는 남자보다 좀 더 많았다.

둘째, 준구어 어절들의 형태수를 보면, 준구어에서 인물들 간의 대화는 1, 2, 3개 형태로 된 어절 위주로 이루어지는데 그 중 1개 형태로 된 어절이 45.510%로 가장 많았고 2개 형태로 된 어절이 38.283%로 2위를 차지하였는데 이 두 유형의 어절만으로 83%의 대화가 이루어짐을 알수 있었다. 여기에 3개 형태로 된 어절 13.770%까지 합치면 98%의 대화가 1, 2, 3개 형태의 어절 위주로 이루어진다고 할 수 있다. 그 외의 구조들은 형태수가 증가할수록 사용률이 급속도로 낮아진다.

이와 같은 결과를 드라마와 영화, 남자와 여자로 나누어 비교 분석을 진행하였는데 전체적인 쓰임에서는 큰 차이를 보이지 않아 준구어에서 사용률이 높은 형태수에 따른 어절 구조들이 각 비교 항목별로도 사용률이 높으며 준구어에서 사용률이 낮은 형태수에 따른 어절 구조들이 각 비교 항목별로도 사용률이 낮음을 알 수 있었다. 그런데 개별적인 쓰임에서는 일부 차이를 보였는데 드라마의 어절들은 어절 내 형태수가 영화보다 조금 더 많고 여자 대화에서 출현하는 어절들은 어절 내 형태수가 남자보다 조금 더 많았다.

셋째, 결합 양상에 따른 어절 구조들의 전반적인 쓰임을 보면, '명사류〉동사류〉감탄사류〉부사류〉대명사류' 어절 구조는 전체 준구어 말뭉치의 86.326%를 차지해 대부분의 어절들이 이 5가지 유형에 의해 실현된다고 할 수 있다. 그 외에 형용사류, 관형사류, 보조용언류, 부정지정사류, 수사류 어절 구조들은 준구어 말뭉치에서 출현율이 그다지 높지 않았다.

본 연구에서는 위의 연구 결과를 다시 드라마와 영화, 남자와 여자로 나누어 비교 분석을 진행하였는데 각 비교 항목별로 큰 차이는 발견되지 않았다. 따라서 준구어에서 사용률이 높은 결합 양상에 따른 어절 구조들이 각 비교 항목별로도 사용률이 높고 준구어에서 사용률이 낮은 결합 양상에 따른 어절 구조들이 각 비교 항목별로도 사용률이 낮음을 알 수 있었다. 약간한 차이가 있다면 감정 표현에 많이 사용되는 형용사류, 부사류, 감탄사류 어절 구조들이 드라마가 영화보다, 여자가 남자보다 좀 더 많이 사용하였다.

그 다음 결합 양상에 따른 어절 구조 내의 개별 구조들에 대해 살펴본 결과 각 구조 유형들에는 전부 상용 구조가 있어 절대 대부분의 대화가 이들을 둘러싸고 진행됨이 발견되었다. 또한 위의 두 번째 결론과 일맥상통하는 것으로서 이들 상용 구조들은 대부분 단순 구조들이며 구조가 복잡헤질수록 사용률도 급속도로 떨어졌다.

본 연구에서는 위의 결과를 드라마와 영화, 남자와 여자로 나누어 비교 분석을 진행하였는데 각 비교 항목별로 약간한 차이를 보였지만 큰 차이를 보이지 않아 준구어에서 사용률이 높은 개별 구조들이 각 비교 항목별로도 사용률이 높고 준구어에서 사용률이 낮은 개별 구조들이 각 비교 항목별로도 사용률이 낮음을 알 수 있었다.

끝으로, 지금까지 순구어 연구진들에서 내놓은 순구어 어절에 대한 연구들은 대부분 순구어 어절의 중의성 연구에 집중되어 있어 순구어 어절의 음절수나 어절의 형태수, 어절 구조 유형에 대한 연구는 아직까지 본 결과와 비교할 수 있는 연구 결과가 나오지 않고 있다. 따라서 순구어 와 준구어의 비교 연구가 이루어지지 못했다는 것이 큰 아쉬움으로 남으며 여기에 대한 연구는 차후의 과제로 미루기로 한다.

제3장

준구어에서 실질형태의
사용 실태와 그 특징

제3장 준구어에서 실질형태의 사용 실태와 그 특징

3.1 들어가기

남기심 외(2001: 46)에서는 형태소를 실질형태소와 형식형태소로 나누고 실질형태소는 '구체적인 대상이나 동작, 상태와 같은 어휘적 의미를 표시하는 형태소'라고 정의하고 형식형태소는 '실질형태소에 붙어 주로 말과 말 사이의 관계나 기능을 형식적으로 표시하는 형태소'라고 정의하고 있다. 이와 같은 정의에 따른다면 한국어의 어절은 실질형태소와 형식형태소로 구성된다. 이중 실질형태소는 실제적인 의미를 표시하고 또 이런 의미가 모여 하나의 문장의 의미를 형성하고 이런 문장의 의미가 모여 하나의 이야기의 의미를 나타내는 것이다. 따라서 실질형태소에 대한 연구는 본체론적 측면뿐만 아니라 한국어 교육적 측면에서도 중요한 의의를 갖고 있다고 할 수 있다.

현재 실질형태에 대한 연구는 문어와 구어로 나눌 수 있고 구어는 다시 순구어에 대한 연구와 준구어에 대한 연구로 나눌 수 있다. 그런데 한국에서 진행되는 순구어와 준구어에서의 실질형태에 대한 연구는 외국어로서의 한국어 교육에 활용할 시 다음과 같은 문제점을 포함하고 있다.

첫째, 순구어를 연구 대상으로 하는 연구들에서는 일반적으로 대학생들의 잡담이나 과당에서의 대화를 기초 분석 자료로 했기에 대화분석이나 기타 언어학적 분석에는 상당한 도움이 되지만 장면이나 상황이 비교적 단일하다는 단점을 갖고 있어 그 결과를 외국인을 대상으로 하는 한국어 교육에 그대로 활용할 경우 일부 한계를 갖고 있다고 할 수 있다. 또한 자료를 녹음할 때 될수록 현실을 그대로 반영할 것을 원칙으로 했기 때문에 잡음 처리 등을 거치지 않은 이런 원시 자료들은 한국어 교육에 직접 사용하기에는 어느 정도 무리가 있다고 본다.

둘째, 중국에서 한국어를 학습하는 학습자들은 절대 대부분이 한국의 드라마나 영화를 통해 한국어 듣기를 훈련한다. 그런데 지금까지 준구어를 대상으로 한 연구들을 보면 일반적으로 드라마와 관련된 논문들은 드라마에만 국한하여 연구를 진행해 왔으며 영화와 관련된 논문들은 영화에만 국한하여 연구를 진행해 왔기 때문에 드라마와 영화의 비교 연구나 준구어와 순구어의 비교 연구가 아직까지 이루어지지 않고 있다.

본 연구에서는 외국이라는 특정한 상황을 놓고 볼 때 한국어 수업 현장에서 사용할 수밖에 없고 또 반드시 사용해야 하는 한국의 드라마와 영화가 어떤 차이가 있는지, 준구어에서 출현하는 대화들이 성별에 따라 차이가 없는지, 이와 같은 준구어들이 순구어와 비교했을 때 어떤 차이가 있는지 등 측면에 대한 연구가 상당히 의의 있다고 생각하고 다음과 같은 방법으로 연구를 진행하고자 한다.

첫째, 본 연구에 사용한 준구어 말뭉치 전체에 대해 통계언어학적 분석을 진행한 다음 그 연구 결과를 제시한다.

둘째, 이 연구 결과를 드라마와 영화, 남자와 여자로 나누어 비교 분석을 진행한다.

셋째, 준구어 말뭉치 전체에 대한 연구 결과를 '연세국어말뭉치_빈도 표'[1]와 비교하여 그 차이를 밝힌다.

3.2 품사별 통계학적 분석

실질형태에 대한 통계적 분석을 시작하면서 먼저 실질형태를 명사 (NN), 대명사(NP), 수사(NR), 동사(VV), 형용사(VA), 보조용언(VX), 관형

---

1) 이하 '순구어'라고 약칭한다.

사(MM), 부사(MA), 감탄사(IC)등으로 크게 나누어 이들의 쓰임을 살펴보고자 한다.

그런데 지금까지 준구어 말뭉치의 형태 분석 지침은 '21세기 세종계획_현대구어말뭉치구축지침'에 따라 명사는 일반명사(NNG), 고유명사(NNP), 의존명사(NNB) 3개로 나누고 지정사(VC)는 긍정지정사(VCP)와 부정지정사(VCN) 2개로 나누었으며 부사는 일반부사(MAG), 접속부사(MAJ) 2개로 나누어 표기하였다. 그런데 이와 같은 분류는 실질형태들을 총괄적으로 살피기에는 일부 제한점이 있다고 생각하여 일반명사와 고유명사, 의존명사는 명사에 통합시키고 일반부사와 접속부사는 부사에 통합시켰으며 부정지정사는 형용사에 통합시키고 긍정지정사는 남기심 외(2001: 100)에 따라 조사에 귀속시켰다.

구체적인 방법을 제시하면 다음과 같다. Excel 2007의 필터 기능을 이용해 드라마와 영화에서 출현한 어절들과 남자와 여자의 대화에서 출현한 어절들을 추출하고 추출된 어절들에 대해 Excel 2007의 'COUNTIF' 함수를 사용해 'NN', 'NP', 'NR', 'VV', 'VA', 'VX', 'MM', 'MA', 'IC'에 대해 해당 수치들을 측정하였다.

각 품사별 출현 횟수와 출현 빈도를 도표로 제시하면 다음과 같다.

〈도표 14〉 준구어 품사별 비율

범주	품사 유형	출현 횟수	출현 빈도
체 언	명사(NN)	34,089	32.91%
	대명사(NP)	8,887	8.58%
	수사(NR)	414	0.40%
용 언	동사(VV)	18,568	17.92%
	형용사(VA)	6,020	5.81%
	보조용언(VX)	3,753	3.62%

수식언	관형사(MM)	3,700	3.57%
	부사(MA)	12,726	12.28%
독립언	감탄사(IC)	15,440	14.90%
합계		103,597[2]	100.00%

위의 수치들을 보면 '2.4'의 결과와 대체적으로 비슷한데 어절수의 많고 적음에 따라 그 순서를 배열하면 '명사〉동사〉감탄사〉부사〉대명사〉형용사〉보조용언〉관형사〉수사'의 순위이다. 어절 구조 순위를 보면 보조용언류 어절 구조가 관형사류 어절 구조의 뒤에 있지만 품사 순위를 보면 '관형사'가 '보조용언'의 앞에 있다. 이 중 명사가 가장 많은데 전체 실질형태의 32.91%를 차지하며 그 다음은 동사로서 전체 실질형태의 17.92%를 차지한다. 여기에 14.90%인 감탄사와 12.28%인 부사까지 합치면 이 4가지 품사는 전체 실질형태의 78.01%를 차지한다. 그 외에 대명사도 8.58%로 비교적 높은 사용률을 보인다. 형용사, 보조용언, 관형사, 수사는 준구어에서 사용률이 그다지 높지 않은데 특히 수사는 거의 출현하지 않고 있다.

위와 같은 품사별 출현 빈도가 드라마와 영화에서는 어떤 차이가 나는지 비교해 보기로 한다.

---

2) 위의 측정 과정에 NF, UNT, UNC, UNA 이 포함된 어절들은 제외하였기 때문에 품사별 출현 횟수가 준구어 전체 어절수와는 다르다.

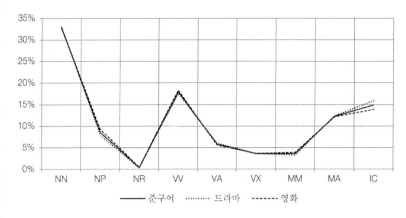

〈그림 28〉 품사 범주별 쓰임의 장르별 비교

위의 곡선들의 모습을 보면 전체적인 흐름에서는 큰 차이를 보이지
않아 준구어에서 사용률이 높은 품사가 드라마와 영화에서도 사용률이
높으며 준구어에서 사용률이 낮은 품사가 드라마와 영화에서도 사용률이
낮음을 알 수 있다.

그런데 개별적인 쓰임을 보면 형용사와 감탄사는 드라마가 6.02%,
15.89%, 영화가 5.6%, 13.88%로 드라마에서의 사용률이 영화보다 높은
반면 대명사, 수사, 동사, 관형사는 영화가 9.28%, 0.47%, 18.31%, 3.88%,
드라마가 7.91%, 0.33%, 17.55%, 3.28%로 영화에서의 사용률이 드라마보
다 약간 높다. 그 외에 명사, 보조용언, 부사는 드라마와 영화가 거의
차이를 보이지 않는다.

아래에 준구어 품사별 출현 빈도를 남자와 여자로 나누어 비교해 보기
로 한다.

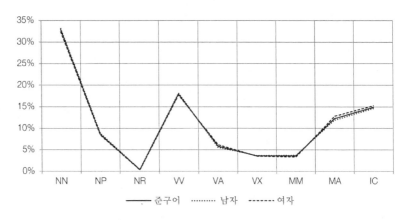

〈그림 29〉 품사 범주별 쓰임의 성별별 비교

위의 세 곡선을 비교해 보면 전체적인 모습에서는 거의 차이를 보이지 않는데 이는 준구어에서 사용률이 높은 품사들이 남자와 여자 대화에서도 사용률이 높으며 준구어에서 사용률이 낮은 품사들이 남자와 여자 대화에서도 사용률이 낮음을 알 수 있다.

그런데 개별적인 쓰임을 보면 명사, 대명사, 수사, 동사, 보조용언, 관형사 등 품사들은 남자가 33.12%, 8.78%, 0.44%, 18.16%, 3.69%, 3.72%, 여자가 32.34%, 8.38%, 0.35%, 17.72%, 3.53%, 3.38%로 남자 대화에서의 사용률이 여자보다 약간 높은 반면 감정 표현에 자주 사용되는 형용사, 부사, 감탄사는 여자가 6.2%, 12.87%, 15.23%, 남자가 5.56%, 11.91%, 14.62%로 여자 대화에서의 사용률이 남자보다 약간 높다.

마지막으로 준구어 말뭉치에서 나타나는 품사별 출현 빈도를 순구어와 비교해 보기로 한다.

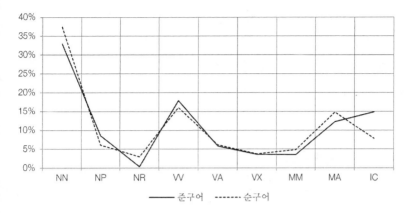

〈그림 30〉 품사 범주별 쓰임의 준, 순구어 비교

위의 두 곡선을 비교해 보면 감탄사를 제외하면 전체적인 모습에서는 큰 차이를 보이지 않는데 이는 감탄사 외에 준구어에서 사용률이 높은 품사가 순구어에서도 사용률이 높으며 준구어에서 사용률이 낮은 품사가 순구어에서도 사용률이 낮음을 의미한다.

그런데 개별적인 쓰임에서는 일부 차이를 보인다. 대명사, 동사는 준구어가 8.58%, 17.92%, 순구어가 6.10%, 16.03%로 준구어에서의 사용률이 순구어보다 높은 반면 명사, 수사, 형용사, 보조용언, 관형사, 부사는 순구어가 37.48%, 2.98%, 6.19%, 3.75%, 4.86%, 14.82%, 준구어가 32.91%, 0.40%, 5.81%, 3.62%, 3.57%, 12.28%로 순구어에서의 사용률이 준구어보다 높다. 감탄사는 준구어가 14.90%, 순구어가 7.81%로 차이가 비교적 크게 난다[3].

아래에 각 품사[4]내 개별적인 단어들에 대해 통계학적 분석을 진행하고

---

3) 연구자가 준구어 말뭉치를 구축할 당시 웃음소리, 입사이 소리, 한숨소리 등 사람의 입에서 나는 소리들을 모두 전사하여 이들을 감탄사에 분류시켰는데 순구어에서는 이들은 준음성으로 처리하였기 때문에 이와 같은 차이가 난다.
4) 준구어에서 고유명사는 절대 대부분이 사람 이름으로 되어 있기에 각 항목별 비교 자체가 의미가 없다고 생각되어 본 장절에서는 연구 대상에서 제외하였다.

자 한다. 위에서는 품사별 특징 분석을 목적으로 했기 때문에 명사와 부사에 대해 세분류를 하지 않고 분석했지만 각 품사 내 개별적인 단어들에 대한 분석에서는 명사를 다시 일반명사, 고유명사, 의존명사, 부사를 다시 일반부사, 접속부사로 나누어 분석한다.

3.2.1 일반명사(NNG)

일반명사는 본 연구에 사용한 준구어 말뭉치에서 총 25,048회 출현해 실질형태 전체 출현율의 24.178%를 차지하며 일반명사 내 개별 단어도 4,331개로서 전체 실질형태의 55.747%를 차지한다. 이 중 100회 이상 반복 출현한 일반명사가 25개, 99~50회 반복 출현한 일반명사가 41개, 49~20회 반복 출현한 일반명사가 153개, 19~10회 반복 출현한 일반명사가 253개, 9~5회 반복 출현한 일반명사가 508개, 4~2회 반복 출현한 일반명사가 1,382개, 1회만 출현한 일반명사가 1,969개이다. 위의 수치를 보면 일반명사는 전체 준구어 말뭉치에서 가장 많은 부분을 차지하지만 개별 단어 또한 상당히 많기 때문에 반복 출현율이 아주 낮은데 평균 5.78회밖에 되지 않는다.

준구어 말뭉치에서 평균 5회 이상 출현한 980개 일반명사들의 목록은 '부록B'에서 제시하고 여기서는 이들의 출현율을 차트5)로 제시한다.

---

5) 아래의 차트는 지면상 개별 단어들이 문자로 제시된 것이 아니라 개별 형태들의 순위로 표시되었으며 차트에서는 숫자들이 '1, 24, 47…'과 같이 듬성듬성 제시되었지만 차트의 곡선은 980개의 점으로 구성되어 있다.

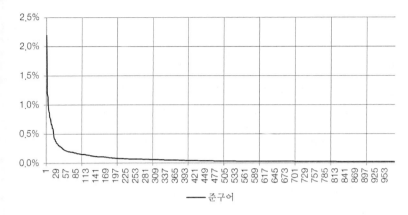

<그림 31> 준구어에서의 일반명사 내 개별 형태 출현율

위의 곡선을 보면 최고치가 2.2%로 아주 낮다. 이 곡선을 변화폭에 따라 구간을 나누면 첫 번째 구간은 1위부터 3위까지의 구간으로서 곡선이 급하게 하락한다. 여기에는 '말'과 '사람'이 포함되는 데 '말'은 2.200%, '사람'은 1.932%로 전체 일반명사 출현율의 4.132%를 차지한다. 두 번째 구간은 3위부터 23위까지의 구간으로서 변화폭이 첫 번째 구간보다는 약간 작아지는데 '일', '엄마', '새끼', '집', '얘기', '때', '생각', '애', '오빠', '여자', '사랑', '아저씨', '아빠', '전화', '돈', '놈', '형', '미안', '친구', '남자' 등 일반명사들이 포함되며 각각 1.198%, 1.170%, 1.146%, 1.006%, 0.914%, 0.890%, 0.862%, 0.794%, 0.779%, 0.763%, 0.751%, 0.679%, 0.663%, 0.663%, 0.623%, 0.595%, 0.595%, 0.583%, 0.507%, 0.463%로 전체 일반명사 출현율의 15.644%를 차지한다. 세 번째 구간은 23위부터 59위까지의 구간으로서 '자식', '시간', '전', '할아버지', '마음', '이번', '결혼', '감사', '밥', '앞', '안녕', '말씀', '차', '소리', '눈', '선생', '아버지', '술', '영화', '걱정', '연락', '얼굴', '상황', '호텔', '문제', '옷', '정도', '손님', '아들', '머리', '손', '아줌마', '다음', '이상', '날', '언니' 등 일반명사들이 포함되며 각각 0.423%, 0.419%, 0.407%, 0.391%, 0.375%, 0.371%, 0.351%, 0.343%, 0.343%, 0.331%,

0.327%, 0.319%, 0.307%, 0.303%, 0.299%, 0.291%, 0.291%, 0.279%,

0.279%, 0.275%, 0.275%, 0.271%, 0.256%, 0.252%, 0.244%, 0.244%,

0.244%, 0.236%, 0.232%, 0.224%, 0.220%, 0.220%, 0.216%, 0.216%,

0.212%, 0.208%로 전체 일반명사 출현율의 10.494%를 차지한다. 그리고 네 번째 구간은 59위부터 233위까지의 구간으로 곡선이 많이 누그러진 모습인데 전체 일반명사 출현율의 21.44%를 차지한다. 233위부터는 곡선이 비교적 낮은 상태에서 평온한 모습을 유지한다. 위의 수치들을 종합해 보면 준구어에서 명사는 소수의 단어에 의해 실현되는 것이 아니라 비교적 산발적인 모습을 보이며 사용률이 비교적 높은 232개의 명사도 전체 명사의 51.710%밖에 차지하지 않는다.

아래에 준구어에서 출현한 일반명사들 중 1~101위까지를 골라 드라마와 영화에서 어떤 차이를 보이는지 살펴보기로 한다.

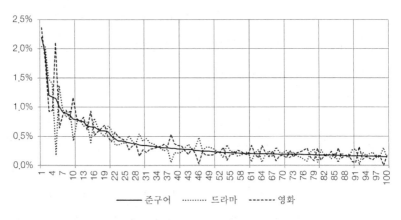

〈그림 32〉 일반명사 내 개별 형태 쓰임의 장르별 비교

위의 세 곡선을 비교해 보면 전체적인 모습에서 비교적 큰 차이가 난다. 준구어의 미끈한 곡선과 비교했을 때 드라마나 영화 곡선은 들쭉날쭉한 모습을 보인다. 그래도 높은 곳에서 낮은 곳으로 경사진 데는 일부

공통점을 찾을 수 있다. 이는 일반명사들이 영화나 드라마에서 공통적으로 쓰이는 것들도 있으나 또 그 쓰임이 다른 것들도 상당 부분 존재함을 나타낸다.

공통적으로 쓰이는 것들은 여기서 제시하지 않고 차이가 비교적 크게 나는 일반명사들을 제시하면 다음과 같다. 3위인 '일', 6위인 '집', 16위인 '전화', 20위인 '미안', 21위인 '친구', 26위인 '할아버지', 29위인 '결혼', 31위인 '밥', 43위인 '연락', 46위인 '호텔', 54위인 '아줌마', 68위인 '축하', 79위인 '생일', 81위인 '동생', 90위인 '여행', 91위인 '요원', 99위인 '김밥', 101위인 '상무' 등 일반명사들은 드라마가 1.475%, 1.371%, 0.810%, 0.681%, 0.609%, 0.513%, 0.545%, 0.465%, 0.361%, 0.481%, 0.353%, 0.313%, 0.281%, 0.265%, 0.265%, 0.281%, 0.305%, 0.305%, 영화가 0.923%, 0.644%, 0.517%, 0.485%, 0.406%, 0.270%, 0.159%, 0.223%, 0.191%, 0.024%, 0.087%, 0.080%, 0.080%, 0.087%, 0.064%, 0.048%, 0%, 0%로 드라마에서의 사용률이 영화보다 높은 반면 5위인 '새끼', 10위인 '애', 13위인 '사랑', 15위인 '아빠', 19위인 '형', 22위인 '남자', 38위인 '선생', 39위인 '아버지', 53위인 '손', 61위인 '학교', 64위인 '아부지', 76위인 '딸', 77위인 '형님', 80위인 '노래', 86위인 '학생', 92위인 '지랄'과 같은 일반명사들은 영화가 2.108%, 1.161%, 0.827%, 0.931%, 0.692%, 0.573%, 0.533%, 0.366%, 0.310%, 0.342%, 0.342%, 0.262%, 0.294%, 0.294%, 0.294%, 0.318%, 드라마가 0.176%, 0.425%, 0.673%, 0.393%, 0.497%, 0.353%, 0.048%, 0.216%, 0.128%, 0.064%, 0.056%, 0.104%, 0.072%, 0.056%, 0.048%, 0.008%로 영화에서의 사용률이 드라마보다 높다. 드라마에서 사용률이 높은 일반명사들 중에는 '할아버지, 호텔, 요원, 김밥, 상무'와 같이 특정 드라마에서 많이 사용되는 일반명사들이 많이 포함되며 영화에서 사용률이 높은 일반명사들 중에는 '새끼, 지랄'과 같은 욕설이나 '아빠, 형, 남자, 아버지, 아부지, 형님'과 같은 남자와 관련된 일반명사들이 많이 포함된다.

이번에는 일반명사들의 쓰임을 남자와 여자로 나누어 비교해 보기로 한다.

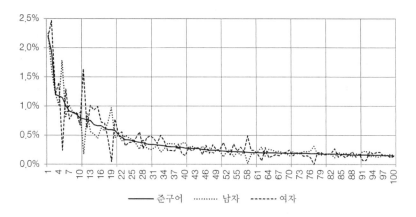

〈그림 33〉 일반명사 내 개별 형태 쓰임의 성별별 비교

위의 세 곡선을 비교해 보면 전체적인 모습에서 비교적 큰 차이가 난다. 준구어의 미끈한 곡선과 비교했을 때 남자나 여자 곡선은 들쭉들쭉한 모습을 보인다. 하지만 대부분의 높은 봉우리들이 앞쪽에 몰려 있어 일반명사의 사용에서 남자와 여자가 일부 공통점이 있음을 알 수 있다. 그렇지만 남자나 여자 곡선이 굴곡이 심해 그 쓰임이 다른 것들도 상당 부분 존재함을 나타낸다.

공통적으로 쓰이는 것들은 여기서 제시하지 않고 차이가 비교적 크게 나는 일반명사들을 제시하면 다음과 같다. 5위인 '새끼', 18위인 '놈', 19위인 '형', 39위인 '아버지', 40위인 '술', 62위인 '누나', 77위인 '형님', 91위인 '요원', 92위인 '지랄'과 같은 일반명사들은 남자가 1.782%, 0.718%, 0.976%, 0.366%, 0.373%, 0.298%, 0.312%, 0.224%, 0.230%, 여자가 0.238%, 0.427%, 0.050%, 0.189%, 0.149%, 0.060%, 0%, 0.070%, 0.070%로 남자 대화에서의 사용률이 여자보다 훨씬 높으며 2위인 '사람', 4위인 '엄마', 6위인 '집',

11위인 '오빠', 13위인 '사랑', 14위인 '아저씨', 15위인 '아빠', 20위인 '미안', 27위인 '마음', 29위인 '결혼', 30위인 '감사', 31위인 '밥', 33위인 '안녕', 34위인 '말씀', 48위인 '옷', 51위인 '아들', 54위인 '아줌마', 58위인 '언니', 63위인 '바보', 83위인 '어머니'와 같은 일반명사들은 여자가 2.464%, 1.401%, 1.292%, 1.640%, 1.014%, 0.934%, 0.994%, 0.775%, 0.556%, 0.457%, 0.487%, 0.447%, 0.497%, 0.407%, 0.338%, 0.378%, 0.348%, 0.487%, 0.288%, 0.268%, 남자가 1.586%, 1.017%, 0.820%, 0.176%, 0.562%, 0.515%, 0.447%, 0.461%, 0.258%, 0.285%, 0.251%, 0.278%, 0.210%, 0.264%, 0.183%, 0.129%, 0.136%, 0.020%, 0.142%, 0.115%로 여자 대화에서의 사용률이 남자보다 비교적 높다. 위의 수치들을 보면 남자와 여자가 가장 큰 차이를 보이는 것들은 역시 호칭과 관련된 '형, 누나, 형님, 오빠, 언니'와 같은 일반명사들과 '놈', '지랄'과 같이 욕과 관련된 일반명사들이다.

아래에 준구어에서의 일반명사의 출현율과 순구어에서의 일반명사의 출현율을 비교해 보기로 한다. 그런데 준구어와 순구어를 비교함에 있어 몇 가지 문제점이 있다.

첫째, 준구어에서 출현한 의존명사가 순구어에서 출현하지 않거나 순구어에서 출현한 의존명사가 준구어에서 출현하지 않을 가능성이 있다.

둘째, 준구어에서 출현율이 높은 의존명사가 순구어에서 출현율이 아주 낮거나 순구어에서 출현율이 높은 의존명사가 준구어에서 출현율이 아주 낮을 가능성이 있다.

위의 두 가지 가능성을 열어둔다면 순구어와 준구어에서 출현한 일반 명사들을 비교 연구하려면 위의 몇 개의 차트처럼 준구어에서의 출현율에 따라 개별 단어들을 배열할 수 없다.

이 문제를 해결하기 위해 본 연구에서는 준구어에서 출현한 일반명사들과 순구어에서 출현한 일반명사들의 목록을 한데 합친 후 Excel 2007의 '중복항 제거' 기능을 이용해 16,804개의 일반명사 통합 목록을 만들어내었다. 그 다음Excel 2007의 'VLOOKUP' 함수를 사용해 개별 일반명사들에 대해 준구어에서의 출현율과 순구어에서의 출현율을 각각 부여하였다.

또 하나의 문제는 이처럼 준구어와 순구어의 개별 단어들을 한데 합쳐 얻어낸 목록이 그 양이 아주 크다는 것이다. 이처럼 많은 양의 단어들을 하나의 차트에 나열한다면 그 특징을 정확히 보아내기 힘들다. 외국어로 서의 한국어 교육의 입장에서 준구어와 순구어에 대한 비교 연구는 어떤 특수한 단어들이 출현했느냐보다는 어떤 단어들이 가장 빈번이 사용되었 는지, 이처럼 빈번히 사용된 단어들이 준구어와 순구어에서는 큰 차이가 없는지에 더 많은 관심을 갖는다고 할 수 있다. 따라서 본 연구에서는 '준구어 출현 횟수≥20회'와 '순구어 출현 횟수≥20회', 이 두 개 조건 중 어느 한쪽을 만족시키는 단어들만 연구대상에 포함시키고 이들을 준구어에서의 출현율에 따라 재배열하였다.

위와 같은 작업을 통해 선정된 2006개의 일반명사들의 목록은 '부록C' 에서 제시하고 여기서는 이들의 준구어에서의 출현율과 순구어에서의 출현율을 차트로 제시한다.

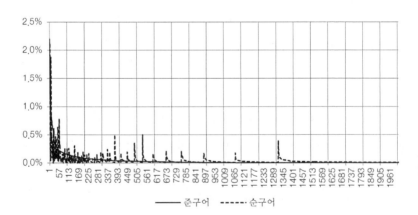

〈그림 34〉 일반명사 내 개별 형태 쓰임의 준, 순구어 비교

위의 두 곡선을 비교해 보면 준구어 곡선은 비교적 매끈한데 비해 순구어 곡선은 중간 중간에 높은 봉우리들이 있어 매우 불규칙적이다. 그런데 자세히 보면 순구어 곡선의 높은 봉우리들이 곡선의 앞쪽에 비교적 많이 몰려 있다. 위의 차트에서 일반명사들의 순위는 준구어에서의 출현율을 기준으로 했기 때문에 이는 준구어와 순구어에는 분명히 공통적으로 많이 쓰이는 일반명사들이 존재함을 의미한다. 그런데 순구어의 곡선은 앞쪽뿐만 아니라 뒤쪽도 굴곡이 아주 심해 준구어에서 사용률이 높은 일반명사들 중에는 순구어에서 사용률이 낮은 것들도 있고 준구어에서 사용률이 낮거나 출현하지 않은 일반명사들 중에는 순구어에서 사용률이 높은 것들도 있음을 의미한다.

차이가 비교적 심한 일반명사들을 제시하면 다음과 같다. 3위인 '일', 4위인 '엄마', 5위인 '새끼', 6위인 '집', 13위인 '사랑', 14위인 '아저씨', 16위인 '아빠', 19위인 '놈', 20위인 '미안', 23위인 '자식', 26위인 '할아버지', 31위인 '감사', 33위인 '안녕', 39위인 '아버지', 42위인 '연락', 43위인 '걱정', 46위인 '호텔', 50위인 '손님', 51위인 '아들', 54위인 '아줌마', 61위인 '부탁', 62위인 '입', 63위인 '확인', 64위인 '누나', 65위인 '바보', 66위인 '아부지', 67위인 '배우', 68위인 '축하', 71위인 '잘못', 74위인 '아가씨', 75위인 '딸', 76위인 '회장', 77위인 '형님', 78위인 '생일'과 같은 일반명사들은 준구어가 1.198%, 1.170%, 1.146%, 1.006%, 0.751%, 0.679%, 0.663%, 0.595%, 0.583%, 0.423%, 0.391%, 0.343%, 0.327%, 0.291%, 0.275%, 0.275%, 0.252%, 0.236%, 0.232%, 0.220%, 0.204%, 0.200%, 0.200%, 0.200%, 0.200%, 0.200%, 0.196%, 0.196%, 0.192%, 0.188%, 0.184%, 0.184%, 0.184%, 0.180%, 순구어가 0.447%, 0.247%, 0.043%, 0.380%, 0.092%, 0.092%, 0.087%, 0%, 0.050%, 0.034%, 0.029%, 0.088%, 0.057%, 0.078%, 0.067%, 0.063%, 0.017%, 0.032%, 0.048%, 0.059%, 0.034%, 0.056%, 0.056%, 0.052%, 0.028%, 0.005%, 0.014%, 0.012%, 0.012%, 0.024%,

0.045%, 0.017%, 0%, 0.026%로 준구어에서의 사용률이 순구어보다 높지만 7위인 '얘기', 8위인 '때', 9위인 '생각', 331위인 '교육', 332위인 '책', 344위인 '영어', 345위인 '생활', 374위인 '경우', 375위인 '자체', 409위인 '세계', 445위인 '고객', 446위인 '조사', 487위인 '부분', 488위인 '학년', 489위인 '내용', 534위인 '그때', 535위인 '과정', 536위인 '정치', 592위인 '담', 593위인 '대학', 667위인 '예', 755위인 '대화', 756위인 '차이', 757위인 '교수', 758위인 '문화', 759위인 '연구', 885위인 '사용', 886위인 '표현', 1067위인 '점', 1068위인 '동안', 1313위인 '언어', 1314위인 '중요', 1315위인 '사회', 1316위인 '경제'와 같은 일반명사들은 순구어가 1.687%, 1.877%, 1.383%, 0.238%, 0.156%, 0.192%, 0.130%, 0.503%, 0.174%, 0.175%, 0.194%, 0.131%, 0.358%, 0.215%, 0.210%, 0.507%, 0.145%, 0.120%, 0.167%, 0.140%, 0.215%, 0.201%, 0.167%, 0.162%, 0.155%, 0.148%, 0.172%, 0.157%, 0.176%, 0.140%, 0.398%, 0.251%, 0.239%, 0.166%, 준구어가 0.914%, 0.890%, 0.862%, 0.048%, 0.048%, 0.044%, 0.044%, 0.040%, 0.040%, 0.036%, 0.032%, 0.032%, 0.028%, 0.028%, 0.028%, 0.024%, 0.024%, 0.024%, 0.020%, 0.020%, 0.016%, 0.012%, 0.012%, 0.012%, 0.012%, 0.012%, 0.008%, 0.008%, 0.004%, 0.004%, 0%, 0%, 0%, 0%로 순구어에서의 사용률이 준구어보다 높다.

위의 일반명사들을 보면 순구어는 일반적으로 대학생들의 대화를 중심으로 되어 있기에 학교생활과 관련된 일반명사들의 사용률이 준구어보다 높은 반면, 준구어는 다양한 상황과 다양한 인물들의 대화로 되어 있기에 일상생활이나 욕과 관련된 일반명사들의 사용률이 순구어보다 높다.

3.2.2 의존명사(NNB)

본 연구에 사용한 준구어 말뭉치에서는 의존명사가 5,568회 출현해 실질형태 전체 출현수의 5.38%를 차지하며 일반명사 내 개별 단어는 130개로서 전체 실질형태의 1.67%를 차지한다. 이 중 100회 이상 반복 출현한 의존명사가 9개, 99~50회 반복 출현한 의존명사가 6개, 49~20회 반복 출현한 의존명사가 18개, 19~10회 반복 출현한 의존명사가 15개, 9~5회 반복 출현한 의존명사가 18개, 4~2회 반복 출현한 의존명사가 74개, 1회만 출현한 의존명사가 27개이다. 따라서 평균 반복 횟수는 42.83 회로서 의존명사 내 개별 단어들의 반복 사용률이 아주 높다.

준구어 말뭉치에서 평균 5회 이상 출현한 66개 의존명사들의 목록은 '부록B'에서 제시하고 여기서는 이들의 출현율을 차트로 제시한다.

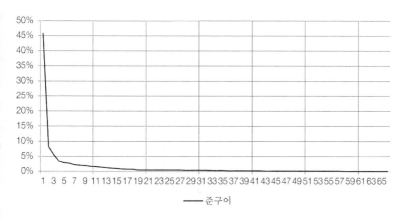

〈그림 35〉 준구어에서의 의존명사 내 개별 형태 출현율

위의 차트를 보면 곡선의 모양이 1위에서 2위까지 급속도로 하락하는 데 1위는 '거'로서 전체 의존명사 출현율의 거의 절반인 45.815%를 차지해 압도적인 우세를 보인다. 그리고 2위에서 4위까지는 1~2위보다는 변화폭이 크지 않지만 여전히 급한 경사를 나타내는데 여기에는 '씨'와 '수'가 포함되며 각각 의존명사 출현율의 8.261%와 5.568%를 차지해 높은 사용률을 보인다. 4위에서 19위까지 비교적 완만한 하락세를 나타내는데 '번',

'줄', '것', '분', '년', '터', '중', '데', '원', '때문', '꺼', '적', '시', '짓', '만' 등 의존명사들이 포함되며 각각 3.430%, 2.909%, 2.694%, 2.245%, 2.047%, 1.922%, 1.670%, 1.634%, 1.401%, 1.239%, 1.060%, 1.006%, 0.826%, 0.772%, 0.754%로 역시 사용률이 비교적 높다. 위의 18개 의존명사들은 전체 의존명사 출현율의 85.253%를 차지해 준구어에서 대부분의 의존명 사들은 이들 형태들에 의해 실현된다고 할 수 있다. 19위부터는 곡선이 비교적 낮은 수치에서 평온한 모습을 보인다. 이는 준구어에서 소수의 의존명사가 전체 의존명사의 쓰임에서 압도적인 우세를 차지함을 나타낸다.

아래에 준구어에서의 의존명사의 출현율과 드라마에서의 의존명사의 출현율, 영화에서의 의존명사의 출현율을 비교해 어떤 차이가 있는지 살펴보기로 한다.

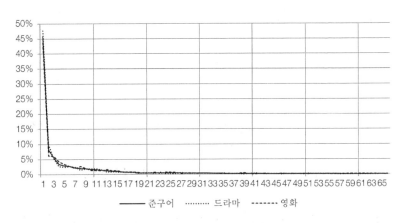

〈그림 36〉 의존명사 내 개별 형태 쓰임의 장르별 비교

곡선들의 전체적인 양상을 봤을 때 드라마나 영화는 준구어와 비슷한 쓰임을 보임으로써 준구어에서 사용률이 높은 의존명사들이 드라마나 영화에서도 사용률이 높고 준구어에서 사용률이 낮은 의존명사들이 드라마나 영화에서도 사용률이 낮음을 알 수 있다.

그런데 개별적인 의존명사들의 쓰임에서는 일부 차이가 드러난다. 1위인 '거', 2위인 '씨', 7위인 '분', 10위인 '중', 11위인 '데', 20위인 '곳', 23위인 '쪽', 27위인 '대루', 35위인 '층', 41위인 '리', 45위인 '내', 51위인 '방', 56위인 '바', 65위인 '벌'과 같은 의존명사들은 드라마가 47.677%, 10.101%, 2.458%, 1.953%, 1.886%, 0.640%, 0.673%, 0.640%, 0.370%, 0.337%, 0.236%, 0.269%, 0.168%, 0.135%,영화가 43.687%, 6.159%, 2.002%, 1.347%, 1.347%, 0.385%, 0.346%, 0.269%, 0.192%, 0.077%, 0.115%, 0.038%, 0.077%, 0.038%로 드라마에서의 사용률이 영화보다 높은 반면 3위인 '수', 4위인 '번', 5위인 '줄', 8위인 '년', 13위인 '때문', 22위인 '점', 24위인 '동안', 25위인 '살', 26위인 '대', 39위인 '프로', 43위인 , 포인트', 46위인 '듯', 50위인 '턱', 57위인 '법', 59위인 '바람', 61위인 '집', 63위인 '등', 66위인 '호'와 같은 의존명사들은 영화가 6.043%, 4.234%, 3.426%, 2.733%, 1.694%, 0.731%, 0.770%, 0.731%, 0.654%, 0.462%, 0.308%, 0.308%, 0.269%, 0.192%, 0.231%, 0.231%, 0.192%, 0.154%, 드라마가 5.152%, 2.727%, 2.458%, 1.448%, 0.842%, 0.337%, 0.269%, 0.303%, 0.303%, 0.067%, 0.101%, 0.067%, 0.067%, 0.067%, 0%, 0%, 0%, 0.034%로 영화에서의 사용률이 드라마보다 높다.

아래에 준구어에서의 의존명사의 출현율과 남자 대화에서의 의존명사의 출현율, 여자 대화에서의 의존명사의 출현율을 비교해 보기로 한다.

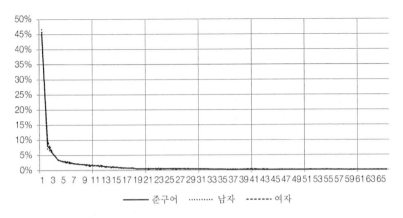

〈그림 37〉 의존명사 내 개별 형태 쓰임의 성별별 비교

위의 차트를 보면 곡선들의 전체적인 모습에는 큰 차이가 보이지 않는
다. 따라서 준구어에서 사용률이 높은 의존명사들이 남자와 여자 대화에
서도 사용률이 높으며 준구어에서 사용률이 낮은 의존명사들이 남자와
여자 대화에서도 사용률이 낮음을 알 수 있다.

그런데 개별적인 의존명사들의 사용에서는 약간한 차이를 보이는데
1위인 '거', 6위인 '것', 10위인 '중', 13위인 '때문', 21위인 '명', 23위인 '쪽',
26위인 '대', 27위인 '대루', 31위인 '시간', 36위인 '가지', 37위인 '달', 46위인
'듯', 48위인 '이상', 50위인 '덕', 57위인 '법', 58위인 군데', 61위인 '집'과
같은 의존명사들은 남자가 46.586%, 2.904%, 1.914%, 1.404%, 0.670%,
0.702%, 0.638%, 0.542%, 0.447%, 0.351%, 0.351%, 0.255%, 0.287%,
0.223%, 0.160%, 0.160%, 0.128%, 여자가 45.052%, 2.360%, 1.325%,
1.035%, 0.331%, 0.248%, 0.248%, 0.373%, 0.290%, 0.166%, 0.124%,
0.083%, 0.041%, 0.083%, 0.083%, 0.041%, 0.083%로 남자 대화에서의 사
용률이 여자보다 높으며 2위인 '씨', 12위인 '원', 14위인 '께', 40위인 '만큼',
41위인 '리', 43위인 '포인트', 51위인 '방', 52위인 '뿐', 54위인 '통', 55위인
미터', 59위인 '바람', 63위인 '등', 67위인 '노릇'과 같은 의존명사들은 여자

가 9.607%, 1.781%, 1.284%, 0.373%, 0.455%, 0.414%, 0.248%, 0.248%, 0.248%, 0.207%, 0.166%, 0.124%, 0.124%, 남자가 7.179%, 1.117%, 0.893%, 0.128%, 0.032%, 0.032%, 0.096%, 0.096%, 0.096%, 0.096%, 0.064%, 0.032%, 0.032%로 여자 대화에서의 사용률이 남자보다 높다.

마지막으로 준구어에서의 의존명사의 출현율과 순구어에서의 의존명사의 출현율을 비교해 보기로 한다. 비교를 진행하기 전에 먼저 준구어에서 출현한 의존명사들과 순구어에서 출현한 의존명사들의 목록을 한데 합친 후 Excel 2007의 '중복항 제거' 기능을 이용해 308개의 의존명사 통합 목록을 만들어내고 다시 Excel 2007의 'VLOOKUP' 함수를 사용해 개별 의존명사들에 대해 준구어에서의 출현율과 순구어에서의 출현율을 부여하였다. 그 다음 '준구어 출현 횟수≥5회'와 '순구어 출현 횟수≥5회', 이 두 가지 조건 중 어느 한쪽을 만족시키는 의존명사들을 모두 선정하고 이들을 다시 준구어에서의 출현율에 따라 재배열하였다.

위와 같은 작업을 통해 선정된 160개의 의존명사들의 목록은 '부록C'에서 제시하고 여기서는 이들의 출현 빈도를 차트로 제시하면 다음과 같다.

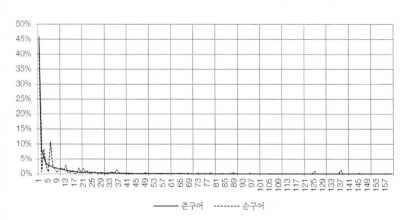

〈그림 38〉 의존명사 내 개별 형태 쓰임의 준, 순구어 비교

위의 두 곡선을 비교해 보면 준구어 곡선은 모양이 매끈한데 비해 순구
어 곡선은 모양이 비교적 불규칙적이다. 그런데 순구어 곡선은 제일 높은
봉우리들이 대부분 앞쪽에 몰려 있으며 뒤쪽에도 많지는 않지만 봉우리들
이 눈에 띄운다. 이는 준구어와 순구어는 의존명사의 사용에서 공통 부분
이 많음을 설명한다. 동시에 준구어에서 사용률이 높은 의존명사들 중에
순구어에서 사용률이 높지 않거나 준구어에서 사용률이 낮은 의존명사들
중에 순구어에서 사용률이 높은 의존명사들도 있음을 의미한다.
차이가 비교적 큰 의존명사들을 제시하면 다음과 같다. 1위인 '거',
2위인 '씨', 5위인 '줄', 9위인 '터', 14위인 '꺼', 15위인 '적', 17위인 '짓',
18위인 '만', 24위인 '동안', 27위인 '대루', 28위인 '뻔', 29위인 지', 31위인
'시간', 32위인 '척', 35위인 '층', 41위인 '리', 42위인 '잔', 43위인 '포인트',
44위인 '김', 46위인 '듯', 47위인 '양', 48위인 '이상'과 같은 의존명사들은
준구어가 45.815%, 8.261%, 2.909%, 1.922%, 1.060%, 1.006%, 0.772%,
0.754%, 0.503%, 0.467%, 0.449%, 0.413%, 0.377%, 0.377%, 0.287%,
0.216%, 0.216%, 0.198%, 0.180%, 0.180%, 0.180%, 0.180%, 순구어가
40.480%, 0.732%, 0.640%, 0.471%, 0.572%, 0.524%, 0.094%, 0.137%,
0.003%, 0.020%, 0.005%, 0.155% , 0%, 0.054%, 0%, 0.034%, 0.015%, 0%,
0.015%, 0.017%, 0.049%, 0%로 준구어에서의 사용률이 순구어보다 높은
반면 3위인 '수', 6위인 '것', 13위인 때문', 19위인 '개', 21위인 '명', 23위인
'쪽', 34위인 '일', 36위인 가지', 49위인 '개월', 73위인 '자', 76위인 '간',
78위인 '나름', 79위인 '놈', 88위인 '퍼센트', 89위인 '편', 125위인 '번째',
137위인 '식'과 같은 의존명사들은 순구어가 8.395%, 10.812%, 2.825%,
2.013%, 1.765%, 1.152%, 0.806%, 1.416%, 0.411%, 0.344%, 0.231%,
0.329%, 0.231%, 0.381%, 0.311%, 0.872%, 1.310%, 준구어가 5.568%,
2.694%, 1.239%, 0.521%, 0.521%, 0.521%, 0.305%, 0.269%, 0.162%,
0.054%, 0.036%, 0.036%, 0.036%, 0.036%, 0.036%, 0%, 0%로 순구어에서

의 사용률이 준구어보다 높다.

3.2.3 대명사(NP)

본 연구에 사용한 준구어 말뭉치에서는 대명사가 총 8,887회 출현해 실질형태 전체 출현율의 8.58%를 차지하며 대명사 내 개별 단어는 모두 96개로서 전체 실질형태의 1.24%를 차지한다. 이 중 1,000회 이상 반복 출현한 대명사가 3개, 999~100회 반복 출현한 대명사가 12개, 99~50회 반복 출현한 대명사가 7개, 49~20회 이상 반복 출현한 대명사가 17개, 19~10회 반복 출현한 대명사가 5개, 9~5회 반복 출현한 대명사가 12개, 4~2회 반복 출현한 대명사가 25개, 1회만 출현한 대명사가 15개이다. 따라서 평균 반복 횟수는 92.57회로서 대명사 내 개별 단어들의 반복 사용률이 아주 높다.

준구어 말뭉치에서 평균 5회 이상 출현한 56개 대명사들의 목록은 '부록B'에서 제시하고 여기서는 이들을 출현율을 차트로 제시한다.

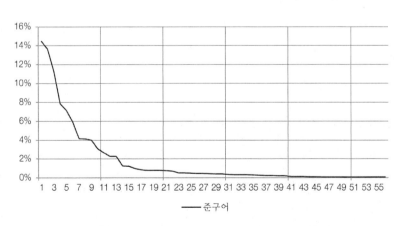

〈그림 39〉 준구어에서의 대명사 내 개별 형태 출현율

위의 차트를 보면 최고치는 14.459%인데 곡선의 모양이 1위부터 6위까지 비교적 급하게 내려온다. 여기에는 '나', '너', '뭐', '내', '이거' 등 대명사들이 포함되며 각각 14.459%, 13.627%, 11.252%, 7.854%, 7.168%를 차지한다. 6위부터 16위까지 경사 폭이 약간 작아지는데 '우리〉저〉니〉그거〉어디〉여기〉누구〉제〉당신〉자기'의 순위로 되어 있으며 각각 5.953%, 4.163%, 4.152%, 3.995%, 3.106%, 2.656%, 2.262%, 2.262%, 1.260%, 1.227%이다. 이들은 전체 대명사 출현율의 85.396%를 차지한다. 그리고 16위부터 43위까지 느긋한 모습을 보이다가 43위부터는 낮은 수치에서 비교적 평온한 모습을 보인다. 따라서 준구어에서 대명사는 소수의 형태들에 의해 실현된다고 할 수 있다.

위에서 제시한 준구어에서의 대명사의 출현율을 드라마에서의 대명사의 출현율, 영화에서의 대명사의 출현율과 비교하여 대명사의 사용에서 드라마와 영화는 어떤 차이가 있는지 살펴보기로 한다.

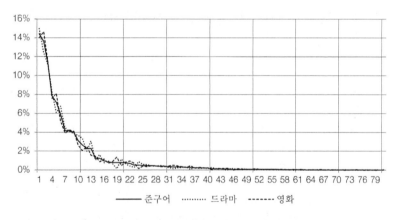

〈그림 40〉 대명사 내 개별 형태 쓰임의 장르별 비교

곡선들의 전체적인 모습을 보면 높은 데서 낮은 데로 흘려 내리는 데는 비슷한 모습을 보여 준구어에서 사용률이 높은 대명사들이 드라마

와 영화에서도 역시 사용률이 높으며 준구어에서 사용률이 낮은 대명사들이 드라마와 영화에서도 사용률이 낮음을 알 수 있다.

그런데 준구어의 곡선과 비교했을 때 드라마와 영화의 곡선이 일부 불규칙적인 모습을 보여 대명사들의 개별적인 쓰임에서는 드라마와 영화가 일부 차이를 나타냄을 알 수 있다. 차이가 비교적 큰 대명사들을 제시하면 다음과 같다. 1위인 '나', 4위인 '내', 6위인 '우리', 7위인 '저', 10위인 '어디', 11위인 '여기', 13위인 '제', 15위인 '자기', 20위인 '저희', 24위인 '그쪽', 37위인 '그놈', 41위인 '그분', 46위인 '그이', 48위인 '아무거'와 같은 대명사들은 드라마가 14.983%, 8.186%, 6.774%, 4.476%, 3.662%, 3.327%, 3.064%, 1.628%, 1.149%, 0.886%, 0.311%, 0.287%, 0.191%, 0.144%, 영화가 13.994%, 7.560%, 5.224%, 3.886%, 2.612%, 2.060%, 1.550%, 0.871%, 0.467%, 0.170%, 0.191%, 0.021%, 0%, 0.042%로 드라마에서의 사용률이 영화보다 높으며 2위인 '너', 5위인 '이거', 12위인 '누구', 14위인 '당신', 16위인 '누', 19위인 '그녀', 22위인 '저거', 23위인 '쟤', 32위인 '여러분', 36위인 '이놈', 42위인 '이', 44위인 '뭣', 45위인 '그애', 47위인 '너희', 51위인 '그년'과 같은 대명사들은 영화가 14.653%, 8.112%, 2.506%, 1.444%, 1.168%, 1.359%, 0.956%, 0.722%, 0.510%, 0.467%, 0.191%, 0.191%, 0.191%, 0.149%, 0.149%, 드라마가 12.470%, 6.103%, 1.987%, 1.053%, 0.766%, 0.144%, 0.431%, 0.287%, 0.144%, 0.072%, 0.096%, 0.024%, 0%, 0.024%, 0%로 영화에서의 사용률이 드라마보다 높다.

준구어에서의 대명사의 출현율을 다시 남자 대화에서의 대명사의 출현율, 여자 대화에서의 대명사의 출현율과 비교하여 성별별로 대명사의 쓰임에 차이가 없는지 살펴보기로 한다.

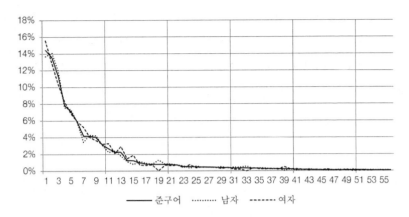

준구어 ········ 남자 ------ 여자

〈그림 41〉 대명사 내 개별 형태 쓰임의 성별별 비교

위의 세 곡선은 전체적인 모습에서는 대체로 비슷한 모습을 보여 준구어에서 사용률이 높은 대명사들이 남자와 여자 대화에서도 사용률이 높으며 준구어에서 사용률이 낮은 대명사들이 남자와 여자 대화에서도 사용률이 낮음을 알 수 있다.

그런데 남자와 여자 곡선이 준구어의 곡선과 비교했을 때 중간 중간에 불규칙적인 모습을 보여 대명사들의 개별적인 쓰임에서는 남자와 여자가 차이가 남을 알 수 있다. 차이가 비교적 큰 대명사들을 제시하면 다음과 같다. 2위인 '너', 3위인 '뭐', 9위인 '그거', 16위인 '누', 17위인 '거기', 19위인 '그녀', 23위인 '쟤', 29위인 '지', 31위인 '저기', 32위인 '여러분', 33위인 '자네', 43위인 '저쪽', 48위인 '아무거', 50위인 '저놈', 51위인 '그년', 52위인 '요거'와 같은 대명사들은 남자가 14.134%, 11.946%, 4.223%, 1.160%, 0.951%, 1.313%, 0.609%, 0.495%, 0.457%, 0.438%, 0.552%, 0.209%, 0.133%, 0.152%, 0.114%, 0.114%, 여자가 12.880%, 10.282%, 3.648%, 0.719%, 0.663%, 0.028%, 0.387%, 0.276%, 0.193%, 0.193%, 0%, 0.055%, 0.028%, 0%, 0.028%, 0.028%로 남자 대화에서의 사용률이 여자보다 높으며 1위인 '나', 4위인 '내', 7위인 '저', 11위인 '여기', 13위인 '제', 15위인

'자기', 24위인 '그쪽', 39위인 '이년', 41위인 '그분', 44위인 '뭣', 46위인 '그이', 49위인 '저년'과 같은 대명사들은 여자가 15.589%, 8.292%, 5.252%, 3.261%, 2.930%, 1.879%, 0.774%, 0.498%, 0.249%, 0.138%, 0.193%, 0.166%, 남자가 13.677%, 7.571%, 3.424%, 2.226%, 1.788%, 0.780%, 0.323%, 0.038%, 0.076%, 0.095%, 0.019%, 0.038%로 여자 대화에서의 사용률이 남자보다 높다.

마지막으로 준구어에서의 대명사의 출현율과 순구어에서의 대명사의 출현율을 비교해 보기로 한다. 비교를 진행하기 전에 먼저 준구어에서 출현한 대명사들과 순구어에서 출현한 대명사들의 목록을 한데 합친 후 Excel 2007의 '중복항 제거' 기능을 이용해 163개의 대명사 통합 목록을 만들어내고 다시 Excel 2007의 'VLOOKUP' 함수를 사용해 개별 대명사들에 대해 준구어에서의 출현율과 순구어에서의 출현율을 부여하였다. 그 다음 '준구어 출현 횟수≥5회'와 '순구어 출현 횟수≥5회', 이 두 개 조건 중 어느 한쪽을 만족시키는 대명사들을 모두 선정하고 이들을 다시 준구어에서의 출현율에 따라 재배열하였다.

위와 같은 작업을 거쳐 선정된 88개의 대명사들의 목록은 '부록C'에서 제시하고 여기서는 이들의 준구어에서의 출현율과 순구어에서의 출현율을 차트로 제시한다.

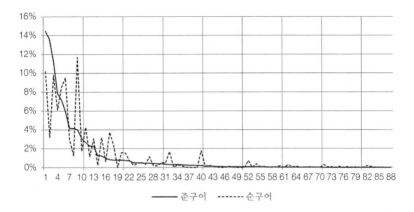

준구어 ------ 순구어

〈그림 42〉 대명사 내 개별 형태 쓰임의 준, 순구어 비교

순구어의 곡선을 준구어의 곡선과 비교했을 때 굴곡이 심한 것은 사실이지만 역시 높은 봉우리들이 앞쪽에 집중되어 있고 뒤쪽으로 갈 수록 봉우리들이 작아져 준구어에서 사용률이 높은 대명사들 중에 순구어에서도 사용률이 높은 것들이 많으며 준구어에서 사용률이 낮은 대명사들 중에 순구어에서도 사용률이 낮은 것들이 많음을 알 수 있다.

그런데 순구어 곡선이 비교적 심한 굴곡을 보여 대명사들의 개별적인 쓰임에서는 준구어와 순구어가 차이가 비교적 큼을 알 수 있다. 차이가 큰 대명사들을 제시하면 다음과 같다. 1위인 '나', 2위인 '너', 3위인 '뭐', 7위인 '저', 8위인 '니', 10위인 '어디', 12위인 '누구', 14위인 '당신', 16위인 '누', 19위인 '그녀', 23위인 '쟤', 28위인 '아무것', 29위인 '지', 33위인 '자네', 36위인 '이놈', 37위인 '그놈', 38위인 '이눔', 39위인 '이년', 44위인 '뭣', 45위인 '그애'와 같은 대명사들은 준구어가 14.459%, 13.627%, 11.252%, 4.163%, 4.152%, 3.106%, 2.262%, 1.260%, 0.979%, 0.788%, 0.518%, 0.428%, 0.405%, 0.326%, 0.281%, 0.248%, 0.236%, 0.225%, 0.113%, 0.101%, 순구어가 10.193%, 3.182%, 9.792%, 2.991%, 1.268%, 1.726%, 1.158%, 0.238%, 0.615%, 0.015%, 0.243%, 0.194%, 0.181%, 0.040%,

0.033%, 0.028%, 0%, 0.002%, 0.043%, 0.005%로 준구어에서의 사용률이 순구어보다 높으며 5위인 '이거', 6위인 '우리', 9위인 '그거', 11위인 '여기', 13위인 '제', 15위인 '자기', 17위인 '거기', 18위인 '걔', 20위인 '저희', 21위인 '얘', 27위인 '이것', 32위인 '여러분', 40위인 '그것', 52위인 '요거', 54위인 '무엇', 60위인 '머', 62위인 '요기', 64위인 '모', 71위인 '고거', 82위인 '요것' 과 같은 대명사들은 순구어가 8.475%, 9.518%, 11.675%, 4.273%, 3.034%, 3.188%, 3.760%, 2.358%, 1.583%, 1.543%, 1.160%, 1.691%, 1.784%, 0.729%, 0.369%, 0.193%, 0.307%, 0.136%, 0.309%, 0.188%, 준구어가 7.168%, 5.953%, 3.995%, 2.656%, 2.262%, 1.227%, 0.833%, 0.799%, 0.788%, 0.754%, 0.450%, 0.338%, 0.203%, 0.079%, 0.068%, 0.034%, 0.034%, 0.023%, 0%, 0%로 순구어에서의 사용률이 준구어보다 높다.

3.2.4 수사(NR)

본 연구에 사용한 준구어 말뭉치에서는 수사가 모두 414회 출현해 실질형태 전체 출현율의 0.4%를 차지하며 수사 내 개별 단어는 모두 85개로서 전체 실질형태의 1.094%를 차지한다. 이 중 100회 이상 반복 출현한 수사가 1개, 99~50회 이상 반복 출현한 수사가 1개, 49~20회 이상 반복 출현한 수사가 1개, 19~10회 반복 출현한 수사가 0개, 9~5회 반복 출현한 수사가 7개, 4~2회 이상 반복 출현한 수사가 19개, 1회만 출현한 수사가 56개이다. 평균 반복 횟수는 4.9회로서 가장 낮다.

준구어 말뭉치에서 5회 이상 출현한 10개 수사들의 목록은 '부록B'에서 제시하고 여기서는 이들의 출현율을 차트로 제시한다.

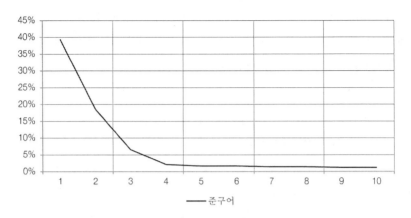

<그림 43> 준구어에서의 수사 내 개별 형태 출현율

위의 곡선을 보면 최고치는 39.372%인데 곡선의 모양이 1위부터 4위까지 급하게 내려오다가 4위부터는 낮은 수치에서 비교적 평온한 모습을 보인다. 변화폭이 가장 심한 1위부터 3위까지를 보면 '하나〉둘〉셋'의 순위로 되어 있는데 전부 다 고유어 수사로써 39.372%, 18.599%, 6.522%를 차지한다. 이들은 전체 준구어 수사 사용률의 64.493%나 차지해 높은 사용률을 보인다. 4위부터 10위를 보면 '투〉원〉일〉쓰리〉완〉넷〉쎄븐'의 순위로 되어 있는데 이 중에는 외래어 수사 '원'과 '원'의 이형태인 '완', 그리고 '투', '쓰리', '쎄븐'이 포함되며 한자어 수사 '일'과 고유어 수사 '넷'도 포함된다.

위에서 제시한 준구어에서의 수사의 출현율을 드라마에서의 수사의 출현율, 영화에서의 수사의 출현율과 비교하여 수사의 사용에서 드라마와 영화가 어떤 차이가 있는지 살펴보기로 한다.

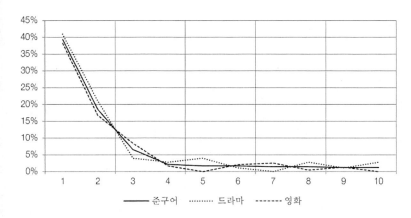

〈그림 44〉 수사 내 개별 형태 쓰임의 장르별 비교

곡선들의 전체적인 모습을 보면 1~4위는 드라마와 영화에서도 사용률이 높다. 그런데 5위부터는 들쭉날쭉한 모습을 보여 드라마와 영화가 차이가 아주 큼을 알 수 있다. 1위인 '하나', 2위인 '둘', 4위인 '투', 5위인 '원', 8위인 '완', 10위인 '쌔븐'과 같은 수사들은 드라마가 40.909%, 21.023%, 2.841%, 3.977%, 2.841%, 2.841%, 영화가 38.235%, 16.807%, 1.681%, 0%, 0.420%, 0%로 드라마에서의 사용률이 영화보다 높으며 3위인 '셋', 6위인 '일', 7위인 '쓰리'와 같은 수사들은 영화가 8.403%, 2.101%, 2.521%, 드라마가 3.977%, 1.136%, 0%로 영화에서의 사용률이 드라마보다 높다.

준구어에서의 수사의 출현율을 다시 남자 대화에서의 수사의 출현율, 여자 대화에서의 수사의 출현율과 비교하여 성별로 수사의 쓰임에 큰 차이가 없는지 살펴보기로 한다.

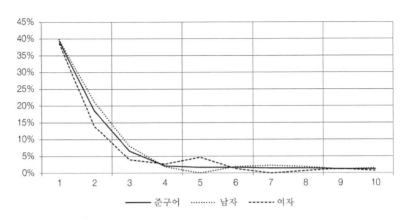

〈그림 45〉 수사 내 개별 형태 쓰임의 성별별 비교

　곡선들의 전체적인 모습을 보면 1위부터 4위까지는 남자와 여자 곡선
이 준구어 곡선과 비슷한 모습을 보이는데 이는 이들 수사가 남자와
여자 대화에서도 사용률이 높음을 의미한다. 그런데 5위부터는 남자와
여자 곡선이 비교적 심한 굴곡을 보인다. 1위인 '하나', 2위인 '둘', 3위인
'셋', 6위인 '일', 7위인 '쓰리', 8위인 '완', 10위인 '쌔븐'과 같은 수사들은
남자가 39.773%, 21.212%, 7.955%, 1.894%, 2.273%, 1.894%, 1.515%, 여자
가 38.667%, 14.000%, 4.000%, 1.333%, 0%, 0.667%, 0.667%로 남자 대화에
서의 사용률이 여자보다 높은 반면 4위인 '투', 5위인 '원'과 같은 수사들은
여자가 2.667%, 4.667%, 남자가 1.894%, 0%로 여자 대화에서의 사용률이
남자보다 높다.

　마지막으로 준구어에서의 수사의 출현율과 순구어에서의 수사의 출현
율을 비교해 보기로 한다. 비교를 진행하기 전에 먼저 준구어에서 출현한
수사들과 순구어에서 출현한 수사들의 목록을 한데 합친 후 Excel 2007의
'중복항 제거' 기능을 이용해 69개의 수사 통합 목록을 만들어내고 다시
Excel 2007의 'VLOOKUP' 함수를 사용해 개별 수사들에 대해 준구어에서
의 출현율과 순구어에서의 출현율을 부여하였다. 그 다음 '준구어 출현

횟수≥5회'와 '순구어 출현 횟수≥5회', 이 두 개 조건 중 어느 한쪽을 만족시키는 수사들을 선정하고 모두 이들을 다시 준구어에서의 출현율에 따라 재배열하였다.

위와 같은 작업을 거쳐 선정된 55개 수사들의 목록은 '부록C'에서 제시하고 여기서는 이들의 준구어에서의 출현율과 순구어에서의 출현율을 차트로 제시한다.

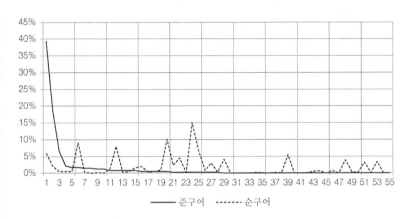

〈그림 46〉 수사 내 개별 형태 쓰임의 준, 순구어 비교

순구어의 곡선을 준구어의 곡선과 비교했을 때 굴곡이 아주 심한데 겹쳐지는 부분이 거의 없다고 할 수 있다. 이는 수사의 쓰임에서 준구어와 순구어가 차이가 아주 심하다고 할 수 있다. 준구어에서의 수사의 순위는 '하나〉둘〉셋〉투〉원〉일〉쓰리〉완〉넷〉쎄븐…'으로서 고유어 수사와 외래어 수사가 많이 쓰인데 비해 순구어에서의 수사의 순위는 '십〉이〉일〉삼〉오〉하나〉사〉백〉구〉육…'으로서 오히려 한자어 수사가 절대 대부분을 차지한다.

3.2.5 동사(VV)

본 연구에 사용한 준구어 말뭉치에서는 동사가 모두 18,568회 출현해 실질형태 전체 출현율의 17.923%를 차지하며 동사 내 개별 단어는 모두 987개로서 전체 실질형태의 12.704%를 차지한다. 이 중 1,000회 이상 반복 출현한 동사가 3개, 999~100회 반복 출현한 동사가 29개, 99~50회 반복 출현한 동사가 28개, 49~20회 반복 출현한 동사가 87개, 19~10회 반복 출현한 동사가 93개, 9~5회 반복 출현한 동사가 134개, 4~2회 반복 출현한 동사가 293개, 1회만 출현한 동사가 320개이다. 따라서 동사의 평균 출현 횟수는 18.8회이다.

준구어 말뭉치에서 5회 이상 출현한 374개 동사들의 목록은 '부록B'에서 제시하고 여기서는 이들의 출현율을 차트로 제시한다.

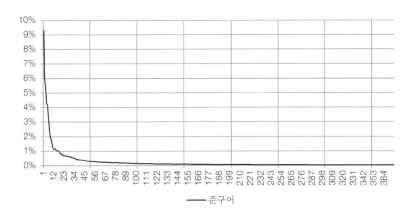

〈그림 47〉 준구어에서의 동사 내 개별 형태 출현율

위의 곡선을 보면 최고치는 9.296%인데 최고치가 2.2%인 명사에 비하면 높은 수치라고 할 수 있다. 이 곡선을 변화폭에 따라 구간을 나누면 첫 번째는 1위부터 11위까지의 구간으로서 급한 경사를 이룬다. 여기에는

'하다〉가다〉되다〉알다〉오다〉그러다〉보다〉먹다〉모르다〉죽다' 등 동사들이 포함되는데 각각 9.296%, 5.983%, 5.434%, 4.287%, 4.115%, 3.344%, 2.531%, 1.966%, 1.783%, 1.433%로서 이들은 전체 동사 출현율의 40.172%를 차지해 매우 높은 출현율을 보인다. 두 번째 구간은 11위부터 35위까지의 구간으로서 곡선이 상당 부분 누그러든 것은 사실이지만 그래도 경사가 비교적 급하다. 여기에는 '살다〉받다〉브다6)〉맞다〉주다〉나가다〉나오다〉만나다〉들어가다〉디다〉이러다〉사다〉쓰다〉나다〉들다〉듣다〉드리다〉잡다〉자다〉보이다〉기다리다〉놓다〉찾다〉치다' 등 동사들이 포함되는데 각각 1.223%, 1.158%, 1.158%, 1.109%, 1.061%, 1.034%, 1.023%, 0.975%, 0.819%, 0.819%, 0.754%, 0.711%, 0.706%, 0.684%, 0.679%, 0.668%, 0.657%, 0.636%, 0.630%, 0.603%, 0.571%, 0.571%, 0.528%, 0.528%로서 이들은 전체 동사 출현율의 19.305%를 차지한다. 세 번째는 35위부터 98위까지의 구간으로서 변화폭이 크지는 않지만 곡선이 계속 변화하고 있다. 이 구간은 전체 동사 출현율의 16.657%를 차지한다. 마지막 구간은 98위부터의 구간으로서 곡선이 낮은 수치에서 비교적 평온한 모습을 보인다.

아래에 준구어에서 출현한 동사들 중 1~50위까지를 골라 드라마와 영화에서 어떤 차이를 보이는지 살펴보기로 한다.

---

6) 본 준구어 말뭉치에서는 구어에서의 '벴다'와 '빘나'를 구멸하기 위해 '연세국어말뭉치'의 표기 지침에 따라 '봤다'는 '보/VV+ㅏ ㅆ/EP+다/EF'로, '밨다'는 '브/VV+ㅏ ㅆ/EP+다/EF'로 표기하였다.

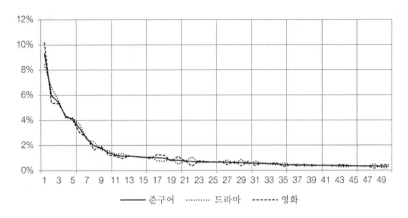

〈그림 48〉 동사 내 개별 형태 쓰임의 장르별 비교

위의 세 곡선을 비교해 보면 전체적인 모습에서는 큰 차이를 보이지
않아 준구어에서 출현율이 높은 동사들이 드라마와 영화에서도 출현율이
높으며 준구어에서 출현율이 낮은 동사들이 드라마나 영화에서도 출현율
이 낮음을 알 수 있다.

그런데 준구어의 곡선이 비교적 매끈한 데 비해 드라마와 영화의 곡선
이 약간 불규칙적인 모습을 보여 동사들의 개별적인 쓰임에서는 드라마
와 영화가 일정한 차이가 있음을 알 수 있다. 차이가 비교적 큰 동사들을
제시하면, 2위인 '가다', 6위인 '그러다', 8위인 '먹다', 22위인 '사다', 27위인
'드리다', 29위인 '자다', 31위인 '기다리다', 35위인 '일어나다', 48위인 '갖
다'와 같은 동사들은 드라마가 6.587%, 3.687%, 2.296%, 1.078%, 0.852%,
0.884%, 0.755%, 0.604%, 0.528%, 영화가 5.381%, 3.003%, 1.636%, 0.344%,
0.463%, 0.377%, 0.387%, 0.312%, 0.151%로 드라마에서의 사용률이 영화
보다 높지만 1위인 '하다', 17위인 '나오다', 18위인 '만나다', 20위인 '디다',
30위인 '보이다', 49위인 '울다', 50위인 '찍다'와 같은 동사들은 영화가
10.192%, 1.270%, 1.205%, 1.119%, 0.732%, 0.452%, 0.441%, 드라마가
8.398%, 0.776%, 0.744%, 0.517%, 0.474%, 0.205%, 0.205%로 영화에서의

사용률이 드라마보다 높다.

이들 동사의 출현율을 다시 남자와 여자로 나누어 비교해 보기로 한다.

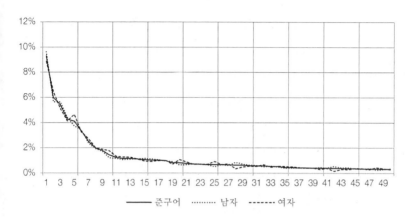

〈그림 49〉 동사 내 개별 형태 쓰임의 성별별 비교

위의 세 곡선을 비교해 보면 전체적인 모습에서는 큰 차이를 보이지 않아 준구어에서 출현율이 높은 동사들이 남자와 여자 대화에서도 출현율이 높으며 준구어에서 출현율이 낮은 동사들이 남자와 여자 대화에서도 출현율이 낮음을 알 수 있다.

그런데 준구어의 곡선이 비교적 매끈한 데 비해 남자와 여자의 곡선이 약간 불규칙적인 모습을 보여 동사들의 개별적인 쓰임에서는 남자와 여자가 일정한 차이가 있음을 알 수 있다. 차이가 비교적 큰 동사들을 제시하면 다음과 같다. 1위인 '하다', 3위인 '되다', 19위인 '들어가다', 28위인 '잡다', 29위인 '자다', 40위인 '믿다', 42위인 '죽이다', 43위인 '다니다', 44위인 '앉다', 47위인 '갔다오다'와 같은 동사들은 남자가 9.623%, 5.639%, 0.911%, 0.846%, 0.727%, 0.469%, 0.543%, 0.442%, 0.432%, 0.377%, 여자가 8.864%, 5.125%, 0.693%, 0.340%, 0.497%, 0.314%, 0.170%, 0.314%, 0.275%, 0.275%로 남자 대화에서의 사용률이 여자보다 높지만 2위인 '가다', 5위인 '오다', 10위인

'죽다', 20위인 '디다', 21위인 '이러다', 25위인 '들다', 32위인 '놓다', 48위인 '갖다'와 같은 동사들은 여자가 6.485%, 4.654%, 1.765%, 1.072%, 0.889%, 0.928%, 0.667%, 0.445%, 남자가 5.649%, 3.753%, 1.205%, 0.644%, 0.662%, 0.506%, 0.497%, 0.258%로 여자 대화에서의 사용률이 남자보다 높다.

마지막으로 준구어에서의 동사의 출현율과 순구어에서의 동사의 출현율을 비교해 보기로 한다. 비교를 진행하기 전에 먼저 준구어에서 출현한 동사들과 순구어에서 출현한 동사들의 목록을 한데 합친 후 Excel 2007의 '중복항 제거' 기능을 이용해 2,144개의 동사 통합 목록을 만들어내고 다시 Excel 2007의 'VLOOKUP' 함수를 사용해 개별 동사들에 대해 준구어에서의 출현율과 순구어에서의 출현율을 부여하였다. 그 다음 '준구어 출현 횟수≥10회'와 '순구어 출현 횟수≥10회', 이 두 개 조건 중 어느 한쪽을 만족시키는 동사들을 모두 선정하고 이들을 다시 준구어에서의 출현율에 따라 재배열하였다.

위와 같은 가공을 거쳐 선정된 640개의 동사들의 목록은 '부록C'에서 제시하고 여기서는 이들의 준구어에서의 출현율과 순구어에서의 출현율을 차트로 제시한다.

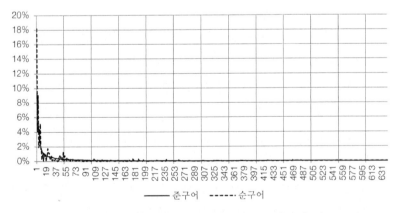

〈그림 50〉 동사 내 개별 형태 쓰임의 준, 순구어 비교

순구어의 곡선을 준구어의 곡선과 비교했을 때 굴곡이 심한 것은 사실이지만 곡선의 높은 봉우리들이 대부분 앞쪽에 집중되어 있다. 이는 준구어와 순구어에는 분명히 공통적으로 많이 쓰이는 동사들이 존재함을 의미한다. 그런데 순구어의 곡선은 앞쪽뿐만 아니라 뒤쪽에도 굴곡이 보이는데 이는 준구어에서 사용률이 높은 동사들 중에는 순구어에서 사용률이 낮은 것들도 있고 준구어에서 사용률이 낮은 동사들 중에는 순구어에서 사용률이 높은 것들도 있음을 의미한다.

사용률이 높은 것들 중에 차이가 비교적 큰 동사들을 제시하면 다음과 같다. 4위인 '알다', 10위인 '죽다', 13위인 '브다', 18위인 '디다', 29위인 '놓다', 30위인 '기다리다', 33위인 '일어나다', 34위인 '미치다', 37위인 '어쩌다', 38위인 '믿다', 39위인 '힘들다', 40위인 '죽이다', 47위인 '울다', 50위인 '버리다', 55위인 '끝나다', 60위인 '싸다', 62위인 '떠나다', 78위인 '낳다', 80위인 '키우다', 83위인 '돌아오다', 84위인 '헤어지다', 85위인 '참다', 86위인 '들오다', 87위인 '비키다', 90위인 '잊다', 92위인 '도망가다', 95위인 '팔리다', 100위인 '잘되다'와 같은 동사들은 준구어가 4.287%, 1.433%, 1.158%, 0.819%, 0.571%, 0.571%, 0.458%, 0.452%, 0.415%, 0.404%, 0.399%, 0.393%, 0.329%, 0.302%, 0.280%, 0.259%, 0.248%, 0.205%, 0.199%, 0.194%, 0.194%, 0.188%, 0.188%, 0.183%, 0.172%, 0.167%, 0.156%, 0.151%, 순구어가 1.938%, 0.262%, 0.001%, 0.001%, 0.164%, 0.131%, 0.200%, 0.126%, 0.154%, 0.125%, 0%, 0.078%, 0.082%, 0.066%, 0%, 0.035%, 0.063%, 0.077%, 0.070%, 0.067%, 0.057%, 0.022%, 0.005%, 0.006%, 0.051%, 0%, 0.029%, 0%로 준구어에서의 사용률이 순구어보다 높은 반면 1위인 '하다', 3위인 '되다', 6위인 '그러다', 21위인 '쓰다', 22위인 '나다', 43위인 '만들다', 49위인 '대하다', 52위인 '가지다', 154위인 '넣다', 168위인 '말다', 169위인 '넘어가다', 170위인 '벌다', 176위인 '느끼다', 177위인 '지나다', 186위인 '따르다', 195위인 '바뀌다', 206위인 '깨다', 219위인

'모으다', 237위인 '통하다', 259위인 '정하다', 260위인 '뽑다', 324위인 '이루다', 325위인 '의하다', 326위인 '모이다', 369위인 '관하다', 467위인 '그리다'와 같은 동사들은 순구어가 18.186%, 9.082%, 4.334%, 1.769%, 1.257%, 0.793%, 1.290%, 0.781%, 0.235%, 0.205%, 0.154%, 0.129%, 0.338%, 0.190%, 0.349%, 0.173%, 0.113%, 0.108%, 0.233%, 0.160%, 0.144%, 0.162%, 0.134%, 0.121%, 0.125%, 0.121%, 준구어가 9.296%, 5.434%, 3.344%, 0.706%, 0.684%, 0.361%, 0.312%, 0.291%, 0.092%, 0.081%, 0.081%, 0.081%, 0.075%, 0.075%, 0.070%, 0.065%, 0.059%, 0.054%, 0.048%, 0.043%, 0.043%, 0.027%, 0.027%, 0.027%, 0.022%, 0.011%로 순구어에서의 사용률이 준구어보다 높다.

3.2.6 형용사(VA)

본 연구에 사용한 준구어 말뭉치에서는 형용사가 총 6,020회 출현해 실질형태 전체 출현율의 5.811%를 차지하며 형용사 내 개별 단어는 모두 227개로서 전체 실질형태의 2.922%를 차지한다. 이 중 1,000회 이상 반복 출현한 형용사가 1개, 999~100회 반복 출현한 형용사가 9개, 99~50회 반복 출현한 형용사가 6개, 49~20회 반복 출현한 형용사가 17개, 19~10회 반복 출현한 형용사가 33개, 9~5회 반복 출현한 형용사가 31개, 4~2회 반복 출현한 형용사가 72개, 1회만 출현한 형용사가 58개이다. 따라서 형용사 내 개별 단어들의 평균 출현 횟수는 26.5회이다.

준구어 말뭉치에서 5회 이상 출현한 97개 형용사들의 목록은 '부록B'에서 제시하였는데 이들의 준구어 내 출현율을 차트로 보이면 다음과 같다.

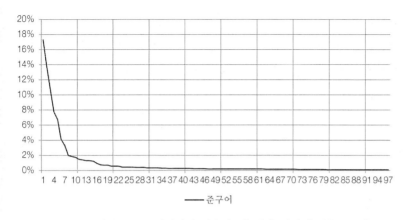

〈그림 51〉 준구어에서의 형용사 내 개별 형태 출현율

위의 곡선을 보면 최고치가 17.276%로 최고치가 9.296%인 동사보다 2배 정도 높다. 이 곡선을 변화폭에 따라 구간을 나누면 첫 번째는 1위부터 8위까지의 구간인데 이 구간은 곡선의 변화폭이 가장 큰 구간으로서 '있다〉아니다〉없다〉좋다〉같다〉괜찮다〉그렇다'의 순위로 되어 있으며 각각 17.276%, 13.854%, 10.615%, 7.757%, 6.744%, 4.120%, 3.272%를 차지한다. 이 구간의 형용사들은 형용사 전체 출현율의 63.638%를 차지해 높은 사용률을 보인다. 두 번째는 8위부터 17위까지의 구간인데 곡선의 모양이 많이 약해진 모습이다. 이 구간은 '많다〉싫다〉아프다〉고맙다〉나쁘다〉이쁘다〉어떻다〉크다〉맛있다'의 순위로 되어 있으며 각각 1.977%, 1.860%, 1.744%, 1.462%, 1.395%, 1.312%, 1.296%, 1.246%, 0.963%를 차지해 형용사 전체 출현율의 13.255%이다. 세 번째는 17위부터 30위까지의 구간인데 이 구간은 '바쁘다〉다르다〉어리다〉급하다〉무섭다〉재밌다〉멋있다〉어딨다〉예쁘다〉그릏다〉똑같다〉쉽다〉반갑다'의 순위로 되어 있으며 형용사 전체 출현율의 6.895%를 차지한다. 마지막 구간은 30위부터 시작되는데 곡선이 낮은 위치에서 비교적 평온한 모습을 유지하고 있다. 위의 결과를 종합해 보면 형용사는 그 쓰임이 명사나 동사보다 소수의

형태에 집중되어 있다.

위에서 제시한 준구어에서의 형용사의 출현율을 드라마에서의 형용사의 출현율, 영화에서의 형용사의 출현율과 비교하여 형용사의 사용에서 드라마와 영화는 어떤 차이가 있는지 알아보기로 한다.

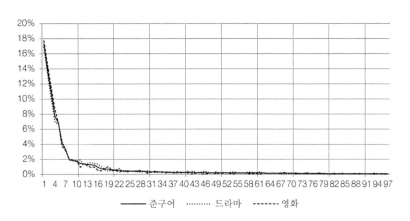

⟨그림 52⟩ 형용사 내 개별 형태 쓰임의 장르별 비교

위의 세 가지 곡선을 비교해 보면 높은 데서 낮은 데로 흘러가는 모습에서는 큰 차이를 보이지 않는데 이는 준구어에서 사용률이 높은 형용사가 드라마와 영화에서도 사용률이 높으며 준구어에서 사용률이 낮은 형용사가 드라마와 영화에서도 사용률이 낮음을 알 수 있다.

그런데 준구어 곡선과 비교하면 드라마와 영화의 곡선이 굴곡을 보인다. 이는 개별적인 형용사의 쓰임에서는 드라마와 영화가 일부 차이를 나타냄을 의미한다. 사용률이 높은 형용사 중 차이가 비교적 큰 것들을 제시하면 다음과 같다. 6위인 '괜찮다', 11위인 '고맙다', 14위인 '어떻다', 15위인 '크다', 16위인 '맛있다', 17위인 '바쁘다', 22위인 '재밌다', 24위인 '어떻다', 30위인 '멋지다', 37위인 '궂다', 42위인 '잘나다', 43위인 '길다', 45위인 '아깝다', 46위인 '징그럽다', 49위인 '상관없다', 51위인 '어렵다',

53위인 '가깝다', 54위인 '귀찮다', 58위인 '춥다', 59위인 '귀엽다', 61위인 '속상하다', 71위인 '잘생기다', 76위인 '넓다', 79위인 '친하다', 81위인 '덥다', 82위인 '맵다', 89위인 '가볍다', 95위인 '아쉽다', 96위인 '작다'와 같은 형용사들은 드라마가 4.497%, 1.918%, 1.604%, 1.478%, 1.352%, 1.038%, 0.786%, 0.566%, 0.535%, 0.346%, 0.440%, 0.377%, 0.377%, 0.409%, 0.346%, 0.283%, 0.283%, 0.346%, 0.314%, 0.283%, 0.346%, 0.220%, 0.157%, 0.189%, 0.157%, 0.157%, 0.157%, 0.126%, 0.126%, 영화가 3.697%, 0.951%, 0.951%, 0.986%, 0.528%, 0.458%, 0.317%, 0.317%, 0.141%, 0.176%, 0.070%, 0.106%, 0.070%, 0.035%, 0.070%, 0.141%, 0.106%, 0.035%, 0.070%, 0.070%, 0.000%, 0.070%, 0.070%, 0.035%, 0.035%, 0.035%, 0%, 0.035%, 0.035%로 드라마에서의 사용률이 영화보다 높으며 1위인 '있다', 2위인 '아니다', 3위인 '없다', 4위인 '좋다', 18위인 '다르다', 19위인 '어리다', 23위인 '멋있다', 32위인 '시끄럽다', 38위인 '낫다', 41위인 '슬프다', 44위인 '그다', 67위인 '깊다', 68위인 '더럽다', 70위인 '싸다', 74위인 '옳다', 75위인 '이렇다', 77위인 '못생기다', 78위인 '빨갛다', 84위인 '무겁다', 90위인 '고프다', 93위인 '밝다', 94위인 '배부르다'와 같은 형용사들은 영화가 17.746%, 14.577%, 11.338%, 8.697%, 0.845%, 1.056%, 0.528%, 0.423%, 0.387%, 0.423%, 0.317%, 0.211%, 0.282%, 0.211%, 0.246%, 0.176%, 0.176%, 0.211%, 0.176%, 0.141%, 0.176%, 0.141%, 드라마가 16.855%, 13.208%, 9.969%, 6.918%, 0.597%, 0.409%, 0.377%, 0.252%, 0.157%, 0.126%, 0.157%, 0.094%, 0.031%, 0.094%, 0.031%, 0.094%, 0.063%, 0.031%, 0.031%, 0.031%, 0%, 0.031%로 영화에서의 사용률이 드라마보다 높다. 위의 수치를 보면 1, 2, 3, 4위는 모두 영화에서의 사용률이 드라마보다 높다.

준구어에서의 형용사의 출현율을 다시 남자 대화에서이 형용사의 출현율, 여자 대화에서의 형용사의 출현율과 비교하여 성별별로 형용사의 쓰임에 큰 차이가 없는지 살펴보기로 한다.

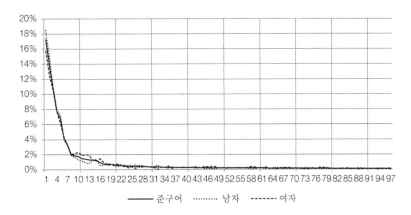

〈그림 53〉 형용사 내 개별 형태 쓰임의 성별별 비교

위의 세 가지 곡선을 비교해 보면 높은 데서 낮은 데로 흘러가는 모습에
서는 큰 차이를 보이지 않는데 이는 준구어에서 사용률이 높은 형용사가
남자와 여자 대화에서도 사용률이 높으며 준구어에서 사용률이 낮은
형용사가 남자와 여자 대화에서도 사용률이 낮음을 알 수 있다.

그런데 준구어 곡선과 비교하면 드라마와 영화의 곡선이 불규칙적인
모습을 보인다. 이는 개별적인 형용사의 쓰임에서는 드라마와 영화가
일부 차이를 나타냄을 의미한다. 1위인 '있다', 2위인 '아니다', 5위인 '같
다', 18위인 '다르다', 24위인 '어딨다', 26위인 '그렇다', 31위인 '필요없다',
32위인 '시끄럽다', 36위인 '쎄다', 44위인 '그다', 63위인 '싫다', 65위인
'재미없다', 72위인 '기쁘다', 73위인 '아무렇다', 74위인 '옳다', 76위인 '넓
다', 81위인 '덥다', 86위인 '쓸데없다', 88위인 '틀리다', 89위인 '가볍다',
91위인 '문제없다', 93위인 '밝다', 94위인 '배부르다', 95위인 '아쉽다', 96위
인 '작다', 97위인 '후지다'와 같은 형용사들은 남자가 18.480%, 14.934%,
7.332%, 0.841%, 0.631%, 0.661%, 0.421%, 0.571%, 0.391%, 0.270%,

0.210%, 0.270%, 0.180%, 0.210%, 0.210%, 0.150%, 0.150%, 0.150%, 0.180%, 0.120%, 0.120%, 0.150%, 0.120%, 0.120%, 0.120%, 0.150%, 여자가 15.738%, 12.561%, 6.056%, 0.561%, 0.224%, 0.150%, 0.262%, 0.037%, 0.150%, 0.187%, 0.112%, 0.037%, 0.075%, 0.037%, 0.037%, 0.075%, 0.037%, 0.037%, 0%, 0.037%, 0.037%, 0%, 0.037%, 0.037%, 0.037%, 0%로 남자 대화에서의 사용률이 여자보다 높으며 6위인 '괜찮다', 9위인 '싫다', 10위인 '아프다', 11위인 '고맙다', 12위인 '나쁘다', 13위인 '이쁘다', 16위인 '맛있다', 35위인 '비싸다', 43위인 '길다', 45위인 '아깝다', 46위인 '징그럽다', 47위인 '높다', 48위인 '배고프다', 58위인 '춥다', 59위인 '귀엽다', 62위인 '차갑다', 67위인 '깊다', 69위인 '멀다', 75위인 '이렇다', 77위인 '못생기다', 78위인 '빨갛다', 79위인 '친하다', 80위인 '계시다', 83위인 '못되다', 85위인 '부끄럽다'와 같은 형용사들은 여자가 4.336%, 2.168%, 2.280%, 1.869%, 2.019%, 1.869%, 1.458%, 0.486%, 0.336%, 0.411%, 0.336%, 0.374%, 0.374%, 0.374%, 0.299%, 0.299%, 0.262%, 0.224%, 0.187%, 0.224%, 0.224%, 0.187%, 0.150%, 0.150%, 0.150%, 남자가 3.876%, 1.623%, 1.322%, 1.142%, 0.901%, 0.841%, 0.571%, 0.150%, 0.180%, 0.090%, 0.150%, 0.090%, 0.090%, 0.060%, 0.090%, 0.090%, 0.060%, 0.090%, 0.090%, 0.030%, 0.030%, 0.060%, 0.060%, 0.060%, 0.060%로 여자 대화에서의 사용률이 남자보다 높다.

마지막으로 준구어에서의 형용사의 출현율과 순구어에서의 형용사의 출현율을 비교해 보기로 한다. 비교를 진행하기 전에 먼저 준구어에서 출현한 형용사들과 순구어에서 출현한 형용사들의 목록을 한데 합친 후 Excel 2007의 '중복항 제거' 기능을 이용해 562개의 형용사 통합 목록을 만들어내고 다시 Excel 2007의 'VLOOKUP' 함수를 사용해 개별 형용사들에 대해 준구어에서의 출현율과 순구어에서의 출현율을 부여하였다. 그 다음 '준구어 출현 횟수≥5회'와 '순구어 출현 횟수≥5회', 이 두 가지 조건 중 어느 한쪽을 만족시키는 형용사들을 선정하고 이들을 다시 준구어에서의 출현율에 따라 재배열하였다.

위와 같은 작업을 통해 선정된 231개의 형용사들의 목록은 '부록C'에서 제시하고 여기서는 이들의 준구어에서의 출현율과 순구어에서의 출현율을 차트로 제시한다.

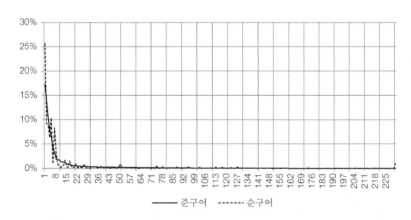

〈그림 54〉 형용사 내 개별 형태 쓰임의 준, 순구어 비교

순구어의 곡선을 준구어의 곡선과 비교했을 때 아주 불규칙적이지만 순구어 곡선의 높은 봉우리들이 대부분 앞쪽에 있고 뒤쪽으로 갈수록 봉우리들이 작아진다. 위의 차트에서 형용사들의 순위는 준구어에서의 형용사들의 출현율에 따라 배열되었기 때문에 순구어 곡선의 높은 봉우리들이 앞쪽에 몰려 있다는 것은 준구어에서 사용률이 높은 형용사들이 순구어에서도 사용률이 높음을 의미한다.

그런데 순구어의 곡선이 준구어 곡선과 비교했을 때 불규칙적인 모습을 보이므로 개별적인 형용사들의 쓰임에서는 준구어와 순구어가 일부 차이를 나타냄을 알 수 있다. 그 중 몇 가지를 제시하면 다음과 같다. 6위인 '괜찮다', 10위인 '아프다', 11위인 '고맙다', 12위인 '이쁘다', 15위인

'맛있다', 16위인 '바쁘다', 19위인 '급하다', 28위인 '반갑다', 30위인 '필요없다', 31위인 '시끄럽다', 36위인 '궂다', 41위인 '잘나다', 43위인 '그다', 45위인 '징그럽다', 47위인 '배고프다', 54위인 '드럽다', 60위인 '속상하다', 61위인 '차갑다', 62위인 '싫다', 63위인 '우습다', 67위인 '더럽다', 70위인 '잘생기다', 72위인 '아무렇다', 73위인 '옳다', 76위인 '못생기다'와 같은 형용사들은 준구어가 4.120%, 1.744%, 1.462%, 1.312%, 0.963%, 0.764%, 0.565%, 0.399%, 0.349%, 0.332%, 0.266%, 0.266%, 0.233%, 0.233%, 0.216%, 0.199%, 0.183%, 0.183%, 0.166%, 0.166%, 0.150%, 0.150%, 0.133%, 0.133%, 0.116%, 순구어가 0.971%, 0.439%, 0.255%, 0.354%, 0.357%, 0.208%, 0.084%, 0.061%, 0.061%, 0.069%, 0.002%, 0.051%, 0.011%, 0.016%, 0.069%, 0.036%, 0.028%, 0.028%, 0.002%, 0.039%, 0.018%, 0%, 0.025%, 0.003%, 0%로 준구어에서의 사용률이 순구어보다 높지만 1위인 '있다', 5위인 '같다', 7위인 '그렇다', 8위인 '많다', 17위인 '다르다', 21위인 '재밌다', 26위인 '똑같다', 27위인 '쉽다', 50위인 '어렵다', 74위인 '이렇다', 78위인 '친하다', 87위인 '틀리다', 95위인 '작다', 102위인 '강하다', 110위인 '부럽다', 113위인 '엄청나다', 116위인 '재미있다', 117위인 '적다', 123위인 '낮다', 127위인 '새롭다', 231위인 '힘들다'와 같은 형용사들은 순구어가 25.619%, 10.371%, 8.331%, 3.347%, 1.534%, 0.966%, 0.703%, 0.739%, 0.932%, 0.460%, 0.413%, 0.350%, 0.306%, 0.216%, 0.118%, 0.233%, 0.152%, 0.183%, 0.180%, 0.310%, 1.017%, 준구어가 17.276%, 6.744%, 3.272%, 1.977%, 0.714%, 0.565%, 0.415%, 0.415%, 0.216%, 0.133%, 0.116%, 0.100%, 0.083%, 0.050%, 0.050%, 0.050%, 0.050%, 0.050%, 0.033%, 0.033%, 0%로 순구어에서의 사용률이 준구어보다 높다.

3.2.7 보조용언(VX)

본 연구에 사용한 준구어 말뭉치에서는 보조용언이 모두 3,753회 출현해 실질형태 전체 출현율의 3.623%를 차지하며 보조용언 내 개별 단어는 모두 37개로서 전체 실질형태의 0.476%를 차지한다. 이 중 100회 이상 반복 출현한 보조용언이 10개, 99~50회 반복 출현한 보조용언이 4개, 49~20회 반복 출현한 보조용언이 7개, 19~10회 반복 출현한 보조용언이 3개, 9~5회 반복 출현한 보조용언이 3개, 4~2회 반복 출현한 보조용언이 3개, 1회만 출현한 보조용언이 7개이다. 따라서 보조용언의 평균 출현 횟수는 101.4회로서 가장 많다.

준구어 말뭉치에서 5회 이상 출현한 27개의 보조용언들의 목록은 '부록 B'에서 제시하였는데 이들의 준구어 내 출현율을 차트로 보이면 다음과 같다.

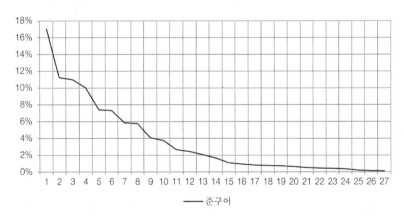

〈그림 55〉 준구어에서의 보조용언 내 개별 형태 출현율

위의 곡선을 보면 최고치는 17.080%인데 변화폭에 따라 구간을 나누면 첫 번째는 1위부터 2위까지의 구간인데 이 구간은 곡선의 변화폭이 가장

큰 구간으로서 1위인 '주다'는 전체 보조용언 출현율의 17.080%를 차지해 높은 사용률을 보인다. 두 번째는 2위부터 15위까지의 구간으로서 변화폭이 첫 번째 구간보다는 많이 약해진 모습을 보이는데 '있다〉브다〉하다〉보다〉마다〉싶다〉않다〉말다〉지다〉높다〉버리다〉드리다〉가지다〉못하다'의 순위로 되어 있으며 각각 11.244%, 10.978%, 10.045%, 7.407%, 7.327%, 5.862%, 5.782%, 4.077%, 3.730%, 2.638%, 2.425%, 2.052%, 1.652%를 차지해 비교적 높은 사용률을 보인다. 위의 두 구간의 보조용언들을 전체 보조용언 출현율의 92.299%를 차지해 준구어에서 대부분의 보조용언들은 이 몇 개 형태에 의해 실현된다고 할 수 있다. 15위부터는 곡선이 낮은 수치에서 비교적 평온한 모습을 보인다.

위에서 제시한 준구어에서의 보조용언의 출현율을 드라마에서의 보조용언의 출현율, 영화에서의 보조용언의 출현율과 비교하여 보조용언의 사용에서 드라마와 영화는 어떤 차이가 나는지 살펴보기로 한다.

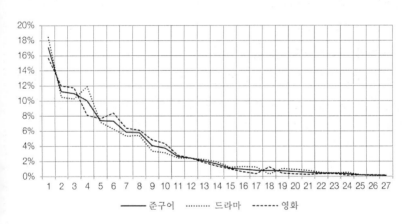

〈그림 56〉 보조용언 내 개별 형태 쓰임의 장르별 비교

위의 세 곡선을 비교해 보면 전체적으로는 유사한 모습을 보여 준구어에서 사용률이 높은 보조용언들이 드라마와 영화에서도 사용률이 높으며

준구어에서 사용률이 낮은 보조용언들이 드라마와 영화에서도 사용률이 낮음을 알 수 있다.

하지만 준구어 곡선과 비교했을 때 드라마와 영화 곡선이 굴곡이 심한 모습을 보여 개별적인 보조용언의 쓰임에서는 드라마와 영화가 일부 차이를 보임을 알 수 있다. 1위인 '주다', 4위인 '하다', 13위인 '드리다', 14위인 '가지다', 16위인 '(하)다', 17위인 '두다', 19위인 '오다', 20위인 '계시다', 21위인 '내다', 22위인 '나다', 24위인 '갖다'와 같은 보조용언들은 드라마가 18.429%, 11.885%, 2.251%, 1.937%, 1.309%, 1.257%, 1.047%, 0.942%, 0.785%, 0.524%, 0.576%, 영화가 15.681%, 8.139%, 1.845%, 1.356%, 0.597%, 0.380%, 0.434%, 0.326%, 0.271%, 0.380%, 0.163%로 드라마에서의 사용률이 영화보다 높지만 2위인 '있다', 3위인 '브다', 6위인 '마다', 7위인 '싶다', 8위인 '않다', 9위인 '말다', 10위인 '지다', 18위인 '달다', 26위인 '먹다'와 같은 보조용언들은 영화가 11.991%, 11.720%, 8.410%, 6.403%, 6.131%, 4.829%, 4.341%, 1.248%, 0.217%, 드라마가 10.524%, 10.262%, 6.283%, 5.340%, 5.445%, 3.351%, 3.141%, 0.314%, 0.105%로 영화에서의 사용률이 드라마보다 높다.

준구어에서의 보조용언의 출현율을 다시 남자 대화에서의 보조용언의 출현율, 여자 대화에서의 보조용언의 출현율과 비교하여 성별별로 보조용언의 쓰임에 큰 차이가 없는지 살펴보기로 한다.

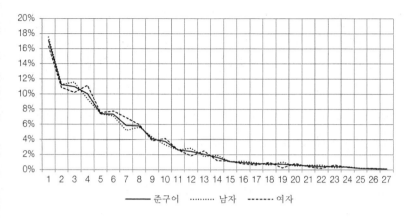

〈그림 57〉 보조용언 내 개별 형태 쓰임의 성별별 비교

위의 세 가지 곡선을 비교해 보면 전체적인 흐름에서는 큰 차이를 보이지 않아 준구어에서 사용률이 높은 보조용언들이 남자와 여자 대화에서도 사용률이 높으며 준구어에서 사용률이 낮은 보조용언들이 남자와 여자 대화에서도 사용률이 낮음을 알 수 있다.

그런데 남자와 여자의 곡선이 준구어의 곡선과 비교했을 때 약간 들쭉날쭉한 모습을 보여 보조용언들의 개별적인 쓰임에서는 남자와 여자가 일부 차이를 보임을 알 수 있다. 1위인 '주다', 2위인 '있다', 3위인 '브다', 9위인 '말다', 12위인 '버리다', 14위인 '가지다', 16위인 '(하)다', 17위인 '두다', 19위인 '오다', 21위인 '내다', 22위인 '나다'와 같은 보조용언들은 남자가 17.549%, 11.262%, 11.578%, 4.297%, 2.849%, 1.945%, 1.131%, 0.950%, 1.040%, 0.633%, 0.633%, 여자가 16.328%, 10.885%, 10.230%, 3.803%, 1.836%, 1.246%, 0.787%, 0.656%, 0.262%, 0.393%, 0.197%로 남자 대화에서의 사용률이 여자보다 높지만 4위인 '하다', 6위인 '마다', 7위인 '싶다', 10위인 '지다', 13위인 '드리다', 18위인 '달다', 20위인 '계시다', 23위인 '가다'와 같은 보조용언들은 여자가 11.148%, 7.738%, 6.885%, 4.131%, 2.492%, 0.984%, 0.852%, 0.656%, 남자가 9.362%, 7.101%, 5.201%, 3.302%, 1.764%,

0.633%, 0.498%, 0.271%로 여자 대화에서의 사용률이 남자보다 높다.

마지막으로 준구어에서의 보조용언의 출현율과 순구어에서의 보조용언의 출현율을 비교해 보기로 한다. 비교를 진행하기 전에 먼저 준구어에서 출현한 보조용언들과 순구어에서 출현한 보조용언들의 목록을 한데 합친 후 Excel 2007의 '중복항 제거' 기능을 이용해 91개의 보조용언 통합 목록을 만들어내고 다시 Excel 2007의 'VLOOKUP' 함수를 사용해 개별 보조용언들에 대해 준구어에서의 출현율과 순구어에서의 출현율을 부여하였다. 그 다음 '준구어 출현 횟수≥5회'와 '순구어 출현 횟수≥5회', 이 두 개 조건 중 어느 한쪽을 만족시키는 보조용언들을 선정하고 이들을 다시 준구어에서의 출현율에 따라 재배열하였다.

위와 같은 작업을 통해 선정된 45개의 보조용언들의 목록은 '부록C'에서 제시하고 여기서는 이들의 준구어에서의 출현율과 순구어에서의 출현율을 차트로 제시한다.

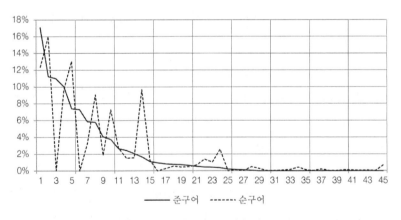

〈그림 58〉 보조용언 내 개별 형태 쓰임의 준, 순구어 비교

순구어의 곡선을 준구어의 곡선과 비교했을 때 아주 불규칙적인 모습을 보이지만 곡선의 높은 봉우리들이 대부분 앞쪽이 몰려 있다. 위의 보조용

언들의 배열은 준구어에서의 출현율을 기준으로 했기 때문에 이는 보조용언의 사용에서 준구어에서 사용률이 높은 보조용언 중에 순구어에서 사용률이 높은 보조용언들이 많으며 준구어에서 사용률이 낮은 보조용언들이 대부분 순구어에서도 사용률이 낮음을 의미한다. 그런데 높은 봉우리들 중간중간에 낮은 부분도 나타나는데 이는 준구어에서 사용률이 높은 보조용언 중에 순구어에서 사용률이 낮은 보조용언들도 있음을 나타낸다.

1위인 '주다', 3위인 '브다', 6위인 '마다', 7위인 '싶다', 9위인 '말다', 12위인 '버리다', 13위인 '드리다', 16위인 '(하)다7)', 17위인 '두다', 25위인 '낳(놓)다8)', 27위인 '대다'와 같은 보조용언들은 준구어가 17.080%, 10.978%, 7.327%, 5.862%, 4.077%, 2.425%, 2.052%, 0.959%, 0.826%, 0.213%, 0.133%, 순구어가 12.355%, 0.014%, 0%, 3.310%, 1.840%, 1.502%, 1.570%, 0%, 0.273%, 0%, 0.030%로 준구어에서의 사용률이 순구어보다 높지만 2위인 '있다', 5위인 '보다', 8위인 '않다', 10위인 '지다', 14위인 '가지다', 22위인 '나다', 23위인 '가다', 24위인 '갖다', 28위인 '나가다', 29위인 '가주다', 33위인 '듯하다', 34위인 '만하다', 37위인 '부다', 40위인 '뻔하다9)', 45위인 'ㅎ다'와 같은 보조용언들은 순구어가 16.008%, 13.074%, 9.034%, 7.272%, 9.666%, 1.392%, 1.048%, 2.570%, 0.478%, 0.276%, 0.135%, 0.440%, 0.200%, 0.113%, 0.676%, 준구어가 11.244%, 7.407%, 5.782%,

---

7) 16위인 '(하)다'는 준구어에서 0.959%, 순구어에서 0%, 45위인'ㅎ다'는 순구어에서 0.676%, 준구어에서 0%로 나온다. 본 준구어 말뭉치 형태 분석은 '21세기세종계획_현대구어말뭉치_구축지침'(2009)에 근거해 '해야겠다'와 같은 어절에 대해 '하/VV+ㅓ야/EC+(하)/VX+겠/EP+다/EF'로 분석하였는데 순구어의 'ㅎ다'가 바로 준구어에서의 '(하)다'가 아닌가 생각한다.

8) '낳다'는 '해 놔!'와 같은 문장에서 출현하는 보조용언 '놓다'의 이형태인데 '해 놔!'가 실제 발화시 '해 나!'로 발음되기에 윗 문장의 '놓다'와 달리 표기하기 위해 '낳(놓)다'로 분석하였다. 이 형태는 순구어 말뭉치에서 전혀 출현하지 않았다기보다는 다른 형식으로 표기된 것으로 생각한다.

9) '듯히다', '만히다', '뻔히다'는 준구어에서 0%로 나오는데 이는 본 준구어 말뭉치는 '21세기세종계획_현대구어말뭉치_구축지침'(2009)에 근거하여 이들을 형용사파생접미사로 분석하였기 때문에 나온 결과라고 생각된다.

3.730%, 1.652%, 0.453%, 0.426%, 0.373%, 0.053%, 0%, 0%, 0%, 0%, 0%, 0%로 순구어에서의 사용률이 준구어보다 높다.

3.2.8 관형사(MM)

본 연구에 사용한 준구어 말뭉치에서는 관형사가 모두 3,700회 출현해 실질형태 전체 출현율의 3.572%를 차지하며 관형사 내 개별 단어는 모두 201개로서 전체 실질형태의 2.587%를 차지한다. 이 중 100회 이상 반복 출현한 관형사가 9개, 99~50회 반복 출현한 관형사가 7개, 49~20회 반복 출현한 관형사가 6개, 19~10회 반복 출현한 관형사가 12개, 9~5회 반복 출현한 관형사가 27개, 4~2회 반복 출현한 관형사가 49개, 1회만 출현한 관형사가 91개이다. 따라서 관형사 내 개별 단어들의 평균 출현 횟수는 18.4회로서 비교적 적다.

준구어 말뭉치에서 5회 이상 출현한 61개 관형사들의 목록은 '부록B'에서 제시하고 여기서는 이들의 출현율을 차트로 제시한다.

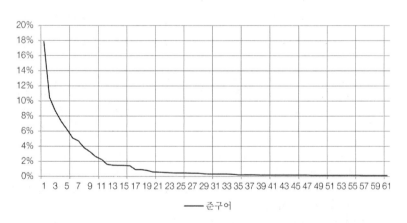

〈그림 59〉 준구어에서의 관형사 내 개별 형태 출현율

위의 곡선을 변화폭에 따라 구간을 나누면 첫 번째는 1위부터 2위까지의 구간인데 이 구간은 곡선의 변화폭이 가장 큰 구간으로서 1위인 '이'는 전체 관형사 출현율의 17.865%를 차지한다. 두 번째는 2위부터 11위까지의 구간으로서 첫 번째 구간보다는 약하지만 그래도 변화폭이 비교적 크다. 여기에는 '그', '내', '한', '무슨', '니', '그런', '이런', '저', '두', '제' 등 관형사들이 포함되며 각각 10.459%, 8.730%, 7.351%, 6.270%, 5.108%, 4.730%, 3.811%, 3.297%, 2.649%, 2.243%로 전체 관형사 출현율의 54.648%를 차지한다. 12위부터 35위까지는 세 번째 구간으로서 '다른', '몇', '삼', '어떤', '일', '모든', '아무', '세', '뭔', '첫', '저런', '백', '딴', '십', '어느', '삼십', '천', '사', '여러', '오', '일곱', '오십', '육'과 같은 관형사들이 포함되는데 대부분이 수관형사들이다. 세 번째 구간의 관형사들은 전체 관형사 출현율의 16.673%를 차지한다. 위의 1~3구간의 관형사들은 전체 준구어 관형사 출현율의 89.186%를 차지해 준구어에서 대부분의 관형사들은 이들 형태에 의해 실현된다고 할 수 있다. 36위부터는 곡선이 낮은 위치에서 비교적 평온한 모습을 유지하고 있다.

위에서 제시한 준구어에서의 관형사의 출현율을 드라마에서의 관형사의 출현율, 영화에서의 관형사의 출현율과 비교하여 관형사의 사용에서 드라마와 영화는 어떤 차이가 있는지 살펴보기로 한다.

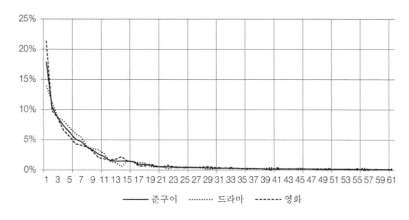

〈그림 60〉 관형사 내 개별 형태 쓰임의 장르별 비교

위의 세 가지 곡선을 비교하면 전체적인 모습에서는 큰 차이를 보이지
않는데 준구어에서 사용률이 높은 관형사들이 드라마나 영화에서도 사용
률이 높고 준구어에서 사용률이 낮은 관형사들이 드라마나 영화에서도
사용률이 낮음을 알 수 있다.

그런데 드라마와 영화의 곡선이 약간 불규칙적인 모습을 보여 개별적
인 관형사의 쓰임에서는 드라마와 영화가 일부 차이가 있음을 알 수
있다. 2위인 '그', 4위인 '한', 5위인 '무슨', 6위인 '나', 7위인 '그런', 10위인
'두', 11위인 '제', 17위인 '모든', 18위인 '아무', 36위인 '여섯', 39위인 '다섯',
40위인 '백만', 42위인 '웬', 45위인 '한두', 51위인 '오만', 53위인 '이딴',
54위인 '이십', 56위인 '현', 57위인 '삼만'과 같은 관형사들은 드라마가
11.201%, 8.199%, 7.102%, 6.005%, 5.427%, 3.349%, 2.714%, 1.212%,
1.212%, 0.346%, 0.289%, 0.462%, 0.289%, 0.346%, 0.231%, 0.231%,
0.231%, 0.346%, 0.231%, 영화가 9.807%, 6.606%, 5.539%, 4.319%, 4.116%,
2.033%, 1.829%, 0.661%, 0.661%, 0.152%, 0.152%, 0%, 0.152%, 0.102%,
0.102%, 0.102%, 0.102%, 0%, 0.051%로 드라마에서의 사용률이 영화보다
높지만 1위인 '이', 12위인 '다른', 13위인 '몇', 14위인 '삼', 19위인 '세',

22위인 '저런', 29위인 '샤', 30위인 '여러', 33위인 '오십', 41위인 '열', 48위인 '구', 50위인 '네', 55위인 '팔', 58위인 '아홉', 61위인 '오백'과 같은 관형사들은 영화가 21.341%, 1.728%, 1.778%, 2.236%, 1.016%, 0.813%, 0.610%, 0.457%, 0.457%, 0.407%, 0.254%, 0.305%, 0.305%, 0.203%, 0.254%, 드라마가 13.915%, 1.443%, 1.212%, 0.635%, 0.577%, 0.231%, 0.115%, 0.231%, 0.173%, 0%, 0.058%, 0%, 0%, 0.058%, 0%로 영화에서의 사용률이 드라마보다 높다. 위의 관형사들을 보면 드라마와 영화는 대부분 수관형사에서 큰 차이가 난다.

준구어에서의 관형사의 출현율을 다시 남자 대화에서의 관형사의 출현율, 여자 대화에서의 관형사의 출현율과 비교하여 성별별로 관형사의 쓰임에 큰 차이가 없는지 살펴보기로 한다.

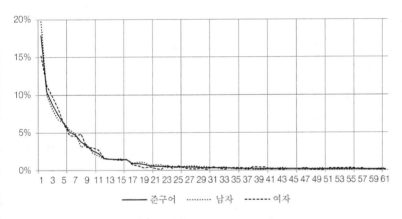

〈그림 61〉 관형사 내 개별 형태 쓰임의 성별별 비교

위의 세 가지 곡선을 비교해 보면 성별별로도 역시 곡선의 큰 흐름에는 변화가 없다. 따라서 준구어에서 많이 사용된 관형사가 남자나 여자의 대화에서도 많이 사용되고 준구어에서 적게 사용된 관형사가 남자나 여자 대화에서도 적게 사용됨을 알 수 있다.

그런데 남자와 여자 곡선이 약간 불규칙적인 모습을 보여 개별적인 관형사의 쓰임에는 남자와 여자가 약간한 차이가 남을 알 수 있다. 1위인 '이', 6위인 '니', 18위인 '아무', 19위인 '세', 21위인 '첫', 22위인 '저런', 24위인 '딴', 26위인 '어느', 27위인 '삼십', 28위인 '천', 29위인 '사', 30위인 '여러', 33위인 '오십', 37위인 '요', 41위인 '열', 43위인 '전', 46위인 '단', 48위인 '구', 49위인 '그른', 50위인 '네', 58위인 '아홉', 60위인 '영', 61위인 '오백'과 같은 관형사들은 남자가 19.695%, 5.428%, 1.122%, 1.122%, 0.763%, 0.763%, 0.583%, 0.538%, 0.583%, 0.583%, 0.449%, 0.493%, 0.449%, 0.359%, 0.269%, 0.359%, 0.224%, 0.224%, 0.224%, 0.269%, 0.179%, 0.224%, 0.179%, 여자가 15.205%, 4.658%, 0.616%, 0.342%, 0.274%, 0.137%, 0.274%, 0.342%, 0.205%, 0.205%, 0.274%, 0.137%, 0.137%, 0.068%, 0.137%, 0%, 0.137%, 0.068%, 0.068%, 0%, 0.068%, 0%, 0.068%로 남자 대화에서의 사용률이 여자보다 높지만 2위인 '그', 3위인 '내', 4위인 '한', 8위인 '이런', 11위인 '제', 23위인 '백', 25위인 '십', 31위인 '오', 35위인 '별', 36위인 '여섯', 38위인 '칠', 39위인 '다섯', 40위인 '백만', 47위인 '새', 51위인 '오만', 52위인 '오십만', 53위인 '이딴', 54위인 '이십', 55위인 '팔', 57위인 '삼만'과 같은 관형사들은 여자가 11.301%, 9.795%, 8.151%, 4.863%, 2.740%, 0.753%, 0.616%, 0.479%, 0.342%, 0.342%, 0.479%, 0.411%, 0.411%, 0.342%, 0.274%, 0.274%, 0.274%, 0.274%, 0.342%, 0.274%, 남자가 9.960%, 8.075%, 6.729%, 3.096%, 1.929%, 0.359%, 0.359%, 0.269%, 0.179%, 0.179%, 0.090%, 0.090%, 0.090%, 0.090%, 0.090%, 0.090%, 0.090%, 0.090%, 0.045%, 0.045%로 여자 대화에서의 사용률이 남자보다 높다. 남자와 여자 대화의 관형사를 봐도 큰 차이는 대부분 수관형사에서 발생한다.

마지막으로 준구어에서의 관형사의 출현율과 순구어에서의 관형사의 출현율을 비교해 보기로 한다. 비교를 진행하기 전에 먼저 준구어에서 출현한 관형사들과 순구어에서 출현한 관형사들의 목록을 한데 합친 후 Excel 2007의 '중복항 제거' 기능을 이용해 267개의 관형사 통합 목록을 만들어내고 다시 Excel 2007의 'VLOOKUP' 함수를 사용해 개별 관형사들에 대해 준구어에서의 출현율과 순구어에서의 출현율을 부여하였다. 그 다음 '준구어 출현 횟수≥5회'와 '순구어 출현 횟수≥5회', 이 두 개 조건 중 어느 한쪽을 만족시키는 관형사들을 모두 선정하고 이들을 다시 준구어에서의 출현율에 따라 재배열하였다.

위와 같은 작업을 통해 선정된 97개의 관형사들의 목록은 '부록C'에서 제시하고 여기서는 이들의 준구어에서의 출현율과 순구어에서의 출현율을 차트로 제시한다.

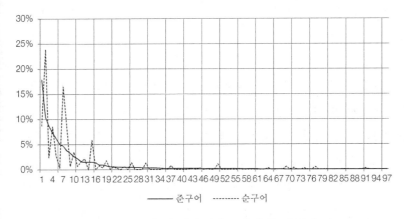

〈그림 62〉 관형사 내 개별 형태 쓰임의 준, 순구어 비교

순구어의 곡선을 준구어의 곡선과 비교했을 때 아주 불규칙적이지만 순구어 곡선의 높은 봉우리들이 대부분 앞쪽이 있다. 위의 차트에서 관형사들의 순위는 준구어에서의 관형사들의 출현율에 따라 배열되었기 때문에 순구어 곡선의 높은 봉우리들이 앞쪽에 몰려 있다는 것은 관형사의 사용에서 준구어와 순구어는 상당 부분 일치함을 나타낸다.

하지만 순구어 곡선이 불규칙적인 모습을 보여 개별적인 관형사들의 쓰임에서는 준구어와 순구어가 일부 차이를 보임을 알 수 있다. 1위인 '이', 3위인 '내', 5위인 '무슨', 6위인 '니', 9위인 '저', 11위인 '제', 14위인 '삼', 16위인 '일', 18위인 '아무', 20위인 '뭔', 22위인 '저런', 23위인 '백', 25위인 '십', 27위인 '삼십', 28위인 '천', 29위인 '사', 31위인 '오', 32위인 '일곱', 33위인 '오십', 34위인 '육', 36위인 '여섯', 38위인 '칠', 39위인 '다섯', 40위인 '백만', 41위인 '열', 42위인 '웬', 44위인 '지난', 46위인 '단'과 같은 관형사들은 준구어가 17.865%, 8.730%, 6.270%, 5.108%, 3.297%, 2.243%, 1.486%, 1.432%, 0.919%, 0.595%, 0.541%, 0.514%, 0.459%, 0.432%, 0.432%, 0.378%, 0.351%, 0.351%, 0.324%, 0.297%, 0.243%,0.243%, 0.216%, 0.216%, 0.216%, 0.216%, 0.216%, 0.189%, 순구어가 8.701%, 2.430%, 2.824%, 0.300%, 0.711%, 0.690%, 0%, 0%, 0.359%, 0.113%, 0.269%, 0%, 0%, 0%, 0%, 0%, 0%, 0%, 0%, 0%, 0%, 0%, 0%, 0%, 0.096%, 0%, 0.042%로 준구어에서의 사용률이 순구어보다 높지만 2위인 '그', 4위인 '한', 7위인 '그런', 8위인 '이런', 10위인 '두', 13위인 '몇', 15위인 '어떤', 19위인 '세', 26위인 '어느', 30위인 '여러', 37위인 '요', 50위인 '네', 64위인 '각', 69위인 '고', 71위인 '맨', 74위인 '고런', 77위인 '따른', 91위인 '요런'와 같은 관형사들은 순구어가 23.898%, 8.551%, 16.471%, 8.530%, 3.525%, 2.192%, 5.832%, 1.837%, 1.404%, 1.326%, 0.793%, 1.091%, 0.325%, 0.559%, 0.375%, 0.290%, 0.507%, 0.263%, 준구어가 10.459%, 7.351%, 4.730%, 3.811%, 2.649%, 1.514%, 1.486%, 0.811%, 0.459%, 0.351%, 0.243%, 0.162%, 0.054%, 0.027%, 0.027%, 0%, 0%, 0%로 순구어에 서의 사용률이 준구어보다 높다. 위의 관형사들을 보면 준구어와 순구어 역시 수관형사에서 차이가 비교적 크게 난다.

3.2.9 일반부사(MAG)

본 연구에 사용한 준구어 말뭉치에서는 일반부사가 모두 11,625회 출현해 실질형태 전체 출현율의 11.221%를 차지하며 일반부사 내 개별 단어는 모두 627개로서 전체 실질형태의 8.071%를 차지한다. 이 중 1,000회 이상 반복 출현한 일반부사가 1개, 999~100회 반복 출현한 일반부사가 26개, 99~50회 반복 출현한 일반부사가 16개, 49~20회 반복 출현한 일반부사가 53개, 19~10회 반복 출현한 일반부사가 59개, 9~5회 반복 출현한 일반부사가 66개, 4~2회 반복 출현한 일반부사가 142개, 1회만 출현한 일반부사가 264개이다. 따라서 관형사 내 개별 단어들의 평균 출현 횟수는 18.5회로서 비교적 낮다.

준구어 말뭉치에서 5회 이상 출현한 221개 일반부사들의 목록은 '부록B'에서 제시하였는데 이들의 준구어 내 출현율을 차트로 보이면 다음과 같다.

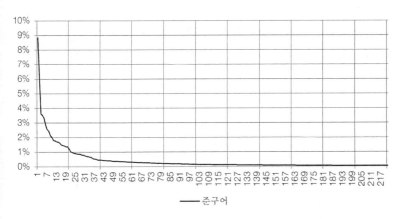

〈그림 63〉 준구어에서의 일반부사 내 개별 형태 출현율

위의 곡선을 변화폭에 따라 구간을 나누면 첫 번째는 1위부터 3위까지의 구간인데 이 구간은 곡선의 변화폭이 가장 큰 구간으로서 1위인 '안'은

8.852%이고 2위인 '왜'는 6.469%이다. 이 둘은 일반부사 전체 출현율의 15.321%를 차지한다. 두 번째는 3위부터 9위까지의 구간인데 곡선의 모양이 여전히 가파르다. 이 구간은 '잘〉지금〉다〉진짜〉못〉그냥'의 순위로 되어 있는데 이들은 일반부사 전체 출현율의 20.448%를 차지한다. 세 번째는 9위부터 36위까지의 구간으로서 곡선의 변화폭이 많이 약해진 모습을 보인다. 이 구간은 '빨리〉어떻게〉오늘〉더〉잠깐〉정말〉또〉이제〉여기〉너무〉그렇게〉많이〉다시〉이렇게〉같이〉좀〉꼭〉한번〉그렇게〉아주〉그만〉아직〉이렇게〉먼저〉얼마나〉쫌〉참'의 순위로 되어 있으며 일반부사 전체 출현율의 32.378%를 차지한다. 네 번째는 36위부터 156위까지로서 일반부사 전체 출현율의 24.920%를 차지한다. 이 네 개의 구간 내 155개 일반부사는 전체 준구어 일반부사 출현율의 90.942%를 차지한다. 마지막은 156위부터 시작되는데 곡선이 낮은 위치에서 비교적 평온한 모습을 유지하고 있다.

위에서 제시한 준구어에서의 일반부사의 출현율을 드라마에서의 일반부사의 출현율, 영화에서의 일반부사의 출현율과 비교하여 일반부사의 사용에서 드라마와 영화는 어떤 차이가 있는지 알아보기로 한다.

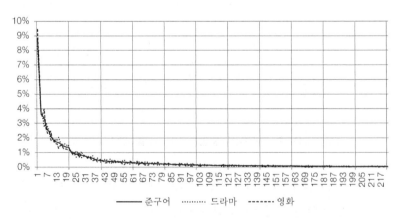

〈그림 64〉 일반부사 내 개별 형태 쓰임의 장르별 비교

위의 세 가지 곡선을 비교해 보면 높은 곳에서 낮은 곳으로 향하는 전체적인 모습에서는 큰 차이를 보이지 않아 준구어에서 사용률이 높은 일반부사가 드라마와 영화에서도 사용률이 높으며 준구어에서 사용률이 낮은 일반부사가 드라마와 영화에서도 사용률이 낮음을 알 수 있다. 하지만 곡선들이 불규칙적인 모습을 보여 개별적인 일반부사들의 쓰임에서는 드라마와 영화가 차이가 남을 알 수 있다. 6위인 '진짜', 7위인 '못', 12위인 '더', 13위인 '잠깐', 14위인 '정말', 15위인 '또', 17위인 '여기', 18위인 '너무', 20위인 '많이', 27위인 '그렇게', 35위인 '참', 36위인 '언제', 38위인 '혹시', 43위인 '금방', 44위인 '없이', 46위인 '그때', 47위인 '아까', 54위인 '되게', 55위인 '안녕히', 64위인 '별루', 68위인 '어떻게', 69위인 '계속', 70위인 '내일', 90위인 '하여튼', 94위인 '함께', 95위인 '어디', 97위인 '이만', 103위인 '대체', 106위인 '영원히', 119위인 '천천히', 122위인 '방금' 와 같은 일반부사들은 준구어가 3.062%, 2.794%, 1.941%, 1.807%, 2.041%, 1.723%, 1.623%, 1.589%, 1.556%, 1.054%, 0.803%, 0.619%, 0.653%, 0.552%, 0.519%, 0.552%, 0.519%, 0.452%, 0.502%, 0.402%, 0.368%, 0.335%, 0.368%, 0.284%, 0.268%, 0.251%, 0.268%, 0.218%, 0.201%, 0.151%, 0.167%, 순구어가 2.638%, 2.319%, 1.611%, 1.593%, 1.292%, 1.487%, 1.275%, 1.239%, 1.169%, 0.655%, 0.443%, 0.478%, 0.372%, 0.301%, 0.319%, 0.266%, 0.283%, 0.230%, 0.177%, 0.159%, 0.159%, 0.177%, 0.142%, 0.089%, 0.089%, 0.089%, 0.053%, 0.071%, 0.089%, 0.089%, 0.053%로 준구어에서의 사용률이 순구어보다 높지만 1위인 '안', 4위인 '지금', 5위인 '다', 9위인 '빨리', 25위인 '꼭', 26위인 '한번', 28위인 '아주', 29위인 '그만', 40위인 '일루', 58위인 '제발', 59위인 '완전', 63위인 '잠시', 73위인 '맨날', 74위인 '어제', 76위인 '절대', 77위인 '더이상', 80위인 '똑바루', 83위인 '열심히', 91위인 '혼자', 98위인 '가끔', 102위인 '그동안', 116위인 '빨', 118위인 '쫙', 120위인 '가만히', 123위인 '어쩜', 124위인 '이

미', 125위인 '쪼금', 127위인 '거의', 136위인 '결국', 141위인 '쪼끔', 145위인 '당연히', 146위인 '대신', 160위인 '이따가'과 같은 일반부사들은 순구어가 9.455%, 3.630%, 4.001%, 2.461%, 1.115%, 0.974%, 1.045%, 0.921%, 0.549%, 0.425%, 0.407%, 0.425%, 0.336%, 0.319%, 0.354%, 0.301%, 0.283%, 0.283%, 0.266%, 0.283%, 0.195%, 0.195%, 0.230%, 0.177%, 0.159%, 0.159%, 0.142%, 0.159%, 0.142%, 0.142%, 0.142%, 0.124%, 0.124%, 준구어가 8.282%, 3.396%, 2.744%, 1.807%, 0.703%, 0.770%, 0.669%, 0.686%, 0.368%, 0.218%, 0.218%, 0.184%, 0.167%, 0.184%, 0.117%, 0.151%, 0.151%, 0.134%, 0.117%, 0.033%, 0.100%, 0.050%, 0.017%, 0.050%, 0.067%, 0.067%, 0.084%, 0.050%, 0.050%, 0.050%, 0.033%, 0.050%, 0.033%로 순구어에서의 사용률이 준구어보다 높다.

준구어에서의 일반부사의 출현율을 다시 남자 대화에서의 일반부사의 출현율, 여자 대화에서의 일반부사의 출현율과 비교하여 성별별로 일반부사의 쓰임에 큰 차이가 없는지 살펴보기로 한다.

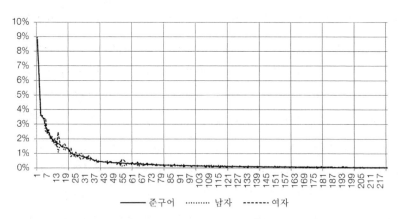

〈그림 65〉 일반부사 내 개별 형태 쓰임의 성별별 비교

위의 세 가지 곡선을 비교해 보면 성별별로도 역시 곡선의 큰 흐름에는 변화가 없다. 따라서 준구어에서 많이 사용된 일반부사가 남자나 여자의 대화에서도 많이 사용되고 준구어에서 적게 사용된 일반부사가 남자나 여자 대화에서도 적게 사용됨을 알 수 있다.

그런데 남자와 여자 곡선이 약간 불규칙적인 모습을 보여 개별적인 일반부사의 쓰임에서는 남자와 여자가 약간한 차이가 남을 알 수 있다. 7위인 '못', 9위인 '빨리', 13위인 '잠깐', 24위인 '좀', 28위인 '아주', 29위인 '그만', 39위인 '증말', 45위인 '거기', 51위인 '처음', 53위인 '조용히', 57위인 '일단', 62위인 '벌써', 65위인 '저기', 67위인 '이리', 73위인 '맨날', 75위인 '당장', 77위인 '더이상', 86위인 '어차피', 91위인 '혼자', 93위인 '잘못', 98위인 '가끔', 106위인 '영원히', 107위인 '곧', 109위인 '솔직히', 110위인 '역시', 111위인 '바로', 112위인 '아무튼', 114위인 '평생', 115위인 '꽤', 116위인 '빨', 118위인 '쫙', 119위인 '천천히', 120위인 '가만히', 125위인 '쪼금', 131위인 '을마나', 133위인 '전부'와 같은 일반부사들은 남자가 2.717%, 2.244%, 1.878%, 1.023%, 1.038%, 0.931%, 0.519%, 0.504%, 0.458%, 0.504%, 0.412%, 0.336%, 0.397%, 0.351%, 0.305%, 0.290%, 0.244%, 0.260%, 0.229%, 0.260%, 0.214%, 0.183%, 0.198%, 0.198%, 0.198%, 0.168%, 0.168%, 0.168%, 0.198%, 0.168%, 0.168%, 0.153%, 0.153%, 0.153%, 0.137%, 0.168%, 여자가 2.383%, 1.986%, 1.489%, 0.814%, 0.616%, 0.616%, 0.397%, 0.298%, 0.258%, 0.159%, 0.218%, 0.258%, 0.139%, 0.179%, 0.179%, 0.179%, 0.199%, 0.099%, 0.139%, 0.079%, 0.079%, 0.099%, 0.060%, 0.060%, 0.060%, 0.079%, 0.079%, 0.079%, 0.020%, 0.060%, 0.060%, 0.079%, 0.040%, 0.060%, 0.060%, 0.020%로 남자 대화에서의 사용률이 여자보다 높지만 6위인 '진짜', 12위인 '더', 14위인 '정말', 18위인 '너무', 22위인 '이렇게', 25위인 '꼭', 33위인 '얼마니', 34위인 '좀', 54위인 '되게', 55위인 '안녕히', 56위인 '막', 64위인 '별루', 70위인 '내일',

87위인 '얼른', 117위인 '아무래두', 128위인 '너무너무', 134위인 '정말루', 150위인 '이대루', 156위인 '당분간', 171위인 '콩콩콩', 180위인 '엄청'과 같은 일반부사들은 여자가 3.415%, 2.025%, 2.462%, 1.688%, 1.370%, 1.092%, 0.854%, 0.794%, 0.576%, 0.596%, 0.477%, 0.417%, 0.357%, 0.278%, 0.179%, 0.159%, 0.139%, 0.159%, 0.119%, 0.159%, 0.139%, 남자 가 2.442%, 1.588%, 1.084%, 1.206%, 0.733%, 0.763%, 0.580%, 0.550%, 0.168%, 0.137%, 0.229%, 0.183%, 0.183%, 0.122%, 0.076%, 0.061%, 0.076%, 0.031%, 0.046%, 0%, 0%로 여자 대화에서의 사용률이 남자보다 높다.

마지막으로 준구어에서의 일반부사의 출현율과 순구어에서의 일반부사의 출현율을 비교해 보기로 한다. 비교를 진행하기 전에 먼저 준구어에서 출현한 일반부사들과 순구어에서 출현한 일반부사들의 목록을 한데 합친 후 Excel 2007의 '중복항 제거' 기능을 이용해 1,847개의 일반부사 통합 목록을 만들어내고 다시 Excel 2007의 'VLOOKUP' 함수를 사용해 개별 일반부사들에 대해 준구어에서의 출현율과 순구어에서의 출현율을 부여하였다. 그 다음 '준구어 출현 횟수≥5회'와 '순구어 출현 횟수≥5회', 이 두 가지 조건 중 어느 한쪽을 만족시키는 일반부사들을 모두 선정하고 이들을 다시 준구어에서의 출현율에 따라 재배열하였다.

위와 같은 작업을 통해 선정된 559개의 일반부사들의 목록은 '부록C'에서 제시하고 여기서는 이들의 준구어에서의 출현율과 순구어에서의 출현율을 차트로 제시한다.

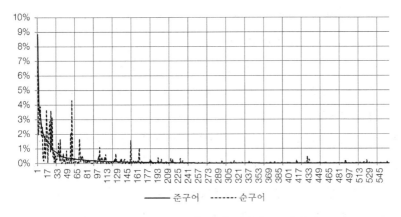

〈그림 66〉 일반부사 내 개별 형태 쓰임의 준, 순구어 비교

순구어의 곡선을 준구어의 곡선과 비교했을 때 아주 불규칙적이지만 순구어 곡선의 높은 봉우리들이 대부분 앞쪽에 있다. 위의 차트에서 일반 부사들의 순위는 준구어에서의 일반부사들의 출현율에 따라 배열하였기 때문에 순구어 곡선의 높은 봉우리들이 앞쪽에 몰려 있다는 것은 일반부 사의 사용에서 준구어와 순구어는 상당 부분 일치함을 나타낸다.

하지만 순구어의 곡선이 매우 불규칙적인 모습을 보여 개별적인 일반 부사들의 쓰임에서는 준구어와 순구어가 차이가 크게 남을 알 수 있다. 차이가 비교적 크게 나는 일반부사들을 제시하면 다음과 같다. 2위인 '왜', 9위인 '빨리', 10위인 '어떻게', 13위인 '잠깐', 17위인 '여기', 27위인 '그렇게', 29위인 '그만', 39위인 '증말', 40위인 '일루', 45위인 '거기', 46위인 '그때', 49위인 '바루', 52위인 '어서', 53위인 '조용히', 55위인 '안녕히', 58위 인 '제발', 65위인 '저기', 67위인 '이리', 79위인 '똑바루', 81위인 '무지', 86위인 '얼른', 87위인 '제대루', 89위인 '하여튼', 90위인 '혼자', 94위인 '어디', 96위인 '이만'등 일반부사들은 준구어가 6.469%, 2.125%, 1.978%, 1.703%, 1.454%, 0.860%, 0.800%, 0.465%, 0.456%, 0.413%, 0.413%, 0.378%, 0.361%, 0.353%, 0.344%, 0.318%, 0.284%, 0.275%, 0.215%,

0.206%, 0.189%, 0.189%, 0.189%, 0.189%, 0.172%, 0.163%, 순구어가

1.973%, 0.397%, 0.181%, 0.299%, 0.091%, 0.078%, 0.044%, 0.018%,

0.040%, 0%, 0%, 0.016%, 0.015%, 0.039%, 0.013%, 0.029%, 0.007%,

0.015%, 0.001%, 0.028%, 0.018%, 0.016%, 0%, 0%, 0.015%, 0.006%로 준구

어에서의 사용률이 순구어보다 높으며 15위인 '또', 22위인 '이렇게', 24위

인 '좀', 54위인 '되게', 56위인 '막', 68위인 '어떻게', 69위인 '계속', 100위인

'이케', 103위인 '물론', 104위인 '아마', 108위인 '솔직히', 110위인 '바로',

126위인 '거의', 134위인 '항상', 135위인 '결국', 140위인 '쪼끔', 150위인

'인제', 163위인 '굉장히', 180위인 '요새', ,193위인 '약간', 198위인 '특히',

213위인 '서로', 216위인 '우선', 228위인 '상당히', 430위인 '별로', 433위인

'보통', 490위인 '오히려'와 같은 일반부사들은 순구어가 3.690%, 3.627%,

3.185%, 2.100%, 4.292%, 1.684%, 0.784%, 1.091%, 0.413%, 0.433%,

0.445%, 0.602%, 0.676%, 0.340%, 0.283%, 0.281%, 1.553%, 1.036%,

0.257%, 0.390%, 0.288%, 0.321%, 0.299%, 0.332%, 0.454%, 0.255%,

0.221%, 준구어가 1.609%, 1.006%, 0.929%, 0.344%, 0.335%, 0.267%,

0.258%, 0.155%, 0.146%, 0.146%, 0.138%, 0.129%, 0.103%, 0.103%,

0.095%, 0.095%, 0.086%, 0.069%, 0.060%, 0.052%, 0.052%, 0.043%,

0.043%, 0.034%, 0%, 0%, 0%로 순구어에서의 사용률이 준구어보다 높다.

3.2.10 접속부사(MAJ)

본 연구에 사용한 준구어 말뭉치에서는 접속부사가 모두 1, 101회 출현

해 실질형태 전체 출현율의 1.063%를 차지하며 접속부사 내 개별 단어는

모두 46개로서 전체 실질형태의 0.592%를 차지한다. 이 중 100회 이상

반복 출현한 접속부사가 3개, 99~50회 반복 출현한 접속부사가 3개, 49~20

회 반복 출현한 접속부사가 3개, 19~10회 반복 출현한 접속부사가 4개,

9~5회 반복 출현한 접속부사가 5개, 4~2회 반복 출현한 접속부사가 18개, 1회만 출현한 접속부사가 10개이다. 따라서 접속부사 내 개별 단어들의 평균 출현 횟수는 23.9회로서 비교적 낮다.

준구어 말뭉치에서 5회 이상 반복 출현한 18개 접속부사들의 목록은 '부록B'에서 제시하고 여기서는 이들의 준구어 내 출현율을 차트로 제시한다.

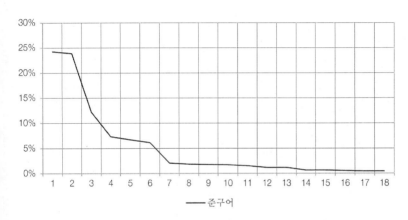

〈그림 67〉 준구어에서의 접속부사 내 개별 형태 출현율

위의 곡선을 보면 1위부터 4위까지 곡선의 모양이 비교적 가파른데 1위인 '그럼'은 24.251%, 2위인 '근데'는 23.887%, 3위인 '그리구'는 12.171%로 이 세 접속부사는 전체 접속부사 출현율의 60.309%를 차지한다. 4위부터 7위까지의 구간은 변화폭이 약간 작아졌지만 역시 곡선의 모양이 비교적 가파른데 여기에는 '그러니까〉그래서〉그래두'가 포함되며 각각 7.357%, 6.721%, 6.176%로 전체 접속부사 사용률의 20.254%를 차지한다. 위의 다섯 개 접속부사는 전체 접속부사 출현율의 80.563%를 차지해 준구어에서 접속부사들은 대부분 이 다섯 개 형태에 의해 실현된다고 할 수 있다. 세 번째는 7위부터 14위까지의 구간으로서 '그런데〉그러면〉

그니까〉금〉그러게〉하지만〉그러다'의 순위로 되어 있으며 이들은 전체 접속부사 출현율의 11.445%를 차지한다. 마지막 구간은 14위부터의 구간 으로 곡선이 낮은 수치에서 비교적 평온한 모습을 유지한다.

위에서 제시한 준구어에서의 접속부사의 출현율을 드라마에서의 접속 부사의 출현율, 영화에서의 접속부사의 출현율과 비교하여 접속부사의 사용에서 드라마와 영화는 어떤 차이가 있는지 알아보기로 한다.

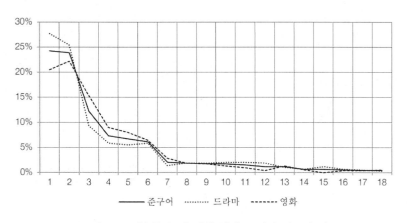

〈그림 68〉 접속부사 내 개별 형태 쓰임의 장르별 비교

위의 세 가지 곡선을 비교해 보면 전체적인 흐름에서는 큰 차이를 보이지 않아 준구어에서 사용률이 높은 접속부사들이 드라마와 영화에서 도 사용률이 높으며 준구어에서 사용률이 낮은 접속부사들이 드라마와 영화에서도 사용률이 낮음을 알 수 있다.

그런데 드라마와 영화의 곡선이 불규칙적인 모습을 보여 접속부사들의 개별적인 쓰임에서는 드라마와 영화가 일부 차이를 보임을 알 수 있다. 1위인 '그럼', 2위인 '근데', 11위인 '금', 12위인 '그러게', 15위인 '그렇지만' 등 접속부사들은 드라마가 27.682%, 25.433%, 2.076%, 1.903%, 1.211%, 영화가 20.459%, 22.180%, 0.956%, 0.382%, 0.000%로 드라마에서의 사용률이 영화보다 높은 반면, 3위인 '그리구', 4위인 '그러니까', 5위인 '그래서', 7위인 '또' 등 접속부사들은 영화가 15.296%, 8.987%, 8.031%, 2.878%, 드라마가 9.343%, 5.882%, 5.536%, 1.384%로 영화에서의 사용률이 드라마보다 높다.

준구어에서의 접속부사의 출현율을 다시 남자 대화에서의 접속부사의 출현율, 여자 대화에서의 접속부사의 출현율과 비교하여 성별별로 접속부사의 쓰임에 큰 차이가 없는지 살펴보기로 한다.

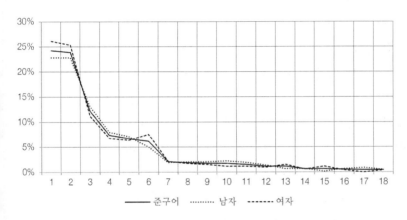

〈그림 69〉 접속부사 내 개별 형태 쓰임의 성별별 비교

위의 세 가지 곡선을 비교해 보면 전체적인 모습에서는 큰 차이를 보이지 않아 준구어에서 사용률이 높은 접속부사들이 남자와 여자 대화에서도 사용률이 높으며 준구어에서 사용률이 낮은 접속부사들이 남자와 여자 대화에서도 사용률이 낮음을 알 수 있다.

그런데 남자와 여자의 곡선이 약간 불규칙적인 모습을 보여 개별적인 접속부사의 사용에서 남자와 여자가 일부 차이를 보임을 알 수 있다. 3위인 '그리구', 4위인 '그러니까', 5위인 '그래서', 9위인 '그러면', 10위인 '그니까', 11위인 '금', 17위인 '그래'는 남자가 13.149%, 7.958%, 7.093%,

2.076%, 2.249%, 1.903%, 0.865%, 여자가 13.149%, 7.958%, 7.093%, 2.076%, 2.249%, 1.903%, 0.865%로 남자 대화에서의 사용률이 여자보다 높은데 비해 1위인 '그럼', 2위인 '근데', 6위인 '그래두', 13위인 '하지만', 15위인 '그렇지만'과 같은 접속부사들은 여자가 26.112%, 25.338%, 7.544%, 1.547%, 1.161%, 남자가 22.837%, 22.837%, 5.017%, 0.692%, 0.173%로 여자 대화에서의 사용률이 남자보다 높다.

마지막으로 준구어에서의 접속부사의 출현율과 순구어에서의 접속부사의 출현율을 비교해 보기로 한다. 비교를 진행하기 전에 먼저 준구어에서 출현한 접속부사들과 순구어에서 출현한 접속부사들의 목록을 한데 합친 후 Excel 2007의 '중복항 제거' 기능을 이용해 220개의 접속부사 통합 목록을 만들어내고 다시 Excel 2007의 'VLOOKUP' 함수를 사용해 개별 접속부사들에 대해 준구어에서의 출현율과 순구어에서의 출현율을 부여하였다. 그 다음 '준구어 출현 횟수≥5회'와 '순구어 출현 횟수≥5회', 이 두 가지 조건 중 어느 한쪽을 만족시키는 접속부사들을 모두 선정하고 이들을 다시 준구어에서의 출현율에 따라 재배열하였다.

위와 같은 작업을 통해 선정된 98개의 접속부사들은 '부록C'에서 제시하고 여기서는 이들의 준구어에서의 출현율과 순구어에서의 출현율을 차트로 제시한다.

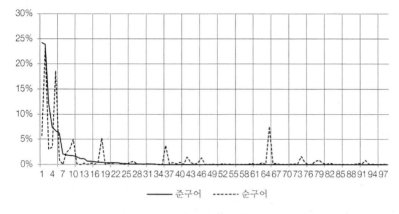

〈그림 70〉 접속부사 내 개별 형태 쓰임의 준, 순구어 비교

순구어의 곡선을 보면 높은 봉우리들이 곡선의 앞쪽에 몰려 있는 것은 사실이지만 뒤쪽에도 높은 봉우리들이 나타나고 있다. 위의 차트에서 접속부사들은 준구어에서의 출현율에 따라 배열되었기 때문에 이는 준구어에서 사용률이 높은 접속부사들 중 순구어에서도 사용률이 높은 것들도 있지만 준구어에서 사용률이 낮거나 출현하지 않은 접속부사들 중에 순구어에서 사용률 높은 것들도 있음을 알 수 있다.

차이가 큰 접속부사들 중 대표적인 것들을 제시하면 다음과 같다. 1위인 '그럼', 3위인 '그리구', 4위인 '그러니까', 6위인 '그래두', 7위인 '또', 11위인 '금', 12위인 '그러게', 13위인 '하지만', 14위인 '그러다' 등 접속부사들은 준구어가 24.251%, 12.171%, 7.357%, 6.176%, 2.089%, 1.544%, 1.181%, 1.181%, 0.636%, 순구어가 5.732%, 3.053%, 3.465%, 0.939%, 0.000%, 0.211%, 0.000%, 0.315%, 0.030%로 준구어에서의 사용률이 순구어보다 높은데 비해, 5위인 '그래서', 9위인 '그러면', 10위인 '그니까', 18위인 '그리고', 36위인 '그까', 42위인 '그래도', 46위인 '그러면은', 65위인 '근까', 74위인 '아니믄', 79위인 '왜냐변', 92위인 '하여튼' 등 접속부사들은순구어가 18.557%, 3.083%, 4.997%, 5.242%, 3.806%, 1.465%, 1.306%, 7.572%,

1.621%, 0.861%, 0.831%, 준구어가 6.721%, 1.817%, 1.726%, 0.454%, 0%,
0%, 0%, 0%, 0%, 0%, 0%로 순구어에서의 사용률이 준구어보다 높다.

3.2.11 감탄사(IC)

본 연구에 사용한 준구어 말뭉치에서는 감탄사가 모두 15,440회 출현해
실질형태 전체 출현율의 14.904%를 차지하며 감탄사 내 개별 단어는
모두 381개로서 전체 실질형태의 4.904%를 차지한다. 이 중 1,000회 이상
반복 출현한 감탄사가 4개, 999~100회 반복 출현한 감탄사가 30개, 99~50
회 반복 출현한 감탄사가 17개, 49~20회 반복 출현한 감탄사가 23회,
19~10회 반복 출현한 감탄사가 30개, 9~5회 반복 출현한 감탄사가 50개,
4~2회 반복 출현한 감탄사가 86개, 1회만 출현한 감탄사가 141개이다.
따라서 감탄사 내 개별 단어들의 평균 출현 횟수는 40.5회이다.

준구어 말뭉치에서 5회 이상 반복 출현한 154개 감탄사들의 목록은 '부록
B'에서 제시하고 여기서는 이들의 준구어 내 출현율을 차트로 제시한다.

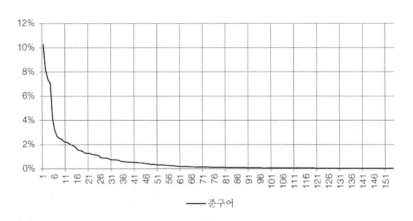

〈그림 71〉 준구어에서의 감탄사 내 개별 형태 출현율

위의 곡선을 변화폭에 따라 구간을 나누면 첫 번째는 1위부터 7위까지의 구간으로서 변화폭이 아주 심하다. 이 구간은 '아〉어〉허〉야〉예〉아이'의 순위로 되어 있는데 전체 감탄사 출현율의 40.169%를 차지한다. 두 번째는 7위부터 27위까지의 구간으로 이 구간은 '응〉음〉흠〉아니〉뭐〉네〉좀〉저〉씨〉아유〉그래〉하〉쯧〉스〉자〉저기〉어허〉그〉어머〉참'의 순위로 되어 있으며 전체 감탄사 출현율의 33.695%를 차지한다. 세 번째는 27위부터 59위까지의 구간으로서 '흐〉아이구〉아우〉어우〉이씨〉임마〉후〉하하하〉여보세요〉이〉흐흐〉씨발〉쯥〉으〉저기요〉허허〉허허허〉아니요〉와〉흐흐흐〉아하〉즘〉아씨〉에이〉아이씨〉체〉에이씨〉오〉어유〉오케이〉에〉흠흠'의 순위로 되어 있으며 전체 감탄사 출현율의 16.306%를 차지한다. 이들 감탄사들은 전체 감탄사 출현율의 90.170%를 차지해 준구어에서 대부분의 감탄사들은 이들에 의해 실현된다고 할 수 있다. 마지막 구간은 59위부터 시작되는데 낮은 수치에서 곡선의 모양에 큰 변화가 없다.

위에서 제시한 준구어에서의 감탄사의 출현율을 드라마에서의 감탄사의 출현율, 영화에서의 감탄사의 출현율과 비교하여 감탄사의 사용에서 드라마와 영화는 어떤 차이가 있는지 알아보기로 한다.

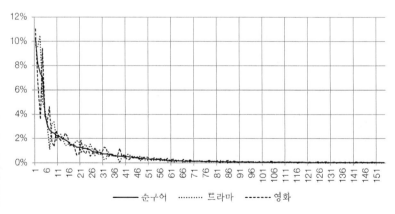

⟨그림 72⟩ 감탄사 내 개별 형태 쓰임의 장르별 비교

위의 세 개 곡선을 비교해 보면 전체적인 흐름에서는 비슷한 모습을 보여 준구어에서 사용률이 높은 감탄사들이 드라마와 영화에서도 사용률이 높으며 준구어에서 사용률이 낮은 감탄사들이 드라마와 영화에서도 사용률이 낮음을 알 수 있다.

그런데 드라마와 영화의 곡선이 불규칙적인 모습을 보여 개별적인 감탄사의 쓰임에서는 드라마와 영화가 비교적 큰 차이가 있음을 알 수 있다. 2위인 '어', 3위인 '허', 5위인 '예', 8위인 '음', 9위인 '흠', 12위인 '네', 19위인 '쯧', 20위인 '스', 23위인 '어허', 25위인 '어머', 33위인 '후', 42위인 '허허', 47위인 '아하' 등 감탄사들은 드라마가 9.574%, 10.503%, 4.322%, 3.203%, 3.382%, 2.346%, 1.810%, 1.762%, 1.524%, 1.536%, 0.929%, 0.714%, 0.583%, 영화가 6.532%, 3.593%, 3.848%, 1.704%, 1.349%, 1.832%, 0.667%, 0.696%, 0.767%, 0.554%, 0.483%, 0.270%, 0.156%로 드라마에서의 사용률이 영화보다 높다. 하지만 1위인 '아', 4위인 '야', 7위인 '응', 10위인 '아니', 14위인 '저', 15위인 '씨', 21위인 '자', 27위인 '흐', 31위인 '이씨', 32위인 '임마', 38위인 '씨발' 등 감탄사들은 영화가 11.020%, 9.443%, 4.615%, 2.655%, 2.442%, 2.173%, 1.846%, 1.264%, 1.306%, 1.207%, 1.207%, 드라마가 9.693%, 5.073%, 1.084%, 1.881%, 1.441%, 1.477%, 0.786%, 0.572%, 0.286%, 0.333%, 0.012%로 영화에서의 사용률이 드라마보다 높다. 위의 감탄사들을 보면 일반적으로 욕과 관련된 감탄사들이 영화에서의 사용률이 드라마보다 훨씬 높다.

준구어에서의 감탄사의 출현율을 다시 남자 대화에서의 감탄사의 출현율, 여자 대화에서의 감탄사의 출현율과 비교하여 성별별로 감탄사의 쓰임에 큰 차이가 없는지 알아보기로 한다.

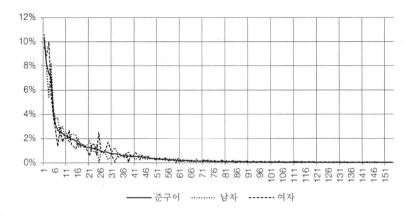

〈그림 73〉 감탄사 내 개별 형태 쓰임의 성별별 비교

위의 세 곡선을 비교해 보면 17~41위까지의 구간을 제외하면 남자의 곡선이나 여자의 곡선이나 앞부분은 높이 올라가 있고 뒷부분은 낮게 내려가 있다. 따라서 전체적인 모습에서 일정한 공통점을 발견할 수 있는데 준구어에서 사용률이 높은 일부 감탄사들이 남자와 여자 대화에서도 사용률이 높으며 준구어에서 사용률이 낮은 감탄사들이 남자와 여자 대화에서도 사용률이 낮음을 알 수 있다.

그런데 남자와 여자 곡선이 중간 중간에 심한 굴곡을 보여 개별적인 감탄사의 쓰임에서는 남자와 여자가 일부 차이를 보임을 알 수 있다. 1위인 '아', 4위인 '야', 6위인 '아이', 7위인 '응', 9위인 '흠', 11위인 '뭐', 13위인 '좀', 14위인 '저', 15위인 '씨', 20위인 '스', 21위인 '자', 24위인 '그', 31위인 '이씨', 32위인 '임마', 33위인 '후', 38위인 '씨발', 43위인 '허허허' 등 감탄사들은 남자가 10.559%, 8.262%, 3.611%, 3.725%, 3.040%, 2.434%, 2.354%, 2.343%, 2.297%, 1.520%, 1.817%, 1.497%, 0.983%, 1.246%, 0.857%, 0.937%, 0.663%, 여자가 9.572%, 5.494%, 2.618%, 1.370%, 1.720%, 1.933%, 1.507%, 1.339%, 1.157%, 0.974%, 0.563%, 0.639%, 0.457%, 0.061%, 0.548%, 0.061%, 0.259%로 남자 대화에서의 출현율이 여자보다

높다. 반면에 2위인 '어', 3위인 '허', 8위인'음', 12위인 '네', 16위인 '아유', 22위인 '저기', 23위인 '어허', 25위인 '어머', 29위인 '아우', 30위인 '어우', 41위인 '저기요' 등 감탄사들은 여자가 8.857%, 9.998%, 3.028%, 2.694%, 1.963%, 1.567%, 1.491%, 2.511%, 1.674%, 1.248%, 0.852%, 남자가 7.702%, 5.417%, 2.171%, 1.691%, 1.257%, 0.914%, 0.937%, 0.034%, 0.274%, 0.411%, 0.263%로 여자 대화에서의 출현율이 남자보다 높다.

마지막으로 준구어에서의 감탄사의 출현율과 순구어에서의 감탄사의 출현율을 비교해 보기로 한다. 비교를 진행하기 전에 먼저 준구어에서 출현한 감탄사들과 순구어에서 출현한 감탄사들의 목록을 한데 합친 후 Excel 2007의 '중복항 제거' 기능을 이용해 622개의 감탄사 통합 목록을 만들어내고 다시 Excel 2007의 'VLOOKUP' 함수를 사용해 개별 감탄사들에 대해 준구어에서의 출현율과 순구어에서의 출현율을 부여하였다. 그 다음 '준구어 출현 횟수≥5회'와 '순구어 출현 횟수≥5회', 이 두 가지 조건 중 어느 한쪽을 만족시키는 감탄사들을 모두 선정하고 이들을 다시 준구어에서의 출현율에 따라 재배열하였다.

위와 같은 작업을 통해 선정된 213개의 감탄사들은 '부록C'에서 제시하고 여기서는 이들의 준구어에서의 출현율과 순구어에서의 출현율을 차트로 제시한다.

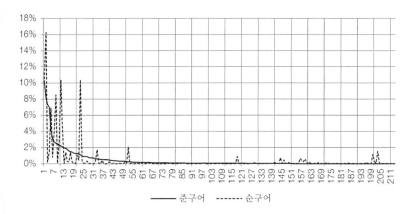

〈그림 74〉 감탄사 내 개별 형태 쓰임의 준, 순구어 비교

순구어의 곡선을 준구어의 곡선과 비교해 보면 높은 봉우리들이 대부
분 곡선의 앞쪽에 몰려 있다. 그런데 높지는 않지만 뒤에도 일부 봉우리들
이 나타나고 있다. 이는 준구어에서 자주 쓰이는 감탄사들 중에 순구어에
서도 많이 쓰이는 것들이 많으며 준구어에서 적게 쓰이거나 쓰이지 않은
감탄사들 중에 순구어에서 비교적 많이 쓰이는 것들도 있음을 의미한다.
차이가 비교적 큰 감탄사들을 제시하면 다음과 같다. 3위인 '허', 4위인
'야', 6위인 '아이', 9위인 '흠', 13위인 '좀', 15위인 '씨', 16위인 '아유', 18위인
'하', 19위인 '쯧', 20위인 '스', 22위인 '저기', 24위인 '참', 25위인 '흐', 26위인
'아이구', 28위인 '이씨', 29위인 '임마', 30위인 '후' 등 감탄사들은 준구어가
7.351%, 7.066%, 3.161%, 2.455%, 1.975%, 1.794%, 1.554%, 1.444%,
1.289%, 1.276%, 1.185%, 0.913%, 0.887%, 0.881%, 0.751%, 0.732%,
0.725%, 순구어가0.209%, 1.398%, 0.831%, 0.038%, 0.017%, 0.263%,
0.239%, 0.221%, 0.016%, 0.005%, 0.440%, 0.317%, 0.009%, 0.086%,
0.014%, 0.057%, 0.000%로 준구어에서의 사용률이 순구어보다 높다. 그
런데 2위인 '어', 5위인 '예', 8위인 '음', 11위인 '뭐', 12위인 '네', 23위인
'그', 33위인 '이', 52위인 '에', 118위인 '예예', 144위인 '머', 156위인 '그죠',

159위인 '그치', 200위인 '이제', 203위인 '인제'는순구어가 16.263%,
6.903%, 8.532%, 10.372%, 4.675%, 10.396%, 1.747%, 2.065%, 0.880%,
0.719%, 0.658%, 0.589%, 1.129%, 1.517%, 준구어가 8.187%, 4.106%로,
2.519%, 2.215%, 2.111%, 1.120%, 0.602%, 0.246%, 0.039%, 0.006%, 0%,
0%, 0%, 0%로 순구어에서 사용률이 준구어보다 높다.

3.3 나오기

본 장에서 연구자는 먼저 준구어에서 나타난 실질형태를 크게 명사,
대명사, 수사, 동사, 형용사, 보조용언, 관형사, 부사, 감탄사 등 9개 품사
로 나누어 품사들의 전반적인 쓰임에 대해 통계학적 분석을 진행하고
이들을 다시 일반명사, 고유명사, 의존명사, 대명사, 수사, 동사, 형용사,
보조용언, 관형사, 일반부사, 접속부사, 감탄사 등 12개로 세분화하여
개별 품사 내 단어들의 쓰임에 대해 통계적 분석을 진행한 결과 다음과
같은 결론을 얻어내었다.

첫째, 준구어에서 품사별 쓰임을 보면 체언에서는 명사, 용언에서는
동사, 수식언에서는 부사, 그리고 독립언으로서의 감탄사가 출현율이
아주 높았는데 명사와 동사는 전체 실질형태 출현율의 절반인 50.83%를
차지하였다. 그리고 구어인만큼 감탄사도 14.90%로 높은 사용률을 보여
3위를 차지하였다. 부사는 12.28%로 감탄사보다는 적지만 그래도 높은
사용률을 보였다. 그 외에 체언에서의 대명사와 수사, 용언에서의 형용사
와 보조용언, 수식언에서의 관형사는 전반적인 품사별 쓰임에서는 출현
율이 그다지 높지 않았으며 특히 수사는 거의 출현하지 않았다.

본 연구에서는 이와 같은 결과를 다시 드라마와 영화, 남자와 여자,
준구어와 순구어로 나누어 비교 분석을 진행하였는데 각 비교 항목별로

거의 차이를 보이지 않아 준구어에서 사용률이 높은 품사들이 각 비교 항목별로도 사용률이 높고 준구어에서 사용률이 낮은 품사들이 각 비교 항목별로도 사용률이 낮음을 알 수 있었다. 약간한 차이가 있다면 드라마는 형용사와 감탄사, 영화는 대명사, 수사, 동사, 관형사에서 약간 높은 사용률을 보였고, 여자는 감정표현에 자주 사용되는 형용사, 부사, 감탄사에서 약간 높은 사용률을 보인 반면 남자는 그 외의 품사에서 여자보다 약간 높은 사용률을 보였다. 그리고 준구어는 대명사, 동사, 부정지정사, 감탄사가 순구어보다 사용률이 높은 반면 순구어는 명사, 수사, 형용사, 보조용언, 관형사, 부사가 준구어보다 사용률이 높았다. 그런데 준구어와 순구어의 비교에서 감탄사가 비교적 큰 차이를 나타냈는데 이는 말뭉치 전사 과정과 형태 분석 과정에 서로 다른 지침이 적용된 결과라고 생각된다.

둘째, 준구어에서 품사 내 개별 형태들의 출현율을 차트로 분석한 결과 모든 곡선들의 앞부분이 급속도로 하락하고 중간 부분과 끝 부분이 낮은 수준에서 비교적 평온한 모습을 보여 품사 내 개별 형태수가 많든 적든 모든 품사들에 고빈도로 사용되는 개별 형태들이 존재함을 알 수 있었다. 그 중 일반명사는 품사 내 개별 형태가 많은 것만큼 비교적 산발적인 쓰임을 보인 반면 의존명사, 대명사, 수사, 동사, 형용사, 보조용언, 관형사, 일반부사, 접속부사, 감탄사 등 품사들은 그 쓰임이 소수의 형태에 집중되어 있었다.

본 연구에서는 위의 결과를 다시 드라마와 영화, 남자와 여자로 나누어 비교 분석을 진행하였는데 각 비교 항목별로 일부 차이는 발견되었지만 전반적으로는 비슷한 특징을 보였다. 비교적 큰 차이를 나타낸 품사들로는 일반명사, 수사, 감탄사이다. 그 외의 품사들도 개별 형태의 쓰임에서 일부 차이를 보인 것은 사실이지만 그 차이가 그렇게 크지 않았다.

그리고 품사 내 개별 형태들에 대해 준구어와 순구어에서의 쓰임을 비교한 결과 공통점과 차이점이 발견되었다. 의존명사, 대명사, 동사,

형용사, 보조용언, 관형사, 일반부사, 감탄사 등 품사들은 순구어 곡선의 높은 봉우리들이 대부분 앞쪽에 집중되어 있어 준구어에서 출현율이 높은 개별 형태들이 순구어에서도 출현율이 높고 준구어에서 출현율이 낮은 개별 형태들이 순구어에서도 출현율이 낮음을 알 수 있었다. 하지만 순구어 곡선들의 앞부분이 심한 굴곡을 보여 준구어에서 출현율이 높은 개별 형태들 중에 순구어에서 출현율이 낮은 형태들도 있음을 알 수 있었다. 그 외에 일반명사와 접속부사는 순구어 곡선이 앞쪽뿐만 아니라 뒤쪽에도 비교적 높은 봉우리들이 듬성듬성 보여 준구어에서 출현율이 낮거나 출현하지 않은 개별 형태들 중에 순구어에서 출현율이 높은 형태들이 있음이 발견되었다. 또한 준구어와 순구어의 가장 큰 차이는 수사 내 개별 형태들에서 나타났는데 거의 공통점을 발견할 수 없었다.

제4장

준구어에서 형식형태의 사용 실태와 그 특징

제4장 준구어에서 형식형태의 사용 실태와 그 특징

4.1 들어가기

'3.1'에서도 기술한 바 있지만 남기심 외(2001: 46~47)에서는 형식형태
소를 '실질형태소에 붙어 주로 말과 말 사이의 관계나 기능을 형식적으로
표시하는 형태소'라고 정의하고 이 형식형태소에는 굴절접사와 파생접사
가 포함된다고 하였다. 그리고 굴절접사는 '말과 말 사이의 형식적 관계를
표시하는 말'로 정의하고 파생접사는 '조어적 기능을 띤 접사'라고 정의하
고 있다. 위의 정의에 따른다면 형식형태소에는 조사와 어미, 접두사와
접미사가 모두 포함되는 것이다.

일반적으로 외국어를 배움에 있어 가장 기초적인 의사소통은 실질형태
에 의해 실현된다고 할 수 있다. 어릴 때부터 연변 지역에서 조선족들과
같이 자란 한족들의 경우 이들은 형식형태를 몰라도 몇 개의 체언이나
용언만으로 기본적인 의미는 전달한다. 하지만 한국어는 형식형태에 의
해서 어절과 어절 사이의 형식적인 관계가 표시되고 또 같은 부류의
형식형태들이라도 이들이 서로 다른 감정적 표현 기능을 갖고 있기 때문
에 한국어 화자의 의미를 정확하게 이해하고 한국어를 사용해 자신의
의사를 정확하게 표현하려면 형식형태에 대한 올바른 이해가 무엇보다
중요하다고 할 수 있다. 따라서 형식형태에 대한 연구는 본체론적 측면뿐
만 아니라 한국어 교육적 측면에서도 상당히 중요한 의의를 갖고 있다고
할 수 있다.

형식형태에 대한 연구 역시 문어와 구어로 나눌 수 있고 구어는 다시
순구어에 대한 연구와 준구어에 대한 연구로 나눌 수 있다. 그런데 한국에
서 진행되는 순구어와 준구어에서의 형식형태에 대한 연구는 외국어로서

의 한국어 교육에 활용할 시 일부 문제점을 갖고 있다.

첫째, 순구어를 연구 대상으로 하는 연구들에서는 발화 전 준비된 자료, 즉 극본이 있는 드라마나 영화를 될수록 연구 대상에서 배제하려는 경향이 있다. 하지만 중국에서의 한국어 학습자들은 절대 대부분이 한국의 드라마나 영화를 통해 한국어 듣기를 훈련하고 있고 또 한국어 교육 현장에서 한국의 드라마나 영화를 많이 활용하고 있기 때문에 이들 준구어에 대한 연구나 순구어와 준구어에 대한 비교 연구가 매우 중요하다고 할 수 있다.

둘째, 3.1에서도 제시한 바 있지만 순구어 말뭉치들은 일반적으로 대학생들의 대화나 교수들의 강의를 위주로 구축되었기 때문에 장면이나 상황이 비교적 단일하다. 형식형태들은 실질형태들에 비해 장면이나 상황의 영향을 적게 받는 것은 사실이지만 그래도 다양한 장면이나 다양한 상황 속에서 발화된 준구어 형식형태에 대한 연구는 한국어 교육적인 측면뿐만 아니라 본체론적 측면에서도 중요하다고 할 수 있다.

셋째, 한국에서 드라마나 영화를 대상으로 한 연구들 중 상당 부분이 한국어 교육을 목적으로 한 것이 아니라 본체론적 측면에서 한국어 구어의 특징을 밝힘을 목적으로 했기 때문에 드라마나 영화에 대한 비교 분석, 성별별 비교 분석, 또는 준구어의 전반적인 특징에 대한 분석이 아니라 조사나 어미의 개별적인 쓰임에 치중되어 있다.

위의 문제점들을 극복하고자 본 장절에서는 다음과 같은 연구 과제를 제시한다.

첫째, 본 연구에 사용한 준구어 말뭉치에서 출현한 형식형태 전반에 대해 통계적 분석을 진행하고 그 연구 결과를 제시한다.

둘째, 위에서 제시한 연구 결과를 드라마와 영화, 남자와 여자로 나누어 그 쓰임에 차이가 없는지 비교 분석을 진행한다.

셋째, 첫 단계에서 제시한 연구 결과와 연세국어말뭉치_빈도표를 비교해 준구어와 순구어에는 어떤 차이가 있는지 밝힌다.

형식형태에 대해 위와 같은 연구를 진행함에 있어 연구자는 형식형태를 크게 조사(J), 어미(E), 파생접사(X) 3개로 나누고 다시 조사는 격조사(JK), 보조사(JX), 접속조사(JC), 어미는 선어말어미(EP), 어말어미(EF), 연결어미(EC), 전성어미(ET), 파생접사는 접두사(XPN), 접미사(XSN), 어근(XR)[1]로 세분하여 제시하도록 한다.

4.2 조사(J)

본 장절에서는 조사를 크게 격조사(JK), 보조사(JX), 접속조사(JC)로 나누어 그 쓰임을 살펴본다. 그런데 지금까지 준구어 말뭉치에 대한 형태 분석은 '21세기 세종계획_현대구어말뭉치구축지침'에 따라 격조사는 주격조사(JKS), 보격조사(JKC), 관형격조사(JKG), 목적격조사(JKO), 부사격조사(JKB), 호격조사(JKV), 인용격조사(JKQ) 7개로 세분하여 분석하였는데 여기서는 이들을 격조사(JK)로 합치고, 또 남기심 외(2001: 100)에 따라 긍정지정사(VCP)를 서술격조사로 보고 역시 격조사에 포함시켰다.

구체적인 방법을 제시하면 다음과 같다. Excel 2007의 필터 기능을 이용해 드라마, 영화, 남자, 여자의 대화에서 출현한 어절들을 추출하고 이 어절들에 대해 Excel 2007의 COUNTIF 함수를 이용해 'JK', 'JX', 'JC'에 대해 해당 수치들을 측정하였다.

측정 결과, 본 연구에 사용한 준구어 말뭉치 104,451[2]개의 어절 중

---

1) 앞의 조사와 어미는 문법적 기능을 띤 굴절접사인데 반해 접두사와 접미사는 조어적 기능을 띤 파생접사이다. 이 '파생접사'라는 장절에 어근을 포함시키는 것은 어근을 접사로 본 것이 아니라 단어 형성에 접두사와 접미사가 어근과 함께 유기적으로 존재하기 때문에 이들을 하나의 상설에서 살피되 각각 독립적으로 통계학적 분석을 진행하고자 한 것이다.
2) 전체 어절에서 조사와 어미, 파생접사의 정확한 출현 비율을 구하려면 분석불능범주인

140개 형태의 조사가 모두 24,144회 출현하였는데, 이 중 격조사가 71개 형태로 17,764회 출현해 격조사 내 평균 반복 횟수가 250.2회이고 보조사가 51개 형태로 6,101회 출현해 보조사 내 평균 반복 횟수가 119.6회이며 접속조사가 18개 형태로 279회 출현해 접속조사 내 평균 반복 횟수가 15.5회이다.

이들의 전체 준구어 말뭉치에서 출현한 횟수와 빈도를 제시하면 다음과 같다.

〈도표 15〉 조사 범주별 비율

순위	범주	출현 횟수	출현 빈도[3]
1	격조사(JK)	17,764	17.01%
2	보조사(JX)	6,101	5.84%
3	접속조사(JC)	279	0.27%
	합 계	24,144	23.12%

위의 도표를 보면 격조사가 전체 준구어 어절에서의 실현율이 17.01%로서 5.84%인 보조사나 0.27%인 접속조사보다 월등히 높다.

아래에 이 결과가 드라마와 영화에서는 어떤 차이가 나는지 살펴보기로 한다.

UNT, UNC, UNA가 포함된 어절들은 104451개 어절에서 제외해야 되지만 '순구어'에서 이러한 분석불능범주의 출현 개수를 정확히 파악하기 어렵고 또 이런 분석불능범주들의 개수가 많지 않기 때문에 여기서는 준구어와 순구어의 비교 연구 차원에서 전체 어절수를 사용한다.
3) 이 빈도를 구하는 공식은 '출현 횟수/전체 어절수'이다.

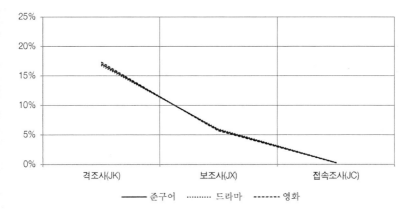

〈그림 75〉 조사 범주별 쓰임의 장르별 비교

위의 세 곡선을 보면 거의 일치하는 모습을 보이는데 이는 드라마와 영화에서 격조사, 보조사, 접속조사의 전체적인 쓰임은 큰 차이가 없음을 알 수 있다. 다시 말하면 드라마나 영화에서 출현한 어절들에서도 격조사가 붙은 어절이 압도적으로 많으며 보조사와 접속조사가 붙은 어절이 출현율이 비교적 낮다. 약간한 차이가 있다면 격조사는 영화가 17.33%, 드라마가 16.70%로 영화에서의 출현율이 드라마보다 높은 반면, 보조사와 접속조사는 드라마가 6.00%, 0.30%, 영화가 5.67%, 0.23%로 드라마에서의 사용률이 영화보다 약간 높다.

이번에는 남자 대화와 여자 대화에서의 조사들의 쓰임을 비교해 보기로 한다.

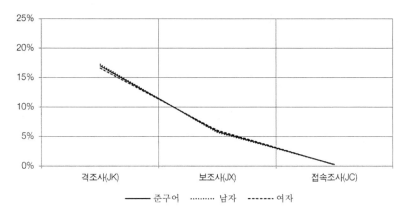

〈그림 76〉 조사 범주별 쓰임의 성별별 비교

위의 세 곡선을 보면 역시 거의 일치하는 모습인데 이는 조사들의 전반적인 쓰임에서 남자와 여자가 큰 차이가 나지 않음을 알 수 있다. 약간한 차이가 있다면 격조사와 접속조사는 남자가 17.27%, 0.29%, 여자가 16.63%, 0.23%로 남자 대화에서의 사용률이 여자보다 높은 반면, 보조사는 여자가 6.06%, 남자가 5.70%로 여자 대화에서의 사용률이 남자보다 높다.

마지막으로 준구어에서의 조사의 전반적인 쓰임과 순구어에서의 조사의 전반적인 쓰임을 비교해 보기로 한다.

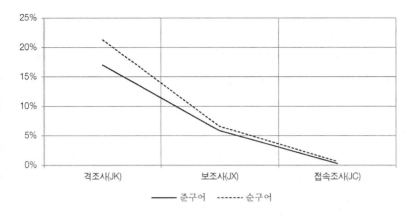

<〈그림 77〉 조사 범주별 쓰임의 준, 순구어 비교

위의 두 곡선을 비교해 보면 전체적인 모습은 큰 차이를 보이지 않아 순구어에서도 격조사는 보조사나 접속조사에 비해 압도적인 우세를 차지함을 알 수 있다. 그런데 순구어 곡선이 준구어 곡선과 떨어져 위에 있어 조사의 사용에서 순구어는 준구어에 비해 조사들이 붙은 어절들을 더 많이 사용함을 의미한다.

구체적으로 보면 격조사는 순구어가 21.31%, 준구어가 17.01%, 보조사는 순구어가 6.58%, 준구어가 5.84%, 그리고 접속조사는 순구어가 0.63%, 준구어가 0.27%로 순구어에서 조사의 실현율이 전반적으로 높다. 이는 한국어 모어 화자들이 일상생활에서 드라마나 영화에서보다 조사가 붙은 어절을 더 많이 사용한다기보다는 순구어 말뭉치가 대학생들이나 교사들의 대화를 중심으로 구축되었기 때문에 대화들이 비교적 표준적이고 준구어는 다양한 계층의 사람들의 대화를 중심으로 구축되었기 때문에 더 생활적이기 때문이라고 생각된다.

4.2.1 격조사(JK)

격조사는 크게 주격조사(JKS), 보격조사(JKC), 관형격조사(JKG), 목적
격조사(JKO), 부사격조사(JKB), 호격조사(JKV), 인용격조사(JKQ), 서술격
조사(VCP) 등 8개의 소범주로 나눌 수 있으며 이 8개의 소범주에는 또
개별 형태들이 포함된다. 따라서 격조사에 대한 통계학적 분석은 위의
소범주들에 대한 분석뿐만이 아니라 소범주에 포함된 개별 형태들에
대한 분석까지도 포함해야 한다.

먼저 격조사의 범주별 쓰임을 살펴보도록 한다.

본 준구어 말뭉치에서는 71개 형태의 격조사가 총 17,764회 출현하였는
데 이 중 주격조사는 5개 형태로서 4,675회, 보격조사는 3개 형태로서
312회, 관형격조사는 7개 형태로서 465회, 목적격조사는 4개 형태로서
2,070회, 부사격조사는 44개 형태로서 4,428회, 호격조사는 2개 형태로서
921회, 인용격조사는 3개 형태로서 4회, 서술격조사는 3개 형태로서 4,889
회 출현하였다.

이들의 출현 횟수와 출현 빈도를 도표로 제시하면 다음과 같다.

〈도표 16〉 격조사 범주별 비율

순위	범주	출현 횟수	출현 빈도[4]
1	서술격조사(VCP)	4,889	27.52%
2	주격조사(JKS)	4,675	26.32%
3	부사격조사(JKB)	4,428	24.93%
4	목적격조사(JKO)	2,070	11.65%
5	호격조사(JKV)	921	5.19%
6	관형격조사(JKG)	465	2.62%
7	보격조사(JKC)	312	1.76%

8	인용격조사(JKQ)	4	0.02%
	합 계	17,764	100.00%

위의 도표를 보면 준구어 말뭉치에서 서술격조사, 주격조사, 부사격조사는 가장 많이 쓰이는 격조사로서 격조사 전체 출현율의 78.77%를 차지한다. 여기에 11.65%로 4위를 차지한 목적격조사까지 합치면 이들은 격조사 전체 출현율의 90.42%를 차지한다. 따라서 준구어에서 격조사는 주로 이들 4개 범주에 의해 실현된다고 할 수 있다. 그 외 5위인 호격조사, 6위인 관형격 조사, 7위인 보격조사, 8위인 인용격조사는 준구어에서의 출현율이 비교적 낮다.

위에서 제시한 준구어에서의 격조사의 출현율을 드라마에서의 격조사의 출현율과 영화에서의 격조사의 출현율과 비교해 보기로 한다.

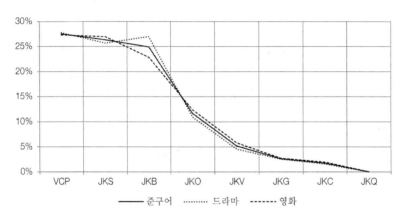

〈그림 78〉 격조사 범주별 쓰임의 장르별 비교

위의 3개 곡선을 비교해 보면 전체적인 흐름에서는 큰 차이가 나지 않는데 이는 준구어에서 사용률이 높은 격조사들이 드라마와 영화에서도

---

4) 이 빈도를 구하는 공식은 '조사 범주별 출현 횟수/조사 전체 출현 횟수'이다.

사용률이 높으며 준구어에서 사용률이 낮은 격조사들이 드라마와 영화에 서도 사용률이 낮음을 의미한다.

하지만 드라마와 영화 곡선이 일부 불규칙적인 모습을 보며 개별적인 쓰임에서는 차이가 남을 알 수 있다. 서술격조사는 드라마가 27.75%, 영화가 27.30%로 드라마와 영화가 큰 차이가 없는 반면, 부사격조사에서 는 비교적 큰 차이가 나타나는데 드라마가 26.99%, 영화가 22.85%로 드라마에서의 사용률이 영화보다 높다. 반면에 주격조사, 목적격조사, 호격조사, 관형격조사, 보격조사, 인용격조사는 영화가26.96%, 12.40%, 5.80%, 2.70%, 1.95%, 0.05%, 드라마가25.68%, 10.91%, 4.57%, 2.54%, 1.56%, 0%로 영화에서의 사용률이 드라마보다 높다.

아래에 준구어에서의 격조사의 출현율을 남자 대화에서의 격조사의 출현율, 여자 대화에서의 격조사의 출현율과 비교해 보기로 한다.

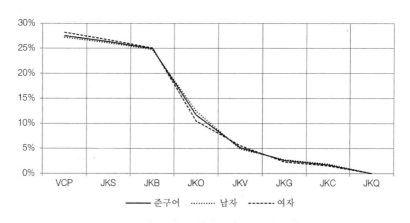

〈그림 79〉 격조사 범주별 쓰임의 성별별 비교

남자와 여자의 곡선을 준구어의 곡선과 비교해 보면 상당 부분 일치하 는 모습을 보인다. 따라서 준구어에서 사용률이 높은 격조사들이 남자와 여자 대화에서도 사용률이 높으며 준구어에서 사용률이 낮은 격조사들이 남자와 여자 대화에서도 사용률이 낮음을 알 수 있다.

그런데 개별적인 쓰임에서 남자와 여자 곡선이 일부 차이를 나타내는 데 목적격조사, 관형격조사, 보격조사는 남자가 12.38%, 2.77%, 1.92%, 여자가 10.47%, 2.32%, 1.55%로 남자 대화에서의 사용률이 여자보다 약간 높은 반면 서술격조사, 주격조사, 부사격조사, 호격조사, 인용격조사는 여자가 28.21%, 26.71%, 25.10%, 5.61%, 0.04%, 남자가 27.18%, 26.09%, 24.75%, 4.91%, 0.01%로 여자 대화에서의 사용률이 남자보다 높다.

마지막으로 준구어와 순구어를 비교해 보기로 한다.

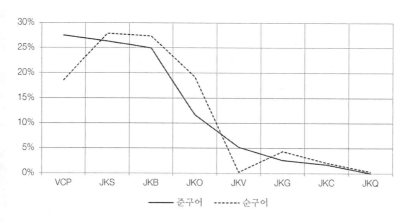

〈그림 80〉 격조사 범주별 쓰임의 준, 순구어 비교

위의 두 곡선을 비교해 보면 서술격조사와 호격조사를 빼면 두 곡선의 전체적인 흐름은 비슷하다. 4.2에서도 기술했듯이 순구어는 조사의 쓰임에서 준구어보다 비교적 높은데 특히 격조사의 쓰임이 준구어보다 높다. 이는 위의 차트에서도 그대로 나타난다. 그런데 여기에서 눈에 띄는 것은 8개의 격조사 중 6개가 준구어보다 높지만 나머지 2개, 즉 서술격조사와 호격조사는 준구어가 각각 27.52%, 5.19%, 순구어가 각각 18.52%, 0.23%로 순구어가 준구어보다 훨씬 낮다는 것이다. 특히 순구어에서 호격조사

의 출현율이 준구어에 비해 훨씬 낮은데 이는 드라마나 영화는 다양한
장면이나 이동 중인 장면들이 많아 다른 사람을 부르는 경우가 많지만
순구어는 처음부터 화자와 청자가 마주 보고 대화를 나누었기 때문에
생긴 차이라고 생각된다.

4.2.1.1 주격조사(JKS)

본 준구어 말뭉치에서 출현한 주격조사는 모두 5개 형태로서 총 4,675
회 출현하였는데 5회 이상 출현한 주격조사들의 목록과 출현 횟수, 출현
빈도를 도표로 제시하면 다음과 같다.

〈도표 17〉 주격조사 내 개별 형태 출현율

순위	개별 형태	출현 횟수	출현 빈도
1	가	2,534	54.203%
2	이	1,559	33.348%
3	ㅣ	558	11.936%
4	께서	23	0.492%
	합 계		99.979%

예

1. [가] ⇨ 제가(제/NP+가/JKS) 한결같이 말씀을 드렸었죠?
2. [이] ⇨ 황보경이(황보경/NNP+이/JKS) 우리 엄만데.
3. [ㅣ] ⇨ 아버지는 잃을 게(거/NNB+ㅣ/JKS) 너무 많습니다.
4. [께서] ⇨ 회장님께서(회장/NNG+님/XSN+께서/JKS) 위독하시답니다.

위의 도표를 보면 준구어에서 주격조사 '가'와 '이'는 전체 주격조사
출현율의 87.551%를 차지하는데 '이'의 축약형인 'ㅣ'까지 합치면 이들은

전체 주격조사 출현율의 99.487%를 차지한다. 준구어에서는 주격조사 '께서'도 출현하지만 사용률이 아주 낮다.

아래에 준구어에서의 격조사의 출현 빈도를 드라마와 영화, 남자와 여자로 나누어 비교해 보도록 한다.

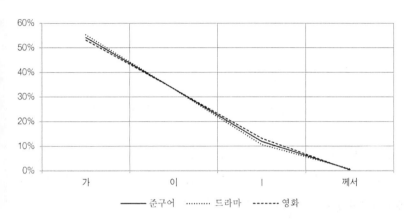

〈그림 81〉 주격조사 내 개별 형태 쓰임의 장르별 비교

위의 3개 곡선을 비교해 보면 전체적인 흐름에서는 큰 변화가 없는데 이는 준구어에서 많이 사용된 주격조사가 드라마와 영화에서도 고빈도로 사용됨을 알 수 있다.

하지만 개별적인 쓰임에서는 약간한 차이를 보이는데 '가', '께서'는 드라마가 55.313%, 0.743%, 영화가 53.141%, 0.251%로 드라마에서의 사용률이 영화보다 높다. 특히 존경을 나타내는 '께서'는 드라마에서의 사용률이 영화의 3배 정도 된다. 반면 축약형 'ㅣ'는 영화가 13.233%, 드라마가 10.582%로 영화에서의 사용률이 드라마보다 높다.

이번에는 준구어에서의 격조사의 출현 빈도를 남자 대화에서의 격조사의 출현 빈도, 여자 대화에서의 격조사의 출현 빈도와 비교해 보도록 한다.

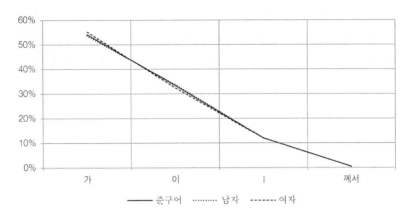

〈그림 82〉 주격조사 내 개별 형태 쓰임의 성별별 비교

위의 세 곡선을 비교하면 거의 정확하게 일치하는 모습을 보인다. 약간한 차이가 있다면 '가'는 여자가 55.22%, 남자가 53.606%로 여자 대화에서의 사용률이 남자보다 약간 높은 반면 '이'는 남자가 33.848%, 여자가 32.420%로 남자 대화에서의 사용률이 여자보다 약간 높다.

마지막으로 준구어에서의 주격조사의 출현율과 순구어에서의 주격조사의 출현율을 비교해 보기로 한다. 비교를 진행하기 전에 먼저 준구어에서 출현한 주격조사들과 순구어에서 출현한 주격조사들의 목록을 한데 합친 후 Excel 2007의 '중복항 제거' 기능을 이용해 10개의 주격조사 통합 목록을 만들어내고 다시 Excel 2007의 'VLOOKUP' 함수를 사용해 개별 주격조사들에 대해 준구어에서의 출현율과 순구어에서의 출현율을 부여하였다. 그 다음 '준구어 출현 횟수≥5회'와 '순구어 출현 횟수≥5회', 이 두 가지 조건 중 어느 한쪽을 만족시키는 주격조사들을 모두 선정하고 이들을 다시 준구어에서의 출현율에 따라 재배열하였다.

위와 같은 작업을 통해 선정된 6개의 주격조사들의 준구어에서의 출현율과 순구어에서의 출현율을 차트로 제시하면 다음과 같다.

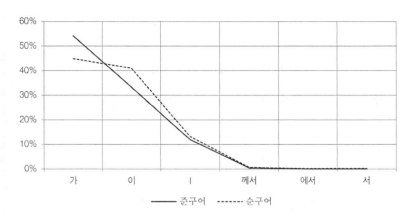

〈그림 83〉 주격조사 내 개별 형태 쓰임의 준, 순구어 비교

순구어의 곡선을 준구어의 곡선과 비교하면 전체적인 흐름에는 큰
차이가 없어 준구어에서 사용률이 높은 주격조사가 순구어에서도 사용률
이 높으며 준구어에서 사용률이 낮은 주격조사가 순구어에서도 사용률이
낮음을 알 수 있다.

하지만 개별적인 주격조사의 쓰임에서는 일부 차이를 나타낸다. '가'는
준구어가 54.203%, 순구어가 44.880%로 준구어에서의 사용률이 순구어
보다 높은 반면 '이', 'ㅣ', '께서', '에서', '서'는 순구어가 41.011%, 13.157%,
0.629%, 0.122%, 0.194%, 준구어가 33.348%, 11.936%, 0.492%, 0.021%,
0%로 순구어에서의 사용률이 준구어보다 높다. 위의 수치들을 보면 '가'
와 '이'는 순구어에서는 비슷한 쓰임을 보이지만 준구어에서는 '가'의 실현
이 '이'보다 훨씬 높다.

4.2.1.2 보격조사(JKC)

본 준구어 말뭉치에서 출현한 보격조사는 모두 3개 형태로서 총 312회
출현하였다. 이들의 출현 횟수와 출현 빈도를 도표로 제시하면 다음과

같다.

<도표 18> 보격조사 내 개별 형태 출현율

순위	개별 형태	출현 횟수	출현 빈도
1	이	123	39.423%
2	가	103	33.013%
3	ㅣ	86	27.564%
합 계			100%

예

1. [이] ⇨ 희생과 헌신, 저의 아버지에 다른 이름이(이름/NNG+이
/JKC) 아닐까요?
2. [가] ⇨ 이 둘째아들이 우리 아버지가(아버지/NNG+가/JKC) 되는
거야.
3. [ㅣ] ⇨ 내가 지금 반찬 투정하는 게(거/NNB+ㅣ/JKC) 아니구.

위의 도표를 보면 준구어에서 보격조사 '이'가 가장 많이 출현하는데
보격조사 전체 출현율의 39.423%를 차지한다. 여기에 '이'의 축약형인
'ㅣ'까지 합치면 이 두 형태는 보격조사 전체 출현율의 66.987%를 차지해
보격조사 '가'의 2배 정도 된다.
아래에 준구어에서의 보격조사의 출현 빈도를 드라마에서의 보격조사
의 출현 빈도와 영화에서의 보격조사의 출현 빈도와 비교해 보기로 한다.

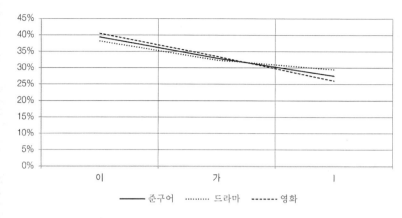

〈그림 84〉 보격조사 내 개별 형태 쓰임의 장르별 비교

위의 세 곡선을 비교해 보면 곡선의 전체적인 모습에는 큰 변화가 없다. 따라서 준구어에서 출현율이 높은 보격조사가 드라마나 영화에서도 출현율이 높으며 준구어에서 출현율이 낮은 보격조사가 드라마나 영화에서도 출현율이 낮음을 알 수 있다.

그런데 보격조사 내 개별적인 형태들의 쓰임에서는 드라마와 영화가 약간한 차이를 보인다. 보격조사 '이'는 영화가 40.462%, 드라마가 38.129%로 영화에서의 사용률이 드라마보다 약간 높으며 'ㅣ'는 드라마가 29.496%, 영화가 26.012%로 드라마에서의 사용률이 영화보다 높다.

이번에는 준구어에서의 보격조사의 출현 빈도를 남자 대화에서의 보격조사의 출현 빈도, 여자 대화에서의 보격조사의 출현 빈도와 비교해 보도록 한다.

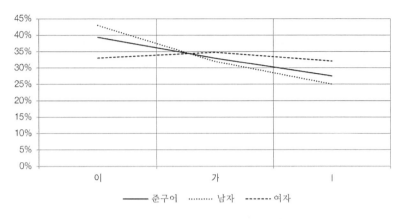

〈그림 85〉 보격조사 내 개별 형태 쓰임의 성별별 비교

위의 세 곡선을 비교해 보면 남자의 곡선은 준구어 곡선과 비슷한 모습을 보인 반면 여자의 곡선은 준구어 곡선과 다른 모습을 보인다. 즉, 남자 대화에서의 보격조사 출현 빈도는 준구어에서의 보격조사의 출현 빈도와 비슷한데 반해 여자 대화에서의 보격조사 출현 빈도는 그 순위가 준구어와는 다르다. 남자 대화에서는 보격조사 '이'가 43%로 1위이지만 여자 대화에서는 보격조사 '가'가 34.821%로 1위이다. 그리고 보격조사 'ㅣ'의 사용에서도 여자 대화에서는 32.143%, 남자 대화에서는 25%로 여자가 남자보다 앞선다. 전체적으로 봤을 때 여자 대화에서는 위의 3가지 보격조사가 비교적 고르게 사용된다.

마지막으로 준구어에서의 보격조사의 출현율과 순구어에서의 보격조사의 출현율을 비교해 보기로 한다.

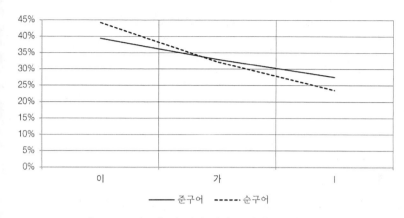

〈그림 86〉 보격조사 내 개별 형태 쓰임의 준, 순구어 비교

순구어의 곡선을 준구어의 곡선과 비교하면 전체적인 모습에는 큰
차이가 보이지 않는다. 따라서 준구어에서 사용률이 높은 보격조사가
순구어에서도 사용률이 높으며 준구어에서 사용률이 낮은 보격조사가
순구어에서도 사용률이 낮음을 알 수 있다.

그런데 개별적인 쓰임에서는 일부 차이를 보이는데 보격조사 '이'는
순구어가 44.206%, 준구어가 39.423%로 순구어에서의 사용률이 준구어
보다 높으며 보격조사 'ㅣ'는 준구어가 27.564%, 순구어가 23.535%로 준구
어에서의 사용률이 순구어보다 높다. 위의 수치를 보면 순구어에서의
보격조사의 쓰임은 준구어에서의 남자 대화와 아주 흡사하다.

4.2.1.3 관형격조사(JKG)

준구어 말뭉치에서 출현한 관형격조사는 모두 4개 형태로서 총 465회
출현하였는데 5회 이상 출현한 관형격조사의 목록과 출현 횟수, 출현
빈도를 도표로 제시하면 다음과 같다.

〈도표 19〉 관형격조사 내 개별 형태 출현율

순위	개별 형태	출현 횟수	출현 빈도
1	에	414	89.032%
2	의	33	7.097%
3	으	10	2.151%
합 계			98.280%

예

1. [에] ⇨ 미혼모 황정남 씨에(씨/NNB+에/JKG) 사연입니다.
2. [의] ⇨ 저의(저/NP+의/JKG) 아버지 아세요?
3. [의] ⇨ 어린 눔으(눔/NNG+으/JKG) 자식이 뭘 그렇게 말이 많어.

위의 도표를 보면 관형격조사 '에'는 전체 관형격조사 출현율의 89.032%를 차지해 압도적으로 많다. 표준 형태인 '의'는 전체 관형격조사 출현율의 7.097%밖에 되지 않는다. 많지는 않지만 준구어에는 관형격조사로 '으'와 같은 형태도 출현한다.

아래에 준구어에서의 관형격조사의 출현 빈도를 드라마에서의 관형격조사의 출현 빈도, 영화에서의 관형격조사의 출현 빈도와 비교해 보기로 한다.

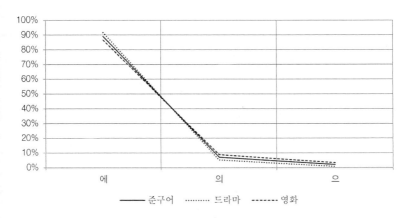

〈그림 87〉 관형격조사 내 개별 형태 쓰임의 장르별 비교

위의 세 곡선을 비교해 보면 전체적인 모습은 큰 차이를 보이지 않는다. 따라서 준구어에서 사용률이 높은 관형격조사가 드라마와 영화에서도 사용률이 높으며 준구어에서 사용률이 낮은 관형격조사가 드라마와 영화에서도 사용률이 낮음을 알 수 있다.

그런데 개별적 형태의 쓰임에서는 일정한 차이를 보이는데 관형격조사 '에'는 드라마가 91.593%, 영화가 86.611%로 드라마에서의 사용률이 영화보다 비교적 높다. 하지만 관형격조사 '의'와 '으'는 영화가 8.787%, 3.347%, 드라마가 5.310%, 0.885%로 영화에서의 사용률이 드라마보다 높다.

이번에는 준구어에서의 관형격조사의 출현 빈도를 남자 대화에서의 관형격조사의 출현 빈도, 여자 대화에서의 관형격조사의 출현 빈도와 비교해 보도록 한다.

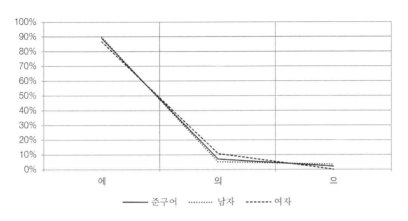

〈그림 88〉 관형격조사 내 개별 형태 쓰임의 성별별 비교

위의 세 가지 곡선을 비교해 보면 전체적인 흐름에서는 큰 차이를 보이지 않아 준구어에서 사용률이 높은 관형격조사가 남자와 여자 대화에서도 사용률이 높으며 준구어에서 사용률이 낮은 관형격 조사가 남자와 여자 대화에서도 사용률이 낮음을 알 수 있다.

그런데 관형격조사들의 개별적인 쓰임에서는 남자와 여자가 일부 차이를 보인다. 남자는 '에'와 '으'가 각각 89.931%, 3.472%로 86.905%, 0%인 여자보다 사용률이 높은 반면 '의'는 5.208%로 10.714%인 여자보다 사용률이 낮다.

마지막으로 준구어에서의 관형격조사의 출현율과 순구어에서의 관형격조사의 출현율을 비교해 보기로 한다. 순구어에서도 준구어와 마찬가지로 위와 같은 4개의 형태만 출현하였다. 따라서 '중복항 제거' 작업은 거치지 않고, 출현율이 비교적 낮은 '이'는 제거한 후 나머지 3개 형태에 Excel 2007의 'VLOOKUP' 함수를 사용해 준구어에서의 출현율과 순구어에서의 출현율을 부여한 후 다시 준구어에서의 출현율에 따라 재배열하였다.

3개의 관형격조사들의 준구어에서의 출현율과 순구어에서의 출현율을 차트로 제시하면 다음과 같다.

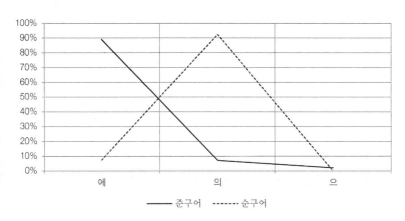

〈그림 89〉 관형격조사 내 개별 형태 쓰임의 준, 순구어 비교

위의 두 곡선을 비교해 보면 1위와 2위에서 준구어와 순구어는 정반대의 모습을 보인다. 준구어에서는 '에'가 1위로 89.032%인데 비해 순구어에서는 '의'가 1위로 92.457%를 차지한다. 그리고 준구어에서는 '의'가 7.097%로 2위인데 비해 순구어에서는 '에'가 7.456%로 2위이다. 한국어 모어 화자들이 관형격조사 '의'를 발음할 때 대부분 '에'로 발음한다는 사실을 감안할 때 순구어에서의 이와 같은 결과는 순구어 말뭉치를 구축할 당시 정확하게 전사하지 않았거나 대부분 대화들이 공식적인 대화라고밖에 해석할 수 없다.

4.2.1.4 목적격조사(JKO)

본 준구어 말뭉치에서 출현한 목적격조사는 모두 4개 형태로서 총 2070회 출현하였는데 5회 이상 출현한 목적격조사의 목록과 출현 횟수, 출현 빈도를 도표로 제시하면 다음과 같다.

〈도표 20〉 목적격조사 내 개별 형태 출현율

순위	개별 형태	출현 횟수	출현 빈도
1	을	943	45.556%
2	를	583	28.164%
3	ㄹ	543	26.232%
합 계			99.952%

예

1. [을] ⇨ 왜 이러는지 말을(말/NNG+을/JKO) 해 줘야 될 거 아니야?
2. [를] ⇨ 한계를(한계/NNG+를/JKO) 넘어서면 죽을 수두 있다.
3. [ㄹ] ⇨ 그걸(그거/NP+ㄹ/JKO) 잘 모르겠드라구요.

위의 도표를 보면 '을'이 45.556%로 출현율이 가장 많고 '를'과 'ㄹ'이 각각 28.164%와 26.232%로 비슷한 출현율을 보인다. 이들 3개 형태 외에 준구어에서는 '를'의 이형태인 '르'도 1회 출현하였다.

아래에 준구어에서의 목적격조사의 출현 빈도를 드라마에서의 목적격조사의 출현 빈도, 영화에서의 목적격조사의 출현 빈도와 비교해 보기로 한다.

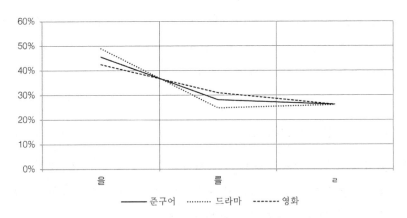

〈그림 90〉 목적격조사 내 개별 형태 쓰임의 장르별 비교

위의 세 곡선들을 비교해 보면 전체적인 모습에서는 큰 차이를 보이지 않지만 개별적인 쓰임에서는 일부 차이를 나타낸다. '을'과 '를'을 비교해 보면 '을'은 드라마가 48.971%, 영화가 42.532%로 드라마에서의 사용률이 영화보다 높은 반면 '를'은 영화가 31.056%, 드라마가 24.897%로 영화에서 사용률이 드라마보다 높다. 'ㄹ'의 사용에서는 드라마와 영화가 큰 차이를 보이지 않는다.

이번에는 준구어에서의 목적격조사의 출현 빈도를 남자 대화에서의 목적격조사의 출현 빈도, 여자 대화에서의 목적격조사의 출현 빈도와 비교해 보도록 한다.

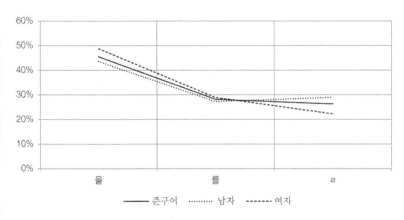

〈그림 91〉 목적격조사 내 개별 형태 쓰임의 성별별 비교

위의 세 곡선을 비교해 보면 남자와 여자는 '를'의 사용에서는 차이를 보이지 않으나 '을'과 'ㄹ'의 사용에서는 일부 차이를 보인다. '을'은 여자가 48.813%, 남자가 43.643%로 여자 대화에서의 사용률이 남자보다 높은 반면 'ㄹ'은 남자가 28.992%, 여자가 22.296%로 남자 대화에서의 사용률이 여자보다 높다.

마지막으로 준구어에서의 목적격조사의 출현율과 순구어에서의 목적격조사의 출현율을 비교해 보기로 한다. 비교를 진행하기 전에 먼저 준구어에서 출현한 목적격조사들과 순구어에서 출현한 목적격조사들의 목록을 한데 합친 후 Excel 2007의 '중복항 제거' 기능을 이용해 6개의 목적격조사 통합 목록을 만들어내고 다시 Excel 2007의 'VLOOKUP' 함수를 사용해 개별 목적격조사들에 대해 준구어에서의 출현율과 순구어에서의 출현율을 부여하였다. 그 다음 '준구어 출현 횟수≥5회'와 '순구어 출현 횟수≥5회', 이 두 가지 조건 중 어느 한쪽을 만족시키는 목적격조사들을 모두 선정하고 이들을 다시 준구어에서의 출현율에 따라 재배열하였다.

위와 같은 작업을 통해 선정된 3개의 목적격조사들의 준구어에서의 출현율과 순구어에서의 출현율을 차트로 제시하면 다음과 같다.

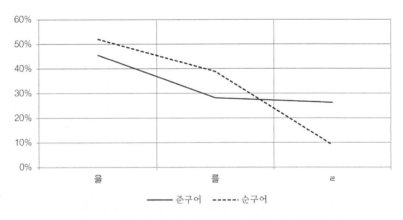

〈그림 92〉 목적격조사 내 개별 형태 쓰임의 준, 순구어 비교

위의 두 곡선을 비교해 보면 '을'과 '를'은 순구어가 52.093%, 38.846%, 준구어가 45.556%, 28.164%로 1, 2위 순위에서는 변화를 보이지 않지만 사용률에서는 순구어가 준구어보다 비교적 높다. 반면에 'ㄹ'은 준구어가 26.232%, 순구어가 9.056%로 준구어에서의 사용률이 순구어보다 훨씬 높다.

4.2.1.5 부사격조사(JKB)

준구어 말뭉치에서 출현한 부사격조사는 모두 43개 형태로서 총 4,428
회 출현하였는데 5회 이상 출현한 부사격조사들의 목록과 출현 횟수,
출현 빈도를 도표로 제시하면 다음과 같다.

〈도표 21〉 부사격조사 내 개별 형태 출현율

순위	개별 형태	출현 횟수	출현 빈도
1	에	1,604	36.224%
2	에서	414	9.350%
3	한테	407	9.192%
4	으루	361	8.153%
5	루	336	7.588%
6	까지	173	3.907%
7	서	145	3.275%
8	랑	140	3.162%
9	부터	130	2.936%
10	보다	79	1.784%
11	처럼	72	1.626%
12	하구	61	1.378%
13	으로	60	1.355%
14	로	58	1.310%
15	에게	50	1.129%
16	ㄹ루	40	0.903%
17	이랑	40	0.903%
18	과	39	0.881%
19	와	39	0.881%

20	보구	21	0.474%
21	같이	20	0.452%
22	에다	18	0.407%
23	다	17	0.384%
24	대루	17	0.384%
25	께	13	0.294%
26	게	11	0.248%
27	만큼	8	0.181%
28	더러	7	0.158%
29	로써	7	0.158%
30	에다가	7	0.158%
31	다가	6	0.136%
32	으로써	5	0.113%
33	한테서	5	0.113%
합 계			99.597%

예

1. [에] ⇨ 사랑하는 남자에 앞길에(앞길/NNG+에/JKB) 방해가 될까바.
2. [에서] ⇨ 광고에서(광고/NNG+에서/JKB) 봤잖아.
3. [한테] ⇨ 저한테(저/NP+한테/JKB) 바루 물어보셔두 되는데.
4. [으루] ⇨ 내 평생 진짜 진심으루(진심/NNG+으루/JKB) 너 사랑해.
5. [루] ⇨ 막말루(막말/NNG+루/JKB) 니 존재가 알려져 바 바.
6. [까지] ⇨ 제가 어디까지(어디/NP+까지/JKB) 얘기했죠?
7. [서] ⇨ 거기서(거기/NP+서/JKB) 뵈요.
8. [랑] ⇨ 난 너랑(너/NP+랑/JKB) 달라.
9. [부터] ⇨ 일곱 살 때부터(때/NNG+부터/JKB) 태권도를 배웠다.
10. [보다] ⇨ 연극보다(연극/NNG+보다/JKB) 중요한 게 사랑이에요.
11. [처럼] ⇨ 지금두 옛날처럼(옛날/NNG+처럼/JKB) 예뻐.

12. [하구] ⇨ 그때 주희 모습하구(모습/NNG+하구/JKB) 너무 닮았어.

13. [으로] ⇨ 뭐, 돈으로(돈/NNG+으로/JKB) 살 수 없는 아름다움이죠.

14. [로] ⇨ 지금 바루 오사카로(오사카/NNP+로/JKB) 출발하지.

15. [에게] ⇨ 나 너에게(너/NP+에게/JKB) 특별한 사람이 되구 싶다.

16. [ㄹ루] ⇨ 내 비행기 티켓 오늘 걸루(거/NNB+ㄹ루/JKB) 바꿔.

17. [이랑] ⇨ 나 그 사람이랑(사람/NNG+이랑/JKB) 결혼할려구.

18. [과] ⇨ 이웃들과(이웃/NNG+들/XSN+과/JKB) 함께 찍은 사진 같습니다.

19. [와] ⇨ 승리에 순간을 오빠와(오빠/NNG+와/JKB) 함께 하려구.

…

위의 도표를 보면 부사격조사 중에서 '에'는 가장 많이 쓰이는 형태로서 전체 부사격조사 출현율의 36.224%를 차지한다. 여기에 9.350%인 '에서', 9.192%인 '한테', 8.153%인 '으루', 7.588%인 '루'까지 합치면 이들 5개 형태는 전체 부사격조사 출현율의 70.507%를 차지한다. 그 외에 비교적 높은 출현율을 보이는 부사격조사들로는 '까지〉서〉랑〉부터〉보다〉처럼〉하구〉으로〉로〉에게〉ㄹ루〉이랑〉과〉와'가 있는데 각각 3.907%, 3.275%, 3.162%, 2.936%, 1.784%, 1.626%, 1.378%, 1.355%, 1.310%, 1.129%, 0.903%, 0.903%, 0.881%, 0.881%를 차지한다. 이들은 전체 부사격조사 출현율의 95.937%를 차지해 준구어에서 대부분의 부사격조사들이 이들 19개 형태에 의해 실현된다고 할 수 있다.

아래에 준구어에서의 부사격조사의 출현 빈도를 드라마에서의 부사격조사의 출현 빈도, 영화에서의 부사격조사의 출현 빈도와 비교해 보기로 한다.

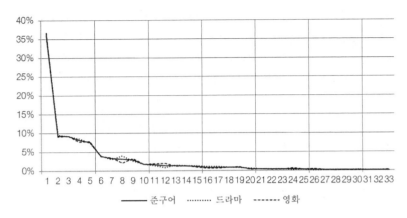

〈그림 93〉 부사격조사 내 개별 형태 쓰임의 장르별 비교

위의 세 곡선을 비교해 보면 전체적인 모습에서는 큰 차이를 보이지 않아 준구어에서 사용률이 높은 부사격조사들이 드라마와 영화에서도 사용률이 높으며 준구어에서 사용률이 낮은 부사격조사들이 드라마와 영화에서도 사용률이 낮음을 알 수 있다.

그런데 남자와 여자 곡선이 일부 불규칙적인 모습을 보여 부사격조사들의 개별적인 쓰임에서는 드라마와 영화가 약간한 차이가 남을 알 수 있다. 2위인 '에서', 4위인 '으루', 8위인 '랑', 13위인 '으로', 15위인 '에게', 16위인 'ㄹ루', 17위인 '이랑'과 같은 부사격조사들은 드라마가 9.609%, 8.527%, 4.035%, 1.498%, 1.290%, 1.082%, 1.123%, 영화가 9.042%, 7.708%, 2.125%, 1.186%, 0.939%, 0.692%, 0.642%로 드라마에서의 사용률이 영화보다 높은 반면, 1위인 '에', 5위인 '루', 7위인 '서', 9위인 '부터', 10위인 '보다', 11위인 '처럼', 12위인 '하구', 19위인 '와' 와 같은 부사격조사들은 영화가 36.660%, 7.806%, 3.508%, 3.261%, 1.779%, 1.877%, 1.976%, 1.038%, 드라마가 35.857%, 7.404%, 3.078%, 2.662%, 1.789%, 1.414%, 0.874%, 0.749%로 영화에서의 사용률이 드라마보다 높다.

이번에는 준구어에서의 부사격조사의 출현 빈도를 남자 대화에서의

부사격조사의 출현 빈도, 여자 대화에서의 부사격조사의 출현 빈도와
비교해 보도록 한다.

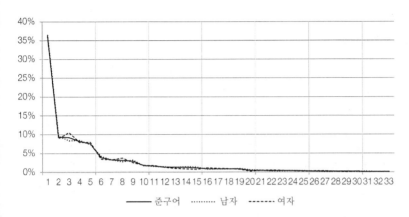

〈그림 94〉 부사격조사 내 개별 형태 쓰임의 성별별 비교

위의 세 가지 곡선을 비교해 보면 역시 전체적인 모습에는 큰 차이를
보이지 않아 준구어에서 사용률이 높은 부사격조사들이 남자와 여자
대화에서도 사용률이 높으며 준구어에서 사용률이 낮은 부사격조사들이
남자와 여자 대화에서도 사용률이 낮음을 알 수 있다.

그런데 부사격조사들의 개별적인 쓰임에서는 남자와 여자가 일부 차이
를 보인다. 1위인 '에', 2위인 '에서', 4위인 '으루', 6위인 '까지', 9위인
'부터', 13위인 '으로', 14위인 '로', 15위인 '에게', 19위인 '와'는 남자가
36.462%, 9.581%, 8.456%, 4.189%, 3.258%, 1.280%, 1.474%, 1.358%,
0.970%, 여자가 36.084%, 8.966%, 7.866%, 3.520%, 2.530%, 1.045%,
0.880%, 0.770%, 0.715%로 남자 대화에서의 사용률이 여자보다 높은 반면
3위인 '한테', 5위인 '루', 8위인 '랑', 11위인 '처럼', 16위인 'ㄹ루', 18위인
'과'는 여자가 10.506%, 7.976%, 3.795%, 1.760%, 1.155%, 0.935%, 남자가
8.379%, 7.331%, 2.754%, 1.513%, 0.737%, 0.815%로 여자 대화에서의 사

용률이 남자보다 높다.

마지막으로 준구어에서의 부사격조사의 출현율과 순구어에서의 부사격조사의 출현율을 비교해 보기로 한다. 비교를 진행하기 전에 먼저 준구어에서 출현한 부사격조사들과 순구어에서 출현한 부사격조사들의 목록을 한데 합친 후 Excel 2007의 '중복항 제거' 기능을 이용해 73개의 부사격조사 통합 목록을 만들어내고 다시 Excel 2007의 'VLOOKUP' 함수를 사용해 개별 부사격조사들에 대해 준구어에서의 출현율과 순구어에서의 출현율을 부여하였다. 그 다음 '준구어 출현 횟수≥5회'와 '순구어 출현 횟수≥5회', 이 두 가지 조건 중 어느 한쪽을 만족시키는 부사격조사들을 모두 선정하고 이들을 다시 준구어에서의 출현율에 따라 재배열하였다.

위와 같은 작업을 통해 선정된 41개의 부사격조사들의 목록은 '부록C'에서 제시하고 여기서는 이들의 준구어에서의 출현율과 순구어에서의 출현율을 차트로 제시한다.

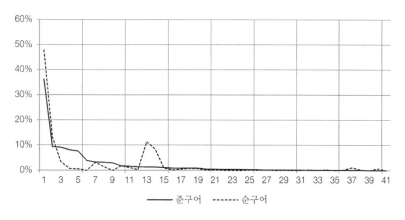

〈그림 95〉 부사격조사 내 개별 형태 쓰임의 준, 순구어 비교

준구어의 곡선과 순구어의 곡선을 비교해 보면 7, 10, 18위 외에 두 곡선이 비교적 큰 차이를 보인다. 3위인 '한테', 4위인 '으루', 5위인 '루',

6위인 '까지', 8위인 '랑', 9위인 '부터', 12위인 '하구', 16위인 'ㄹ루', 17위인 '이랑', 20위인 '보구', 22위인 '에다', 23위인 '다', 24위인 '대루', 26위인 '게', 28위인 '더러', 30위인 '에다가', 31위인 '다가', 33위인 '한테서'는 준구어가 9.192%, 8.153%, 7.588%, 3.907%, 3.162%, 2.936%, 1.378%, 0.903%, 0.903%, 0.474%, 0.407%, 0.384%, 0.384%, 0.248%, 0.158%, 0.158%, 0.136%, 0.113%, 순구어가 3.377%, 0.728%, 0.557%, 0%, 1.448%, 0%, 0.299%, 0.175%, 0.491%, 0.042%, 0%, 0%, 0%, 0.043%, 0.002%, 0.002%, 0%, 0.035%로 준구어에서의 사용률이 순구어보다 높은 반면 1위인 '에', 2위인 '에서', 13위인 '으로', 14위인 '로', 34위인 '로서', 36위인 '으로서', 37위인 '하고', 38위인 '보고', 40위인 'ㄹ로'는 순구어가 47.842%, 13.211%, 11.378%, 8.475%, 0.272%, 0.175%, 1.142%, 0.142%, 0.649%, 준구어가 36.224%, 9.350%, 1.355%, 1.310%, 0.068%, 0.045%, 0.045%, 0.023%, 0%로 순구어에서의 사용률이 준구어보다 높다.

4.2.1.6 호격조사(JKV)

준구어 말뭉치에서 출현한 호격조사는 모두 2개 형태로서 총 921회 출현하였는데 이들의 출현 횟수와 출현 빈도를 도표로 제시하면 다음과 같다.

〈도표 22〉 호격조사 내 개별 형태 출현율

순위	개별 형태	출현 횟수	출현 빈도
1	야	537	58.306%
2	아	384	41.694%
합 계		921	100%

[예]

1. [야] ⇨ 바보야(바보/NNG+야/JKV).

2. [아] ⇨ 애들아(애/NP+들/XSN+아/JKV).

위의 도표를 보면 호격조사 '야'는 58.306%, '아'는 41.694%로 준구어에서 '야'는 '아'보다 약간 더 많이 쓰인다.

아래에 호격조사의 쓰임을 드라마와 영화로 나누어 살펴보기로 한다.

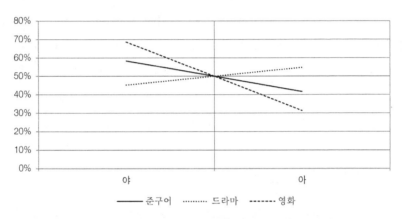

〈그림 96〉 호격조사 내 개별 형태 쓰임의 장르별 비교

위의 세 곡선을 비교해 보면 비교적 큰 차이가 나는데 드라마와 영화가 정반대의 모습을 보인다. 드라마는 '야'가 54.791%, '야'가 45.209%로 '아'가 더 많이 쓰인데 비해 영화는 '야'가 68.677%, '아'가 31.323%로 '야'가 더 많이 쓰인다.

이번에는 준구어에서의 호격조사의 출현 빈도를 남자 대화에서의 호격조사의 출현 빈도, 여자 대화에서의 호격조사의 출현 빈도와 비교해 보도록 한다.

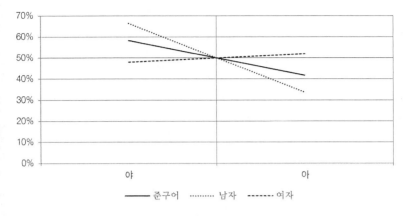

〈그림 97〉 호격조사 내 개별 형태 쓰임의 성별별 비교

위의 차트를 보면 드라마와 영화의 곡선과 마찬가지로 남자와 여자의 곡선도 정반대의 모습을 보인다. 남자는 '야'가 66.341%, '아'가 33.659%로 '야'의 사용률이 높은 데 비해 여자는 '야'가 48.030%, '아'가 51.970%로 '아'의 사용률이 높다. 따라서 호격조사 쓰임에서 남자는 영화와 비슷하고 여자는 드라마와 비슷하다.

마지막으로 준구어에서의 호격조사의 출현율과 순구어에서의 호격조사의 출현율을 비교해 보기로 한다. 비교를 진행하기 전에 먼저 준구어에서 출현한 호격조사들과 순구어에서 출현한 호격조사들의 목록을 한데 합친 후 Excel 2007의 '중복항 제거' 기능을 이용해 4개의 호격조사 통합 목록을 만들어내고 다시 Excel 2007의 'VLOOKUP' 함수를 사용해 개별 호격조사들에 대해 준구어에서의 출현율과 순구어에서의 출현율을 부여하였다. 그 다음 '준구어 출현 횟수≥5회'와 '순구어 출현 횟수≥5회', 이 두 가지 조건을 만족시키는 호격조사들을 모두 선정하고 이들을 다시 준구어에서의 출현율에 따라 재배열하였다.

위와 같은 작업을 통해 선정된 2개의 호격조사들의 준구어에서의 출현율과 순구어에서의 출현율을 차트로 제시하면 다음과 같다.

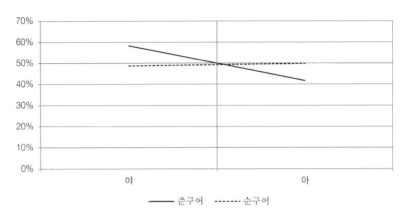

<그림 98> 호격조사 내 개별 형태 쓰임의 준, 순구어 비교

위의 곡선을 비교해 보면 준구어에서는 '야'와 '아'가 각각 58.306%, 41.694%로 '야'가 '아'보다 더 많이 쓰이지만 순구어에서는 '야'와 '아'가 각각 48.745%와 49.791%로 비슷한 쓰임을 보인다.

4.2.1.7 인용격조사(JKQ)

본 준구어 말뭉치에서 출현한 인용격조사는 모두 3개 형태로서 총 4회 출현하였는데 이들의 출현 횟수와 출현 빈도를 제시하면 다음과 같다.

<도표 23> 인용격조사 내 개별 형태 출현율

순위	개별 형태	출현 횟수	출현 빈도
1	라구	2	50.000%
2	구	1	25.000%
3	하구	1	25.000%
합 계		4	100%

1. [라구] ⇨ '알았어?' 라구(라구/JKQ) 말하구 싶다.
2. [구] ⇨ '눈깔 안 돌리면 뽑아서 골프공으루 쓴다!' 구(구/JKQ) 속으루 말했습니다.
3. [하구] ⇨ 그놈에 맹장이 '팡!' 하구(하구/JKQ) 터져 늑막염이 되는 상상, …

위의 도표에서 알 수 있듯이 준구어에서 출현한 인용격조사는 개별 형태 수가 적을 뿐만 아니라 출현 횟수도 아주 적다. 따라서 준구어에서 출현한 위의 인용격조사들에 대해 드라마와 영화, 남자와 여자로 나누어 고찰하기에는 양적으로 부족하다고 생각되어 여기에서는 비교를 진행하지 않기로 한다. 다만 순구어에서는 준구어보다 더 많은 형태들이 출현하였고 또 출현 횟수도 비교적 많기 때문에 준구어와 순구어의 비교 연구는 진행한다.

인용격조사도 기타 조사들과 마찬가지로 먼저 준구어에서 출현한 인용격조사들과 순구어에서 출현한 인용격조사들의 목록을 한데 합친 후 Excel 2007의 '중복항 제거' 기능을 이용해 9개의 인용격조사 통합 목록을 만들어내고 다시 Excel 2007의 'VLOOKUP' 함수를 사용해 개별 인용격조사들에 대해 준구어에서의 출현율과 순구어에서의 출현율을 부여하였다. 그 다음 '준구어 출현 횟수≥1회'와 '순구어 출현 횟수≥5회', 이 두 가지 조건을 만족시키는 인용격조사들을 모두 선정하고 이들을 다시 준구어에서의 출현율에 따라 재배열하였다.

위와 같은 작업을 통해 선정된 5개의 인용격조사들의 준구어에서의 출현율과 순구어에서의 출현율을 차트로 제시하면 다음과 같다.

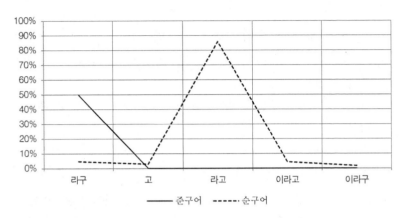

〈그림 99〉 인용격조사 내 개별 형태 쓰임의 준, 순구어 비교

위의 두 곡선을 비교해 보면 준구어와 순구어는 인용격조사의 사용에서 큰 차이가 남을 알 수 있다. 준구어에서는 '라구'가 50%이고 '라고'는 출현하지 않은 반면 순구어에서는 '라고'가 85.912%로 4.696%인 '라구'보다 훨씬 더 많이 쓰였다. 그리고 순구어에서는 준구어에서 출현하지 않은 '고', '이라고', '이라구'와 같은 형태들이 출현하였는데 이들 형태들은 순구어 내에서도 출현율이 아주 낮다.

4.2.1.8 서술격조사(VCP)

본 준구어 말뭉치에서 출현한 서술격조사는 모두 3개 형태로서 총 4,889회 출현해 서술격조사 내 개별 형태들의 평균 반복 횟수는 1,629.7회로서 가장 많다. 이들의 출현 횟수와 출현 빈도를 도표로 제시하면 다음과 같다.

〈도표 24〉 서술격조사 내 개별 형태 출현율

순위	개별 형태	출현 횟수	출현 빈도
1	(이)	2,679	54.796%

2	이	2,103	43.015%
3	ㅣ	107	2.189%
합 계		4,889	100%

예

1. [(이)] ⇨ 오빠한테 잘 어울릴 거야(거/NNB+(이)/VCP+야/EF].
2. [이] ⇨ 그런 놈일수록(놈/NNG+이/VCP+ㄹ수록/EC) 막 나갈 필요
   가 있다구.
3. [ㅣ] ⇨ 우리가 돈 줄 테니까(터/NNG+ㅣ/VCP+니까/EC) 그냥 사면
   안 되냐?

위의 도표를 보면 '이'의 생략형인 '(이)'가 54.796%로 출현율이 가장
높으며 '이'가 43.015%로 그 뒤를 잇고 있다. 그 외에 '이'의 축약형인
'ㅣ'도 107회 출현해 전체 서술격조사 출현율의 2.189%를 차지한다.

아래에 준구어에서의 서술격조사의 출현 빈도를 드라마에서의 서술격
조사의 출현 빈도, 영화에서의 서술격조사의 출현 빈도와 비교해 보기로
한다.

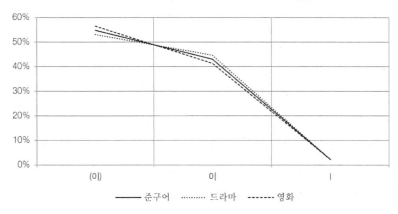

〈그림 100〉 서술격조사 내 개별 형태 쓰임의 장르별 비교

위의 세 곡선을 비교해 보면 대체적으로는 큰 차이를 보이지 않는다. 단지 생략형 '(이)'는 영화가 56.493%, 드라마가 53.136%로 영화가 약간 높고, '이'는 드라마가 44.678%, 영화가 41.315%로 드라마가 약간 높을 뿐이다. 순위에는 큰 변화가 없다.

이번에는 준구어에서의 서술격조사의 출현 빈도를 남자 대화에서의 서술격조사의 출현 빈도, 여자 대화에서의 서술격조사의 출현 빈도와 비교해 보도록 한다.

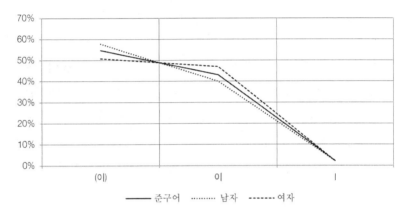

〈그림 101〉 서술격조사 내 개별 형태 쓰임의 성별별 비교

위의 세 곡선을 비교해 보면 전체적인 모습에는 큰 변화가 없는데 개별적인 형태의 쓰임에는 약간한 차이를 나타낸다. 생략형 '(이)'는 남자가 57.753%, 여자가 50.808%로 남자가 여자보다 7% 정도 높으며 '이'는 여자가 47.039%, 남자가 40.021%로 여자가 남자보다 7% 정도 높다.

마지막으로 준구어에서의 서술격조사의 출현율과 순구어에서의 서술격조사의 출현율을 비교해 보기로 한다. 순구어에서도 준구어에서와 마찬가지로 위의 3개 형태만 출현했기 때문에 이들을 직접 비교한다.

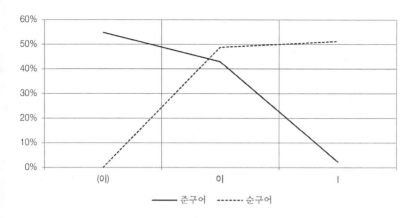

〈그림 102〉 서술격조사 내 개별 형태 쓰임의 준, 순구어 비교

위의 두 곡선을 보면 중간에 축을 두고 한 바퀴 돌려놓은 것처럼 두 곡선이 정반대의 모습을 보인다. 서술격조사 '이'는 준구어와 순구어가 각각 43.015%, 48.780%로 비슷한 쓰임을 보인 반면 생략형 '(이)'는 준구어가 54.796%, 순구어가 0%로 준구어에서 절대적인 우세를 차지하며 축약형 'ㅣ'는 순구어가 51.210%, 준구어가 2.189%로 순구어에서 절대적인 우세를 차지한다. 이것은 서술격조사 '(이)'와 'ㅣ'의 쓰임이 준구어와 순구어가 큰 차이를 보인다기보다는 연세대학교 말뭉치와 본 연구에 사용한 준구어 말뭉치가 구축 과정에 서술격조사의 생략형과 축약형에 대해 다른 표기 방식을 사용한 것이 아닌가 생각된다.

4.2.2 보조사(JX)

본 준구어 말뭉치에서 출현한 보조사는 모두 51개 형태로서 총 6101회 출현하였는데 5회 이상 출현한 보조사들의 목록과 출현 횟수, 출현 빈도를 도표로 제시하면 나음과 같다.

순위	개별 형태	출현 횟수	출현 빈도
1	ㄴ	1,413	23.160%
2	두	1,379	22.603%
3	은	894	14.653%
4	는	807	13.227%
5	만	544	8.917%
6	요	311	5.098%
7	나	118	1.934%
8	까지	100	1.639%
9	이나	86	1.410%
10	라두	53	0.869%
11	이라두	50	0.820%
12	밖에	44	0.721%
13	도	41	0.672%
14	이요	39	0.639%
15	야	28	0.459%
16	뿐	27	0.443%
17	부터	23	0.377%
18	마다	19	0.311%
19	든	16	0.262%
20	말구	16	0.262%
21	서	13	0.213%
22	든지	7	0.115%
23	대루	6	0.098%
24	란	6	0.098%
25	이야	6	0.098%
26	조차	6	0.098%
27	야말루	5	0.082%
28	이란	5	0.082%
합 계			99.360%

1. [ㄴ] ⇨ 윤안(윤아/NNP+ㄴ/JX) 절대 아니야.

2. [두] ⇨ 넌 참 눈물두(눈물/NNG+두/JX) 많다.

3. [은] ⇨ 자네, 집은(집/NNG+은/JX) 있나?

4. [는] ⇨ 멋있게 자란 나무는(나무/NNG+는/JX) 다 이유가 있어.

5. [만] ⇨ 생각만(생각/NNG+만/JX) 해두 끔찍한 기억들이지.

6. [요] ⇨ 저요(저/NP+요/JX)?

7. [나] ⇨ 이거 아빠나(아빠/NNG+나/JX) 가져.

8. [까지] ⇨ 어떻게 니가 나한테까지(나/NP+한테/JKB+까지/JX) 이럴 수 있어?

9. [이나] ⇨ 이십만 원이나(원/NNB+이나/JX) 썼습니다.

...

위의 도표를 보면 보조사 'ㄴ'은 23.160%, '은'은 14.653%, '는'은 13.227%로 이들은 전체 보조사 출현율의 51.040%를 차지한다. 그 외에 '두'도 22.603%로 높은 사용률을 보인다. 또한 '만〉요〉나〉까지〉이나' 등도 각각 8.917%, 5.098%, 1.934%, 1.639%, 1.410%를 차지해 이들 9개 형태는 전체 보조사 출현율의 92.641%를 차지해 준구어에서 보조사들은 대부분 이들 몇 개 형태에 의해 실현된다고 할 수 있다.

아래에 준구어에서의 보조사의 출현 빈도를 드라마에서의 보조사의 출현 빈도, 영화에서의 보조사의 출현 빈도와 비교해 보도록 한다.

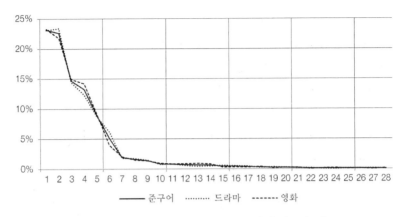

〈그림 103〉 보조사 내 개별 형태 쓰임의 장르별 비교

위의 세 곡선을 비교해 보면 전체적인 모습에는 큰 차이를 보이지 않아 준구어에서 사용률이 높은 보조사가 드라마와 영화에서도 사용률이 높으며 준구어에서 사용률이 낮은 보조사가 드라마와 영화에서도 사용률이 낮음을 알 수 있다.

그런데 개별적인 쓰임에서는 약간한 차이를 드러낸다. 2위인 '두', 6위인 '요', 8위인 '까지', 5위인 '야', 16위인 '뿐', 17위인 '부터', 19위인 '든', 22위인 '든지', 25위인 '이야', 27위인 '야말루' 등 보조사들은 드라마가 23.375%, 6.125%, 1.781%, 0.625%, 0.531%, 0.469%, 0.344%, 0.188%, 0.125%, 0.156%, 영화가 21.751%, 3.964%, 1.482%, 0.276%, 0.345%, 0.276%, 0.172%, 0.034%, 0.069%, 0%로 드라마에서의 사용률이 영화보다 높은 반면 3위인 '은', 4위인 '는', 5위인 '만', 10위인 '라두', 12위인 '밖에', 13위인 '도', 14위인 '이요', 18위인 '마다', 23위인 '대루', 24위인 '란', 28위인 '이란'은 영화가 14.926%, 14.202%, 9.100%, 0.965%, 0.896%, 0.931%, 0.827%, 0.414%, 0.138%, 0.207%, 0.138%, 드라마가 14.406%, 12.344%, 8.750%, 0.781%, 0.563%, 0.438%, 0.469%, 0.219%, 0.063%, 0%, 0.031%로 영화에서의 사용률이 드라마보다 높다.

이번에는 준구어에서의 보조사의 출현 빈도를 남자 대화에서의 보조사의 출현 빈도, 여자 대화에서의 보조사의 출현 빈도와 비교해 보도록 한다.

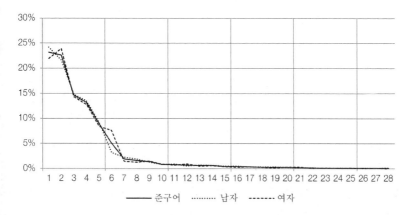

〈그림 104〉 보조사 내 개별 형태 쓰임의 성별별 비교

위의 세 곡선을 비교해 보면 전체적인 모습에서는 큰 차이를 보이지 않아 준구어에서 사용률이 높은 보조사들이 남자와 여자 대화에서도 사용률이 높으며 준구어에서 사용률이 낮은 보조사들이 남자와 여자 대화에서도 사용률이 낮음을 알 수 있다.

그런데 개별적인 쓰임에서는 역시 일부 차이를 보이는데 1위인 'ㄴ', 4위인 '는', 5위인 '만', 7위인 '나', 8위인 '까지', 11위인 '이라두', 13위인 '도', 15위인 '야', 16위인 '뿐', 19위인 '든', 22위인 '든지', 24위인 '란', 26위인 '조차', 28위인 '이란' 등 보조사들은 남자가 24.208%, 13.543%, 9.271%, 2.296%, 1.947%, 0.930%, 0.756%, 0.523%, 0.552%, 0.349%, 0.174%, 0.116%, 0.116%, 0.145%, 여자가 21.919%, 12.780%, 8.381%, 1.479%, 1.251%, 0.683%, 0.493%, 0.379%, 0.303%, 0.152%, 0.038%, 0.076%, 0.038%, 0%로 남자 대화에서의 사용률이 여자보다 높으며 2위인 '두',

6위인 '요', 9위인 '이나', 12위인 '밖에', 21위인 '서', 23위인 '대루', 25위인 '이야' 등 보조사들은 여자가 23.891%, 7.622%, 1.555%, 0.948%, 0.303%, 0.114%, 0.152%, 남자가 21.651%, 3.197%, 1.308%, 0.552%, 0.145%, 0.087%, 0.058%로 여자 대화에서의 사용률이 남자보다 높다.

마지막으로 준구어에서의 보조사의 출현율과 순구어에서의 보조사의 출현율을 비교해 보기로 한다. 비교를 진행하기 전에 먼저 준구어에서 출현한 보조사들과 순구어에서 출현한 보조사들의 목록을 한데 합친 후 Excel 2007의 '중복항 제거' 기능을 이용해 100개의 보조사 통합 목록을 만들어내고 다시 Excel 2007의 'VLOOKUP' 함수를 사용해 개별 보조사들에 대해 준구어에서의 출현율과 순구어에서의 출현율을 부여하였다. 그 다음 '준구어 출현 횟수≥5회'와 '순구어 출현 횟수≥5회', 이 두 가지 조건 중 어느 한쪽을 만족시키는 보조사들을 모두 선정하고 이들을 다시 준구어에서의 출현율에 따라 재배열하였다.

위와 같은 작업을 통해 선정된 54개의 보조사들의 목록은 '부록C'에서 제시하고 여기서는 이들의 준구어에서의 출현율과 순구어에서의 출현율을 차트로 제시한다.

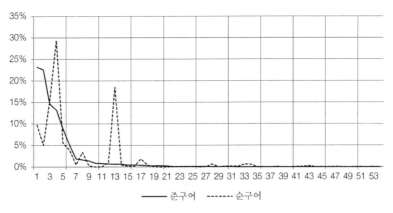

〈그림 105〉 보조사 내 개별 형태 쓰임의 준, 순구어 비교

순구어 곡선을 준구어 곡선과 비교해 보면 순구어 곡선들의 높은 봉우리들이 곡선의 앞부분에 몰려있지만 곡선의 중간과 뒷부분에도 봉우리이 듬성듬성 보인다. 이는 준구어에서 출현율이 높은 보조사들 중에 순구어에서도 사용률이 높은 것들도 있지만 준구어에서 사용률이 낮거나 출현하지 않은 보조사들 중에 순구어에서 사용률이 높은 것들도 있음을 의미한다.

차이가 비교적 큰 보조사들을 제시하면 다음과 같다. 1위인 'ㄴ', 2위인 '두', 5위인'만', 6위인'요', 7위인'나', 9위인'이나', 10위인 '라두', 11위인'이라두',14위인'이요', 15위인'야', 16위인'뿐', 19위인'든', 20위인'말구', 21위인'서' 등보조사들은 준구어가 23.160%, 22.603%, 8.917%, 5.098%, 1.934%, 1.410%, 0.869%, 0.820%, 0.639%, 0.459%, 0.443%, 0.262%, 0.262%, 0.213%, 순구어가 9.719%, 5.020%, 5.584%, 3.947%, 0.527%, 0.299%, 0.040%, 0.031%, 0.486%, 0.189%, 0.138%, 0.067%, 0%, 0.003%로 준구어에서의 사용률이 순구어보다 높으며 4위인 '는', 8위인 '까지', 12위인 '밖에', 13위인 '도', 17위인 '부터', 28위인 '다가', 30위인 '라도', 31위인 '라도', 32위인 '가', 33위인 '다', 34위인 '대로', 43위인 '마는', 47위인 '서부터', 53위인 '이라도' 등 보조사들은 순구어가 29.420%, 3.418%, 1.040%, 18.526%, 1.857%, 0.670%, 0.184%, 0.184%, 0.152%, 0.619%, 0.566%, 0.301%, 0.121%, 0.130%, 준구어가 13.227%, 1.639%, 0.721%, 0.672%, 0.377%, 0.033%, 0.016%, 0.016%, 0%, 0%, 0%, 0%, 0%, 0%로 순구어에서의 사용률이 준구어보다 높다.

4.2.3 접속조사(JC)

본 준구어 밀뭉지에서 출현한 접속조사는 모두 18개 형태로서 총 279회 출현하였는데 5회 이상 출현한 접속조사들의 목록과 출현 횟수, 출현 빈도를 도표로 제시하면 다음과 같다.

<도표 26> 접속조사 내 개별 형태 출현율

순위	개별 형태	출현 횟수	출현 빈도
1	과	52	18.638%
2	하구	45	16.129%
3	랑	42	15.054%
4	와	42	15.054%
5	이랑	27	9.677%
6	이나	20	7.168%
7	에	17	6.093%
8	나	16	5.735%
합 계			93.548%

예

1. [과] ⇨ 공과(공/NNG+과/JC) 사는 구분해야 되니까.
2. [하구] ⇨ 거긴 너하구(너/NP+하구/JC) 나밖에 모르잖아.
3. [랑] ⇨ 청소랑(청소/NNG+랑/JC) 빨래랑 설거지두 나 되게 잘한다.
4. [와] ⇨ 망명 루트와(루트/NNG+와/JC) 시간은?
5. [이랑] ⇨ 이층에 옷이랑(옷/NNG+이랑/JC) 신발 대빵 많어.
6. [이나] ⇨ 넌 옛날이나(옛날/NNG+이나/JC) 지금이나 똑같애.
7. [에] ⇨ 가짜 손녀에(손녀/NNG+에/JC) 가짜 여동생에 가짜 김세현까지.
8. [나] ⇨ 선배나(선배/NNG+나/JC) 나나 그땐 신분을 밝힐 처지가 안 됐어요.

위의 도표를 보면 준구어에서 '과', '하구', '랑', '와' 4개 형태는 각각 18.638%, 16.129%, 15.054%, 15.054%로 전체 접속조사 출현율의 64.875%

를 차지한다. 그 외에 '이랑', '이나', '에', '나' 등도 준구어에서 출현율이 비교적 높은 접속조사들로서 각각 9.677%, 7.168%, 6.093%, 5.735%로 전체 접속조사 출현율의 28.673%를 차지한다. 이들은 전체 접속조사 출현율의 93.548%를 차지해 준구어에서 접속조사들은 대부분 이들 몇 개 형태에 의해 실현된다고 할 수 있다.

아래에 준구어에서의 접속조사의 출현 빈도를 드라마에서의 접속조사 출현 빈도, 영화에서의 접속조사 출현 빈도와 비교해 보기로 한다.

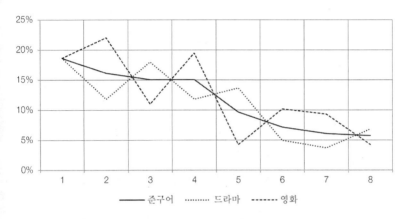

〈그림 106〉 접속조사 내 개별 형태 쓰임의 장르별 비교

위의 세 개의 곡선을 비교해 보면 드라마와 영화에서 접속조사들은 비교적 큰 차이를 보임을 알 수 있다. 1위인 '과'는 드라마와 영화가 각각 18.634%, 18.644%로 사용률이 거의 일치를 보이는 반면 다른 접속조사들은 그 쓰임에 차이가 비교적 크다. 3위인 '랑', 5위인 '이랑', 8위인 '나'등 접속조사들은 드라마가 18.012%, 13.665%, 6.832%, 영화가 11.017%, 4.237%, 4.237%로 드라마에서의 출현율이 영화보다 높으며 2위인 '하구', 4위인 '와', 6위인 '이니', 7위인 '에' 등 접속조사들은 영화가 22.034%, 19.492%, 10.169%, 9.322%, 드라마가 11.801%, 11.801%, 4.969%, 3.727%

로 영화에서의 사용률이 드라마보다 높다. 전반적으로 봤을 때 접속조사
는 영화보다 드라마에게 더 다양하게 출현한다.

이번에는 준구어에서의 접속조사의 출현 빈도를 남자 대화에서의 접속
조사 출현 빈도, 여자 대화에서의 접속조사의 출현 빈도와 비교해 보도록
한다.

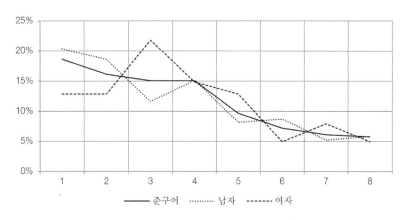

〈그림 107〉 접속조사 내 개별 형태 쓰임의 성별별 비교

위의 세 가지 곡선을 비교해 보면 남자와 여자 역시 접속조사의 사용에
서 비교적 큰 차이를 보인다. 1위인 '과', 2위인 '하구', 6위인 '이나', 8위인
'나' 등 접속조사들은 남자가 20.349%, 18.605%, 8.721%, 5.814%, 여자가
12.871%, 12.871%, 4.950%, 4.950%로 남자 대화에서의 사용률이 여자보
다 높으며 3위인 '랑', 5위인 '이랑', 7위인 '에' 등 접속조사들은 여자가
21.782%, 12.871%, 7.921%, 남자가 11.628%, 8.140%, 5.233%로 여자 대화
에서의 사용률이 남자보다 높다.

마지막으로 준구어에서의 접속조사의 출현율과 순구어에서의 접속조
사의 출현율을 비교해 보기로 한다. 비교를 진행하기 전에 먼저 준구어에
서 출현한 접속조사들과 순구어에서 출현한 접속조사들의 목록을 한데

합친 후 Excel 2007의 '중복항 제거' 기능을 이용해 46개의 접속조사 통합 목록을 만들어내고 다시 Excel 2007의 'VLOOKUP' 함수를 사용해 개별 접속조사들에 대해 준구어에서의 출현율과 순구어에서의 출현율을 부여 하였다. 그 다음 '준구어 출현 횟수≥5회'와 '순구어 출현 횟수≥5회', 이 두 가지 조건 중 어느 한쪽을 만족시키는 접속조사들을 모두 선정하고 이들을 다시 준구어에서의 출현율에 따라 재배열하였다.

위와 같은 작업을 통해 선정된 26개의 접속조사들의 목록은 '부록C'에 서 제시하고 여기서는 이들의 준구어에서의 출현율과 순구어에서의 출현 율을 차트로 제시한다.

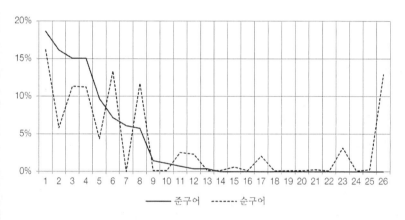

〈그림 108〉접속조사 내 개별 형태 쓰임의 준, 순구어 비교

위의 순구어 곡선을 보면 높은 봉우리들이 곡선의 앞부분뿐만 아니라 곡선의 뒷부분에도 나타나고 있으며 중간에도 봉우리들이 듬성듬성 보인 다. 이는 준구어에서 사용률이 높은 접속조사가 순구어에서도 사용률이 높지만 준구어에서 사용률이 낮거나 출현하지 않은 접속조사들 중에 순구어에서 사용률이 높은 것들이 있음을 나타낸다.

비교적 큰 차이를 보이는 접속조사들을 제시하면 다음과 같다. 1위인

'과', 2위인 '하구', 3위인 '랑', 4위인 '와', 5위인 '이랑', 7위인 '에', 9위인 '든', 10위인 '이든', 13위인 '이며' 등 접속조사들은 준구어가 18.638%, 16.129%, 15.054%, 15.054%, 9.677%, 6.093%, 1.434%, 1.075%, 0.358%, 순구어가 16.188%, 5.795%, 11.335%, 11.207%, 4.358%, 0%, 0.112%, 0.128%, 0.112%로 준구어에서의 사용률이 순구어보다 높으며 6위인 '이나', 8위인 '나', 11위인 '라든가', 12위인 '이라든지', 15위인 '니', 17위인 '라든지', 23위인 '이라든가', 26위인 '하고' 등 접속조사들은 순구어가 13.346%, 11.750%, 2.538%, 2.299%, 0.607%, 2.059%, 3.145%, 12.899%, 준구어가 7.168%, 5.735%, 0.717%, 0.358%, 0%, 0%, 0%, 0%로 순구어에서의 사용률이 준구어보다 높다.

4.3 어미(E)

본 장절에서는 먼저 어미를 크게 선어말어미[EP(X)][5], 종결어미(EF), 연결어미(EC), 전성어미(ET)로 나누고 전반적으로 그 쓰임을 살펴보고자 한다.

연구를 시작하기 전에 본 연구자는 Excel 2007의 필터 기능을 이용해 전체, 드라마, 영화, 남자, 여자, 각 연령별로 발화된 어절들을 추출하고 이 어절들에 대해 Excel 2007의 'COUNTIF' 함수를 사용해 'EP', 'EF', 'EC', 'ET'에 대해 해당 수치들을 측정하였다.

측정 결과, 본 연구에 사용한 준구어 말뭉치 104,451개 어절 중 650개

---

5) 종전의 구어 말뭉치 구축 지침들을 살펴보면 1999년에는 '잖, 댔'과 같은 축약형은 그 뒤의 종결어미와 함께 종결어미로 처리하였지만 2006년에 와서는 이 '잖'이나 '댔'을 다시 종결어미와 분리하여 UNA 표지를 부여하였다. 그러다가 2010년에 '축약형선어말 어미'라는 범주를 새롭게 설정하고 이들에게 'EPX'라는 표지를 부여하였다. 본 논문에서는 '선어말어미'와 '축약형선어말어미'를 따로 분리하여 분석하지 않고 '선어말어미'라는 장절에서 함께 살펴보고자 한다.

형태의 어미가 총 43,995회 출현하였는데, 이 중 종결어미가 360개 형태로 20,024회 출현해 종결어미 내 개별 형태들의 평균 반복 횟수가 55.6회이고 연결어미가 223개 형태로 10,903회 출현해 연결어미 내 개별 형태들의 평균 반복 횟수가 48.9회이다. 또 전성어미가 36개 형태로 6,680회 출현해 전성어미 내 개별 형태들의 평균 반복 횟수가 185.6회이고 선어말어미가 31개 형태로서 6,388회 출현해 선어말어미 내 개별 형태들의 평균 반복 횟수가 206.1회로서 가장 높다.

이들의 출현 횟수와 출현 빈도를 제시하면 다음과 같다.

〈도표 27〉 어미 범주별 비율

순위	범주	출현 횟수	빈도6)
1	종결어미(EF)	20,024	19.171%
2	연결어미(EC)	10,903	10.438%
3	전성어미(ET)	6,680	6.395%
4	선어말어미[EP(X)]	6,388	6.116%
합 계		43,995	23.12%

위의 도표를 보면 종결어미가 19.171%로 가장 많이 출현하였는데 이는 출현율이 17.01%인 격조사보다 더 많은 수치이다. 2위는 연결어미로서 10.438%이며 3위인 전성어미와 4위인 선어말어미는 각각 6.395%와 6.116%로서 비슷한 쓰임을 보인다.

아래에 준구어 말뭉치에서의 어미의 범주별 쓰임을 드라마와 영화로 나누어 비교해 보기로 한다.

---

6) 이 빈도를 구하는 공식은 '출현 횟수/전체 어절수'이다.

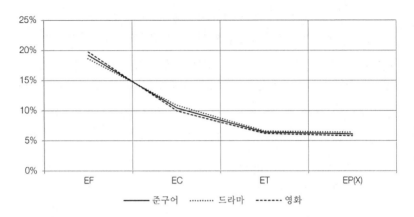

〈그림 109〉 어미 범주별 쓰임의 장르별 비교

위의 세 곡선을 비교해 보면 전체적인 모습에서는 큰 차이를 보이지 않아 어미들의 전반적인 쓰임에서 드라마와 영화가 서로 비슷함을 알 수 있다. 약간한 차이가 있다면 종결어미는 영화가 19.76%, 드라마가 18.61%로 영화에서의 사용률이 드라마보다 높은 반면, 연결어미, 전성어미, 선어말어미는 드라마가 10.89%, 6.59%, 6.40%, 영화가 9.97%, 6.20%, 5.82%로 드라마에서의 사용률이 영화보다 약간 높다. 따라서 단일문은 영화에서 비교적 많이 쓰이고 복합문은 드라마에서 비교적 많이 쓰임을 알 수 있다.

이번에는 준구어 말뭉치에서의 어미의 범주별 출현 빈도를 남자와 여자로 나누어 비교해 보기로 한다.

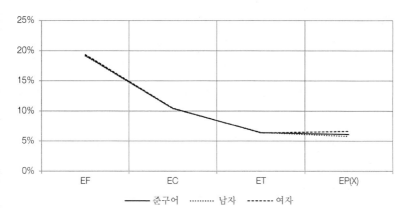

〈그림 110〉 어미 범주별 쓰임의 성별별 비교

위의 세 곡선을 비교해 보면 종결어미, 연결어미, 전성어미는 남자와
여자가 거의 똑같다. 그런데 선어말어미에서는 일부 차이를 보인다. 선어
말어미는 여자가 6.61%, 남자가 5.77%로 여자 대화에서의 사용률이 남자
보다 약간 높다.

마지막으로 준구어 말뭉치에서의 어미의 범주별 출현 빈도를 순구어와
비교해 보도록 한다.

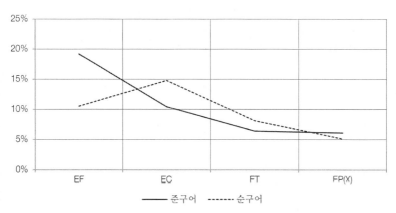

〈그림 111〉 어미 범주별 쓰임의 준, 순구어 비교

위의 두 곡선을 비교해 보면 비교적 큰 차이가 발견된다. 준구어에서는 종결어미가 19.17%로 1위인 데 비해 순구어에서는 연결어미가 14.82%로 1위를 차지한다. 그리고 준구어에서는 연결어미가 10.44%로 2위인 반면 순구어에서는 종결어미가 10.53%로 2위를 차지한다. 이는 순구어의 대화들이 대학생들의 토론이나 교수들의 강의 중심으로 구성되었기 때문에 문장들이 준구어에 비해 비교적 깊을 알 수 있다. 그 외에 전성어미는 순구어가 8.13%, 준구어가 6.40%로 순구어에서의 사용률이 준구어보다 높으며 선어말어미는 준구어가 6.12%, 순구어가 5.10%로 준구어에서의 사용률이 준구어보다 약간 높다.

아래에 각 범주별 개별 형태들에 대해 통계학적 분석을 진행한다.

4.3.1 선어말어미[EP(X)]

본 준구어 말뭉치에서 출현한 선어말어미는 모두 31개[7] 형태로서 총 6388회 출현하였는데 5회 이상 출현한 선어말어미들의 목록과 출현 횟수, 출현 빈도를 도표로 제시하면 다음과 같다.

〈도표 28〉 선어말어미 내 개별 형태 출현율

순위	개별 형태	출현 횟수	출현 빈도[8]
1	시	1,482	23.200%
2	ㅓㅆ	991	15.513%
3	ㅏㅆ	822	12.868%
4	겠	736	11.522%
5	ㅕㅆ	701	10.974%
6	었	494	7.733%
7	았	453	7.091%

---

7) 이 중 1~13위까지는 기존의 '선어말어미'들이고 14~16까지는 '축약형선어말어미'들이다.

8	으시	129	2.019%
9	ㅕㅆ었	28	0.438%
10	였	28	0.438%
11	ㅏㅆ었	20	0.313%
12	ㅓㅆ었	9	0.141%
13	었었	5	0.078%
14	잖	439	6.872%
15	랬	18	0.282%
16	다잖	6	0.094%
합 계			99.576%

예

1. [시] ⇨ 다음에 저 좀 가르쳐 주세요(주/VX+시/EP+ㅔ요/EF).
2. [ㅕㅆ] ⇨ 일 잘하게 생겼지(생기/VV+ㅕㅆ/EP+지/EF)?
3. [ㅏㅆ] ⇨ 왜 나왔어요(나오/VV+ㅏㅆ/EP+어요/EF)?
4. [겠] ⇨ 그걸 잘 모르겠드라구요(모르/VV+겠/EP+드라구요/EF).
5. [ㅕㅆ] ⇨ 취직했다는(취직/NNG+하/XSV+ㅕㅆ/EP+다는/ETM) 데는 괜찮니?
6. [었] ⇨ 저한테 무슨 일이 있었던(있/VA+었/EP+던/ETM) 겁니까?
7. [았] ⇨ 알았어(알/VV+았/EP+어/EF).
8. [으시] ⇨ 찾으셨습니까(찾/VV+으시/EP+ㅕㅆ/EP+습니까/EF)?
9. [ㅕㅆ었] ⇨ 너라구 생각했었어(생각/NNG+하/XSV+ㅕㅆ었/EP+어 /EF).
10. [였] ⇨ 최고 수준의 호텔로 자리매김 하였다(하/VV+였/EP+다 /EF).
11. [ㅏㅆ었] ⇨ 휴가 어디루 갔었어(가/VV+ㅏㅆ었/EP+어/EF)?
12. [ㅓㅆ었] ⇨ 전에 인사 드렸었죠(드리/VV+ㅓㅆ었/EP+죠/EF)?
13. [었었] ⇨ 꼭 같이 오구 싶었었어요(싶/VX+었었/EP+어요/EF).
14. [잖] ⇨ 내가 가구 싶이시 긴 기 이니잖이(이니/VCN+잖/EPX+아

---

8) 이 빈도를 구하는 공식은 '개별 형태 출현 횟수/선어말어미 총 출현횟수'이다.

/EF).

15. [랬] ⇨ 내가 니들끼리 사고 치지 말랬지(말/VX+랬/EPX+지/EF)?

16. [다잖] ⇨ 인터뷰하기 싫다잖아요(싫/VA+다잖/EPX+아요/EF).

위의 도표를 보면 준구어 말뭉치에서 '시'의 출현율이 가장 높은데 전체 선어말어미 출현율의 23.2%를 차지한다. 그리고 'ㅓ씨', 'ㅏ씨', '겠', 'ㅕ씨'도 사용률이 매우 높은 선어말어미로서 각각 15.513%, 12.868%, 11.522%, 10.974%를 차지한다. 그 외에 '었'이 7.733%, '았'이 7.091%, '으시' 가 2.019%로 위의 8가지 형태의 선어말어미는 전체 선어말어미 출현율의 90.920%를 차지한다. 그리고 축약형 선어말어미 '잖'이 6.872%를 차지해 축약형 선어말어미 중에서는 가장 높은 사용률을 보인다. 따라서 준구어 에서 선어말어미들은 대부분 이들 몇 개 형태에 의해 실현된다고 할 수 있다.

아래에 준구어에서의 선어말어미 출현 빈도를 드라마와 영화로 나누어 비교해 보기로 한다.

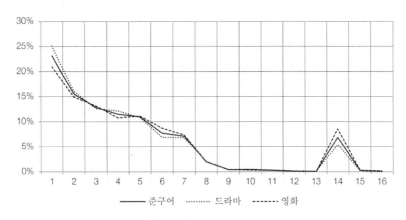

〈그림 112〉 선어말어미 내 개별 형태 쓰임의 장르별 비교

위의 세 가지 곡선을 비교해 보면 전체적인 모습에서는 큰 차이를 보이지 않아 준구어에서 사용률이 높은 선어말어미들이 드라마와 영화에서도 사용률이 높으며 준구어에서 사용률이 낮은 선어말어미들이 드라마와 영화에서도 사용률이 낮음을 알 수 있다.

그런데 개별 형태의 쓰임에서는 일부 차이가 확인된다. 1위인 '시', 2위인 'ㅓㅆ', 4위인 '겠', 10위인 '였'은 드라마가 25.110%, 16.056%, 12.159%, 0.527%, 영화가 21.008%, 14.891%, 10.790%, 0.336%로 드라마에서의 사용률이 영화보다 높으며 3위인 'ㅏㅆ', 6위인 '었', 7위인 '았', 14위인 '잖', 15위인 '랬', 16위인 '다잖'은 영화가 13.176%, 8.739%, 7.395%, 8.538%, 0.370%, 0.168%, 드라마가 12.599%, 6.856%, 6.827%, 5.420%, 0.205%, 0.029%로 영화에서의 사용률이 드라마보다 높다.

이번에는 준구어에서의 선어말어미 출현 빈도를 남자와 여자로 나누어 비교해 보기로 한다.

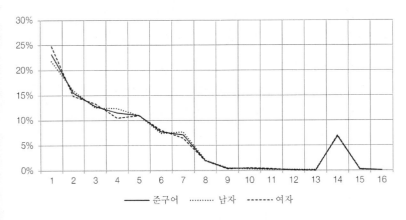

〈그림 113〉 선어말어미 내 개별 형태 쓰임의 성별별 비교

위의 세 가지 곡선을 비교해 보면 전체적으로 큰 차이를 보이지 않아 준구어에서 사용률이 높은 선어말어미들이 남자와 여자 대화에서도 사용

률이 높으며 준구어에서 사용률이 낮은 선어말어미들이 남자와 여자 대화에서도 사용률이 낮음을 알 수 있다.

하지만 개별 선어말어미의 쓰임에서는 일부 차이를 보인다. 2위인 'ㅓ ㅆ', 4위인 '겠', 7위인 '았', 9위인 'ㅕㅆ었'은 남자가 16.049%, 12.432%, 7.695%, 0.517%, 여자가 14.842%, 10.462%, 6.430%, 0.348%로 남자 대화에서의 사용률이 여자보다 높으며 1위인 '시', 3위인 'ㅏㅆ', 6위인 '었', 10위인 '였', 11위인 'ㅏㅆ었', 16위인 '다잖'은 여자가 24.783%, 13.382%, 8.064%, 0.556%, 0.417%, 0.104%, 남자가 21.792%, 12.547%, 7.379%, 0.345%, 0.230%, 0.086%로 여자 대화에서의 사용률이 남자보다 높다.

마지막으로 준구어에서의 선어말어미의 출현율과 순구어에서의 선어말어미의 출현율을 비교해 보기로 한다. 비교를 진행하기 전에 먼저 준구어에서 출현한 선어말어미들과 순구어에서 출현한 선어말어미들의 목록을 한데 합친 후 Excel 2007의 '중복항 제거' 기능을 이용해 55개의 선어말어미 통합 목록을 만들어내고 다시 Excel 2007의 'VLOOKUP' 함수를 사용해 개별 선어말어미들에 대해 준구어에서의 출현율과 순구어에서의 출현율을 부여하였다. 그 다음 '준구어 출현 횟수≥5회'와 '순구어 출현 횟수≥5회', 이 두 가지 조건 중 어느 한쪽을 만족시키는 선어말어미들을 모두 선정하고 이들을 다시 준구어에서의 출현율에 따라 재배열하였다.

위와 같은 작업을 통해 선정된 25개의 선어말어미들의 목록은 '부록C'에서 제시하고 여기서는 이들의 준구어에서의 출현율과 순구어에서의 출현율을 차트로 제시한다.

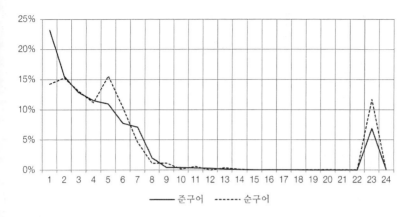

〈그림 114〉 선어말어미 내 개별 형태 쓰임의 준, 순구어 비교

순구어의 곡선을 준구어의 곡선과 비교해 보면 준구어에서 사용률이 높은 선어말어미들이 순구어에서도 대부분 사용률이 높으며 준구어에서 사용률이 낮은 선어말어미들이 순구어에서도 대부분 사용률이 낮다. 그런데 일부 개별 형태의 쓰임에서는 차이가 발견된다. 1위인 '시', 7위인 '았', 8위인 '으시', 10위인 '였', 12위인 '랬'은 준구어가 23.200%, 7.091%, 2.019%, 0.438%, 0.282%, 순구어가 14.244%, 4.572%, 1.104%, 0.160%, 0.002%로 준구어에서의 사용률이 순구어보다 높으며 5위인 'ㅕ ㅆ', 6위인 '었', 9위인 'ㅕㅆ었', 11위인 'ㅏㅆ었', 13위인 'ㅓㅆ었', 14위인 '었었', 23위인 '잖'은 순구어가 15.585%, 10.366%, 1.159%, 0.593%, 0.356%, 0.121%, 11.702%, 준구어가 10.974%, 7.733%, 0.438%, 0.313%, 0.141%, 0.078%, 6.872%로 순구어에서의 사용률이 준구어보다 높다.

4.3.2 종결어미(EF)

본 준구어 말뭉치에서 출현한 종결어미는 모두 360개 형태로서 총

20,024회 출현하였는데 5회 이상 출현한 종결어미들의 목록은 '부록B'에서 제시하고 여기서는 이들의 출현빈도를 차트로 제시한다.

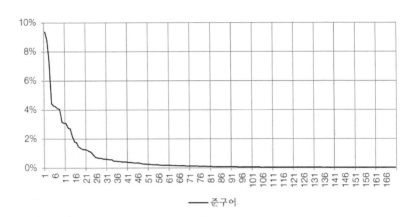

〈그림 115〉 준구어에서의 종결어미 내 개별 형태 출현율

예

1. [어] ⇨ 진짜 맛있어(맛있/VA+어/EF).
2. [야] ⇨ 이제 이 집 내 집이야(집/NNG+이/VCP+야/EF).
3. [ㅏ] ⇨ 우리 집에서 빨리 나가(나가/VV+ㅏ/EF).
4. [세요] ⇨ 이거 좀 도와 주세요(주/VX+시/EP+세요/EF).
5. [ㅕ] ⇨ 나 너 용서 안 해(하/VV+ㅕ/EF).
6. [ㅓ] ⇨ 나랑 사진 한 장만 찍어 줘(주/VX+ㅓ/EF).
7. [지] ⇨ 늦은 거 아니지(아니/VCN+지/EF)?
8. [다] ⇨ 제이슨 아저씨 되게 무섭다(무섭/VA+다/EF).
9. [아] ⇨ 왜, 그랬을 수두 있잖아(있/VA+잖/EPX+아/EF).
10. [어요] ⇨ 아버님 오셨어요(오/VV+시/EP+ㅕㅆ/EP+어요/EF).
11. [ㅂ니다] ⇨ 실례합니다(실례/NNG+하/XSV+ㅂ니다/EF).
12. [냐] ⇨ 너 떨구 있냐(있/VX+냐/EF)?
13. [습니다] ⇨ 알겠습니다(알/VV+겠/EP+습니다/EF).

14. [죠] ⇨ 가시죠(가/VV+시/EP+죠/EF).

15. [네] ⇨ 허, 미치겠네(미치/VV+겠/EP+네/EF).

...

위의 곡선을 보면 1위부터 4위까지 급속도로 하락하는데 여기에는 '어', '야', '아'가 포함된다. 이들은 각각 9.379%, 8.824%, 7.346%로 전체 종결어미 출현율의 25.549%를 차지한다. 그 다음은 4위부터 15위까지의 구간인데 이 구간은 첫 번째 구간보다는 낙차가 약간 약해진 모습이다. 여기에는 'ㅔ요', 'ㅕ', 'ㅓ', '지', '다', '아', '어요', 'ㅂ니다', '냐', '습니다', '죠'가 포함되는데 각각 4.460%, 4.290%, 4.230%, 4.095%, 4.055%, 3.151%, 3.096%, 3.081%, 2.762%, 2.697%, 2.182%로 전체 종결어미 출현율의 38.099%를 차지한다. 그 다음은 15위부터 24위까지의 구간으로서 여기에는 '네', '구', 'ㄴ다', '아요', '는데', 'ㅕ요', 'ㅏ요', '자', 'ㄴ데' 등이 포함되는데 각각 1.798%, 1.753%, 1.448%, 1.373%, 1.273%, 1.273%, 1.234%, 1.159%, 1.099%, 0.909%로 전체 종결어미 출현율의 13.319%를 차지한다. 이들은 전체 종결어미 출현율의 76.058%를 차지한다. 24위부터 83까지의 구간은 낙차가 있지만 그다지 심하지 않으며 83위부터는 낮은 수치에서 곡선이 비교적 평온한 모습을 유지한다.

아래에 준구어에서의 종결어미 출현 빈도를 드라마와 영화로 나누어 비교해 보기로 한다.

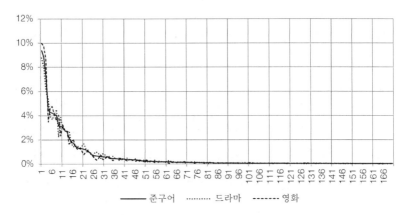

〈그림 116〉 종결어미 내 개별 형태 쓰임의 장르별 비교

위의 세 가지 곡선을 비교해 보면 전체적인 흐름에서는 큰 차이를 보이지 않아 준구어에서 사용률이 높은 종결어미들이 드라마와 영화에서도 사용률이 높으며 준구어에서 사용률이 낮은 종결어미들이 드라마와 영화에서도 사용률이 낮음을 알 수 있다.

그런데 드라마와 영화의 곡선이 불규칙적인 모습을 보여 개별 형태의 쓰임에서는 일부 차이가 있음을 알 수 있다. 차이가 비교적 큰 종결어미들을 제시하면 다음과 같다. 4위인 '네요', 8위인 '다', 10위인 '어요', 14위인 '죠', 18위인 '아요', 20위인 'ㅕ요', 21위인 'ㅏ요', 22위인 '자', 26위인 'ㅓ요', 27위인 '네요', 28위인 '(ㄹ)께', 30위인 '거든요', 31위인 '는데요', 35위인 '예요', 39위인 'ㄹ래', 42위인 'ㄹ게요', 44위인 '구나', 46위인 '습니까', 50위인 'ㅕ라' 등 종결어미들은 드라마가 5.453%, 4.515%, 3.870%, 2.721%, 1.542%, 1.471%, 1.683%, 1.290%, 0.907%, 1.008%, 0.867%, 0.857%, 0.776%, 0.655%, 0.534%, 0.514%, 0.413%, 0.464%, 0.353%, 영화가 3.484%, 3.603%, 2.336%, 1.653%, 1.208%, 1.079%, 0.792%, 1.029%, 0.505%, 0.337%, 0.465%, 0.386%, 0.426%, 0.287%, 0.307%, 0.257%, 0.287%, 0.238%, 0.188%로 드라마에서의 사용률이 영화보다 높으며 1위인 '어',

2위인 '야', 3위인 'ㅏ', 5위인 'ㅕ', 6위인 'ㅓ', 9위인 '아', 16위인 '구', 29위인 '라구', 38위인 '거든' 등 종결어미들은 영화가 9.988%, 9.721%, 8.731%, 4.643%, 4.771%, 4.059%, 2.059%, 0.772%, 0.515%, 드라마가 8.758%, 7.912%, 5.936%, 3.931%, 3.679%, 2.227%, 1.441%, 0.474%, 0.333%로 영화에서의 사용률이 드라마보다 높다.

이번에는 준구어에서의 종결어미 출현 빈도를 남자와 여자로 나누어 비교해 보기로 한다.

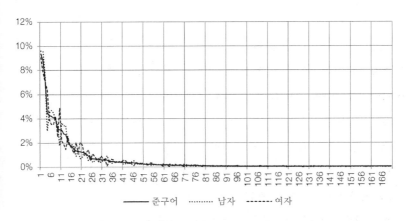

〈그림 117〉 종결어미 내 개별 형태 쓰임의 성별별 비교

위의 세 가지 곡선을 비교해 보면 전체적인 흐름은 비슷한 모습을 보인다. 따라서 준구어에서 사용률이 높은 종결어미들이 남자와 여자 대화에서도 사용률이 높으며 준구어에서 사용률이 낮은 종결어미들이 남자와 여자 대화에서도 사용률이 낮음을 알 수 있다.

하지만 개별 형태들의 쓰임에서는 역시 일부 차이가 발견되는데 차이가 비교적 큰 형태들을 제시하면 다음과 같다. 1위인 '어', 2위인 '야', 3위인 'ㅏ', 5위인 'ㅕ', 6위인 'ㅓ', 7위인 '지', 9위인 '아', 11위인 'ㅂ니다', 12위인 '냐', 13위인 '습니다', 16위인 '구', 17위인 'ㄴ다', 22위인 '자', 25위인

'나', 29위인 '라구', 33위인 'ㅂ니까', 43위인 '게', 45위인 'ㄹ게', 46위인 '습니까', 50위인 'ㅕ라' 등 종결어미들은 남자가 9.609%, 9.574%, 7.580%, 4.518%, 4.709%, 4.518%, 3.608%, 3.686%, 3.426%, 3.478%, 1.917%, 1.682%, 1.283%, 0.867%, 0.754%, 0.945%, 0.408%, 0.442%, 0.520%, 0.330%, 여자가 9.078%, 7.834%, 7.075%, 3.970%, 3.567%, 3.543%, 2.501%, 2.204%, 1.872%, 1.470%, 1.541%, 1.138%, 0.984%, 0.581%, 0.450%, 0.107%, 0.284%, 0.225%, 0.119%, 0.190%로 남자 대화에서의 사용률이 여자보다 높으며 4위인 'ㅖ요', 10위인 '어요', 14위인 '죠', 18위인 '아요', 20위인 'ㅕ요', 21위인 'ㅏ요', 24위인 '니', 26위인 'ㅓ요', 27위인 '네요', 30위인 '거든요', 35위인 '예요', 36위인 'ㄴ데요', 41위인 '에요', 42위인 'ㄹ게요', 44위인 '구나', 47위인 '애', 49위인 'ㄹ까' 등 종결어미들은 여자가 6.423%, 4.906%, 2.560%, 2.038%, 2.050%, 1.825%, 1.434%, 1.114%, 0.877%, 0.936%, 0.664%, 0.616%, 0.593%, 0.533%, 0.427%, 0.379%, 0.344%, 남자가 2.992%, 1.786%, 1.917%, 0.893%, 0.711%, 0.798%, 0.529%, 0.399%, 0.520%, 0.390%, 0.330%, 0.356%, 0.234%, 0.278%, 0.295%, 0.269%, 0.234%로 여자 대화에서의 사용률이 남자보다 높다.

마지막으로 준구어에서의 종결어미의 출현율과 순구어에서의 종결어미의 출현율을 비교해 보기로 한다. 비교를 진행하기 전에 먼저 준구어에서 출현한 종결어미들과 순구어에서 출현한 종결어미들의 목록을 한데 합친 후 Excel 2007의 '중복항 제거' 기능을 이용해 605개의 종결어미 통합 목록을 만들어내고 다시 Excel 2007의 'VLOOKUP' 함수를 사용해 개별 종결어미들에 대해 준구어에서의 출현율과 순구어에서의 출현율을 부여하였다. 그 다음 '준구어 출현 횟수≥5회'와 '순구어 출현 횟수≥5회', 이 두 가지 조건 중 어느 한쪽을 만족시키는 종결어미들을 모두 선정하고 이들을 다시 준구어에서의 출현율에 따라 재배열하였다.

위와 같은 작업을 통해 선정된 243개의 종결어미들의 목록은 '부록C'에

서 제시하고 여기서는 이들의 준구어에서의 출현율과 순구어에서의 출현
율을 차트로 제시한다.

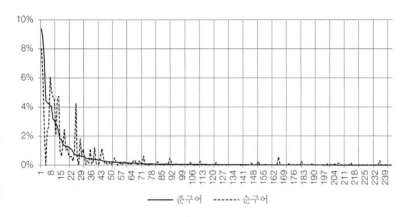

〈그림 118〉 종결어미 내 개별 형태 쓰임의 준, 순구어 비교

위의 차트 중의 순구어 곡선을 보면 대부분의 높은 봉우리들이 곡선의
앞쪽에 나타나지만 곡선의 중간과 뒤쪽에도 일부 봉우리들이 보인다.
이는 준구어에서 사용률이 높은 종결어미들이 순구어에서도 사용률이
높으며 준구어에서 사용률이 낮거나 출현하지 않은 종결어미들 중에
순구어에서는 사용률이 비교적 높은 것들도 있음을 의미한다. 또한 순구
어 곡선의 앞쪽이 심한 굴곡을 보여 준구어에서 사용률이 높은 종결어미
들 중에 순구어에서 사용률이 낮은 것들도 있음을 알 수 있다.
차이가 비교적 큰 종결어미들을 제시하면 다음과 같다. 1위인 '어',
2위인 '야', 3위인 'ㅏ', 4위인 'ㅔ요', 5위인 'ㅕ', 6위인 'ㅓ', 11위인 '냐',
14위인 '네', 15위인 '구', 18위인 '는데', 20위인 'ㅏ요', 21위인 '자', 22위인
'ㄴ데', 23위인 '니', 26위인 '네요', 27위인 '(ㄹ)께9)', 32위인 '예요', 34위인

---

9) 본 준구어 형태 분석은 '갈게!'와 '가께!' 등 어절을 달리 표시하기 위해 '갈게!'는 '가/VV+
ㄹ게/EF+!/SF'로 분석하고 '가께!'는 '가/VV+(ㄹ)께/EF+!/SF'로 분석하였다. 이는 순구어

'ㅏ라', 36위인 'ㄹ래', 37위인 '은데', 39위인 'ㄹ게요', 40위인 '게', 41위인 'ㄹ게', 45위인 'ㅕ라', 47위인 'ㅓ라', 48위인 '냐구', 50위인 '(ㄹ)께요' 등 종결어미들은 준구어가 9.379%, 8.824%, 7.346%, 4.460%, 4.290%, 4.230%, 2.762%, 1.798%, 1.753%, 1.273%, 1.234%, 1.159%, 1.099%, 0.909%, 0.669%, 0.664%, 0.469%, 0.449%, 0.419%, 0.415%, 0.385%, 0.360%, 0.350%, 0.270%, 0.235%, 0.230%, 0.225%, 순구어가 8.022%, 6.370%, 2.489%, 0.002%, 2.452%, 2.620%, 2.054%, 1.018%, 0.625%, 1.028%, 0.719%, 0.591%, 0.593%, 0.285%, 0.462%, 0%, 0.045%, 0.134%, 0.087%, 0.287%, 0.168%, 0.053%, 0.098%, 0.111%, 0.086%, 0.080%, 0%로 준구어에서의 사용률이 순구어보다 높으며 7위인 '지', 8위인 '다', 9위인 '아', 10위인 'ㅂ니다', 12위인 '습니다', 13위인 '죠', 17위인 '아요', 24위인 '냐', 25위인 'ㅓ요', 28위인 '거든요', 30위인 'ㄴ가', 35위인 '거든', 38위인 '에요', 43위인 '애', 52위인 '대', 69위인 '고', 90위인 '더라', 91위인 '더라구요', 111위인 '더라구', 146위인 '드라구요', 151위인 '지요', 165위인 '느냐', 181위인 '는가', 207위인 'ㄴ다고', 215위인 '다고', 235위인 'ㅑ' 등 종결어미들은순구어가 6.063%, 5.187%, 4.686%, 4.494%, 4.481%, 4.739%, 2.461%, 1.009%, 4.251%, 1.836%, 1.107%, 1.136%, 1.201%, 1.148%, 0.502%, 0.301%, 0.464%, 0.278%, 0.263%, 0.152%, 0.261%, 0.561%, 0.241%, 0.128%, 0.161%, 0.298%, 준구어가 4.095%, 4.055%, 3.151%, 3.081%, 2.697%, 2.182%, 1.373%, 0.744%, 0.704%, 0.619%, 0.589%, 0.424%, 0.390%, 0.315%, 0.195%, 0.105%, 0.055%, 0.055%, 0.040%, 0.020%, 0.020%, 0.010%, 0.005%, 0%, 0%, 0%로 순구어에서의 사용률이 준구어보다 높다.

형태 분석과는 다른 분석 방법이기에 순구어에서는 0%로 나온다.

4.3.3 연결어미(EC)

본 준구어 말뭉치에서 출현한 연결어미는 모두 223개 형태로서 총 10,903회 출현하였는데 5회 이상 출현한 연결어미들의 목록은 '부록B'에서 제시하고 여기서는 이들의 출현 빈도를 차트로 제시한다.

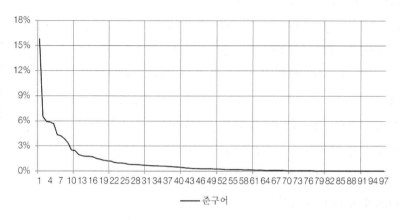

〈그림 119〉 준구어에서의 연결어미 내 개별 형태 출현율

예

1. [구] ⇨ 노래 부르구(부르/VV+구/EC) 싶습니다.
2. [지] ⇨ 알구 싶지(싶/VX+지/EC) 않아.
3. [ㅕ] ⇨ 저번에 알려(알리/VV+ㅕ/EC) 드렸던 거기 있죠?
4. [ㅕ] ⇨ 크게 말해(말/NNG+하/XSV+ㅕ/EC) 바.
5. [면] ⇨ 처마 밑에서 쉬었다 가면(가/VV+면/EC) 돼요.
6. [게] ⇨ 좋은 사람 만나서 행복하게(행복/NNG+하/XSA+게/EC) 사세요.
7. [ㅏ] ⇨ 왜 자꾸 따라(따르/VV+ㅏ/EC) 읽어요?
8. [어] ⇨ 제가 좀 들어(들/VV+어/EC) 드릴까요?
9. [아] ⇨ 빨리 솜 찾아(찾/VV+아/EC) 수세요.
10. [는데] ⇨ 놈들 잡았는데(잡/VV+았/EP+는데/EC) 한 놈 놓쳤습니다.

11. [ㅏ서] ⇨ 막 회의가 끝나서(끝나/VV+ㅏ서/EC) 서류가 산더미야.

…

위의 곡선을 보면 1위부터 2위까지의 구간이 가장 가파로운데 1위인 '구'는 전체 연결어미 출현율의 15.794%를 차지한다. 그 다음은 2위부터 12위까지로서 곡선의 하락세가 일정 부분 약해진 모습을 보인다. 여기에 는 '지', 'ㅓ', 'ㅕ', '면', '게', 'ㅏ', 어', 아', '는데', 'ㅏ서'가 포함되는데 각각 6.530%, 5.897%, 5.870%, 5.622%, 4.338%, 4.210%, 3.880%, 3.366%, 2.495%, 2.440%로 전체 연결어미 출현율의 44.648%를 차지한다. 12위부 터 43위까지는 또 한개 구간으로 곡선의 하락세가 많이 약해졌지만 여전 히 하락폭은 있다. 이 세 구간의 연결어미들은 전체 연결어미 출현율의 90.690%를 차지해 준구어에서 대부분의 연결어미들은 이들에 의해 실현 된다고 할 수 있다. 마지막은 43위부터의 구간으로 곡선이 낮은 수치에서 비교적 평온한 모습을 유지한다.

아래에 준구어에서의 연결어미 출현 빈도를 드라마와 영화로 나누어 비교해 보기로 한다.

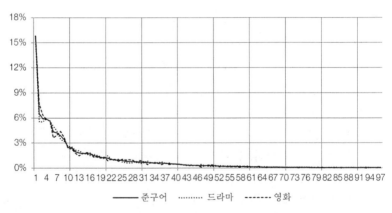

〈그림 120〉 연결어미 내 개별 형태 쓰임의 장르별 비교

위의 세 곡선을 비교해 보면 전체적인 흐름에서는 큰 차이가 보이지 않아 준구어에서 사용률이 높은 연결어미들이 드라마와 영화에서도 사용률이 높으며 준구어에서 사용률이 낮은 연결어미들이 드라마와 영화에서도 사용률이 낮음을 알 수 있다.

그런데 개별 형태들의 쓰임에서는 일부 차이를 보인다. 6위인 '게', 7위인 'ㅏ', 10위인 '는데', 11위인 'ㅏ서', 12위인 '니까', 13위인 'ㄴ데', 17위인 '라', 18위인 '다구', 19위인 '다', 21위인 'ㅓ서', 24위인 '어서', 29위인 '나', 32위인 'ㅕ두', 36위인 '음', 38위인 '으니까', 44위인 '은데', 47위인 '도록'은 드라마가 4.976%, 4.442%, 2.617%, 2.548%, 2.152%, 2.083%, 1.670%, 1.515%, 1.360%, 1.481%, 1.102%, 0.826%, 0.861%, 0.740%, 0.637%, 0.396%, 0.448%, 영화가 3.611%, 3.945%, 2.355%, 2.316%, 1.786%, 1.492%, 1.315%, 1.315%, 1.197%, 0.903%, 0.824%, 0.667%, 0.432%, 0.432%, 0.432%, 0.255%, 0.118%로 드라마에서의 사용률이 영화보다 높다. 그런데 2위인 '지', 3위인 'ㅓ', 8위인 '어', 16위인 '믄', 25위인 'ㄴ지', 26위인 '아서', 27위인 'ㄴ다구', 28위인 'ㅕ야', 30위인 '고', 49위인 '으믄', 50위인 '더니' 등 연결어미들은 영화가 7.694%, 6.340%, 4.396%, 1.865%, 1.079%, 0.981%, 1.001%, 0.942%, 0.922%, 0.373%, 0.393%, 드라마가 5.510%, 5.510%, 3.426%, 1.532%, 0.758%, 0.671%, 0.620%, 0.654%, 0.568%, 0.224%, 0.189%로 영화에서의 사용률이 드라마보다 높다.

이번에는 준구어에서의 연결어미 출현 빈도를 남자와 여자로 나누어 비교해 보기로 한다.

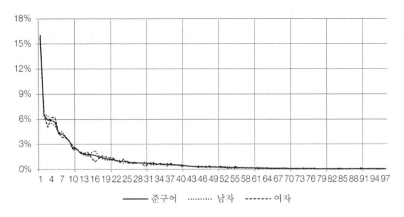

〈그림 121〉 연결어미 내 개별 형태 쓰임의 성별별 비교

위의 세 가지 곡선은 전체적인 모습에서는 큰 차이를 보이지 않아 준구어에서 사용률이 높은 연결어미들이 남자와 여자 대화에서도 사용률이 높으며 준구어에서 사용률이 낮은 연결어미들이 남자와 여자 대화에서도 사용률이 낮음을 알 수 있다.

하지만 개별적인 쓰임에서는 일부 차이를 보인다. 3위인 'ㅓ', 7위인 'ㅏ', 15위인 'ㅕ서', 16위인 'ㅁ', 17위인 '라', 23위인 'ㅏ야', 25위인 'ㄴ지', 27위인 'ㄴ다구', 30위인 '고', 33위인 '는지', 36위인 '음', 40위인 'ㄹ려구', 45위인 'ㅁ', 47위인 '도록', 49위인 '으믄' 등 연결어미들은 남자가 6.446%, 4.525%, 1.985%, 2.255%, 1.667%, 1.096%, 1.032%, 0.889%, 0.905%, 0.715%, 0.746%, 0.572%, 0.397%, 0.365%, 0.333%, 여자가 5.055%, 3.829%, 1.444%, 0.919%, 1.291%, 0.832%, 0.744%, 0.678%, 0.372%, 0.547%, 0.394%, 0.372%, 0.219%, 0.197%, 0.241%로 남자 대화에서의 사용률이 여자보다 높으며 1위인 '구', 4위인 'ㅕ', 5위인 '면', 13위인 'ㄴ데', 14위인 '라구', 18위인 '다구', 19위인 '다', 20위인 '으면', 21위인 'ㅓ서', 24위인 '어서', 32위인 'ㅕ두', 34위인 '다가', 35위인 '면서', 37위인 '러', 46위인 'ㄴ가', 48위인 '아야' 등 연결어미들은 여자가 16.061%, 6.214%, 6.258%, 1.904%, 2.057%, 1.641%, 1.510%,

1.379%, 1.400%, 1.269%, 0.875%, 0.722%, 0.678%, 0.744%, 0.394%, 0.438%, 남자가 15.592%, 5.541%, 5.176%, 1.731%, 1.556%, 1.270%, 1.111%, 1.127%, 1.080%, 0.730%, 0.508%, 0.572%, 0.540%, 0.476%, 0.254%, 0.191% 로 여자 대화에서의 사용률이 남자보다 높다.

마지막으로 준구어에서의 연결어미의 출현율과 순구어에서의 연결어미의 출현율을 비교해 보기로 한다. 비교를 진행하기 전에 먼저 준구어에서 출현한 연결어미들과 순구어에서 출현한 연결어미들의 목록을 한데 합친 후 Excel 2007의 '중복항 제거' 기능을 이용해 490개의 연결어미 통합 목록을 만들어내고 다시 Excel 2007의 'VLOOKUP' 함수를 사용해 개별 연결어미들에 대해 준구어에서의 출현율과 순구어에서의 출현율을 부여하였다. 그 다음 '준구어 출현 횟수≥5회'와 '순구어 출현 횟수≥5회', 이 두 가지 조건 중 어느 한쪽을 만족시키는 연결어미들을 모두 선정하고 이들을 다시 준구어에서의 출현율에 따라 재배열하였다.

위와 같은 작업을 통해 선정된 218개의 연결어미들의 목록은 '부록C'에서 제시하고 여기서는 이들의 준구어에서의 출현율과 순구어에서의 출현율을 차트로 제시한다.

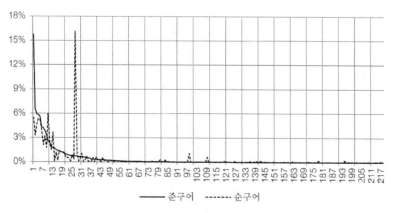

〈그림 122〉 연결어미 내 개별 형태 쓰임의 준, 순구어 비교

위의 순구어의 곡선을 준구어의 곡선과 비교해 보면 순구어 곡선의 높은 봉우리들이 대부분 앞쪽에 몰려 있고 많지는 않지만 뒤쪽에도 일부 봉우리들이 보인다. 이는 준구어에서 사용률이 높은 연결어미들이 순구어에서도 사용률이 높음을 의미한다. 하지만 곡선의 뒤쪽에도 일부 봉우리들이 눈에 띄우는데 이는 준구어에서 사용률이 낮은 연결어미들 중에 순구어에서 사용률이 비교적 높은 연결어미들도 있음을 의미한다.

차이가 비교적 큰 연결어미들을 제시하면 다음과 같다. 1위인 '구', 2위인 '지', 3위인 'ㅓ', 7위인 'ㅏ', 8위인 '어', 9위인 '아', 14위인 '믄', 16위인 '다구', 21위인 'ㅏ야', 22위인 'ㄴ지', 23위인 '아서', 24위인 'ㄴ다구', 26위인 '나', 29위인 'ㅕ두', 32위인 '음', 33위인 '러', 35위인 'ㅏ두', 36위인 'ㄹ려구', 37위인 'ㅓ두', 39위인 'ㅁ', 43위인 '으믄', 47위인 'ㅓ다', 48위인 'ㅏ다', 50위인 '자', 51위인 '며', 52위인 '으러', 56위인 '자구', 57위인 'ㄹ려면', 58위인 '아두', 59위인 '냐구', 60위인 'ㄹ라', 61위인 '을지' 등 연결어미들은 준구어가 15.794%, 6.530%, 5.897%, 4.210%, 3.880%, 3.366%, 1.688%, 1.422%, 0.981%, 0.908%, 0.816%, 0.798%, 0.752%, 0.660%, 0.596%, 0.587%, 0.504%, 0.486%, 0.349%, 0.321%, 0.293%, 0.211%, 0.202%, 0.193%, 0.174%, 0.174%, 0.128%, 0.110%, 0.110%, 0.101%, 0.101%, 0.101%, 순구어가 5.516%, 3.279%, 4.664%, 2.090%, 3.191%, 1.740%, 0.104%, 0.183%, 0.582%, 0.557%, 0.451%, 0.102%, 0.340%, 0.108%, 0.026%, 0.243%, 0.082%, 0.097%, 0.055%, 0.029%, 0.023%, 0.030%, 0.017%, 0.068%, 0.081%, 0.050%, 0.016%, 0.070%, 0.018%, 0.048%, 0.079%, 0.050%로 준구어에서의 사용률이 순구어보다 높으며 10위인 '는데', 13위인 'ㅕ서', 27위인 '고', 28위인 'ㅕ야', 31위인 '다가', 38위인 '은데', 40위인 'ㄴ가', 44위인 '더니', 74위인 '듯이', 75위인 'ㄹ까', 80위인 'ㅕ도', 83위인 '냐면', 98위인 '다고', 109위인 'ㄴ다고', 120위인 'ㅕ도', 126위인 '고서', 139위인 '냐', 142위인 '냐면은', 178위인 'ㄹ려고', 194위인 'ㅏ도',

217위인 '지마는' 등 연결어미들은 순구어가 6.005%, 3.668%, 16.198%, 1.149%, 1.087%, 0.555%, 0.623%, 0.507%, 0.106%, 0.106%, 0.313%, 0.276%, 1.074%, 0.646%, 0.215%, 0.125%, 0.163%, 0.138%, 0.215%, 0.212%, 0.142%, 준구어가 2.495%, 1.752%, 0.734%, 0.715%, 0.633%, 0.330%, 0.312%, 0.284%, 0.055%, 0.055%, 0.046%, 0.037%, 0.018%, 0.009%, 0.009%, 0%, 0%, 0%, 0%, 0%, 0%로 순구어에서의 사용률이 준구어보다 높다.

4.3.4 전성어미(ET)

전성어미는 명사형 전성어미와 관형형전성어미 두 가지로 나누어 그 쓰임을 살펴보도록 한다.

4.3.4.1 명사형 전성어미(ETN)

본 준구어 말뭉치에서 출현한 명사형 전성어미는 모두 2개 형태로서 총 391회 출현하였는데 이들의 출현 횟수와 출현 빈도를 도표로 제시하면 다음과 같다.

〈도표 29〉 명사형 전성어미 내 개별 형태 출현율

순위	개별 형태	출현 횟수	빈도10)
1	기	382	97.698%
2	ㅁ	9	2.302%
합 계		391	100%

---

10) 이 빈도를 구하는 공식은 '출현 횟수/전체 어절수'이다.

1. [기] ⇨ 이젠 니 하기(하/VV+기/ETN) 나름이지.
2. [ㅁ] ⇨ 니가 오른팔에 소중함을(소중/XR+하/XSA+ㅁ/ETN+을/JKO)
   알아?

위의 도표를 보면 '기'는 전체 명사형 전성어미 출현율의 97.698%를
차지해 준구어 명사형 전성어미 중에서 압도적은 우세를 차지한다고
할 수 있다. 'ㅁ'은 2.302%밖에 되지 않아 '기'와는 비교할 수 없는 낮은
사용률을 보인다.

아래에 준구어에서의 명사형 전성어미 출현 빈도를 드라마와 영화로
나누어 비교해 보기로 한다.

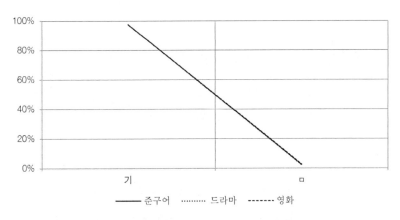

〈그림 123〉 명사형 전성어미 내 개별 형태 쓰임의 장르별 비교

위의 세 곡선을 보면 거의 일치하는데 '기'와 'ㅁ'은 드라마와 영화에서
거의 똑같은 쓰임을 보인다.

이번에는 준구어에서의 명사형 전성어미 출현 빈도를 남자와 여자로
나누어 비교해 보기로 한다.

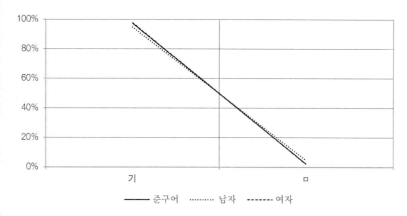

〈그림 124〉 명사형 전성어미 내 개별 형태 쓰임의 성별별 비교

위의 세 곡선을 비교해 보면 전체적으로는 큰 차이를 보이지 않지만 개별적인 쓰임을 보면 '기'는 여자가 97.802%, 남자가 94.787%로 여자 대화에서의 사용률이 남자보다 높지만 'ㅁ'은 남자가 4.739%, 여자가 2.198%로 남자 대화에서의 사용률이 여자보다 높다.

마지막으로 준구어에서의 명사형 전성어미의 출현율과 순구어에서의 명사형 전성어미의 출현율을 비교해 보기로 한다. 순구어에서는 준구어와 달리 위의 두 가지 형태 외에 '음'이라는 형태가 하나 더 나오는데 출현 횟수가 5회 이상이다. 따라서 이 세 개 명사형 전성어미의 준구어에서의 출현율과 순구어에서의 출현율을 차트로 제시하면 다음과 같다.

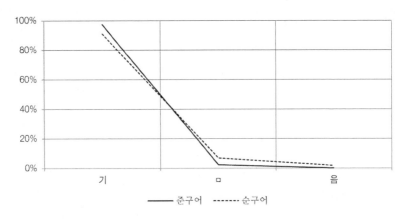

<그림 125> 명사형 전성어미 내 개별 형태 쓰임의 준, 순구어 비교

위의 차트 중의 2개 곡선을 비교해 보면 전체적인 모습에서는 큰 차이를 보이지 않는다. 준구어에서 97.442%로 높은 사용률을 보인 '기'는 순구어에서도 91.015%로 높은 사용률을 보이며 준구어에서 2.302%로 낮은 사용률을 보인 'ㅁ'은 순구어에서도 6.941%로 낮은 사용률을 보인다. 그 외에 순구어에서만 출현한 '음'은 1.875%로 순구어에서도 출현율이 아주 낮다.

4.3.4.2 관형형 전성어미(ETM)

본 준구어 말뭉치에서 출현한 관형형 전성어미는 모두 33개 형태로서 총 6,289회 출현하였는데 5회 이상 출현한 관형형 전성어미들의 목록과 출현 횟수, 출현 빈도를 도표로 제시하면 다음과 같다.

<도표 30> 관형형 전성어미 내 개별 형태 출현율

순위	개별 형태	출현 횟수	출현 빈도
1	ㄴ	1,950	31.007%
2	는	1,598	25.409%

260 한국어 준구어 형태론적 연구

3	ㄹ	1,271	20.210%
4	은	552	8.777%
5	을	310	4.929%
6	던	195	3.101%
7	라는	67	1.065%
8	란	66	1.049%
9	다는	65	1.034%
10	단	57	0.906%
11	ㄴ다는	45	0.716%
12	자는	33	0.525%
13	으	16	0.254%
14	ㄴ단	14	0.223%
15	(ㄹ)	10	0.159%
16	는다는	6	0.095%
17	려는	6	0.095%
18	대는	5	0.080%
19	으란	5	0.080%
합 계			99.714%

예

1. [ㄴ] ⇨ 전화는 처음 주신(주/VV+시/EP+ㄴ/ETM) 거 같애요.
2. [는] ⇨ 아버지 만나면 뭐 바라는(바라/VV+는/ETM) 거 없나요?
3. [ㄹ] ⇨ 너 할(하/VV+ㄹ/ETM) 말 미리 다 연습해 놓지?
4. [은] ⇨ 하구 싶은(싶/VX+은/ETM) 거 있댔죠?
5. [을] ⇨ 저 오늘 진짜 죽을(죽/VV+을/ETM) 뻔했습니다.
6. [던] ⇨ 여기 처음에 나랑 같이 왔던(오/VV+ㅏ ㅆ/EP+던/ETM) 애.
7. [라는] ⇨ 언제까시 기나리라는(기나리/VV+라는/ETM) 거예요?
8. [란] ⇨ 그럼 지금 혼수 상태[상태/NNG+(이)/VCP+란/ETM] 말입니까?

9. [다는] ⇨ 그러니까 무섭다는(무섭/VA+다는/ETM) 거야.
10. [단] ⇨ 니 평생을 걸구 사랑하구 싶단(싶/VX+단/ETM) 여자가 있
    잖아.

...

위의 도표를 보면 관형형 전성어미 'ㄴ', '는', 'ㄹ'이 각각 31.007%,
25.409%, 20.210%를 차지해 높은 사용률을 보이는데 이들은 전체 관형형
전성어미 출현율의 76.626%를 차지한다. 그 다음 '은', '을', '던'도 각각
8.777%, 4.929%, 3.101%로 비교적 높은 사용률을 보이는데 이들 세 형태
는 전체 관형형 전성어미 출현율의 16.807%를 차지한다. '라는', '란', '다
는', '단'도 출현율이 비교적 높은 관형형 전성어미로서 각각 1.065%,
1.049%, 1.034%, 0.906%이다. 위의 10개 형태는 전체 관형형 전성어미
출현율의 97.487%를 차지해 준구어에서 관형형 전성어미들은 대부분
이들 형태에 의해 실현된다고 할 수 있다.

아래에 준구어에서의 관형형 전성어미의 출현 빈도를 드라마와 영화로
나누어 비교해 보도록 한다.

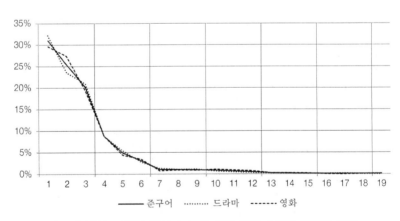

〈그림 126〉 관형형 전성어미 내 개별 형태 쓰임의 장르별 비교

위의 차트 중의 세 곡선을 비교해 보면 전체적인 모습에는 큰 차이를 보이지 않아 준구어에서 사용률이 높은 관형형 전성어미들이 드라마와 영화에서도 사용률이 높으며 준구어에서 사용률이 낮은 관형형 전성어미들이 드라마와 영화에서도 사용률이 낮음을 알 수 있다.

하지만 개별적인 쓰임에서는 약간한 차이를 보이는데 사용률이 비교적 높은 형태들을 비교해 보면 다음과 같다. 1위인 'ㄴ', 3위인 'ㄹ', 5위인 '을', 7위인 '라는', 9위인 '다는', 16위인 '는다는', 17위인 '려는' 등 관형형 전성어미들은 드라마가 32.226%, 20.960%, 5.406%, 1.329%, 1.178%, 0.121%, 0.181%, 영화가 29.651%, 19.375%, 4.399%, 0.772%, 0.873%, 0.067%, 0%로 드라마에서의 사용률이 영화보다 높으며 2위인 '는', 6위인 '던', 10위인 '단', 11위인 'ㄴ다는', 12위인 '자는', 14위인 'ㄴ단', 15위인 '(ㄹ)', 18위인 '대는'은 영화가 27.435%, 3.459%, 1.142%, 0.974%, 0.739%, 0.269%, 0.201%, 0.101%, 드라마가 23.588%, 2.779%, 0.695%, 0.483%, 0.332%, 0.181%, 0.121%, 0.060%로 영화에서의 사용률이 드라마보다 높다.

이번에는 준구어에서의 관형형 전성어미의 출현 빈도를 남자 대화에서의 관형형 전성어미의 출현 빈도, 여자 대화에서의 관형형 전성어미의 출현 빈도와 비교해 보도록 한다.

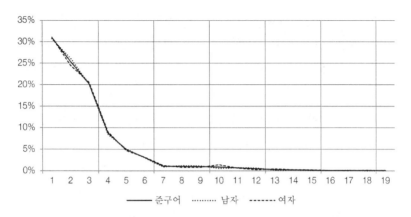

〈그림 127〉 관형형 전성어미 내 개별 형태 쓰임의 성별별 비교

위의 차트 중의 세 곡선은 전체적인 흐름은 큰 차이가 없다. 따라서 준구어에서 사용률이 높은 관형형 전성어미들이 남자와 여자 대화에서도 사용률이 높으며 준구어에서 사용률이 낮은 관형형 전성어미들이 남자와 여자 대화에서도 사용률이 낮음을 알 수 있다.

하지만 개별적인 관형형 전성어미의 쓰임에는 일부 차이를 나타낸다. 2위인 '는', 5위인 '을', 8위인 '란', 9위인 '다는', 12위인 '자는', 17위인 '려는', 19위인 '으란' 등 관형형 전성어미들은 남자가 26.208%, 5.078%, 1.201%, 1.174%, 0.683%, 0.137%, 0.109%, 여자가 24.488%, 4.712%, 0.811%, 0.850%, 0.309%, 0.039%, 0.039%로 남자 대화에서의 사용률이 여자보다 높다. 그런데 3위인 'ㄹ', 4위인 '은', 7위인 '라는', 10위인 '단', 13위인 '으', 14위인 'ㄴ단', 16위인 '는다는', 18위인 '대는'은 여자가 20.587%, 9.077%, 1.236%, 1.429%, 0.463%, 0.309%, 0.116%, 0.154%, 남자가 20.120%, 8.518%, 0.928%, 0.546%, 0.109%, 0.164%, 0.082%, 0.027%로 여자 대화에서의 사용률이 남자보다 높다.

마지막으로 준구어에서의 관형형 전성어미의 출현율과 순구어에서의 관형형 전성어미의 출현율을 비교해 보기로 한다. 비교를 진행하기 전에 먼저 준구어에서 출현한 관형형 전성어미들과 순구어에서 출현한 관형형 전성어미들의 목록을 한데 합친 후 Excel 2007의 '중복항 제거' 기능을 이용해 62개의 관형형 전성어미 통합 목록을 만들어내고 다시 Excel 2007의 'VLOOKUP' 함수를 사용해 개별 관형형 전성어미들에 대해 준구어에서의 출현율과 순구어에서의 출현율을 부여하였다. 그 다음 '준구어 출현 횟수≥5회'와 '순구어 출현 횟수≥5회', 이 두 가지 조건 중 어느 한쪽을 만족시키는 관형형 전성어미들을 모두 선정하고 이들을 다시 준구어에서의 출현율에 따라 재배열하였다.

위와 같은 작업을 통해 선정된 29개의 관형형 전성어미들의 목록은 '부록C'에서 제시하고 여기서는 이들의 준구어에서의 출현율과 순구어에서의 출현율을 차트로 제시한다.

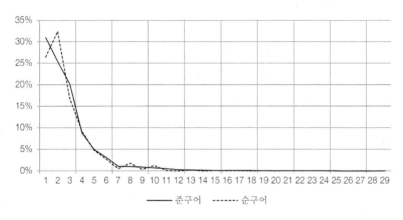

〈그림 128〉 관형형 전성어미 내 개별 형태 쓰임의 준, 순구어 비교

위의 두 곡선을 비교해 보면 전체적인 흐름에서는 큰 차이를 보이지 않아 준구어에서 사용률이 높은 관형형 전성어미들이 순구어에서도 사용률이 높으며 순구어에서 사용률이 낮은 관형형 전성어미들이 순구어에서도 사용률이 낮음을 알 수 있다.

그런데 개별적인 쓰임에서는 일부 차이가 난다. 1위인 'ㄴ', 3위인 'ㄹ', 6위인 '던', 7위인 '란', 9위인 '단', 11위인 '자는', 12위인 '으', 14위인 '(ㄹ)11)' 등 관형형 전성어미들은 준구어가 31.007%, 20.210%, 3.101%, 1.049%, 0.906%, 0.525%, 0.254%, 0.159%, 순구어가 26.465%, 16.777%, 2.696%, 0.509%, 0.339%, 0.107%, 0.003%, 0%로 준구어에서의 사용률이 순구어보다 높다. 반면에 2위인 '는', 4위인 '은', 8위인 '다는', 10위인 'ㄴ다는', 15위인 '는다는' 등 관형형 전성어미들은 순구어가 32.379%, 9.231%, 1.785%, 1.229%, 0.114%, 준구어가 25.409%, 8.777%, 1.034%, 0.716%, 0.095%로 순구어에서의 사용률이 준구어보다 높다.

4.4 파생접사(X)

이 부분은 크게 접사와 어근(XR), 두 개 부분으로 구성되는데 접사는 접두사[체언접두사(XPN)]와 접미사(XS), 접미사는 다시 명사파생접미사(XSN), 동사파생접미사(XSV), 형용사파생접미사(XSA)로 세분하여 그 쓰임을 살펴본다.

4.4.1 접두사(XP)-체언접두사(XPN)12)

본 준구어 말뭉치에서 출현한 체언접두사는 모두 47개 형태로서 총 233회 출현하였는데 전체 준구어에서의 출현율이 0.223%밖에 안 된다.

---

11) 본 준구어 형태 주석 말뭉치에서는 '나 갈 거야.'와 '나 가 꺼야.'를 구별하기 위해 뒤의 문장은 관형형 전성어미 'ㄹ'이 생략된 '(ㄹ)'로 표기하였다. 이는 순구어 말뭉치와는 다른 표기 방식이므로 순구어에서는 0%로 나온다.

12) '21세기세종계획_현대구어말뭉치_구축지침'(2009)에 의해 접두사는 체언접두사만 분석하였다.

5회 이상 출현한 체언접두사들의 목록과 출현 횟수, 출현 빈도를 도표로
제시하면 다음과 같다.

⟨도표 31⟩ 체언접두사 내 개별 형태 출현율

순위	개별 형태	출현 횟수	출현 빈도
1	여	34	14.592%
2	부	27	11.588%
3	첫	13	5.579%
4	쌩	12	5.150%
5	왕	12	5.150%
6	대	11	4.721%
7	불	11	4.721%
8	괴	9	3.863%
9	촌	7	3.004%
10	무	6	2.575%
11	비	6	2.575%
12	잔	6	2.575%
13	친	6	2.575%
14	제	5	2.146%
15	한	5	2.146%
합 계			72.960%

예

1. [여] ⇨ 여/XPN+선생/NNG+님/XSN+들/XSN, 여/XPN+학생/NNG+
   이/JKS…
2. [부] ⇨ 부/XPN+국장/NNG+님/XSN.
3. [첫] ⇨ 첫/XPN+사랑/NNG+이/JKS, 첫/XPN+눈/NNG+이/JKS…
4. [쌩] ⇨ 쌩/XPN+난리/NNG, 쌩/XPN+쇼/NNG+를/JKO…

5. [왕] ⇨ 왕/XPN+성깔/NNG, 왕/XPN+싸가지/NNG…
6. [대] ⇨ 대/XPN+청소/NNG+가/JKS, 대/XPN+규모/NNG…
7. [불] ⇨ 불/XPN+가능/NNG+하/XSA+ㄴ/ETM, 불/XPN+공평/NNG+하/XSA+ㄴ/ETM…
8. [괴] ⇨ 괴/XPN+생물/NNG+체/XSN, 괴/XPN+바이러스/NNG+가/JKS…
9. [촌] ⇨ 촌/XPN+발/NNG, 촌/XPN+티/NNG…
10. [무] ⇨ 무/XPN+책임/NNG+하/XSA+게/EC, 무/XPN+공해/NNG…
11. [비] ⇨ 비/XPN+공식/NNG, 비/XPN+흡연/NNG+자/XSN+에/JKB…
12. [잔] ⇨ 잔/XPN+돈/NNG, 잔/XPN+말/NNG…
13. [친] ⇨ 친/XPN+어머니/NNG+에/JKG, 친/XPN+형제/NNG+와/JKB+도/JX…
14. [제] ⇨ 제/XPN+삼/NR+에/JKG, 제/XPN+이/NR…
15. [한] ⇨ 한/XPN+밤중/NNG, 한/XPN+여름/NNG+에/JKB…

위의 도표를 보면 체언접두사에서 가장 많이 쓰이는 형태는 '여'와 '부'로서 각각 전체 체언접두사 출현율의 14.592%와 11.588%를 차지한다. 그 외에 '첫', '쌩', '왕', '대', '불', '괴', '촌', '무', '비', '잔', '친', '제', '한' 등도 사용률이 비교적 높은데 각각 5.579%, 5.150%, 5.150%, 4.721%, 4.721%, 3.863%, 3.004%, 2.575%, 2.575%, 2.575%, 2.575%, 2.146%, 2.146%이다. 이들 15개 형태는 전체 체언접두사 출현율의 72.960%를 차지한다.

아래에 준구어에서의 체언접두사의 출현 빈도를 드라마와 영화로 나누어 비교해 보기로 한다.

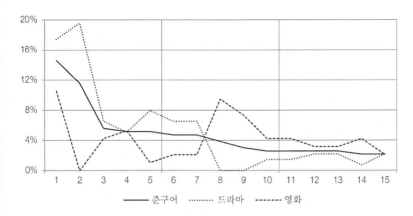

〈그림 129〉 체언접두사 내 개별 형태 쓰임의 장르별 비교

위의 세 곡선을 보면 드라마와 영화의 곡선이 준구어 곡선을 사이에
두고 대칭하는 모습을 보인다. 이는 드라마와 영화가 접두사의 쓰임에서
큰 차이를 보임을 의미한다. 4위인 '쌩', 12위인 '잔', 13위인 '친', 15위인
'한' 등 체언접두사들은 드라마와 영화에서 큰 차이를 보이지 않지만
그 외 대부분의 체언접두사들은 드라마와 영화에서 그 쓰임을 달리 한다.
아래에 준구어에서의 체언접두사의 출현 빈도를 남자와 여자로 나누어
비교해 보도록 한다.

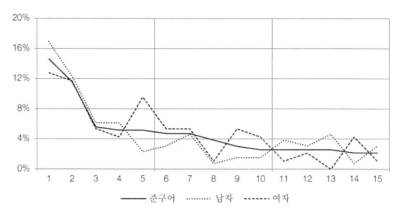

〈그림 130〉 체언접두사 내 개별 형태 쓰임의 성별별 비교

위의 세 곡선을 비교해 보면 1위부터 4위까지의 구간은 비슷한 모습을 보이지만 그 외의 대부분 구간은 준구어 곡선을 사이에 두고 남자와 여자의 곡선이 서로 대칭한다. 1위인 '여', 2위인 '부', 3위인 '첫', 4위인 '쌩', 7위인 '불', 12위인 '잔'은 남자가 16.923%, 12.308%, 6.154%, 6.154%, 4.615%, 3.077%, 여자가 12.766%, 11.702%, 5.319%, 4.255%, 5.319%, 2.128%로 남자와 여자가 비슷한 쓰임을 보였지만 그 외의 체언접두사들은 남자와 여자를 비교할 수 없을 정도로 차이가 크게 난다.

마지막으로 준구어에서의 체언접두사의 출현율과 순구어에서의 체언접두사의 출현율을 비교해 보기로 한다. 비교를 진행하기 전에 먼저 준구어에서 출현한 체언접두사들과 순구어에서 출현한 체언접두사들의 목록을 한데 합친 후 Excel 2007의 '중복항 제거' 기능을 이용해 81개의 체언접두사 통합 목록을 만들어내고 다시 Excel 2007의 'VLOOKUP' 함수를 사용해 개별 체언접두사들에 대해 준구어에서의 출현율과 순구어에서의 출현율을 부여하였다. 그 다음 '준구어 출현 횟수≥5회'와 '순구어 출현 횟수≥5회', 이 두 가지 조건 중 어느 한쪽을 만족시키는 체언접두사들을 모두 선정하고 이들을 다시 준구어에서의 출현율에 따라 재배열하였다.

위와 같은 작업을 통해 선정된 46개의 체언접두사들의 목록은 '부록C' 에서 제시하고 여기서는 이들의 준구어에서의 출현율과 순구어에서의 출현율을 차트로 제시한다.

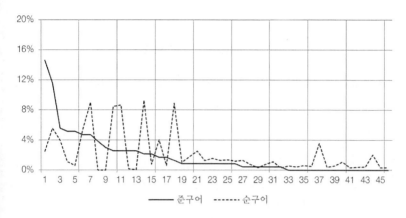

〈그림 131〉 체언접두사 내 개별 형태 쓰임의 준, 순구어 비교

위의 순구어 곡선을 보면 높은 봉우리들이 앞쪽에 몰려 있어 그나마 준구어와 일부 공통점이 있음을 알 수 있다. 하지만 곡선의 굴곡이 아주 심해 체언접두사들의 개별적인 쓰임에서는 준구어와 순구어가 아주 큰 차이가 남을 알 수 있다. 3위인 '첫', 6위인 '대'와 같은 일부 체언접두사를 제외하고는 기타 체언접두사들은 그 차이가 크다.

4.4.2 접미사(XS)

접미사는 크게 명사파생접미사, 동사파생접미사, 형용사파생접미사로 나누어 그 쓰임을 살펴본다.

4.4.2.1 명사파생접미사(XSN)

본 준구어 말뭉치에서 출현한 명사파생접미사는 모두 114개 형태로서 총 2,543회 출현하였는데 5회 이상 출현한 명사파생접미사들의 목록과 출현 횟수, 출현 빈도를 도표로 제시하면 다음과 같다.

〈도표 32〉 명사파생접미사 내 개별 형태 출현율

순위	개별 형태	출현 횟수	출현 빈도
1	들	653	25.678%
2	이	354	13.921%
3	님	352	13.842%
4	적	92	3.618%
5	네	74	2.910%
6	장	72	2.831%
7	기	65	2.556%
8	자	56	2.202%
9	실	54	2.123%
10	사	39	1.534%
11	인	33	1.298%
12	상	31	1.219%
13	째	30	1.180%
14	씩	29	1.140%
15	쯤	25	0.983%
16	대	24	0.944%
17	질	24	0.944%
18	원	22	0.865%
19	성	20	0.786%
20	짜리	20	0.786%
21	금	19	0.747%
22	구	17	0.669%
23	부	17	0.669%

24	비	17	0.669%
25	생	15	0.590%
26	권	14	0.551%
27	집	14	0.551%
28	감	12	0.472%
29	둥이	12	0.472%
30	체	12	0.472%
31	가	11	0.433%
32	끼리	10	0.393%
33	심	9	0.354%
34	증	9	0.354%
35	지	9	0.354%
36	소	8	0.315%
37	어	8	0.315%
38	전	8	0.315%
39	철	8	0.315%
40	측	8	0.315%
41	형	8	0.315%
42	회	8	0.315%
43	관	7	0.275%
44	꾼	7	0.275%
45	서	7	0.275%
46	객	6	0.236%
47	력	6	0.236%
48	ㅁ	6	0.236%
49	물	6	0.236%
50	수	6	0.236%
51	제	6	0.236%
52	짓	6	0.236%
53	파	6	0.236%
54	품	6	0.236%
55	화	6	0.236%

56	간	5	0.197%
57	거리	5	0.197%
58	률	5	0.197%
59	범	5	0.197%
60	변	5	0.197%
61	식	5	0.197%
62	일	5	0.197%
63	투성이	5	0.197%
	합 계		96.076%

[예]

1. [들] ⇨ 애기/NNG+들/XSN+은/JX, 사람/NNG+들/XSN+이/JKS…

2. [이] ⇨ 황기동/NNP+이/XSN, 기동/NNP+이/XSN+가/JKS…

3. [님] ⇨ 선생/NNG+님/XSN, 장모/NNG+님/XSN+이/JKS…

4. [적] ⇨ 전문/NNG+적/XSN+이/VCP+ㄴ/ETM, 개인/NNG+적/XSN+으루/JKB…

5. [네] ⇨ 걔/NP+네/XSN, 니/NP+네/XSN…

6. [장] ⇨ 야구/NNG+장/XSN, 주차/NNG+장/XSN+에서/JKB…

7. [기] ⇨ 세탁/NNG+기/XSN+두/JX, 승강/NNG+기/XSN+루/JKB…

8. [자] ⇨ 후계/NNG+자/XSN+루/JKB, 과학/NNG+자/XSN+(이)/VCP+ㅂ니다/EF…

9. [실] ⇨ 회의/NNG+실/XSN+루/JKB, 비서/NNG+실/XSN+이/VCP+죠/EF…

10. [사] ⇨ 신문/NNG+사/XSN+에/JKB, 여행/NNG+사/XSN…

11. [인] ⇨ 외국/NNG+인/XSN+이/JKS, 미래/NNG+인/XSN+은/JX…

12. [상] ⇨ 관계/NNG+상/XSN, 절차/NNG+상/XSN…

13. [째] ⇨ 며칠/NNG+째/XSN, 이틀/NNG+째/XSN…

14. [씩] ⇨ 번/NNB+씩/XSN, 얼마/NNG+씩/XSN+이나/JX…

15. [쯤] ⇨ 어디/NP+쯤/XSN, 언제/NP+쯤/XSN…

…

위의 도표를 보면 '들', '이', '님'은 각각 25.678%, 13.921%, 13.842%로 전체 명사파생접미사 출현율의 53.441%를 차지해 아주 높은 사용률을 보인다. 그리고 '적', '네', '장', '기', '자', '실', '사'와 같은 명사파생접미사는 각각 3.618%, 2.910%, 2.831%, 2.556%, 2.202%, 2.123%, 1.534%로 전체 명사파생접미사 출현율의 17.774%를 차지한다. 그 외에 '인', '상', '째', '씨', '쯤', '대', '질', '원', '성', '짜리', '금', '구', '부', '비', '생', '권', '집', '감', '둥이', '체'도 10회 이상 출현한 명사파생접미사들로서 위의30개 형태는 전체 명사파생접미사 출현율의 87.222%를 차지한다.

아래에 준구어에서의 명사파생접미사의 출현 빈도를 드라마와 영화로 나누어 비교해 보기로 한다.

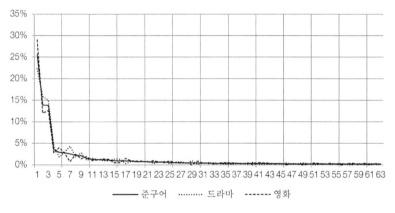

〈그림 132〉 명사파생접미사 내 개별 형태 쓰임의 장르별 비교

위의 세 개의 곡선을 비교해 보면 곡선의 전체적인 모습에서 일정한 규칙을 찾아볼 수 있다. 준구어에서 고빈도로 출현한 명사파생접미사들은 드라마와 영화에서도 출현율이 비교적 높으며 준구어에서 저빈도로 출현한 명사파생접미사들은 드라마와 영화에서도 출현율이 비교적 낮음을 알 수 있다.

하지만 명사파생접미사들의 개별적인 쓰임에서는 차이를 보인다. 2위인 '이', 3위인 '님', 4위인 '적', 7위인 '기', 9위인 '실', 11위인 '인', 15위인 '쯤', 16위인 '대', 21위인 '금', 24위인 '비', 27위인 '집', 29위인 '둥이' 등 명사파생접미사들은 드라마가 15.839%, 15.051%, 4.492%, 4.334%, 2.837%, 1.576%, 1.418%, 1.340%, 0.867%, 0.788%, 0.709%, 0.946%, 영화가 12.009%, 12.637%, 2.747%, 0.785%, 1.413%, 1.020%, 0.549%, 0.549%, 0.628%, 0.549%, 0.392%, 0%로 드라마에서의 사용률이 영화보다 높다. 그런데 1위인 '들', 5위인 '네', 8위인 '자', 10위인 '사', 13위인 '째', 14위인 '씩', 17위인 '질', 18위인 '원', 22위인 '구', 25위인 '생', 28위인 '감', 30위인 '체' 등 명사파생접미사들은 영화가 29.042%, 4.003%, 2.512%, 1.962%, 1.413%, 1.334%, 1.570%, 0.942%, 1.020%, 0.942%, 0.549%, 0.863%, 드라마가 22.301%, 1.812%, 1.891%, 1.103%, 0.946%, 0.946%, 0.315%, 0.788%, 0.315%, 0.236%, 0.394%, 0.079%로 영화에서의 사용률이 드라마보다 높다.

이번에는 준구어에서의 명사파생접미사의 출현 빈도를 남자와 여자로 나누어 비교해 보기로 한다.

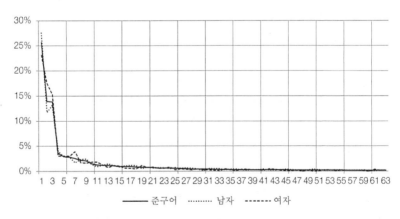

〈그림 133〉 명사파생접미사 내 개별 형태 쓰임의 성별별 비교

위의 두 곡선을 비교해 보면 전체적인 흐름에서는 큰 차이를 보이지 않는다. 따라서 준구어에서 사용률이 높은 명사파생접미사들이 남자와 여자 대화에서도 사용률이 높으며 준구어에서 사용률이 낮은 명사파생접미사들이 남자와 여자 대화에서도 사용률이 낮음을 알 수 있다.

하지만 개별적인 쓰임에서는 일부 차이를 보인다. 고빈도로 사용된 명사파생접미사 중 차이가 비교적 큰 형태들을 제시하면 다음과 같다. 1위인 '들', 4위인 '적', 8위인 '자', 9위인 '실', 13위인 '째', 16위인 '대', 17위인 '질', 18위인 '원', 25위인 '생', 27위인 '집', 28위인 '감', 31위인 '가', 32위인 '끼리', 33위인 '심', 36위인 '소'와 같은 명사파생접미사들은 남자가 27.563%, 4.005%, 2.376%, 2.444%, 1.494%, 1.086%, 1.222%, 1.154%, 0.747%, 0.679%, 0.611%, 0.543%, 0.543%, 0.543%, 0.475%, 여자가 23.152%, 3.016%, 1.751%, 1.654%, 0.778%, 0.681%, 0.584%, 0.486%, 0.292%, 0.389%, 0.292%, 0.292%, 0.195%, 0.097%, 0.097%로 남자 대화에서의 사용률이 여자보다 높으며 2위인 '이', 3위인 '님', 7위인 '기', 11위인 '인', 19위인 '성', 21위인 '금', 24위인 '비', 34위인 '중'과 같은 명사파생접미사들은 여자가 17.607%, 15.272%, 3.891%, 1.848%, 1.167%, 0.875%, 0.875%, 0.486%, 남자가 11.745%, 13.170%, 1.697%, 0.950%, 0.543%, 0.679%, 0.543%, 0.272%로 여자 대화에서의 사용률이 남자보다 높다.

마지막으로 준구어에서의 명사파생접미사의 출현율과 순구어에서의 명사파생접미사의 출현율을 비교해 보기로 한다. 비교를 진행하기 전에 먼저 준구어에서 출현한 명사파생접미사들과 순구어에서 출현한 명사파생접미사들의 목록을 한데 합친 후 Excel 2007의 '중복항 제거'기능을 이용해 154개의 명사파생접미사 통합 목록을 만들어내고 다시 Excel 2007의 'VLOOKUP' 함수를 사용해 개별 명사파생접미사들에 대해 준구어에서의 출현율과 순구어에서의 출현율을 부여하였다. 그 다음 '준구어 출현 횟수≥5회'와 '순구어 출현 횟수≥5회', 이 두 가지 조건 중 어느 한쪽을 만족시키는 명사파생접미사들을 모두 선정하고 이들을 다시 준구어에서의 출현율에 따라 재배열하였다.

위와 같은 작업을 통해 선정된 86개의 명사파생접미사들의 목록은 '부록C'에서 제시하고 여기서는 이들의 준구어에서의 출현율과 순구어에서의 출현율을 차트로 제시한다.

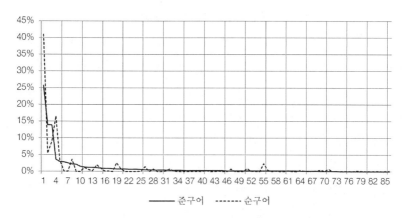

〈그림 134〉 명사파생접미사 내 개별 형태 쓰임의 준, 순구어 비교

위의 순구어 곡선을 보면 높은 봉우리들이 대부분 곡선의 앞쪽이 집중되어 있고 뒷부분에도 몇 개의 봉우리들이 보인다. 이는 준구어에서 사용률이 높은 명사파생접미사들 중에 순구어에서 사용률이 높은 것들도 있으며 준구어에서 사용률이 낮거나 출현하지 않은 명사파생접미사들 중에 순구어에서 사용률이 비교적 높은 것들도 있음을 뜻한다.

차이가 비교적 큰 명사파생접미사들을 제시하면 다음과 같다. 2위인 '이', 3위인 '님', 6위인 '장', 7위인 '기', 9위인 '실', 10위인 '사', 12위인 '상', 13위인 '째', 16위인 '대', 17위인 '질', 18위인 '원', 19위인 '성', 20위인 '짜리', 21위인 '금', 22위인 '구', 23위인 '부', 24위인 '비', 25위인 '생', 27위인 '집', 29위인 '둥이', 30위인 '체' 등 명사파생접미사들은 준구어가 13.921%,

13.842%, 2.831%, 2.556%, 2.123%, 1.534%, 1.219%, 1.180%, 0.944%, 0.944%, 0.865%, 0.786%, 0.786%, 0.747%, 0.669%, 0.669%, 0.669%, 0.590%, 0.551%, 0.472%, 0.472%, 순구어가 5.398%, 9.101%, 0.162%, 0.056%, 0.003%, 0.003%, 0.588%, 0.192%, 0.135%, 0.099%, 0%, 2.639%, 0.809%, 0%, 0%, 0.007%, 0%, 0.142%, 0%, 0%, 0%로 준구어에서의 사용률이 순구어보다 높다. 그런데 1위인 '들', 4위인 '적', 8위인 '자', 28위인 '감', 26위인 '권', 14위인 '씩', 47위인 '력', 51위인 '제', 55위인 '화', 56위인 '간', 64위인 '용', 68위인 '계', 69위인 '론', 71위인 '별', 78위인 '단' 등 명사파생접미사들은 순구어가 40.957%, 16.465%, 3.650%, 0.756%, 1.424%, 2.002%, 0.776%, 0.869%, 2.395%, 0.456%, 0.347%, 0.244%, 0.443%, 0.661%, 0.228%, 준구어가 25.678%, 3.618%, 2.202%, 0.472%, 0.551%, 1.140%, 0.236%, 0.236%, 0.236%, 0.197%, 0.157%, 0.118%, 0.079%, 0.039%, 0%로 순구어에서의 사용률이 준구어보다 높다.

4.4.2.2 동사파생접미사(XSV)

본 준구어 말뭉치에서 출현한 동사파생접미사는 모두 12개 형태로서 총 2,847회 출현하였는데 5회 이상 출현한 동사파생접미사들의 목록과 출현 횟수, 출현 빈도를 도표로 제시하면 다음과 같다.

〈도표 33〉 동사파생접미사 내 개별 형태 출현율

순위	개별 형태	출현 횟수	출현 빈도
1	하	2,582	90.692%
2	되	160	5.620%
3	시키	44	1.545%
4	거리	27	0.948%

5	당하	14	0.492%
6	대	7	0.246%
합 계			99.543%

[예]

1. [하] ⇨ 시작/NNG+하/XSV+ㅕ야/EC, 부탁/NNG+하/XSV+ㅕ요/EF…
2. [되] ⇨ 붕괴/NNG+되/XSV+ㄴ/ETM, 걱정/NNG+되/XSV+겠/EP+다 /EF…
3. [시키] ⇨ 마비/NNG+시키/XSV+ㅓ/EC, 대기/NNG+시키/XSV+ㅓ/EF…
4. [거리] ⇨ 들락/XR+거리/XSV+는/ETM, 빤짝/MAG+거리/XSV+는/ETM…
5. [당하] ⇨ 실직/NNG+당하/XSV+구/EC, 실연/NNG+당하/XSV+ㅕㅆ /EP+냐/EF…
6. [대] ⇨ 투덜/XR+대/XSV+던/ETM, 덤벙/XR+대/XSV+다가/EC…

위의 도표를 보면 '하' 1개 형태만 전체 동사파생접미사 출현율의 90.692%를 차지해 준구어에서 동사파생접미사의 대부분은 이 형태에 의해 실현된다고 할 수 있다. 준구어에는 '하'의 이형태인 '허', 'ㅎ', '(하)'도 출현한다. 그 외에 '되'도 출현율이 비교적 높은 동사파생접미사인데 5.620%로서 2위를 차지하며 '시키'도 1.545%로서 비교적 높은 사용률을 보인다. 이들은 전체 동사파생접미사 출현율의 98.067%를 차지한다.

아래에 준구어에서의 동사파생접미사의 출현 빈도를 드라마와 영화로 나누어 비교해 보기로 한다.

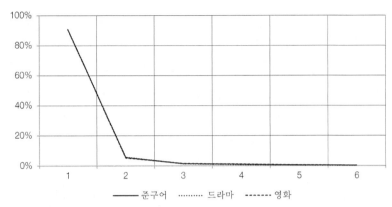

<그림 135> 동사파생접미사 내 개별 형태 쓰임의 장르별 비교

위의 세 곡선을 비교해 보면 전체적인 모습에서는 거의 일치한다. 약간한 차이가 있다면 2위인 '되'는 드라마가 5.917%, 영화가 5.271%로 드라마에서의 사용률이 영화보다 약간 높으며 3위인 '시키'와 4위인 '거 리', 5위인 '당하'는 영화가 1.604%, 1.222%, 0.611%, 드라마가 1.495%, 0.715%, 0.390%로 영화에서의 사용률이 드라마보다 약간 높다.

이번에는 준구어에서의 동사파생접미사의 출현 빈도를 남자와 여자로 나누어 비교해 보기로 한다.

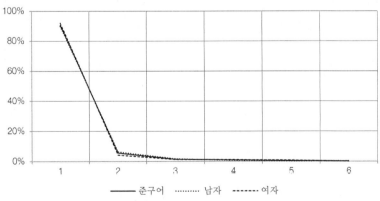

<그림 136> 동사파생접미사 내 개별 형태 쓰임의 성별별 비교

위의 세 곡선 역시 전체적인 모습에서는 거의 일치한다. 그런데 2위인 '되', 3위인 '시키', 6위인 '대'는 남자가 6.383%, 1.702%, 0.304%, 여자가 4.188%, 1.282%, 0.171%로 남자 대화에서의 사용률이 여자보다 높으며 1위인 '하', 4위인 '거리', 5위인 '당하'는 여자가 92.137%, 1.197%, 0.855%, 남자가 89.970%, 0.790%, 0.243%로 여자 대화에서의 사용률이 남자보다 높다.

마지막으로 준구어에서의 동사파생접미사의 출현율과 순구어에서의 동사파생접미사의 출현율을 비교해 보기로 한다. 비교를 진행하기 전에 먼저 준구어에서 출현한 동사파생접미사들과 순구어에서 출현한 동사파생접미사들의 목록을 한데 합친 후 Excel 2007의 '중복항 제거' 기능을 이용해 25개의 동사파생접미사 통합 목록을 만들어내고 다시 Excel 2007의 'VLOOKUP' 함수를 사용해 개별 동사파생접미사들에 대해 준구어에서의 출현율과 순구어에서의 출현율을 부여하였다. 그 다음 '준구어 출현 횟수≥5회'와 '순구어 출현 횟수≥5회', 이 두 가지 조건 중 어느 한쪽을 만족시키는 동사파생접미사들을 모두 선정하고 이들을 다시 준구어에서의 출현율에 따라 재배열하였다.

위와 같은 작업을 통해 선정된 9개의 동사파생접미사들의 목록은 '부록 C'에서 제시하고 여기서는 이들의 준구어에서의 출현율과 순구어에서의 출현율을 차트로 제시한다.

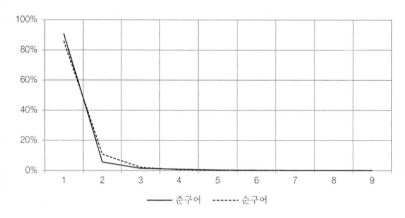

〈그림 137〉 동사파생접미사 내 개별 형태 쓰임의 준, 순구어 비교

위의 두 곡선을 비교해 보면 전체적으로는 비슷한 모습을 보여 준구어에서 사용률이 높은 동사파생접미사들은 순구어에서도 사용률이 높으며 준구어에서 사용률이 낮은 동사파생접미사들은 순구어에서의 사용률이 낮음을 알 수 있다.

다만, 1위인 '하'와 4위인 '거리', 5위인 '당하'는 준구어가 90.692%, 0.948%, 0.492%, 순구어가 85.921%, 0.560%, 0.166%로 준구어에서의 사용률이 순구어보다 높은 반면 2위인 '되', 3위인 '시키'는 순구어가 10.729%, 2.182%, 준구어가 5.620%, 1.545%로 순구어에서의 사용률이 준구어보다 높다.

4.4.2.3 형용사파생접미사(XSA)

본 준구어 말뭉치에서 출현한 형용사파생접미사는 모두 10개 형태로서 총 1,547회 출현하였는데 5회 이상 출현한 형용사파생접미사들의 목록과 출현 횟수, 출현 빈도를 도표로 제시하면 다음과 같다.

〈도표 34〉 형용사파생접미사 내 개별 형태 출현율

순위	개별 형태	출현 횟수	출현 빈도
1	하	1,473	95.217%
2	스럽	40	2.586%
3	답	12	0.776%
4	만하	6	0.388%
5	되	5	0.323%
합 계			99.290%

예

1. [하] ⇨ 이상/NNG+하/XSA+ㄴ/ETM, 건강/NNG+하/XSA+시/EP+ㅔ요/EF…

2. [스럽] ⇨ 사랑/NNG+스럽/XSA+게/EF, 자랑/NNG+스럽/XSA+냐/EF…

3. [답] ⇨ 너/NP+답/XSA+다/EF, 학생/NNG+답/XSA+게/EC…

4. [만하] ⇨ 코딱지/NNG+만하/XSA+ㄴ/ETM, 요/NP+만하/XSA+ㄴ가/EF…

5. [되] ⇨ 오래/NNG+되/XSA+ㄴ/ETM, 세련/NNG+되/XSA+ㄴ/ETM…

위의 도표를 보면 '하' 1개 형태만 전체 형용사파생접미사 출현율의 95.217%를 차지해 준구어에서 형용사파생접미사의 대부분은 이 형태에 의해 실현된다고 할 수 있다. 그 외에 '스럽'은 2.586%, '답'은 0.775%로서 사용률이 비교적 높다. 이 3개 형태는 전체 형용사파생접미사의 98.579%를 차지한다.

아래에 준구어에서의 형용사파생접미사 출현 빈도를 드라마와 영화로 나누어 비교해 보기로 한다.

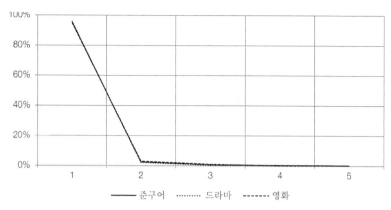

〈그림 138〉 형용사파생접미사 내 개별 형태 쓰임의 장르별 비교

위의 세 곡선을 비교해 보면 거의 일치하는 모습을 보인다. 이는 형용사
파생접미사가 드라마와 영화에서 그 쓰임이 거의 똑같음을 의미한다.
약간한 차이가 있다면 3위인 '답'은 영화가 1.185%, 드라마가 0.459%로
영화에서의 사용률이 드라마보다 높으며 4위인 '만하'는 드라마가
0.573%, 영화가 0.148%로 드라마에서의 사용률이 영화보다 높다.

이번에는 준구어에서의 형용사파생접미사의 출현 빈도를 남자와 여자
로 나누어 비교해 보기로 한다.

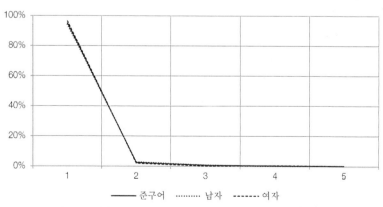

〈그림 139〉 형용사파생접미사 내 개별 형태 쓰임의 성별별 비교

위의 차트를 보면 형용사파생접미사의 사용에서 남자와 여자의 곡선도 준구어 곡선과 거의 일치한다. 그런데 개별 형태의 쓰임에서는 약간한 차이를 보이는데 1위인 '하'와 4위인 '만하'는 여자가 96.508%, 0.559%, 남자가 94.289%, 0.243%로 여자 대화에서의 사용률이 남자보다 높으며 2위인 '스럽'과 3위인 '답'은 남자가 3.038%, 0.972%, 여자가 2.095%, 0.279%로 남자 대화에서의 사용률이 여자보다 높다.

마지막으로 준구어에서의 형용사파생접미사의 출현율과 순구어에서의 형용사파생접미사의 출현율을 비교해 보기로 한다. 비교를 진행하기 전에 먼저 준구어에서 출현한 형용사파생접미사들과 순구어에서 출현한 형용사파생접미사들의 목록을 한데 합친 후 Excel 2007의 '중복항 제거' 기능을 이용해 16개의 형용사파생접미사 통합 목록을 만들어내고 다시 Excel 2007의 'VLOOKUP' 함수를 사용해 개별 형용사파생접미사들에 대해 준구어에서의 출현율과 순구어에서의 출현율을 부여하였다. 그 다음 '준구어 출현 횟수≥5회'와 '순구어 출현 횟수≥5회', 이 두 가지 조건 중 어느 한쪽을 만족시키는 형용사파생접미사들을 모두 선정하고 이들을 다시 준구어에서의 출현율에 따라 재배열하였다.

위와 같은 작업을 통해 선정된 9개의 형용사파생접미사들의 목록은 '부록C'에서 제시하고 여기서는 이들의 준구어에서의 출현율과 순구어에서의 출현율을 차트로 제시한다.

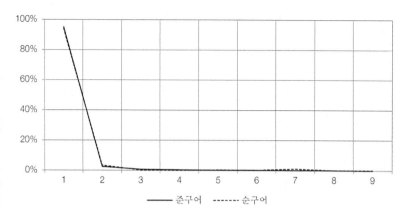

〈그림 140〉 형용사파생접미사 내 개별 형태 쓰임의 준, 순구어 비교

형용사파생접미사 역시 전체적인 쓰임에서는 준구어와 순구어가 큰 차이를 보이지 않는다. 그런데 개별적인 쓰임에서는 일부 차이를 나타낸다. 1위인 '하', 3위인 '답', 4위인 '만하'는 준구어가 95.217%, 0.776%, 0.388%, 순구어가 94.075%, 0.208%, 0.136%로 준구어에서의 사용률이 순구어보다 높으며 2위인 '스럽', 5위인 '되', 6위인 'ㅎ', 7위인 '롭'은 순구어가 3.374%, 0.479%, 0.335%, 1.131%, 준구어가 2.586%, 0.323%, 0.259%, 0.194%로 순구어에서의 사용률이 준구어보다 높다.

4.4.3 어근(XR)

본 준구어 말뭉치에서 출현한 어근은 모두 216개 형태로서 총 895회 출현하였는데 5회 이상 출현한 어근의 목록과 출현 횟수, 출현 빈도를 도표로 제시하면 다음과 같다.

<도표 35> 어근 내 개별 형태 출현율

순위	개별 형태	출현 횟수	출현 빈도
1	죄송	139	15.531%
2	어뜩	101	11.285%
3	중요	45	5.028%
4	어떡	29	3.240%
5	유치	24	2.682%
6	궁금	22	2.458%
7	불쌍	22	2.458%
8	확실	18	2.011%
9	만만	17	1.899%
10	멀쩡	13	1.453%
11	대단	12	1.341%
12	소중	10	1.117%
13	치사	10	1.117%
14	멍청	9	1.006%
15	시원	9	1.006%
16	웬만	9	1.006%
17	간단	8	0.894%
18	당연	8	0.894%
19	똑똑	8	0.894%
20	깨끗	7	0.782%
21	느끼	7	0.782%
22	답답	7	0.782%
23	당당	7	0.782%
24	심심	7	0.782%
25	자세	7	0.782%
26	조용	7	0.782%
27	복잡	6	0.670%
28	뻔	6	0.670%
29	유력	6	0.670%

30	한심	6	0.670%
31	끔찍	5	0.559%
32	따뜻	5	0.559%
33	뚱뚱	5	0.559%
34	비슷	5	0.559%
35	뻔뻔	5	0.559%
36	서운	5	0.559%
37	신기	5	0.559%
38	심각	5	0.559%
39	억울	5	0.559%
40	특이	5	0.559%
	합 계		71.064%

예

1. [죄송] ⇨ 죄송/XR+하/XSA+ㅂ니다/EF, 죄송/XR+하/XSA+ㅕㅆ/EP+ 다구/EC…
2. [어뜩] ⇨ 어뜩/XR+하/XSV+ㅕ요/EF, 어뜩/XR+하/XSV+냐/EF…
3. [중요] ⇨ 중요/XR+하/XSA+ㄴ/ETM, 중요/XR+하/XSA+다구/EC…
4. [어떡] ⇨ 어떡/XR+하/XSV+ㄹ/ETM, 어떡/XR+하/XSV+니/EF…
5. [유치] ⇨ 유치/XR+하/XSA+ㅕ/EF, 유치/XR+하/XSA+네/EF…
6. [궁금] ⇨ 궁금/XR+하/XSA+ㅕㅆ었/EP+는데/EC, 궁금/XR+하/XSA+ ㄹ/ETM…
7. [불쌍] ⇨ 불쌍/XR+하/XSA+게/EC, 불쌍/XR+하/XSA+ㅕ서/EC…
8. [확실] ⇨ 확실/XR+하/XSA+대요/EF, 확실/XR+하/XSA+게/EC…
9. [만만] ⇨ 만만/XR+하/XSA+구/EC, 만만/XR+하/XSA+ㅕ/EF…
10. [멀쩡] ⇨ 멀쩡/XR+하/XSA+게/EC, 멀쩡/XR+하/XSA+ㄴ/ETM…
11. [대단] ⇨ 대단/XR+하/XSA+시/EP+네요/EF, 대단/XR+하/XSA+ㄴ/ETM… …

위의 도표를 보면 '죄송'과 '어뜩'은 각각 15.531%와 11.285%로 어근 내에서 비교적 높은 사용률을 보인다. 그리고 '중요', '어떡', '유치', '궁금', '불쌍', '확실', '만만', '멀쩡', '대단'도 각각 5.028%, 3.240%, 2.682%, 2.458%, 2.458%, 2.011%, 1.899%, 1.453%, 1.341%로 전체 어근 출현율의 22.570%를 차지한다. 그 외에 12위부터 40위까지의 어근들은 10회~5회 반복 출현한 어근들로서 전체 어근 출현율의 21.678%를 차지한다. 이들 40개 어근은 전체 어근 출현율의 71.064%를 차지한다.

아래에 준구어에서의 어근의 출현 빈도를 드라마와 영화로 나누어 비교해 보기로 한다.

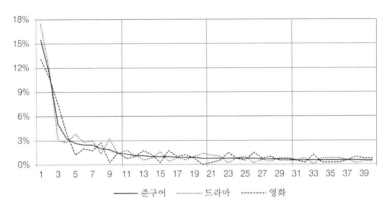

〈그림 141〉 어근 내 개별 형태 쓰임의 장르별 비교

위의 세 곡선을 비교해 보면 드라마와 영화의 곡선은 높은 부분이 대부분 앞쪽에 있어 준구어에서 사용률이 높은 어근 중에 상당 부분이 드라마나 영화에서도 사용률이 높으며 준구어에서 사용률이 낮은 어근들이 드라마와 영화에서도 사용률이 낮음을 알 수 있다.

그런데 드라마나 영화 곡선들이 기복이 심해 개별적인 형태의 쓰임에서는 차이가 비교적 큼을 나타낸다. 고빈도로 사용된 몇 개의 어근을 예로 들면 다음과 같다. 1위인 '죄송', 2위인 '어뜩', 5위인 '유치', 6위인 '궁금', 7위인 '불쌍', 9위인 '만만', 11위인 '대단', 12위인 '소중', 15위인 '시원', 19위인 '똑똑', 20위인 '깨끗', 21위인 '느끼', 22위인 '답답', 25위인 '자세' 등 어근들은 드라마가 17.470%, 11.647%, 3.815%, 2.811%, 3.012%, 3.213%, 1.807%, 1.205%, 1.606%, 1.004%, 1.406%, 1.205%, 1.004%, 1.004%, 영화가 13.098%, 10.831%, 1.259%, 2.015%, 1.763%, 0.252%, 0.756%, 1.008%, 0.252%, 0.756%, 0%, 0.252%, 0.504%, 0.504%로 드라마에서의 사용률이 영화보다 높으며 3위인 '중요', 4위인 '어떡', 8위인 '확실', 13위인 '치사', 14위인 '멍청', 16위인 '웬만', 18위인 '당연', 23위인 '당당', 26위인 '조용', 28위인 '뻔' 등 어근들은 영화가 7.557%, 3.778%, 2.771%, 1.763%, 1.259%, 1.763%, 1.259%, 1.511%, 1.511%, 1.008%, 드라마가 3.012%, 2.811%, 1.406%, 0.602%, 0.803%, 0.402%, 0.602%, 0.201%, 0.201%, 0.402%로 영화에서의 사용률이 드라마보다 높다.

이번에는 준구어에서의 어근의 출현 빈도를 남자와 여자로 나누어 비교해 보기로 한다.

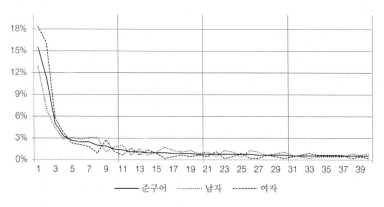

〈그림 142〉 어근 내 개별 형태 쓰임의 성별별 비교

위의 세 가지 곡선을 비교해 보면 고빈도, 저빈도 사용률에서는 전반적으로 큰 차이를 보이지 않지만 남자나 여자의 곡선이 심한 굴곡을 보여 개별 형태의 쓰임에서는 비교적 큰 차이가 남을 알 수 있다. 5위인 '유치', 6위인 '궁금', 7위인 '불쌍', 8위인 '확실', 10위인 '멀쩡', 11위인 '대단', 13위인 '치사', 16위인 '웬만', 17위인 '간단', 18위인 '당연', 19위인 '똑똑', 20위인 '깨끗', 21위인 '느끼', 23위인 '당당', 24위인 '심심', 26위인 '조용', 27위인 '복잡', 29위인 '유력', 30위인 '한심', 38위인 '심각', 40위인 '특이' 등 어근들은 남자가 3.070%, 2.851%, 3.070%, 3.070%, 1.754%, 1.974%, 1.535%, 1.754%, 1.316%, 1.096%, 1.316%, 0.877%, 1.096%, 1.316%, 1.096%, 1.316%, 1.096%, 0.877%, 1.096%, 0.877%, 0.877%, 여자가 2.294%, 2.064%, 1.835%, 0.917%, 1.147%, 0.688%, 0.688%, 0.229%, 0.459%, 0.688%, 0.459%, 0.688%, 0.459%, 0.229%, 0.459%, 0.229%, 0.229%, 0.459%, 0.229%, 0.229%, 0.229%로 남자 대화에서의 사용률이 여자보다 높으며 1위인 '죄송', 2위인 '어뜩', 3위인 '중요', 4위인 '어떡', 9위인 '만만', 12위인 '소중', 14위인 '멍청', 22위인 '답답', 25위인 '자세', 33위인 '뚱뚱' 등 어근들은 여자가 18.349%, 16.055%, 5.734%, 3.670%, 2.752%, 1.606%, 1.376%, 1.147%, 0.917%, 0.917%, 남자가 12.939%, 6.798%, 4.386%, 2.851%, 1.096%, 0.658%, 0.658%, 0.439%, 0.439%, 0.219%로 여자 대화에서의 사용률이 남자보다 높다.

마지막으로 준구어에서의 어근의 출현율과 순구어에서의 어근의 출현율을 비교해 보기로 한다. 비교를 진행하기 전에 먼저 준구어에서 출현한 어근들과 순구어에서 출현한 어근들의 목록을 한데 합친 후 Excel 2007의 '중복항 제거' 기능을 이용해 822개의 어근 통합 목록을 만들어내고 다시 Excel 2007의 'VLOOKUP' 함수를 사용해 개별 어근들에 대해 준구어에서의 출현율과 순구어에서의 출현율을 부여하였다. 그 다음 '준구어 출현 횟수≥5회'와 '순구어 출현 횟수≥5회', 이 두 가지 조건 중 어느 한쪽을 만족시키는 어근들을 모두 선정하고 이들을 다시 준구어에서의 출현율에 따라 재배열하였다.

위와 같은 작업을 통해 선정된 206개 어근들의 목록은 '부록C'에서 제시하고 여기서는 이들의 준구어에서의 출현율과 순구어에서의 출현율을 차트로 제시한다.

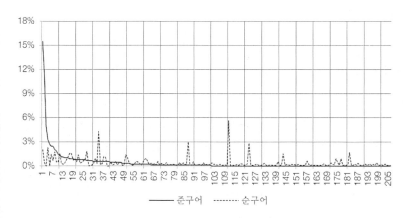

〈그림 143〉 어근 내 개별 형태 쓰임의 준, 순구어 비교

순구어의 곡선을 준구어의 곡선과 비교해 보면 차이가 아주 크다. 전체적인 흐름세를 보면 순구어의 곡선의 앞쪽에 높은 부분들이 약간 더 많은 것은 사실이지만 곡선의 뒤쪽에도 높은 봉우리들이 많다. 이는 준구어와 순구어에서 어근들이 고빈도, 저빈도 뿐만 아니라 개별적인 쓰임에서도 상당히 큰 차이가 있음을 나타낸다.

4.5 나오기

본 장에서 연구자는 준구어에서 나타난 형식형태를 크게 굴절 접사와 파생접사로 나누고 굴절 접사는 다시 조사와 어미, 파생접사는 다시 접두사, 접미사, 어근으로 나누어 그 사용 실태에 대해 통계학적 분석을 진행한 결과 다음과 같은 결론을 얻어내었다.

먼저 굴절접사를 보기로 한다.

(1) 조사

준구어에서 조사의 범주별 쓰임을 보면 격조사가 붙은 어절이 압도적으로 많아 전체 준구어 어절에서의 실현율이 17.01%이다. 보조사와 접속조사는 격조사와는 비교할 수 없을 정도로 실현율이 적은데 각각 5.84%와 0.25%이다. 본 연구에서는 이와 같은 연구 결과를 다시 드라마와 영화, 남자와 여자로 나누어 비교해 보았는데 각 비교 항목별로도 위의 결과와는 큰 차이가 없었다. 그런데 준구어와 순구어를 비교한 결과 순구어에서는 조사의 쓰임이 준구어에 비해 전반적으로 높았는데 특히 격조사는 순구어가 21.31%, 준구어가 17.01%로 순구어가 비교적 높은 사용률을 보였다. 하지만 이는 앞에서도 지적했듯이 실생활에서 한국어 모어 화자들이 조사가 실현된 어절을 드라마나 영화보다 더 많이 사용한다기보다는 순구어 말뭉치가 대학생들의 대화나 대학 교수의 강의를 중심으로 구축되었기 때문에 규범화된 어절들이 많이 사용된 결과라고 생각된다.

격조사의 소범주별 쓰임을 보면 준구어 말뭉치에서 서술격조사, 주격조사, 부사격조사, 목적격조사는 각각 27.52%, 26.32%, 24.93%, 11.65%로 격조사 전체 출현율의 90.42%를 차지해 준구어에서 격조사는 주로 이들 4개 범주에 의해 실현된다고 할 수 있다. 그 외에 호격조사, 관형격조사, 보격조사, 인용격조사는 준구어에서 실현율이 아주 낮은데 특히 인용격조사는 출현 횟수가 104,451어절에서 4회밖에 되지 않는다. 본 연구에서는 이와 같은 연구 결과를 다시 드라마와 영화, 남자와 여자로 나누어 비교해 보았는데 각 비교 항목별로 큰 차이를 보이지 않았다. 그런데 준구어와 순구어를 비교한 결과 주격조사, 부사격조사, 목적격조사, 관형격조사, 보격조사, 인용격조사는 순구어에서의 출현율이 준구어보다 높았지만 서술격조사와 호격조사에서는 준구어보다 훨씬 낮았다. 이 중 호격조사의 출현율이 낮은 것은 준구어는 이동 중인 상황에서 진행된 대화들이 많고 순구어는 정지된 상황 속에서 진행된 대화들이 많았기 때문이라고 생각된다.

격조사 소범주 내 개별 형태들의 출현율을 차트로 분석한 결과 주격조사, 관형격조사, 부사격조사, 목적격조사, 인용격조사는 그 쓰임이 몇 개의 형태에 의해 집중적으로 실현되며 보격조사와 호격조사는 범주 내 각 개별 형태들의 쓰임이 비교적 균일적인 모습을 보였다. 이 결과는 드라마와 영화, 남자와 여자가 큰 차이를 보이지 않았다. 그런데 준구어와 순구어를 비교한 결과 관형격조사, 부사격조사, 서술격조사의 쓰임에서 비교적 큰 차이를 나타냈는데 이 중 관형격조사와 서술격조사의 차이는 두 말뭉치가 구축 과정에 서로 다른 표기 방법을 사용한 것에서 기인한 것이라라고 생각된다.

보조사 내 개별 형태들의 출현율을 차트로 분석한 결과 준구어에서 보조사는 대부분 'ㄴ', '두', '은', '는', '만', '요', '나', '까지', '이나' 등 9개 형태에 의해 실현되었으며 이 결과는 드라마와 영화, 남자와 여자가 큰 차이를 보이지 않았다. 그런데 준구어와 순구어의 비교에서는 약간한 차이를 보였다.

접속조사도 소수의 형태에 의해 실현되었는데 이 결과는 드라마와 영화, 남자와 여자의 대화에서 상당 부분 일치했지만 개별적인 쓰임에서는 비교적 큰 차이를 드러냈다. 특히 준구어와 순구어의 비교에서는 준구어에서 사용률이 낮은 접속조사들이 순구어에서는 사용률이 높은 것들이 있었다.

(2) 어미

준구어에서 어미의 범주별 쓰임을 보면 종결어미가 19.171%로 가장 많이 사용되고 연결어미가 10.438%로 2위를 차지했으며 전성어미와 선어 말어미는 각각 6.395%, 6.116%로 비슷한 쓰임을 보였다. 이 결과를 다시 드라마와 영화, 남자와 여자로 나누어 비교 분석을 진행하였는데 각 비교 항목별로 큰 차이를 보이지 않았다. 그런데 준구어와 순구어를 비교한 결과 순구어는 준구어와는 달리 연결어미가 종결어미보다 더 많이 쓰였다. 이는 순구어 말뭉치가 대학생들의 토론이나 대학 교수들의 강의를 중심으로 구축되었기 때문에 나타난 결과라고 생각된다.

어미의 각 범주 내 개별 형태들의 출현율을 차트로 분석한 결과 모든 곡선들의 앞부분이 급속도로 하락하고 중간 부분과 끝 부분이 낮은 수준 에서 비교적 평온한 모습을 보여 고빈도로 사용되는 개별 형태들이 있음 을 알 수 있었다. 이는 드라마와 영화, 남자와 여자를 비교한 데서도 약간한 차이는 있었지만 큰 차이는 발견되지 않았다. 그런데 준구어와 순구어를 비교한 결과 위의 결과와는 약간 다른 모습을 보였다. 선어말어 미, 종결어미, 연결어미, 명사형전성어미, 관형형전성어미는 순구어 곡선 의 높은 봉우리들이 대부분 앞쪽에 집중되어 있어 준구어에서 출현율이 높은 개별 형태들이 순구어에서도 출현율이 높고 준구어에서 출현율이 낮은 개별 형태들이 순구어에서도 출현율이 낮음을 알 수 있었다. 하지만 종결어미와 연결어미의 비교에서 순구어 곡선의 앞부분이 심한 굴곡을 보여 준구어에서 출현율이 높은 개별 형태들 중에 순구어에서 출현율이 낮은 형태들도 있음을 나타냈다. 또 순구어 곡선의 중간과 뒷부분에 일부 봉우리들이 보여 준구어에서 출현율이 낮거나 출현하지 않은 종결어미나 연결어미 중에 순구어에서 출현율이 비교적 높은 것들이 있음이 발견되 었다.

다음 파생접사를 보기로 한다.

(1) 체언접두사

준구어에서 체언접두사는 모두 47개 형태가 출현하였는데 그 쓰임을 보면 '여', '부'와 같은 체언접두사들이 사용률이 높은 것은 사실이지만 기타 체언접두사들을 봤을 때 체언접두사의 쓰임이 몇 개의 형태에 집중되었다기 말하기 힘들 정도로 비교적 산발적인 모습을 보인다. 이는 드라마와 영화, 남자와 여자, 준구어와 순구어의 비교에서도 그대로 드러났는데 특히 준구어와 순구어의 비교에서는 거의 접점을 찾기 힘들 정도로 그 차이가 심하게 나타났다.

(2) 접미사

접미사 소범주 내 개별 형태들의 출현율을 차트로 분석한 결과 모든 곡선들의 앞부분이 급속도로 하락하고 중간 부분과 끝 부분이 낮은 수준에서 비교적 평온한 모습을 보여 모든 접미사에 고빈도로 사용되는 개별 형태들이 있음을 알 수 있었다. 따라서 준구어에서의 접미사들 대부분은 이들 형태에 의해 실현된다고 할 수 있다. 이를 다시 드라마와 영화, 남자와 여자, 준구어와 순구어로 나누어 비교 분석을 진행한 결과 약간한 차이는 있었지만 큰 차이는 발견되지 않았다. 비교적 큰 차이라면 명사파생접미사의 쓰임에서 순구어 곡선이 중간과 끝부분에 들쭉날쭉한 모습을 보여 준구어에서 사용률이 비교적 높은 명사파생접미사들 중에 순구어에서 사용률이 낮은 것들도 있고 준구어에서 사용률이 낮거나 출현하지 않은 넝사파생섭미사늘 중에 순구어에서 사용률이 비교적 높은 것들이 있음을 알 수 있었다.

(3) 어근

준구어에서 출현한 어근을 보면 역시 곡선이 급속도로 하락해 소수의 형태가 많이 쓰임을 알 수 있다. 그런데 이들을 드라마와 영화, 남자와 여자, 준구어와 순구어로 나누어 비교한 결과 앞 몇 개 형태를 내놓고는 그 차이가 비교적 심하다. 특히 준구어와 순구어를 보면 어근들이 고빈도, 저빈도 뿐만 아니라 개별적인 쓰임에서도 비교적 큰 차이를 나타냈다.

제5장

외국어로서의 한국어
교육을 위한 제언

제5장 외국어로서의 한국어 교육을 위한 제언

5.1 들어가기

본 연구는 준구어의 형태론적 특징을 밝히고자 앞의 2, 3, 4장을 통해 준구어에서 출현한 어절들의 짜임새와 그 짜임새 속의 실질형태, 형식형태의 사용 실태와 그 특징을 살펴보았다. 그런데 이러한 언어학적인 연구 결과도 중요하겠지만 더욱 중요한 것은 이 연구 결과를 어떻게 실제 한국어 교육에 활용할 것인가 하는 것이다. 따라서 본 장절은 2장에서 밝힌 준구어의 어절 구조 특징과 3, 4장에서 밝힌 준, 순구어의 실질, 형식형태 특징을 토대로 어느 개별적인 형태의 쓰임이 아니라 큰 틀에서 기존의 한국 국내 한국어 교재 내 제시대화문과의 비교 연구를 통해 향후 외국어로서의 한국어 교재, 특히 듣기와 말하기 교재 내 제시대화문에 대해 몇 가지 제언을 하고자 한다.

일반적으로 한국어 교재들을 보면 교재의 단원은 주로 (ㄱ) 제시대화문, (ㄴ) 읽기 자료, (ㄷ) 쓰기 자료, (ㄹ) 문법, (ㅁ) 어휘, (ㅂ) 문화 등의 내용으로 구성되고, 그 구성 방법은 교재에 따라 조금씩 차이는 있지만 일반적으로 제시대화문을 제일 앞에 제시하고 타 기능들이 배열되는 구조를 갖는다. 이 중 제시대화문은 각 단원의 앞부분에 놓여 단원 학습 목표 기능을 노출시키고, 이를 읽기와 쓰기 등 타 언어 기능 학습으로 연계하는 역할을 한다. 따라서 제시대화문은 지면의 한계와 교실 수업 시수의 한계 등을 고려하여 학습 목표 기능을 최소한으로 보여줘야 하며, 설정된 상황에서 전형적으로 나타나는 대화를 반영해야 한다. 또한 학습한 표현이 실제 상황에서도 유의미하게 사용될 수 있어야 하며, 한국어의 구어 특성이 반영되어 있어 학습자들이 교재를 통해서 학습한 대화문이 교실 밖 현실에서도 유용하게 쓰일 수 있어야 한다.[1] 그런데 이처럼 학습 목표를 포함하면서 대화 상황에서 효과적으로 목표를 달성할 수 있는 모범적인 사례를 제공해야 하는 기존의 한국어 교재 내 제시대화문들은 구어성과 실제성의 측면에서 많은 비판을 받아 왔다.

따라서 본 장절에서는 고려대학교 민족문화연구소의『한국어회화3』(1995)와『한국어회화4』(1995), 서강대학교 국제문화교육원의『서강한국어3A』(2002)와『서강한국어3B』(2002), 서울대학교 어학연구소의『한국어3』(2006), 연세대학교 한국어학당의『100시간 한국어3』(2006)과『100시간 한국어4』, 이화여자대학교 언어교육원의『말이 트이는 한국어3』(2001)과『말이 트이는 한국어4』(2002) 등 9권의 한국어 교재를 선택하여 이 교재들의 제시대화문을 중심으로 음절수, 형태수, 형태 결합 양상, 실질 형태, 형식 형태 등의 범주별 쓰임에서 준구어와의 비교 연구를 통해 언어 기능의 모범 예화를 보여 주는 제시대화문이 어떤 모습으로 제공되어야 하는지에 대한 논의를 진행하고자 한다.

5.2 제시대화문 어절의 음절수 구성

'2.2'의 분석 결과를 보면 준구어에서 가장 많이 사용된 어절은 2음절 어절로서 전체 어절의 34.616%를 차지하며 1음절 어절은 26.354%, 3음절 어절은 24.557%로 각각 2위와 3위를 차지한다. 그리고 4음절로 된 어절도 사용률이 비교적 높은데 전체 어절의 10.057%를 차지한다. 이들 네 종류의 어절들은 전체 어절의 95.58%를 차지해 준구어에서의 대부분의 대화들은 이들에 의해 실현된다고 할 수 있다. 이 연구 결과는 드라마와 영화, 남자와 여자가 거의 차이를 보이지 않았는데 이는 위와 같은 쓰임이

---

1) 이소림(2008: ii)를 참고.

상당한 보편성을 갖고 있으며 이것이 한국어 준구어에서 출현하는 어절들의 전형적인 특징이라고 결론지을 수 있다[2].

그런데 이와 같은 한국어 구어 어절의 특징이 한국 국내에서 출판된 9권의 교재들에서는 어떻게 체현되었는지 살펴보기로 한다.

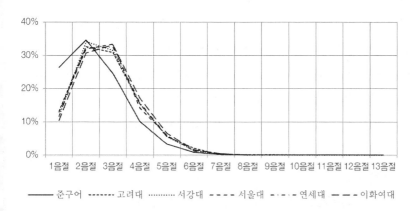

〈그림 144〉 준구어와 한국어 교재의 어절 음절수별 비교

위의 차트를 보면 현재 한국 국내 한국어 교재 내 제시대화문들의 음절수 구성은 준구어와 비교했을 때 차이가 비교적 크게 난다. 5가지 한국어 교재들은 개별적인 음절수의 쓰임에서는 약간한 차이를 보이지만 전체적인 흐름을 보면 대체적으로 서로 비슷한 양상을 보이는데 전부다 2음절과 3음절 어절의 쓰임에서 강세를 보인다. 2음절 어절은 구어와 비슷하게 많이 쓰였지만 준구어에서 강세를 나타낸 1음절 어절은 각종 교재 내에서는 오히려 상당히 적게 쓰인 모습을 보인다. 그리고 4음절, 5음절, 6음절 어절과 같이 음절수가 비교적 많은 어절들에서도 한국어

---

2) 2장의 연구 결과를 한국어 구어 어절의 보편적 특징이라고 일반화하기에는 순구어와의 비교 변수가 이루어지지 않아 일부 무리가 있겠지만 아직까지 순구어 연구진에서 이 영역의 연구 결과를 내놓지 않고 있어 여기서는 잠정적으로 2장의 결과를 한국어 구어 음절수의 사용 특징으로 보기로 한다.

교재들이 실제 구어보다 훨씬 더 많은 사용률을 보인다.

위에서도 제시한 바 있지만 한국어 교재 내 제시대화문들은 학습 목표를 포함하면서 대화 상황에서 효과적으로 목표를 달성할 수 있는 모범적인 사례를 제공해야 한다. 그런데 이런 역할을 맡은 제시대화문들이 위의 차트에서 보여줬던 것과 같이 실제 구어와 큰 차이를 보인다면 분명히 실제성과 구어성의 측면에서 큰 문제를 안고 있다고 할 수 있다. 따라서 본 연구에서는 준구어에서 출현한 어절들의 음절수별 사용 실태를 토대로 향후 한국어 듣기나 말하기 교재 내 제시대화문들은 2음절 어절의 사용은 현 상태를 유지하되 1음절 어절의 사용률은 높이고 음절수가 비교적 많은 3, 4, 5음절 어절들의 사용률은 될수록 낮추어야 한다고 생각한다.

5.3 제시대화문 어절의 형태수 구성

'2.3'의 분석 결과를 보면 준구어에서의 대화들은 1개 형태로 되어 있는 어절이 45.510%, 2개 형태로 되어 있는 어절이 38.283%로 이 두 구조의 어절만 전체 어절의 83.793%를 차지한다. 여기에 3개 형태로 되어 있는 어절 13.770%까지 합치면 이 3개 형태의 어절만 전체 어절의 97.563%이다. 따라서 준구어에서의 대부분의 어절들은 이 세 개 구조에 의해 실현된다고 할 수 있다. 이 결과는 드라마와 영화, 남자와 여자의 비교에서도 큰 차이를 보이지 않아 이것이 한국어 구어의 전형적인 특징 중의 하나라고 할 수 있다.

그렇다면 이와 같은 준구어에서의 어절 내 형태수 쓰임이 5개 대학, 9권의 교재의 제시대화문에서는 어떻게 체현되었는지 살펴보기로 한다.

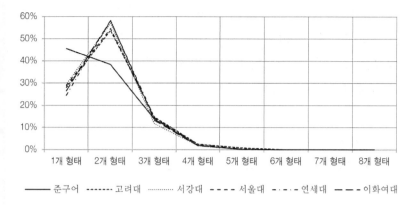

1개 형태	2개 형태	3개 형태	4개 형태	5개 형태	6개 형태	7개 형태	8개 형태

―― 준구어 ······· 고려대 ·········· 서강대 ‒ ‒ ‒ 서울대 ‒ · ‒ · 연세대 ― ― ― 이화여대

〈그림 145〉 준구어와 한국어 교재의 어절 형태수별 비교

위의 차트를 보면 1개 형태로 된 어절과 2개 형태로 된 어절의 사용에서 준구어와 교재 내 제시대화문들이 비교적 큰 차이를 보인다. 준구어에서는 1개 형태로 된 어절이 45.510%로 1위를 차지한 반면 각종 교재들에서는 30%도 채 되지 않아 2위를 차지한다. 그리고 구어에서는 2개 형태로 된 어절이 40%도 되지 않아 2위를 차지한 반면 각종 교재 내 대화문에서는 오히려 사용률이 절반을 넘어 1위를 차지한다. 이 차이는 절대 대부분이 체언과 조사의 결합에서 나타난다. 그 외에 3개 형태로 된 어절부터는 구어와 각종 교재가 거의 비슷한 쓰임을 보인다.

위의 분석 결과는 한국어 듣기나 말하기 교재 편찬자들에게 많은 시사점을 던져준다. 일반적으로 한국어 구어에서는 조사의 생략이 보편적인 현상이지만 한국어 서면어에서는 조사의 생략이 그다지 보편적이지 않다. 그런데 교재 내 제시대화문들이 위와 같이 2개 형태의 어절이 압도적인 우세를 차지하였다면 지금까지 편찬된 한국어 교재 내 제시대화문들은 이 면에서 한국어의 구어성을 염두에 두었다기보다는 오히려 한국어 문법의 규범성에 치중하였다고 할 수 있다. 따라서 향후 한국어 듣기나 말하기 교재 내 제시대화문들은 문장의 규범성을 무조건 따르기보다는 한국어 모어 화자들의 실제 발화 특성에 맞게 상황에 따라 조사가 생략된 어절들을 대폭 증가해야 한다. 이와 같은 개정은 1개 형태로 된 어절의 사용률을 높이는 동시에 2개 형태로 된 어절의 사용률을 낮출 것이며 이렇게 된다면 한국어 구어의 특징에 더욱더 근접할 수 있을 것이다.

5.4 제시대화문 어절의 형태 결합 양상

'2.4'의 분석 결과를 보면 준구어에서 출현한 어절들은 명사류 어절 구조가 가장 많은데 전체 준구어 어절의 32.74%를 차지한다. 그 다음 2, 3, 4위는 동사류 어절 구조와 감탄사류 어절 구조, 부사류 어절 구조로서 각각 17.99%, 14.83%, 12.22%로 전체 어절의 45.05%를 차지한다. 그 외에 대명사류 어절 구조도 8.54%를 차지해 비교적 높은 사용률을 보인다. 이들 5가지 구조 유형은 전체 준구어 어절의 86.33%를 차지하는데 준구어의 어절들은 대부분 이 구조 유형들에 집중되어 있다고 할 수 있다. 그리고 준구어에는 형용사류 어절 구조, 관형사류 어절 구조, 보조용언류 어절 구조, 부정지정사류 어절 구조, 수사류 어절 구조도 출현하지만 준구어 전체 어절에서의 사용률이 그다지 높지 않다. 이 결과는 드라마와 영화, 남자와 여자의 비교에서도 큰 차이를 보이지 않아 한국어 구어 어절의 보편적인 특징이라고 할 수 있다.

그렇다면 준구어의 어절의 위와 같은 형태 결합 양상이 각종 한국어 교재에서는 어떻게 체현되었는지 살펴보기로 한다.

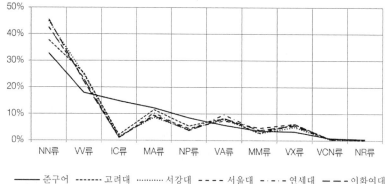

NN류	VV류	IC류	MA류	NP류	VA류	MM류	VX류	VCN류	NR류

——— 준구어 ······· 고려대 ·········· 서강대 - - - - 서울대 -··-· 연세대 ——— 이화여대

〈그림 146〉 준구어와 한국어 교재의 형태 결합 양상에 따른 어절 구조별 비교

위의 차트를 보면 준구어 어절들의 형태 결합 양상과 한국어 교재
내 제시대화문 어절들의 형태 결합 양상은 비교적 큰 차이를 보인다.
5가지 한국어 교재들은 개별적인 구조들의 쓰임에서는 약간한 차이를
보이지만 전체적인 모습은 대체로 비슷한데 명사류 어절, 동사류 어절,
형용사류 어절, 보조용언류 어절 구조는 한국어 교재들에서의 쓰임이
준구어에 비해 비교적 높다. 그리고 구어의 가장 전형적인 특징이라고
할 수 있는 감탄사류 어절 구조와 대명사류 어절 구조의 쓰임에서는
오히려 한국어 교재들에서의 쓰임이 준구어에 비해 훨씬 낮다.

이처럼 실제 구어와는 달리 한국어 교재들에서 문법 상 중요한 기능을
담당하는 명사류, 동사류, 형용사류, 보조용언류 어절 구조들은 사용률이
높은 반면 실제 구어에서 사용률이 높은 감탄사류, 대명사류 어절 구조들
은 오히려 사용률이 낮다는 것은 어절 내 형태 결합 양상에서도 각종
한국어 교재의 제시대화문들이 한국어 구어의 특징을 반영하기 위해
노력했다기보다는 한국어 교육만을 위해 인위적으로 대화문들을 만들어
냈음을 엿볼 수 있다. 따라서 향후 한국어 듣기니 말하기 교새 내 제시대
화문들은 감탄사류 어절 구조와 대명사류 어절 구조의 수량을 증가해야

하며 특히 구어의 특성이 드러날 수 있도록 감탄사류 어절을 많이 사용해야 한다. 반면 명사류, 동사류, 형용사류, 보조용언류 어절 구조들은 그 수량을 약간 줄일 필요가 있다.

그리고 또 하나는 '2.4.1~2.4.9'에서 분석한 결합 양상에 따른 어절 구조 유형 내 개별 구조들을 보면 각 유형들에 전부 상용 구조가 있어 절대 대부분의 대화가 이들을 둘러싸고 진행되는데 이 연구 결과는 드라마와 영화, 남자와 여자의 비교에서도 큰 차이를 보이지 않았다. 따라서 한국어 교재 내 제시대화문 집필 시 명사류 어절 구조는 '2.4.1'의 분석 결과에 따라 전체 명사류 어절의 88.005%를 차지한 1~12위, 대명사류 어절 구조는 '2.4.2'의 분석 결과에 따라 전체 대명사류 어절의 91.751%를 차지한 1~6위, 수사류 어절 구조는 '2.4.3'의 분석 결과에 따라 전체 수사류 어절의 89.831%를 차지한 1~4위, 동사류 어절 구조는 '2.4.4'의 분석 결과에 따라 전체 동사류 어절의 95.264%를 차지한 1~6위, 형용사류 어절 구조는 '2.4.5'의 분석 결과에 따라 전체 형용사류 어절의 94.672%를 차지한 1~7위, 부정지정사류 어절 구조는 '2.4.6'의 분석 결과에 따라 전체 부정지정사류 어절의 97.727%를 차지한 1~5위, 보조용언류 어절 구조는 '2.4.7'의 분석 결과에 따라 전체 보조용언류 어절의 96.495%를 차지한 1~6위, 부사류 어절 구조는 '2.4.8'의 분석 결과에 따라 전체 부사류 어절의 98.004%를 차지한 1~4위, 감탄사류 어절 구조는 '2.4.9'의 분석 결과에 따라 전체 감탄사류 어절의 99.968%를 차지한 1위를 참고하며 특히 이들 중에서도 고빈도로 출현하는 1, 2위 구조들에 유의해야 한다.

5.5 제시대화문 어절의 실질형태 범주별 구성

'3.2'의 분석 결과를 보면 준구어 말뭉치에서 명사의 사용률이 가장 높은데 전체 실질형태의 32.91%를 차지하며 그 다음은 동사로서 전체 실질형태의 17.92%를 차지한다. 여기에 14.90%인 감탄사와 12.28%인 부사까지 합치면 이 4가지 품사는 전체 실질형태의 78.01%를 차지한다. 그 외에 대명사도 8.58%로 비교적 높은 사용률을 보인다. 그리고 형용사는 5.81%, 보조용언은 3.62%, 관형사는 3.57%, 수사는 0.40%로 준구어에서 사용률이 그다지 높지 않다. 이와 같은 결과는 드라마와 영화, 남자와 여자의 비교에서 거의 똑같은 쓰임을 보여 준구어 실질형태 쓰임의 전형적인 특징이라고 할 수 있다.

아래에 준구어, 순구어에서의 실질형태의 쓰임을 각종 교재에서의 실질형태 쓰임과 비교해 보기로 한다.

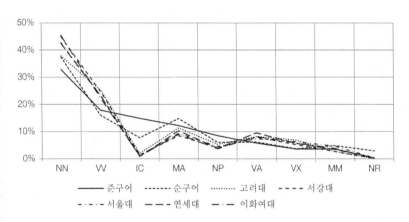

〈그림 147〉 준구어와 순구어, 한국어 교재의 실질형태 범주별 사용 실태 비교

위의 차트를 보면 한국어 교재들은 전체적으로 서로 비슷한 쓰임을 보이는데 이들은 준구어와 순구어의 곡선에 비해 굴곡이 비교적 심하다. 각 비교 항목별로 사용률이 가장 높은 명사는 고려대학교 한국어 교재를 빼놓고 기타 교재에서 그 사용률이 준구어와 순구어보다 비교적 높다. 그리고 농사와 부사의 쓰임을 보면 준구어를 사이에 두고 순구어와 한국

어 교재들이 엇바뀐 모습을 보이는데 동사는 각종 교재에서의 사용률이 순구어보다 높은 반면 부사는 순구어에서의 사용률이 각종 교재보다 높다. 또 감탄사와 대명사는 순구어에서의 사용률이 준구어만큼은 높지 않지만 한국어 교재보다는 비교적 높다. 그 외에 형용사와 보조용언은 준구어와 순구어가 거의 똑같은 쓰임을 보이지만 한국어 교재들은 이들보다 사용률이 높으며 관형사는 준구어, 순구어, 한국어 교재들이 비슷한 쓰임을 보인다. 마지막으로 수사를 보면 준구어와 한국어 교재들에서는 그 쓰임이 비슷한 모습을 보였지만 순구어에서는 이들에 비해 사용률이 비교적 높다.

위의 순구어와 준구어의 곡선이 한국어 구어의 한 단면을 보여준다면 향후 한국어 듣기나 말하기 교재 내 제시대화문들은 실질형태 범주별 쓰임에서 한국어 구어의 특징을 반영할 수 있도록 다음과 같은 개정이 필요하다. 첫째, 명사, 동사, 형용사, 보조용언은 각종 교재에서의 사용률이 준구어보다 높을 뿐만 아니라 순구어보다도 높으므로 향후 제시대화문 집필 시 이들의 사용률을 낮추어야 한다. 둘째, 감탄사, 부사, 대명사는 각종 교재에서의 사용률이 준구어보다 낮을 뿐만 아니라 순구어보다도 낮으므로 향후 제시대화문 집필 시 한국어 구어의 특징을 반영할 수 있도록 이들의 사용률을 높여야 한다. 이렇게 해야만 실질형태 쓰임에서도 한국어 교재 내 제시대화문들이 더욱더 구어적 특성을 띨 수 있을 것이다.

5.6 제시대화문 어절의 형식형태 범주별 구성

5.6.1 조사

먼저 조사의 범주별 쓰임을 보면, '4.2'의 분석 결과 격조사는 전체 준구어 어절에서의 실현율이 17.01%로서 5.84%인 보조사나 0.27%인 접속조사보다 월등히 높다. 이는 드라마와 영화, 남자와 여자의 비교에서도 거의 똑같은 쓰임을 보여 준구어의 전형적인 특징 중의 하나라고 할 수 있다.

아래에 준구어에서의 조사의 위와 같은 범주별 쓰임을 순구어와 한국어 교재들에서의 조사의 범주별 쓰임과 비교해 보기로 한다.

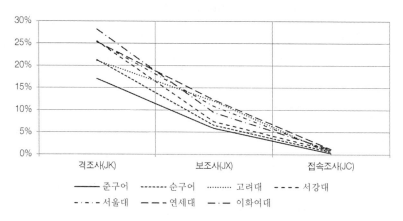

〈그림 148〉 준구어와 순구어, 한국어 교재의 조사 범주별 비교

위의 차트를 보면 모든 한국어 교재가 격조사, 보조사, 접속조사의 사용률이 준구어나 순구어보다 훨씬 높다. 격조사는 이화여자대학교 한국어 교재가 준구어보다 2배 정도 많이 쓰였고 보조사는 연세대학교 한국어 교재가 준구어보나 2배 정도 많이 쓰였다. 이는 '5.3'의 분석 결과

와 연결시켜 분석할 수 있다. '5.3'의 분석 결과 각종 한국어 교재에서 2개 형태로 된 어절 구조가 1개 형태로 된 어절 구조보다 훨씬 더 많이 쓰였다. 체언류 어절 구조의 가장 적은 형태수가 1개 형태라고 할 때 위의 차트에서 보여줬던 각종 한국어 교재들에서의 조사들의 높은 사용률은 형태 결합 양상에 따른 어절 구조에서도 그대로 반영되는 것이다.

따라서 향후 한국어 듣기나 말하기 교재 내 제시대화문들은 격조사의 쓰임에서 맹목적으로 문법적인 규범성을 따르기보다는 한국어 구어적 특성을 올바르게 반영할 수 있도록 상황에 따라 격조사가 생략된 어절들의 사용률을 증가해야 한다. 이렇게 된다면 격조사의 쓰임에서 뿐만 아니라 어절의 형태수 측면에서도 한국어 구어의 특성을 제대로 반영할 수 있을 것이다. 그 외에 보조사와 접속조사도 현유의 사용률에서 준구어나 순구어의 특성에 맞게 하향 조정해야 한다.

두 번째로 격조사의 범주별 쓰임을 보면, '4.2.1'의 분석 결과 준구어 말뭉치에서 서술격조사는 27.52%, 주격조사는 26.32%, 부사격조사는 24.93%로 격조사 전체 출현율의 78.77%를 차지한다. 여기에 11.65%로 4위를 차지한 목적격조사까지 합치면 이들은 격조사 전체 출현율의 90.42%를 차지한다. 따라서 준구어에서 격조사는 주로 이들 4개 범주에 의해 실현된다고 할 수 있다. 그 외 5위인 호격조사는 5.19%, 6위인 관형격조사는 2.62%, 7위인 보격조사는 1.76%, 8위인 인용격조사는 0.02%로 준구어에서의 출현율이 비교적 낮다. 이와 같은 격조사의 범주별 쓰임은 드라마와 영화, 남자와 여자가 큰 차이를 보아지 않아 준구어의 전형적인 특징 중의 하나라고 할 수 있다.

위의 준구어에서의 격조사의 범주별 쓰임을 순구어, 한국어 교재에서의 격조사의 범주별 쓰임과 비교해 보기로 한다.

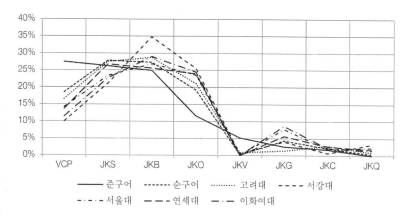

〈그림 149〉 준구어와 순구어, 한국어 교재의 격조사 범주별 비교

위의 차트를 보면 주격조사, 부사격조사, 보격조사, 인용격조사의 쓰임에서는 준구어, 순구어, 한국어 교재들이 일부 공통적인 모습을 보이지만 서술격조사, 목적격조사, 호격조사, 관형격조사에서는 차이가 비교적 크게 난다.

서술격조사를 보면 순구어와 한국어 교재들이 준구어보다 사용률이 낮지만 순구어는 또 한국어 교재들보다 사용률이 높으며, 목적격조사와 관형격조사는 순구어와 한국어 교재들이 준구어보다 사용률이 높지만 순구어는 또 한국어 교재들보다 사용률이 낮다. 다시 말하면 위의 7가지 곡선들을 비교했을 때 서술격조사, 목적격조사, 관형격조사는 준구어와 순구어의 차이가 가장 적다. 그리고 호격조사는 순구어와 한국어 교재들에서 모두 준구어보다 사용률이 낮다. '4.3.1'에서도 제기한 바 있지만 이는 한국어 모어 화자들이 실생활에서 호격조사를 쓰지 않는 것이 아니라 순구어 말뭉치 자체가 대부분 정지된 상황에서 면대면으로 진행된 대화들이기 때문에 호격조사가 출현하지 않은 것이다. 이와 같은 사실은 한국어 교재 내 제시대화문들이 실세성이 결핍하다는 것을 반증하는 결과라고 할 수 있다.

따라서 본 연구에서는 향후 한국어 듣기나 말하기 교재 내 제시대화문의 격조사 범주별 쓰임에 대해 다음과 같은 제언을 하고자 한다. 한국어 교재 내 제시대화문들은 주격조사, 부사격조사, 보격조사, 인용격조사는 현유의 쓰임을 유지하되 한국어 모어 화자들의 구어적 특징을 반영할 수 있도록 서술격조사와 호격조사는 그 사용률을 현재보다 높여야 하며 반면 목적격조사와 관형격조사는 그 사용률을 현재보다 낮추어야 한다.

5.6.2 어미

'4.3'의 분석 결과 전체 준구어 말뭉치에서 어미의 범주별 쓰임을 보면 종결어미가 19.171%로 1위를 차지하였고 연결어미는 10.438%로 2위를 차지하였으며 전성어미는 6.395%로 3위, 선어말어미는 6.116%로 4위를 차지하였다. 이와 같은 쓰임은 드라마와 영화, 남자와 여자의 비교에서 거의 비슷한 양상을 보여 준구어의 전형적인 특징이라고 할 수 있다.
아래에 준구어에서의 어미 범주별 쓰임과 순구어, 한국어 교재에서의 어미 범주별 쓰임을 비교해 보기로 한다.

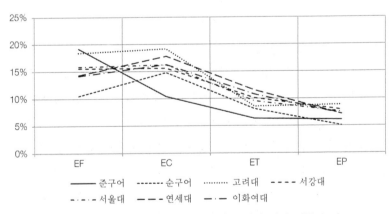

〈그림 150〉 준구어와 순구어, 한국어 교재의 어미 범주별 비교

위의 여러 곡선들을 비교해 보면 종결어미의 쓰임은 준구어가 가장 높고 연결어미와 전성어미의 쓰임은 준구어가 가장 낮으며 선어말어미의 쓰임은 여러 곡선들 중 준구어가 중간에 위치해 있다. 이 중 연결어미와 전성어미는 각종 교재와 순구어에서의 사용률이 준구어보다 높다. 그런데 그 차이를 보면 준구어와 순구어의 차이가 가장 적다. 그리고 선어말어미는 각종 교재에서의 사용률이 준구어보다 높지만 순구어에서의 사용률이 오히려 준구어보다 낮다. 문제는 종결어미의 사용률이다. 종결어미의 사용률을 보면 준구어가 가장 많고 순구어가 가장 적으며 각종 한국어 교재들이 그 중간에 위치해 있다. 그렇다면 한국어 모어 화자들은 실생활 대화에서 드라마나 영화의 대화보다 종결어미를 더 적게 쓰고 연결어미를 더 많이 쓸까? 전술한 바 있지만 순구어의 대화들은 대학생들의 토론이나 교수들의 강의가 많이 포함되어 있기 때문에 복합문이 많고 문장들이 비교적 길다.

따라서 본 연구에서는 향후 한국어 듣기나 말하기 교재 내 제시대화문의 어미 범주별 쓰임에 대해 다음과 같은 제언을 한다. 한국어 교재 내 제시대화문들은 단지 언어 교육만을 위해, 또는 단지 언어적인 규범성만을 위해 긴 대화문을 만들 것이 아니라 한국어 모어 화자들의 실생활 대화의 특징을 반영할 수 있도록 상황에 따라 단일문의 사용률을 증가해야 한다. 그렇게 된다면 연결어미와 전성어미의 사용률은 자연히 낮아질 것이고 종결어미의 사용률은 자연히 높아질 것이다. 그 외에 향후 한국어 교재에서는 위에서 분석한 준구어와 순구어의 특징에 맞게 선어말어미의 사용률을 다소 낮출 필요가 있다.

5.7 나오기

본 장에서 연구자는 언어 기능의 모범 예화를 보여 주는 기존의 한국어 교재 내 제시대화문들이 구어성과 실제성의 측면에서 많은 비판을 받아 왔다는 사실에 입각하여 본 연구의 2장에서 밝힌 준구어의 어절 구조 특징과 3, 4장에서 밝힌 준, 순구어의 실질, 형식형태 범주별 쓰임의 특징을 토대로 고려대학교, 서강대학교, 서울대학교, 연세대학교, 이화여 자대학교의 총 9권의 한국어 교재 내 제시대화문과의 비교 연구를 통해 어느 개별적인 형태의 쓰임이 아니라 큰 틀에서 향후 외국어로서의 한국 어 교재, 특히 한국어 듣기와 말하기 교재 내 제시대화문들의 음절수, 형태수, 형태 결합 양상, 실질형태, 형식형태 범주별 쓰임에 대해 몇 가지 제언을 하였다.

첫째, 어절의 음절수 측면에서 준구어와 기존의 한국어 교재들을 비교 한 결과 비교적 큰 차이를 보였다. 준구어에서는 1음절 어절이 가장 많이 쓰이고 2음절 어절이 2위를 차지한 반면 기존의 한국어 교재들에서 는 2음절 어절과 3음절 어절의 쓰임에서 강세를 보였다. 뿐만 아니라 4음절, 5음절, 6음절 어절과 같이 음절수가 비교적 많은 어절들에서도 기존의 한국어 교재들은 준구어보다 훨씬 더 많은 사용률을 보였다. 따라 서 향후 한국어 듣기나 말하기 교재 내 제시대화문들은 2음절 어절의 사용은 현 상태를 유지하되 1음절 어절의 사용률은 높이고 음절수가 비교적 많은 3, 4, 5음절 어절들의 사용률은 될수록 낮추어야 한다.

둘째, 어절의 형태수 측면에서 준구어와 기존의 한국어 교재들을 비교 한 결과 1개 형태로 된 어절과 2개 형태로 된 어절의 쓰임에서 정반대의 모습을 보이는데 준구어는 1개 형태로 된 어절이 가장 많이 사용된 반면 기존의 한국어 교재에서는 2개 형태로 된 어절이 가장 많이 사용되었다. 이 차이는 절대 대부분이 체언과 조사의 결합에서 나타났다. 따라서 향후 한국어 듣기나 말하기 교재 내 제시대화문들은 문장의 규범성을 무조건 따르기보다는 한국어 모어 화자들의 실제 발화 특성에 맞게 상황에 따라 조사가 생략된 어절들을 대폭 증가해야 한다. 이와 같은 개정은 1개 형태로 된 어절의 사용률을 높이는 동시에 2개 형태로 된 어절의 사용률을 낮출 것이며 이렇게 된다면 한국어 구어의 특징에 더욱더 근접할 수 있을 것이다.

셋째, 형태 결합 양상에 따른 어절 구조들을 비교한 결과 기존의 한국어 교재들은 문법 상 중요한 기능을 담당하는 명사류, 동사류, 형용사류, 보조용언류 어절 구조들은 준구어보다 사용률이 높은 반면 실제 구어에서 사용률이 높은 감탄사류, 대명사류 어절 구조들은 오히려 준구어보다 사용률이 낮았다. 이는 어절 내 형태 결합 양상에서도 각종 한국어 교재의 제시대화문들은 한국어 구어의 특징을 반영하기 위해 노력했다기보다는 한국어 교육만을 위해 인위적으로 대화문들을 만들어 냈음을 알 수 있다. 따라서 향후 한국어 듣기나 말하기 교재 내 제시대화문들은 감탄사류 어절 구조와 대명사류 어절 구조의 수량을 증가해야 하며 특히 구어의 특징이 드러날 수 있도록 감탄사류 어절을 많이 사용해야 한다. 반면 명사류, 동사류, 형용사류, 보조용언류 어절 구조들은 그 수량을 약간 줄일 필요가 있다. 그리고 결합 양상에 따른 어절 구조 유형 내 개별 구조들은 '2.4.1~2.4.9'에서 제시한 상용 구조들을 참고하며 이들 중에서도 특히 고빈도로 출현하는 1, 2위 구조들에 유의해야 한다.

넷째, 실질형태 범주별 쓰임을 보면 준, 순구어와 기존의 한국어 교재들은 역시 비교적 큰 차이를 보인다. 따라서 향후 한국어 듣기나 말하기 교재 내 제시대화문들은 실질형태 범주별 쓰임에서 한국어 구어의 특징을 반영할 수 있도록 다음과 같은 개정이 필요하다. 명사, 동사, 형용사, 보조용언은 기존의 한국어 교재에서의 사용률이 준구어보다 높을 뿐만 아니라 순구어보다도 높으므로 향후 한국어 교재 내 제시대화문 집필

시 3이들의 사용률을 낮추어야 한다. 그리고 감탄사, 부사, 대명사는 기존의 한국어 교재에서의 사용률이 준구어보다 낮을 뿐만 아니라 순구어보다도 낮으므로 향후 한국어 교재 내 제시대화문 집필 시 한국어 구어의 특징을 반영할 수 있도록 이들의 사용률을 높여야 한다. 이렇게 해야만 실질형태 쓰임에서도 한국어 교재 내 제시대화문들이 더욱더 구어적 특성을 띨 수 있을 것이다.

다섯째, 형식형태 범주별 쓰임은 조사와 어미로 나누어 볼 수 있는데 먼저 조사의 범주별 쓰임을 보면 모든 유형에서 기존의 한국어 교재들이 준, 순구어보다 사용률이 높다. 특히 격조사의 사용률에서 차이가 비교적 크게 난다. 따라서 향후 한국어 듣기나 말하기 교재 내 제시대화문들은 격조사의 쓰임에서 맹목적으로 문법적인 규범성을 따르기보다는 한국어 구어적 특성을 올바르게 반영할 수 있도록 상황에 따라 격조사가 생략된 어절들의 사용률을 증가해야 한다. 이렇게 된다면 격조사의 쓰임에서뿐만 아니라 어절의 형태수 측면에서도 한국어 구어의 특성을 제대로 반영할 수 있을 것이다. 그 외에 보조사와 접속조사도 현유의 사용률에서 준구어나 순구어의 특성에 맞게 하향 조정해야 한다. 그리고 격조사의 범주별 쓰임에서 향후 한국어 교재 내 제시대화문들은 주격조사, 부사격조사, 보격조사, 인용격조사는 현유의 쓰임을 유지하되 한국어 모어 화자들의 구어적 특징을 반영할 수 있도록 서술격조사와 호격조사는 그 사용률을 현재보다 높여야 하며 반면 목적격조사와 관형격조사는 그 사용률을 현재보다 낮추어야 한다.

어미의 범주별 쓰임을 보면 종결어미는 준구어에서 가장 많이 쓰이고 연결어미와 전성어미는 준구어에서 가장 적게 쓰였다. 따라서 본 연구에서는 향후 한국어 듣기나 말하기 교재 내 제시대화문의 어미 범주별 쓰임에 대해 다음과 같은 제언을 한다. 한국어 교재 내 제시대화문들은 단지 언어 교육만을 위해, 또는 단지 언어적인 규범성만을 위해 긴 대화문을 만들 것이 아니라 한국어 모어 화자들의 실생활 대화의 특징을 반영할 수 있도록 상황에 따라 단일문의 사용률을 증가해야 한다. 그리고 준구어와 순구어의 특징에 맞게 선어말어미의 사용률을 다소 낮추어야 한다.

끝으로, 준, 순구어와 기존의 한국어 교재들은 위와 같이 각 범주별 쓰임에서의 비교뿐만 아니라 실질형태나 형식형태 각 범주 내 개별 형태의 쓰임에서도 비교 연구가 이루어져야 하지만 본 연구에서 구축한『한국어 교재 말뭉치』는 녹음테이프의 발음을 기준으로 구축된 것이 아니라 교재에 인쇄된 문자를 기준으로 구축되었기 때문에 구어의 전형적인 특징이라고 할 수 있는 이형태나 축약형들이『준구어 말뭉치』와는 달리 『한국어 교재 말뭉치』에는 체현되지 않았다. 그리고 또 하나는『한국어 교재 말뭉치』에 포함된 교재들은 각 대학들에서 발행한 한국어 교재 전체가 아니라 시리즈 중의 일부이기 때문에 개별 형태 측면에서 전체가 반영된 것이 아니라 그 중의 일부만 반영되었다. 따라서 아직까지 실질형태와 형식형태 내 개별 형태에 대한 비교 연구 자체가 불가능하며 이는 차후의 과제로 미루기로 한다.

제6장

결론

제6장 결론

중국 현지 중국인 한국어 학습자들에 대한 설문 조사 결과에서도 알 수 있듯이 언어 학습 환경이 언어 교육에서 결정적 요인 중의 하나라고 한다면 중국에서의 한국어 듣기와 말하기 교육에서 영화와 드라마의 활용은 무엇보다 중요하다고 할 수 있다. 그런데 기존의 연구들을 검토한 결과 한국 영화와 드라마에 대한 연구는 현 단계에 매우 부족한 실정이다. 따라서 연구자는 이들에 대한 연구의 필요성을 인식하고 기존의 연구 성과들에서 보였던 아쉬운 점들을 극복함과 동시에 음절, 어절적 측면 및 형태론적 측면에서 영화와 드라마의 특징 및 한국어 교육에서의 활용 방안을 모색하고자 10편의 영화와 4편의 드라마(5회/편)를 선정하여 음성 전사한 뒤 다시 이 음성 전사 말뭉치의 매개 어절에 대해 형태 분석 주석을 부착하였으며 형태 주석된 어절의 짜임새와 어절 속의 실질형태, 형식형태를 부류별로 목록화하고, 통계학적 방법을 통해 이들 형태들의 빈도와 사용 비율에 대해 살펴보았다. 또한 이 수치를 드라마와 영화, 남자와 여자, '연세국어말뭉치_빈도표'(2011)와 비교 분석을 진행하였으며 마지막에 이 연구 결과들을 다시 '한국어 교재 말뭉치'와 비교 분석을 진행한 다음 한국어 듣기와 말하기 교재 내 제시대화문에 대한 몇 가지 개정 의견을 제시하였다.

구체적으로 살펴보면 다음과 같다.

연구자는 먼저 2장에서 어절이 통사적인 짜임새의 기본적인 단위이면서 또한 형태론적인 짜임새의 최대 단위라는 점을 중시하여 준구어에서 나타나는 어절들의 사용 실태와 그 특징을 밝히고자 준구어에서 나타나는 어절들의 음절수와 형태수, 결합 양상에 대해 통계학적 분석을 진행하였다.

분석 결과, 준구어 어절들은 음절수가 2개, 1개, 3개, 4개인 어절이 전체 어절의 95%를 차지하며 그중 2개, 1개, 3개인 어절이 전체 어절의 85%를 차지한다. 즉, 한국어 준구어에서 인물들의 대화는 절대 대부분이 2음절, 1음절, 3음절 어절에 의해 실현된다고 할 수 있다. 그 외의 구조들은 음절수가 증가할수록 사용률이 급속히 낮아진다. 본 연구에서는 이와 같은 결과를 다시 드라마와 영화, 남자와 여자로 나누어 비교 분석을 진행하였는데 각 비교 항목별로 큰 차이를 보이지 않았다.

준구어 어절들의 형태수를 보면, 준구어에서 인물들 간의 대화는 1, 2, 3개 형태로 된 어절 위주로 이루어지는데 그 중 1개 형태로 된 어절이 45.510%로 가장 많았고 2개 형태로 된 어절이 38.283%로 2위를 차지하였는데 이 두 유형의 어절만으로 83%의 대화가 이루어짐을 알 수 있었다. 여기에 3개 형태로 된 어절 13.770%까지 합치면 98%의 대화가 1, 2, 3개 형태의 어절 위주로 이루어진다고 할 수 있다. 그 외의 구조들은 형태수가 증가할수록 사용률이 급속도로 낮아졌는데 이와 같은 결과는 드라마와 영화, 남자와 여자에 대한 비교 분석에서도 큰 차이를 보이지 않았다.

결합 양상에 따른 어절 구조들의 전반적인 쓰임을 보면, '명사류〉동사류〉감탄사류〉부사류〉대명사류' 어절 구조는 전체 준구어 말뭉치의 86.326%를 차지해 대부분의 어절들이 이 5가지 유형에 의해 실현된다고 할 수 있다. 그 외에 형용사류, 관형사류, 보조용언류, 부정지정사류, 수사류 어절 구조들은 준구어 말뭉치에서 출현율이 그다지 높지 않았다. 본 연구에서는 위의 연구 결과를 다시 드라마와 영화, 남자와 여자로 나누어 비교 분석을 진행하였는데 각 비교 항목별로 큰 차이가 발견되지 않았다.

그 다음 결합 양상에 따른 어절 구조 내의 개별 구조들에 대해 살펴본 결과 각 구조 유형들에는 전부 상용 구조가 있어 절대 대부분의 대화가 이들을 둘러싸고 진행됨이 발견되었다. 또한 위의 두 번째 결론과 일맥상통하는 것으로서 이들 상용 구조들은 대부분 단순 구조들이며 구조가 복잡해질수록 사용률도 급속도로 떨어졌다. 이 결과는 드라마와 영화, 남자와 여자 비교에서도 큰 차이를 보이지 않았다.

3장에서 연구자는 먼저 준구어에서 나타난 실질형태를 크게 명사, 대명사, 수사, 동사, 형용사, 보조용언, 관형사, 부사, 감탄사 등 9개 품사로 나누어 품사들의 전반적인 쓰임에 대해 통계학적 분석을 진행하고 이들을 다시 일반명사, 고유명사, 의존명사, 대명사, 수사, 동사, 형용사, 보조용언, 관형사, 일반부사, 접속부사, 감탄사 등 12개로 세분화하여 개별 품사 내 단어들의 쓰임에 대해 통계학적 분석을 진행하였다.

분석 결과, 준구어에서 품사별 쓰임을 보면 명사, 동사, 부사, 감탄사가 출현율이 아주 높았는데 명사와 동사는 전체 실질형태 출현율의 절반인 50.83%를 차지하였다. 그리고 구어인 만큼 감탄사도 14.90%로 높은 사용률을 보여 3위를 차지하였다. 부사는 12.28%로 감탄사보다는 적지만 그래도 높은 사용률을 보였다. 그 외에 대명사, 수사, 형용사, 보조용언, 관형사는 전반적인 품사별 쓰임에서는 출현율이 그다지 높지 않았으며 특히 수사는 거의 출현하지 않았다. 이 연구 결과는 드라마와 영화, 남자와 여자의 빅 분석에서도 큰 차이를 보이지 않았다. 약간한 차이가 있었다면 드라마는 형용사와 감탄사, 영화는 대명사, 수사, 동사, 관형사에서 약간 높은 사용률을 보였고, 여자는 감정표현에 자주 사용되는 형용사, 부사, 감탄사, 남자는 그 외의 품사에서 여자보다 약간 높은 사용률을 보였다. 그리고 준구어는 대명사, 동사, 부정지정사, 감탄사, 순구어는 명사, 수사, 형용사, 보조용언, 관형사, 부사에서 사용률이 높았다. 그런데 준구어와 순구어의 비교에서 감탄사가 비교적 큰 차이를 나타냈는데 이는 말뭉치 전사 과정과 형태 분석 과정에 서로 다른 지침이 적용된 결과라고 생각된다.

그 다음 준구어에서 품사 내 개별 형태들의 출현율을 차트로 분석한 결과 모든 곡선들의 앞부분이 급속도로 하락하고 중간 부분과 끝 부분이 낮은 수준에서 비교적 평온한 모습을 보여 품사 내 개별 형태수가 많든 적든 모든 품사들에 고빈도로 사용되는 개별 형태들이 존재함을 알 수 있었다. 그 중 일반명사는 품사 내 개별 형태가 많은 것만큼 비교적 산발적인 쓰임을 보인 반면 의존명사, 대명사, 수사, 동사, 형용사, 보조용언, 관형사, 일반부사, 접속부사, 감탄사 등 품사들은 그 쓰임이 소수의 형태에 집중되어 있었다. 본 연구에서는 위의 결과를 다시 드라마와 영화, 남자와 여자로 나누어 비교 분석을 진행하였는데 각 비교 항목별로 일부 차이는 발견되었지만 전반적으로는 비슷한 특징을 보였다. 비교적 큰 차이를 나타낸 품사들로는 일반명사, 수사, 감탄사이다. 그 외의 품사들도 개별 형태의 쓰임에서 일부 차이를 보인 것은 사실이지만 그 차이가 그렇게 크지 않았다. 그리고 품사 내 개별 형태들에 대해 준구어와 순구어에서의 쓰임을 비교한 결과 공통점과 차이점이 발견되었다. 의존명사, 대명사, 동사, 형용사, 보조용언, 관형사, 일반부사, 감탄사 등 품사들은 순구어 곡선의 높은 봉우리들이 대부분 앞쪽에 집중되어 있어 준구어에서 출현율이 높은 개별 형태들이 순구어에서도 출현율이 높고 준구어에서 출현율이 낮은 개별 형태들이 순구어에서도 출현율이 낮음을 알 수 있었다. 하지만 순구어 곡선들의 앞부분이 심한 굴곡을 보여 준구어에서 출현율이 높은 개별 형태들 중에 순구어에서 출현율이 낮은 형태들도 있음을 알 수 있었다. 그 외에 일반명사와 접속부사는 순구어 곡선이 앞쪽뿐만 아니라 뒤쪽에도 비교적 높은 봉우리들이 보여 준구어에서 출현율이 낮거나 출현하지 않은 개별 형태들 중에 순구어에서 출현율이 높은 형태들이 있음이 발견되었다. 또한 준구어와 순구어의 가장 큰 차이는 수사 내 개별 형태들에서 나타났는데 거의 공통점을 발견할 수 없었다.

4장에서 연구자는 준구어에 나타난 형식형태를 크게 굴절접사와 파생접사로 나누고 굴절접사는 다시 조사와 어미, 파생접사는 다시 접두사, 접미사, 어근으로 나누어 그 사용 실태에 대해 통계학적 분석을 진행한 결과 다음과 같은 결론을 얻어내었다.

준구어에서 조사의 범주별 쓰임을 보면 격조사가 붙은 어절이 압도적으로 많아 전체 준구어 어절에서의 실현율이 17.01%이다. 보조사와 접속조사는 격조사와는 비교할 수 없을 정도로 실현율이 적은데 각각 5.84%와 0.25%이다. 본 연구에서는 이와 같은 연구 결과를 다시 드라마와 영화, 남자와 여자로 나누어 비교해 보았는데 각 비교 항목별로도 큰 차이를 보이지 않았다. 그런데 준구어와 순구어를 비교한 결과 순구어에서는 조사의 쓰임이 준구어에 비해 전반적으로 높았는데 특히 격조사는 순구어가 21.31%, 준구어가 17.01%로 순구어가 비교적 높은 사용률을 보였다. 하지만 이는 앞에서도 지적했듯이 실생활에서 한국어 모어 화자들이 조사가 실현된 어절을 드라마나 영화보다 더 많이 사용한다기보다는 순구어 말뭉치가 대학생들의 대화나 대학 교수의 강의를 중심으로 구축되었기 때문에 규범화된 어절들이 많이 사용된 결과이다.

격조사의 소범주별 쓰임을 보면 준구어 말뭉치에서 서술격조사, 주격조사, 부사격조사, 목적격조사는 각각 27.52%, 26.32%, 24.93%, 11.65%로 격조사 전체 출현율의 90.42%를 차지해 준구어에서 격조사는 주로 이들 4개 범주에 의해 실현된다고 할 수 있다. 그 외에 호격조사, 관형격조사, 보격조사, 인용격조사는 준구어에서 실현율이 아주 낮은데 특히 인용격조사는 출현 횟수가 104,451어절에서 4회밖에 되지 않았다. 본 연구에서는 이와 같은 연구 결과를 다시 드라마와 영화, 남자와 여자로 나누어 비교해 보았는데 각 비교 항목별로 큰 차이를 보이지 않았다. 그런데 준구어와 순구어를 비교한 결과 주격조사, 부사격조사, 목적격조사, 관형격조사, 보격조사, 인용격조사는 순구어에서의 출현율이 순구어보다 높있지만 서술격조사와 호격조사에서는 준구어보다 훨씬 낮았다. 이 중 호격조사의 출현율이 낮은 것은 준구어는 이동 중인 상황에서 진행된 대화들이 많고 순구어는 정지된 상황 속에서 진행된 대화들이 많았기 때문에 나타난 결과이다.

격조사 소범주 내 개별 형태들의 출현율을 차트로 분석한 결과 주격조사, 관형격조사, 부사격조사, 목적격조사, 인용격조사는 그 쓰임이 몇 개의 형태에 의해 집중적으로 실현되며 보격조사와 호격조사는 범주 내 각 개별 형태들의 쓰임이 비교적 균일적인 모습을 보였다. 이 결과는 드라마와 영화, 남자와 여자가 큰 차이를 보이지 않았다. 그런데 준구어와 순구어를 비교한 결과 관형격조사, 부사격조사, 서술격조사의 쓰임에서 비교적 큰 차이를 나타냈는데 이 중 관형격조사와 서술격조사의 차이는 두 말뭉치가 구축 과정에 서로 다른 표기 방법을 사용한 것에서 기인한 것이다.

보조사 내 개별 형태들의 출현율을 차트로 분석한 결과 준구어에서 보조사는 대부분 'ㄴ', '두', '은', '는', '만', '요', '나', '까지', '이나' 등 9개 형태에 의해 실현되었으며 이 결과는 드라마와 영화, 남자와 여자가 큰 차이를 보이지 않았다. 그런데 준구어와 순구어의 비교에서는 약간한 차이를 보였다.

접속조사도 역시 소수의 형태에 의해 실현되었는데 이 결과는 드라마와 영화, 남자와 여자의 비교에서 일치하는 부분도 있었지만 비교적 큰 차이를 나타낸 것들도 많았다. 특히 준구어와 순구어의 비교에서 준구어에서 사용률이 낮은 접속조사들이 순구어에서는 사용률이 높은 것들이 많았다.

어미의 범주별 쓰임을 보면 종결어미가 19.171%로 가장 많이 사용되고 연결어미가 10.438%로 2위를 차지했으며 전성어미와 선어말어미는 각각 6.395%, 6.116%로 비슷한 쓰임을 보였다. 이 결과를 다시 드라마와 영화, 남자와 여자로 나누어 비교 분석을 진행하였는데 각 비교 항목별로 큰 차이를 보이지 않았다. 그런데 준구어와 순구어를 비교한 결과 순구어는 준구어와는 달리 연결어미가 종결어미보다 더 많이 쓰였다. 이는 순구어 말뭉치가 대학생들의 토론이나 대학 교수들의 강의를 중심으로 구축되었기 때문에 나타난 결과이다.

어미의 각 범주 내 개별 형태들의 출현율을 차트로 분석한 결과 모든 곡선들의 앞부분이 급속도로 하락하고 중간 부분과 끝 부분이 낮은 수준에서 비교적 평온한 모습을 보여 고빈도로 사용되는 개별 형태들이 있음을 알 수 있었다. 이는 드라마와 영화, 남자와 여자를 비교한 데서도 약간한 차이는 있었지만 큰 차이는 발견되지 않았다. 그런데 준구어와 순구어를 비교한 결과 위의 결과와는 약간 다른 모습을 보였다. 선어말어미, 종결어미, 연결어미, 명사형전성어미, 관형형전성어미는 순구어 곡선의 높은 봉우리들이 대부분 앞쪽에 집중되어 있어 준구어에서 출현율이 높은 개별 형태들이 순구어에서도 출현율이 높고 준구어에서 출현율이 낮은 개별 형태들이 순구어에서도 출현율이 낮음을 알 수 있었지만 종결어미와 연결어미의 비교에서는 순구어 곡선의 앞부분이 심한 굴곡을 보여 준구어에서 출현율이 높은 개별 형태들 중에 순구어에서 출현율이 낮은 형태들도 있음이 발견되었다. 또 순구어 곡선의 중간과 뒷부분에 일부 봉우리들이 보여 준구어에서 출현율이 낮거나 출현하지 않은 종결어미나 연결어미 중에 순구어에서 출현율이 비교적 높은 것들이 있음을 알 수 있었다.

파생접사를 보면, 준구어에서 체언접두사는 모두 47개 형태가 출현하였는데 '여', '부'와 같은 체언접두사들이 사용률이 높은 것은 사실이지만 기타 체언접두사들을 봤을 때 체언접두사의 쓰임이 몇 개의 형태에 집중되었다기 말하기 힘들 정도로 비교적 산발적인 모습을 보였다. 이는 드라마와 영화, 남자와 여자, 준구어와 순구어의 비교에서도 그내로 드러났는데 특히 순구어와 순구어의 비교에서는 거의 접점을 찾기 힘들 정도로 그 차이가 심하게 나타났다.

접미사 소범주 내 개별 형태들의 출현율을 차트로 분석한 결과 모든 곡선들의 앞부분이 급속도로 하락하고 중간 부분과 끝 부분이 낮은 수준에서 비교적 평온한 모습을 보여 모든 접미사에 고빈도로 사용되는 개별 형태들이 있음을 알 수 있었다. 따라서 준구어에서의 접미사들 대부분은 이들 형태에 의해 실현된다고 할 수 있다. 이를 다시 드라마와 영화, 남자와 여자, 준구어와 순구어로 나누어 비교 분석을 진행한 결과 약간한 차이는 있었지만 큰 차이는 발견되지 않았다. 비교적 큰 차이라면 명사파생접미사의 쓰임에서 순구어 곡선이 중간과 끝부분에 들쭉날쭉한 모습을 보여 준구어에서 사용률이 비교적 높은 명사파생접미사들 중에 순구어에서 사용률이 낮은 것들도 있고 준구어에서 사용률이 낮거나 출현하지 않은 명사파생접미사들 중에 순구어에서 사용률이 비교적 높은 것들이 있음을 알 수 있었다.

준구어에서 출현한 어근들을 보면 역시 곡선이 급속도로 하락해 소수의 형태가 많이 쓰임을 알 수 있다. 그런데 이들을 드라마와 영화, 남자와 여자, 준구어와 순구어로 나누어 비교한 결과 앞 몇 개 형태를 내놓고는 그 차이가 비교적 심하였다. 특히 준구어와 순구어를 보면 어근들이 고빈도, 저빈도뿐만 아니라 개별적인 쓰임에서도 비교적 큰 차이를 나타냈다.

5장에서 연구자는 2장에서 밝힌 준구어의 어절 구조 특징과 3, 4장에서 밝힌 준, 순구어의 실질, 형식형태 범주별 쓰임의 특징을 토대로 고려대학교, 서강대학교, 서울대학교, 연세대학교, 이화여자대학교의 총 9권의 한국어 교재 내 제시대화문과의 비교 연구를 통해 향후 한국어 듣기와 말하기 교재 내 제시대화문들의 음절수, 형태수, 형태 결합 양상, 실질형태, 형식형태 범주별 쓰임에 대해 몇 가지 제언을 하였다.

첫째, 어절의 음절수 측면에서 향후 한국어 듣기나 말하기 교재 내 제시대화문들은 2음절 어절의 사용은 현 상태를 유지하되 1음절 어절의 사용률은 높이고 음절수가 비교적 많은 3, 4, 5음절 어절들의 사용률은 될수록 낮추어야 한다.

둘째, 어절의 형태수 측면에서 향후 한국어 듣기나 말하기 교재 내 제시대화문들은 문장의 규범성을 무조건 따르기보다는 한국어 모어 화자들의 실제 발화 특성에 맞게 상황에 따라 조사가 생략된 어절들을 대폭 증가해야 한다.

셋째, 형태 결합 양상에 따른 어절 구조 측면에서 향후 한국어 듣기나 말하기 교재 내 제시대화문들은 감탄사류 어절 구조와 대명사류 어절 구조의 수량을 증가해야 하며 특히 구어의 특징이 드러날 수 있도록 감탄사류 어절을 많이 사용해야 한다. 반면 명사류, 동사류, 형용사류, 보조용언류 어절 구조들은 그 수량을 줄여야 한다. 그리고 결합 양상에 따른 어절 구조 유형 내 개별 구조들은 '2.4.1~2.4.9'에서 제시한 상용 구조들을 참고하며 이들 중에서도 특히 고빈도로 출현하는 1, 2위 구조들에 유의해야 한다.

넷째, 실질형태 측면에서 향후 한국어 듣기나 말하기 교재 내 제시대화문들은 명사, 동사, 형용사, 보조용언은 현재보다 사용률을 낮추어야 하며 감탄사, 부사, 대명사는 현재보다 사용률을 높여야 한다.

다섯째, 형식형태 측면에서 먼저 조사를 보면 향후 한국어 듣기나 말하기 교재 내 제시대화문들은 격조사의 쓰임에서 맹목적으로 문법적인 규범성을 따르기보다는 한국어 구어적 특성을 올바르게 반영할 수 있도록 상황에 따라 격조사가 생략된 어절들의 사용률을 증가해야 한다. 그 외에 보조사와 접속조사도 현유의 사용률에서 준구어나 순구어의 특성에 맞게 하향 조정해야 한다. 그리고 격조사의 범주별 쓰임에서 향후 한국어 교재 내 제시대화문들은 주격조사, 부사격조사, 보격조사, 인용격조사는 현유의 쓰임을 유지하되 한국어 모어 화자들의 구어적 특징을 반영할 수 있도록 서술격조사와 호격조사는 그 사용률을 현재보다 높여야 하며 반면 목적격조사와 관형격조사는 그 사용률을 현재보다 낮추어야 한다. 그 다음 어미를 보면 향후 한국어 교재 내 제시대화문들은 단지 언어 교육만을 위해, 또는 단지 언어적인 규범성만을 위해 긴 대화문을 만들 것이 아니라 한국어 모어 화자들의 실생활 대화의 특징을 반영할 수 있도록 상황에 따라 단일문의 사용률을 증가해야 한다. 그리고 준구어와 순구어의 특징에 맞게 선어말어미의 사용률을 다소 낮추어야 한다.

이상으로 연구자는 형태론적 측면에서 준구어에 대해 그 특징뿐만 아니라 드라마와 영화, 남자와 여자, 준구어와 순구어로 나누어 비교 분석을 진행하였으며 다시 각 범주별 쓰임을 기존의 한국어 교재들과 비교해 본 후 향후 한국어 교재 내 제시대화문에 대해 몇 가지 제언을 하였다. 그런데 외국어로서의 한국어 교육을 위한 제언은 형태론적인 측면뿐만 아니라 음운론, 통사론, 대화분석, 담화분석, 텍스트문법과 같은 다양한 측면에서의 종합적인 연구가 이루어진 다음에 해야 하겠지만 현재는 준구어에 대한 형태론적 연구만 진행되었기 때문에 본 연구의 제언은 단지 형태론적 측면에만 국한된 제언임을 밝히며 앞으로 준구어에 대해 음운론이나 통사론과 같은 연구가 진행된다면 이 제언에 일부 변화가 있을 것으로 생각한다.

참고문헌

저서:

[1] 강범모, 언어, 컴퓨터 코퍼스 언어학, 서울: 고려대학교 출판부, 2003

[2] 강범모·강승식·고성환 외, 한국어와 정보화(우산 홍윤표 교수 회갑 기념 논문집), 서울: 태학사, 2002

[3] 구현정, 대화의 기법(개정), 서울: 한국문화사, 2000

[4] 김영만, 교재의 구성과 개발 방향: 한국어 교육론1, 서울: 한국문화사, 2005

[5] 김영만, 한국어 교육의 이론과 실제, 서울: 역락, 2005

[6] 김중섭, 교재의 과제와 발전 방향: 한국어 교육론1, 서울: 한국문화사, 2005

[7] 남기심·고영근, 표준국어문법론, 서울: 탑출판사, 2001

[8] 노대규, 한국어의 입말과 글말, 서울: 국학자료원, 1996

[9] 박경자·강복남·장복명, 언어교수학, 서울: 박영사, 2006

[10] 박영순·고경태·고은숙 외, 한국어와 한국어교육, 서울: 한국문화사, 2008

[11] 박영순, 외국어로서의 한국어 교육론, 서울: 월인, 2001

[12] 박영순, 한국어 화용론, 서울: 박이정, 2007

[13] 백봉자, 말하기, 듣기 교육의 교수 학습: 한국어 교육론3, 서울: 한국문화사, 2005

[14] 변영계, 교수·학습 이론의 이해, 서울: 학지사, 2000

[15] 서상규 외, 국어 정보학 입문, 파주: 태학사, 1999

[16] 서상규 외, 한국어 구어 연구(1), 서울: 한국문화사, 2002

[17] 서상규 외, 한국어 구어 연구(2), 서울: 한국문화사, 2005

[18] 서종학 외, 한국어 교재론, 파주: 태학사, 2007

[19] 성기철, 한국어 대우법과 한국어 교육, 서울: 글누림, 2007

[20] 성기철, 한국어 문법 연구, 서울: 글누림, 2007

[21] 안영수, 한국어 교재 연구, 서울: 하우, 2008

[22] 우형식, 외국어로서의 한국어 교육론, 부산: 부산외국어대학교 출판부, 2006

[23] 이상억, 서울말 진경 구어 연구, 서울: 박이정, 2006

[24] 이숙, 듣기 수입의 실제 원리: 한국어 교수법의 원리와 실제, 서울: 연세대학교 언어연구교육원, 2008

[25] 임용기·홍윤표, 국어사 연구 어디까지 와 있는가, 서울: 태학사, 2006

[26] 채영희, 문제해결능력 향상을 위한 말하기, 듣기 교육의 실제, 부산: 부경대학 교출판부, 2003

[27] 한국초등국어교육학회, 말하기, 듣기 수업 방법, 서울: 박이정, 2000

[28] 허용·강현화·고명균 외, 외국어로서의 한국어교육학 개론(개정판), 서울: 박이정, 2005

[29] 홍윤표, 살아 있는 우리말의 역사, 서울: 태학사, 2009

논문:

[30] 강명순·이미혜·이정희 외, 한국어 듣기 능력 평가 방안, 한국어교육, 1999, 10(2): 47-94

[31] 강보유, 중국 대학교에서의 한국어 교육과 교수법, 한국어교육, 2002, 13(2): 1-19

[32] 강사회, 외국어로서의 한국어 교수법: 성인 학습자를 위한 새 방향, 외국어로서 의한국어교육, 1999, 23(0): 17-28

[33] 곽상흔, TASK 개념을 기초로 한 듣기 말하기 수업 연계 방안, 한국말 교육, 1994, 5(0): 199-214

[34] 권용해, 초급 한국어 교수법 모델 및 교재 구성에 대한 연구: [박사학위논문], 서울: 성균관대대학원, 2006

[35] 김경지, 중급 학습자를 위한 한국어 교육 연구: [석사학위논문], 서울: 경희대교 육대학원, 2001

[36] 김경희, 한국어 학습자를 위한 TV 드라마 활용 연구: [석사학위논문], 서울: 상명대교육대학원, 2007

[37] 김미숙, 영화를 활용한 한국어 듣기 수업 연구: [석사학위논문], 서울: 이화여대 교육대학원, 2009

[38] 김미자, 영화 "집으로"를 활용한 한국 문화교육 방안: [석사학위논문], 창원: 창원대 교육대학원, 2009

[39] 김서형, 영화를 활용한 한국의 언어와 문화 교육, 우리어문연구, 2009, 35(0): 161-187

[40] 김영만, 영화 및 관련 웹 사이트를 이용한 한국어 고급반 수업 구성 연구,

한말연구, 2007, 20(0): 53-72

[41] 김영희, 한국어 교육에서 영화 활용 수업 방안 연구: [석사학위논문], 부산: 부산외국어대 교육대학원, 2006

[42] 김예영, 한국어의 명령 표현 연구: [석사학위논문], 서울: 한국외국어대 교육대학원, 2008

[43] 김은형, 청소년 드라마의 상대 높임법 사용 양상 연구: [석사학위논문], 충북: 한국교원대 대학원, 2007

[44] 김은호, 고급 문법-문화 통합 한국어교육 연구: [석사학위논문], 서울: 고려대 대학원, 2007

[45] 김재영, 의사소통 향상을 위한 한국어 교육 방안: [석사학위논문], 서울: 동국대 교육대학원, 2004

[46] 김현주, 결혼 이주여성 대상 거절 화행 교육 방안 연구: [석사학위논문], 서울: 한국외국어대 교육대학원, 2009

[47] 김희진, 영화를 활용한 한국어 지도법 연구: [석사학위논문], 부산: 경성대 교육대학원, 2009

[48] 나정선, 영화를 활용한 한국어 문화 교육 방안: [석사학위논문], 경기: 단국대 교육대학원, 2002

[49] 나찬연, 옛말의 문법 교육을 위한 약어와 약호의 체계, 우리말연구, 2010, 27(0): 121~148

[50] 남궁 혜남, 드라마를 활용한 한국어 거절화행 교육 방안 연구: [석사학위논문], 서울: 한국외국어대 대학원, 2009

[51] 노명완, 한국어교육을 위한 교재론: 한국어세계화추진위원회 제2차 한국어 세계화 국제학술대회 발표논문집, 2001

[52] 두위, 한류 미디어 콘텐츠를 활용한 한국어 교육 방법: [석사학위논문], 부산: 신라대 교육대학원, 2007

[53] 류정호, 멀티미디어콘텐츠를 활용한 한국어 교육 방안 연구: [석사학위논문], 인천: 인천대 교육대학원, 2009

[54] 민여은, 접미사 '-답-', '-롭-', '-스럽-'에 대한 한국어 교육학적 연구: [석사학위논문], 서울: 한국외국어대 교육대학원, 2009

[55] 민현식, 한국어 교재의 실태 및 대안, 국어교육연구, 2000, 7(0): 5-60

[56] 민현식, 제2언어토서의 한국어문법교육의 현황과 과제, 새국어생활, 2000, 10(2)

[57] 박경옥, 담화분석을 통한 칭찬화행 연구: [석사학위논문], 서울: 한양대 교육대학원, 2006

[58] 박선희, 영화를 활용한 한국어 고급반 프로젝트 수업, 이중언어학, 2006, 30(0): 179-207

[59] 박수정, 외국어로서의 한국어교육-문학텍스트와 문화교육 활용방안: [석사학위논문], 수원: 아주대 교육대학원, 2008

[60] 박아현, 한국어교육의 담화 교육 방안 연구: [석사학위논문], 서울: 동국대 대학원, 2009

[61] 박영순, 한국어 교재의 개발 현황과 발전 방향, 한국어교육, 2003, 14(3): 169-188

[62] 박지영, 한국어 학습자를 위한 요청화행 교육 방안 연구: [석사학위논문], 서울: 숙명여대 대학원, 2006

[63] 박찬숙, 중급 한국어 수업에서 언어문화 교육을 위한 드라마 활용 방안 연구: [석사학위논문], 천안: 선문대 교육대학원, 2008

[64] 방성원, 통합 교수를 위한 한국어 교재 개발 연구, 한국어교육, 2000, 11(2): 111-131

[65] 방혜숙, 한국어 교재에 나타난 인사표현 양상과 그 효과적 교수 방안 연구, 한국어교육, 2007, 18(1): 155-185

[66] 백봉자, 교재와 교수법을 통해 본 한국어 교육의 역사, 외국어로서의한국어교육, 2001, 25(0): 11-31

[67] 변경희, 영화를 활용한 한국어 듣기 능력 향상 방안 연구: [석사학위논문], 대구: 계명대 대학원, 2009

[68] 서희정, 한국어 교육에서 '무엇'의 기술 방안, 새국어교육, 2009, 83(0): 261-283

[69] 손건, 한국어 교육을 위한 드라마의 장면 활용 방안 연구: [석사학위논문], 부산: 부산외국어대 대학원, 2009

[70] 손호민, 외국어로서의 한국어 교수법의 미래, 국제한국어교육학회 제12차 국제학술대회 발표집, 2002

[71] 손호민, 한국어교육 자료 개발의 새로운 방향, 국제한국어교육학회 제14차 국제학술대회 발표집, 2004

[72] 신혜원·김은아·김은영, TV드라마를 활용한 한국어 교육 자료 개발의 실제, 한국어교육, 2006, 17(1): 265-286

[73] 안윤미, 한국어 학습자를 위한 부정 의문문 교육 방안 연구: [석사학위논문],

서울: 고려대 교육대학원, 2007

[74] 양희진, 드라마 '겨울연가'의 거절 표현 연구: [석사학위논문], 서울: 동덕여대 대학원, 2009

[75] 염수진, 웹기반 한국어 듣기 교육에 대한 연구: [석사학위논문], 서울: 고려대 교육대학원, 2004

[76] 운영, 영화를 활용한 소설 교수-학습 방안 연구, 한국어교육, 2008, 19(1): 1-28

[77] 원수은, 베트남인 한국어 학습자를 위한 속담 교육 연구: [석사학위논문], 서울: 경희대 교육대학원, 2003

[78] 원진숙, 숙달도 배양을 위한 한국어 교재의 단원 구성 체제 개선 방안, 이중언 어학, 2000, 17(0): 175-205

[79] 윤지훈, 외국어로서 한국어 어휘 지도 방안: [석사학위논문], 경기: 단국대 교육 대학원, 2008

[80] 이근용, 영화를 활용한 한국어 어휘 및 표현 교육 연구, 영상영어교육, 2008, 9(2): 173-192

[81] 이명주, 영화 '춘향전'을 통한 한국 문화 교육 방법: [석사학위논문], 부산: 부산 외국어대 교육대학원, 2004

[82] 이선영, 드라마를 활용한 말하기 능력 신장 방안 연구: [석사학위논문], 서울: 한국교원대 대학원, 2007

[83] 이언경, 한국어 교육에서 청자 대우법 연구: [석사학위논문], 서울:연세대 교육 대학원, 2005

[84] 이윤영, 한국어 문법 교육 방안 연구: [석사학위논문], 서울:고려대학교 교육대 학원, 2005

[85] 이윤희, TV 드라마를 통한 여성결혼이민자의 한국어 말하기 교육 방안: [석사 학위논문], 서울: 배재대 대학원, 2010

[86] 이은희, 한국어 교육을 위한 명령형 어미 연구, 청람어문교육, 2009, 40(0): 71-95

[87] 이정희, 영화를 통한 한국어 수업 방안 연구, 한국어교육, 1999, 10(1): 221-240

[88] 이해영, 통합성에 기초한 교재 개작의 원리와 실제, 한국어교육, 1999, 10(2): 273-294

[89] 이해영, 학문 목적 한국어 교과과정 설계 연구, 한국어교육, 2004, 15(1): 137-164

[90] 임금복, 영화 '내 마음의 풍금'에 나타난 한국문화 교육 방안, 새국어교육,

2009, 82(0): 309-340

[91] 전지수, 드라마를 이용한 한국어 교육방법 연구: [석사학외논문], 천안: 선문대 교육대학원, 2006

[92] 조정남, 한국어 교육을 위한 칭찬-반응 화행 대응쌍 연구: [석사학위논문], 서울: 배재대 대학원, 2010

[93] 진교어, 영화·드라마를 활용한 과정 중심 한국어 듣기 수업모형 연구: [석사학위논문], 서울: 배재대 대학원, 2009

[94] 최지혜, 영화를 활용한 한국어 듣기 교육 방법 연구: [석사학위논문], 부산: 부산대 대학원, 2009

[95] 하지선, 한국어교육을 위한 종결기능 연결어미 연구: [석사학위논문], 서울: 한양대 교육대학원 석사학위논문, 2006

[96] 한선, 영상 매체를 활용한 한국 생활 문화 교육 방안 연구: [석사학위논문], 서울: 경희대 교육대학원, 2008

[97] 홍순주, 시각자료를 활용한 한국어 교육 방안 연구: [석사학위논문], 서울: 경희대 교육대학원, 2006

[98] 홍주희, 드라마에서 나타난 한국어와 중국어의 사과 화행 연출: [석사학위논문], 서울: 연세대 교육대학원, 2010

기타:

[99] 사서편집국, 표준국어대사전, 서울: 두산동아, 1999

[100] 연세대학교언어정보개발연구원, 연세한국어사전, 서울: 두산동아, 1998

부록1 - 준구어 형태소 목록

1. 일반명사(NNG)

1.말, 2.사람, 3.일, 4.엄마, 5.새끼, 6.집, 7.애기, 8.때, 9.생각, 10.애, 11.오빠, 12.여자, 13.사랑, 14.아저씨, 15.아빠, 16.전화, 17.돈, 18.놈, 19.형, 20.미안, 21.친구, 22.남자, 23.자식, 24.시간, 25.전, 26.할아버지, 27.마음, 28.이번, 29.결혼, 30.감사, 31.밥, 32.앞, 33.안녕, 34.말씀, 35.차, 36.소리, 37.눈, 38.선생, 39.아버지, 40.술, 41.영화, 42.걱정, 43.연락, 44.얼굴, 45.상황, 46.호텔, 47.문제, 48.옷, 49.정도, 50.손님, 51.아들, 52.머리, 53.손, 54.아줌마, 55.다음, 56.이상, 57.날, 58.언니, 59.부탁, 60.얼마, 61.학교, 62.누나, 63.바보, 64.아부지, 65.입, 66.확인, 67.배우, 68.축하, 69.자리, 70.잘못, 71.준비, 72.기억, 73.나중, 74.아가씨, 75.지금, 76.딸, 77.형님, 78.회장, 79.생일, 80.노래, 81.동생, 82.속, 83.어머니, 84.이름, 85.사이, 86.학생, 87.병원, 88.남, 89.시작, 90.여행, 91.요원, 92.지랄, 93.처음, 94.오늘, 95.정신, 96.촬영, 97.문, 98.인생, 99.김밥, 100.부모, 101.상무, 102.가족, 103.거짓말, 104.방, 105.사진, 106.세상, 107.수고, 108.인간, 109.필요, 110.후, 111.공부, 112.선물, 113.애기, 114.경찰, 115.나이, 116.마지막, 117.안, 118.가능, 119.국장, 120.배, 121.비행, 122.인사, 123.할머니, 124.물, 125.가슴, 126.과외, 127.목걸이, 128.약속, 129.회사, 130.불, 131.임무, 132.편지, 133.혼자, 134.몸, 135.저녁, 136.진짜, 137.청소, 138.행복, 139.다, 140.다리, 141.맘, 142.사연, 143.아침, 144.조심, 145.값, 146.개새끼, 147.고모, 148.끝, 149.나무, 150.옛날, 151.카드, 152.화장, 153.가방, 154.고생, 155.기집애, 156.길, 157.박사, 158.선배, 159.웬일, 160.자신, 161.쪽, 162.최고, 163.한잔, 164.기분, 165.대기, 166.빵, 167.사고, 168.이유, 169.이해, 170.기자, 171.내일, 172.방송, 173.시끼, 174.팀, 175.사실, 176.피, 177.가짜, 178.꿈, 179.나라, 180.물건, 181.별거, 182.비밀, 183.용서, 184.위험, 185.짜식, 186.하루, 187.결정, 188.난리, 189.다행, 190.대답, 191.밤, 192.별장, 193.선수, 194.장난, 195.냄새, 96.바이러스, 197.반, 198.비, 199.수업, 200.아이, 201.잠, 202.티켓, 203.프로, 204.기사, 205.께임, 206.꼴, 207.바람, 208.번호, 209.사장, 210.손녀, 211.수술, 212.실장, 213.애인, 214.옆, 215.완료, 216.위, 217.위치, 218.재수, 219.정보, 220.귤, 221.담배, 222.도착, 223.뒤, 224.마누라, 225.며칠, 226.사

건, 227.사정, 228.아까, 229.약, 230.해결, 231.핸드폰, 232.힘, 233.가수, 234.개, 235.과장, 236.관계, 237.대통령, 238.똥, 239.미래, 240.밖, 241.반말, 242.발, 243. 본인, 244.상관, 245.스타, 246.신문, 247.싸가지, 248.정리, 249.조직, 250.주인공, 251.총, 252.키스, 253.파악, 254.피곤, 255.하늘, 256.화, 257.계약, 258.관광, 259. 깡패, 260.떡, 261.모습, 262.보고, 263.싸인, 264.어른, 265.여사, 266.요청, 267.지 난번, 268.추적, 269.커피, 270.판단, 271.현장, 272.결과, 273.관심, 274.느낌, 275. 닭, 276.명령, 277.방해, 278.스톱, 279.실수, 280.아기, 281.아주머니, 282.운명, 283.죄, 284.출판, 285.카메라, 286.컨셉, 287.통화, 288.팬, 289.포기, 290.하리마 오, 291.개발, 292.검사, 293.긴장, 294.땅, 295.뜻, 296.바닥, 297.반지, 298.북쪽, 299.사과, 300.사업, 301.성공, 302.식사, 303.실례, 304.쓰레기, 305.오랜만, 306. 오줌, 307.오후, 308.우산, 309.이동, 310.입국, 311.자료, 312.주인, 313.진심, 314. 짐, 315.침대, 316.콜라, 317.택시, 318.특별, 319.기념, 320.기회, 321.망명, 322.밑, 323.소개, 324.순간, 325.시험, 326.예전, 327.정말, 328.존재, 329.지하, 330.직원, 331.취소, 332.타겟, 333.한마디, 334.감독, 335.건강, 336.건물, 337.곁, 338.곤란, 339.공장, 340.괴물, 341.교칙, 342.금지, 343.녹음, 344.대상, 345.도움, 346.매니 저, 347.방법, 348.상처, 349.상태, 350.서류, 351.성격, 352.성형, 353.소설, 354.암 살, 355.양심, 356.에미, 357.연기, 358.외국, 359.운전, 360.이야기, 361.인정, 362. 인터넷, 363.입술, 364.입장, 365.작전, 366.장사, 367.진행, 368.질문, 369.콘서트, 370.콩깍지, 371.테러, 372.티, 373.하수, 374.휴가, 375.가이드, 376.간장공장, 377. 경험, 378.과거, 379.교육, 380.목, 381.새벽, 382.선택, 383.수준, 384.스캔들, 385. 신부, 386.아버님, 387.연결, 388.연습, 389.책, 390.취직, 391.피아노, 392.감정, 393.귀신, 394.그지, 395.꽃, 396.눈물, 397.뉴스, 398.단독, 399.대사, 400.맛, 401. 반응, 402.반칙, 403.방송국, 404.분위기, 405.비서, 406.뽀뽀, 407.생활, 408.선, 409.싸이코, 410.씨발, 411.암호, 412.연애, 413.열, 414.영어, 415.오른쪽, 416.왼 쪽, 417.우유, 418.위원, 419.유학, 420.의도, 421.이모, 422.이용, 423.자연, 424.출 근, 425.코, 426.허리, 427.환자, 428.회의, 429.후회, 430.가게, 431.경우, 432.고통, 433.귀, 434.그날, 435.미인, 436.반찬, 437.방향, 438.복, 439.분석, 440.불편, 441. 빛, 442.사망, 443.삼촌, 444.상대, 445.샤워, 446.설, 447.설명, 448.성질, 449.수영, 450.스타일, 451.신경, 452.여자애, 453.오해, 454.원발, 455.음식, 456.의미, 457. 의사, 458.이사, 459.인기, 460.인물, 461.입양, 462.자체, 463.조카, 464.졸업, 465.

죽음, 466. 집안, 467. 짜장면, 468. 출발, 469. 투입, 470. 해외, 471. 회식, 472. 훈련, 473. 감시, 474. 강의, 475. 개인, 476. 계획, 477. 고백, 478. 공식, 479. 관련, 480. 광고, 481. 기, 482. 기대, 483. 녀석, 484. 다음주, 485. 도둑, 486. 도시락, 487. 돌머리, 488. 모양, 489. 목숨, 490. 무리, 491. 무식, 492. 발견, 493. 배달, 494. 볼일, 495. 사모, 496. 살, 497. 삶, 498. 삽, 499. 생물, 500. 세계, 501. 수행, 502. 시대, 503. 신, 504. 신분, 505. 싸람, 506. 쑈, 507. 어머님, 508. 어제, 509. 우승, 510. 우연, 511. 원장, 512. 유명, 513. 의자, 514. 이미지, 515. 작가, 516. 작업, 517. 잡지, 518. 전문, 519. 조류, 520. 주문, 521. 주제, 522. 진정, 523. 착각, 524. 처리, 525. 출연, 526. 출입, 527. 콩, 528. 타입, 529. 테니스, 530. 특임, 531. 파티, 532. 팔, 533. 핵, 534. 행동, 535. 회계, 536. 가정, 537. 간호, 538. 감기, 539. 계약서, 540. 고객, 541. 고기, 542. 고아, 543. 곡, 544. 공짜, 545. 공항, 546. 관리, 547. 규정, 548. 그전, 549. 기술, 550. 남편, 551. 내기, 552. 노인, 553. 눈빛, 554. 대신, 555. 등, 556. 딸내미, 557. 매점, 558. 맥주, 559. 명품, 560. 모델, 561. 모유, 562. 목소리, 563. 목수, 564. 미행, 565. 변태, 566. 병, 567. 분유, 568. 비디오, 569. 비상, 570. 사기, 571. 사생활, 572. 색깔, 573. 서리, 574. 소문, 575. 식구, 576. 신고, 577. 쌍, 578. 쏘리, 579. 아가, 580. 아래, 581. 엉망, 582. 열쇠, 583. 예약, 584. 예정, 585. 오라버니, 586. 오징어, 587. 와인, 588. 월급, 589. 의원, 590. 이후, 591. 인터뷰, 592. 일등, 593. 일정, 594. 작정, 595. 잔치, 596. 저격, 597. 저번, 598. 전원, 599. 접근, 600. 접촉, 601. 조사, 602. 조폭, 603. 주먹, 604. 지원, 605. 직업, 606. 치료, 607. 키, 608. 탈출, 609. 파일링, 610. 표, 611. 피디, 612. 핵무기, 613. 확보, 614. 간첩, 615. 건달, 616. 경고, 617. 계집애, 618. 고딩, 619. 고향, 620. 교재, 621. 교통, 622. 국밥, 623. 군대, 624. 그림, 625. 근처, 626. 기도, 627. 김치, 628. 깍두기, 629. 내용, 630. 노가다, 631. 노력, 632. 눈앞, 633. 눔, 634. 단계, 635. 단순, 636. 댁, 637. 도시, 638. 동네, 639. 따귀, 640. 따님, 641. 땀, 642. 띱때, 643. 라디오, 644. 마무리, 645. 마을, 646. 미군, 647. 미혼모, 648. 보상, 649. 부분, 650. 비행기표, 651. 뻐스, 652. 사, 653. 사돈, 654. 살포, 655. 상상, 656. 새, 657. 생명, 658. 세균, 659. 손녀딸, 660. 손자, 661. 수학, 662. 순경, 663. 순수, 664. 숨, 665. 시절, 666. 식, 667. 실패, 668. 압수, 669. 애비, 670. 약혼, 671. 에이, 672. 여관, 673. 여성, 674. 여인, 675. 예술, 676. 오픈, 677. 왕, 678. 운영, 679. 의지, 680. 이혼, 681. 작년, 682. 재미, 683. 절, 684. 정학, 685. 젖, 686. 조국, 687. 종일, 688. 주차, 689. 창문, 690. 챙피, 691. 통역, 692. 디미, 693. 폭행, 694. 피해, 695. 학년, 696. 현재, 697. 회견, 698. 휴식, 699. 각시, 700. 간병, 701. 거울, 702. 겨울, 703.

계산, 704.계속, 705.골뱅이, 706.공, 707.공무, 708.공사, 709.과일, 710.과정, 711. 구상, 712.국가, 713.국내, 714.그때, 715.글, 716.기관, 717.기차, 718.꼬마, 719.꼼 짝, 720.끝장, 721.날짜, 722.내부, 723.노출, 724.눈사람, 725.늠, 726.다마, 727.달 빛, 728.덕분, 729.도망, 730.돌고래, 731.또라이, 732.마찬가지, 733.먼지, 734.면 허, 735.명심, 736.명함, 737.목적, 738.미련, 739.바지, 740.반납, 741.반복, 742.방 학, 743.배치, 744.백작, 745.백화점, 746.병신, 747.부자, 748.불만, 749.빗, 750.빨 간색, 751.빵꾸, 752.사내, 753.사무, 754.사살, 755.삼겹살, 756.서쪽, 757.성, 758. 세탁, 759.소박, 760.소식, 761.소원, 762.수, 763.스케줄, 764.스트레스, 765.시집, 766.실망, 767.실연, 768.쌀, 769.씨발놈, 770.씨씨티비, 771.안내, 772.연극, 773. 영감탱이, 774.예상, 775.옐로우, 776.완벽, 777.우울, 778.운, 779.위로, 780.유일, 781.음악, 782.의외, 783.인연, 784.일반, 785.자랑, 786.작품, 787.잠깐, 788.재판, 789.적, 790.전공, 791.정치, 792.정확, 793.주변, 794.주사, 795.주의, 796.줄, 797. 중학교, 798.지갑, 799.참가, 800.책임, 801.철수, 802.체크, 803.초대, 804.춘, 805. 총알, 806.추억, 807.춤, 808.충고, 809.태양, 810.테스트, 811.팬토탈, 812.하사, 813.혐이, 814.협조, 815.호위, 816.후보, 817.가을, 818.가출, 819.겁, 820.결심, 821.경기, 822.경호, 823.계단, 824.고개, 825.고집, 826.공갈, 827.공개, 828.공격, 829.공연, 830.구경, 831.구급차, 832.구분, 833.국, 834.군인, 835.기록, 836.기적, 837.기절, 838.기획, 839.날라리, 840.남쪽, 841.놀이공원, 842.눈깔, 843.눈치, 844. 단체, 845.담, 846.담당, 847.당첨, 848.대학, 849.대학원, 850.도박, 851.독재, 852. 둘째아들, 853.뒤통수, 854.라이트, 855.마케팅, 856.만찬, 857.매력, 858.메뉴, 859.무대, 860.무시, 861.무지개, 862.미역국, 863.반경, 864.반대, 865.방안, 866. 백수, 867.변호, 868.별일, 869.병실, 870.보균, 871.보수, 872.보장, 873.볼, 874.부 상, 875.부인, 876.부잣집, 877.부족, 878.빈손, 879.빨래, 880.뼈, 881.사채, 882.사 항, 883.산, 884.살해, 885.소, 886.소장, 887.속도, 888.손가락, 889.손목, 890.수건, 891.수집, 892.스토커, 893.슬픔, 894.시골, 895.신랑, 896.신뢰, 897.신발, 898.신 세, 899.신원, 900.신인, 901.신체, 902.실력, 903.실제, 904.심정, 905.싸움, 906.써 비스, 907.씨나리오, 908.아이스크림, 909.알바, 910.액션, 911.양반, 912.양보, 913.어린이, 914.어젯밤, 915.여기저기, 916.여름, 917.역, 918.영혼, 919.오바, 920. 요리, 921.욕, 922.우, 923.유출, 924.이메일, 925.이전, 926.이틀, 927.인질, 928.잠 시, 929.잠적, 930.장면, 931.재능, 932.적응, 933.전교, 934.전망, 935.전학, 936.접

선, 937.정밀, 938.존중, 939.주위, 940.중심, 941.증명, 942.지도, 943.지역, 944.직장, 945.질색, 946.쫌, 947.차원, 948.처지, 949.청취, 950.체포, 951.추정, 952.출국, 953.출신, 954.출장, 955.침, 956.칼, 957.컷, 58.코디네이터, 959.코스, 960.클럽, 961.통일, 962.통제, 963.퇴근, 964.투자, 65.트럭, 966.특기, 967.학습, 968.한쪽, 969.할머님, 970.핵심, 971.행사, 972.허락, 973.현실, 974.현지, 975.호출, 976.화보, 977.환영, 978.환장, 979.훈육관, 980.흥분.[1]

2. 의존명사(NNB)

1.거, 2.씨, 3.수, 4.번, 5.줄, 6.것, 7.분, 8.년, 9.터, 10.중, 11.데, 12.원, 13.때문, 14.꺼, 15.적, 16.시, 17.짓, 18.만, 19.개, 20.곳, 21.명, 22.점, 23.쪽, 24.동안, 25.살, 26.대, 27.대루, 28.뻔, 29.지, 30.장, 31.시간, 32.척, 33.땜, 34.일, 35.층, 36.가지, 37.달, 38.주일, 39.프로, 40.만큼, 41.리, 42.잔, 43.포인트, 44.김, 45.내, 46.듯, 47.양, 48.이상, 49.개월, 50.덕, 51.방, 52.뿐, 53.초, 54.통, 55.미터, 56.바, 57.법, 58.군데, 59.바람, 60.병, 61.집, 62.끼, 63.등, 64.마디, 65.벌, 66.호.[2]

3. 대명사(NP)

1.나, 2.너, 3.뭐, 4.내, 5.이거, 6.우리, 7.저, 8.니, 9.그거, 10.어디, 11.여기, 12.누구, 13.제, 14.당신, 15.자기, 16.누, 17.거기, 18.걔, 19.그녀, 20.저희, 21.얘, 22.저거, 23.쟤, 24.그쪽, 25.이쪽, 26.언제, 27.이것, 28.아무것, 29.지, 30.거, 31.저기, 32.여러분, 33.자네, 34.그, 35.아무, 36.이놈, 37.그놈, 38.이눔, 39.이년, 40.그것, 41.그분, 42.이, 43.저쪽, 44.뭣, 45.그애, 46.그이, 47.너희, 48.아무거, 49.저년, 50.저놈, 51.그년, 52.요거, 53.댁, 54.무엇, 55.이곳, 56.이분.[3]

---

1) 이상 일반명사들은 준구어 전체 일반명사 출현율의 77.790%를 차지함.
2) 이상 의존명사들은 준구어 전체 의존명사 출현율의 97.795%를 차지함.
3) 이상 대명사들은 준구어 전체 대명사 출현율의 99.072%를 차지함.

4. 수사(NR)

1.하나, 2.둘, 3.셋, 4.투, 5.원, 6.일, 7.쓰리, 8.완, 9.넷, 10.쎄븐.[4]

5. 동사(VV)

1.하, 2.가, 3.되, 4.알, 5.오, 6.그러, 7.보, 8.먹, 9.모르, 10.죽, 11.살, 12.받, 13.브, 14.맞, 15.주, 16.나가, 17.나오, 18.만나, 19.들어가, 20.디, 21.이러, 22.사, 23.쓰, 24.나, 25.들, 26.듣, 27.드리, 28.잡, 29.자, 30.보이, 31.기다리, 32.놓, 33.찾, 34.치, 35.일어나, 36.미치, 37.타, 38.보내, 39.어쩌, 40.믿, 41.힘들, 42.죽이, 43.다 니, 44.앉, 45.만들, 46.생기, 47.갔다오, 48.갖, 49.울, 50.찍, 51.대하, 52.버리, 53.마시, 54.가지, 55.입, 56.들어오, 57.끝나, 58.내, 59.부르, 60.위하, 61.걸리, 62.싸, 63.내리, 64.떠나, 65.묻, 66.계시, 67.남, 68.때리, 69.놀, 70.두, 71.돌아가, 72.돕, 73.빠지, 74.데리, 75.서, 76.열, 77.시키, 78.읽, 79.낳, 80.웃, 81.뜨, 82.키우, 83.돌아오, 84.바라, 85.팔, 86.헤어지, 87.들오, 88.참, 89.비키, 90.구하, 91.들리, 92.잊, 93.끊, 94.도망가, 95.움직이, 96.지키, 97.팔리, 98.걸, 99.빼, 100.올라가, 101.이기, 102.잘되, 103.다치, 104.따라오, 105.쏘, 106.원하, 107.그르, 108.늦, 109.돌, 110.바꾸, 111.배우, 112.사귀, 113.차리, 114.닮, 115.신경쓰, 116.웃기, 117.정신차리, 118.갚, 119.까, 120.뛰, 121.찾아오, 122.가져오, 123.떨어지, 124. 모시, 125.지내, 126.짓, 127.터지, 128.나타나, 129.벗, 130.쉬, 131.싸우, 132.잃, 133.잘살, 134.맞추, 135.뵈, 136.지나가, 137.책임지, 138.데려오, 139.돌리, 140. 붙, 141.붙이, 142.사라지, 143.알리, 144.인나, 145.자라, 146.찾아가, 147.풀, 148. 대, 149.물어보, 150.지, 151.큰일나, 152.가르치, 153.놀래, 154.변하, 155.올리, 156.취하, 157.가만있, 158.넣, 159.따, 160.맡, 161.바주, 162.잊어버리, 163.챙기, 164.갖다주, 165.내놓, 166.넘, 167.속이, 168.숨기, 169.어울리, 170.잡히, 171.까 불, 172.끌, 173.넘어가, 174.놀라, 175.말, 176.벌, 177.저러, 178.피하, 179.고르, 180.느끼, 181.맡기, 182.밀, 183.밝히, 184.빕, 185.세우, 186.알아브, 187.얻, 188. 지나, 189.그만두, 190.까먹, 191.놓치, 192.뒤지, 193.따르, 194.막, 195.알아듣, 196.전하, 197.피, 198.꺼지, 199.나누, 200.당하, 201.떨, 202.막히, 203.바뀌, 204.

---

4) 이상 수사들은 준구어 전체 수사 출현율의 75.363%를 차지함.

박, 205.신, 206.씻, 207.잃어버리, 208.태어나, 209.패, 210.굶, 211.깨, 212.끄, 213.남기, 214.닫, 215.들키, 216.봐주, 217.붓, 218.살려주, 219.외우, 220.자빠지, 221.주무시, 222.힘내, 223.걷, 224.끝내, 225.끼, 226.낳(놓), 227.넘기, 228.눕, 229.다녀오, 230.닥치, 231.뚫, 232.만지, 233.먹이, 234.모으, 235.물어브, 236.속, 237.썩, 238.알아보, 239.치우, 240.튀, 241.관두, 242.구르, 243.깔, 244.꺼내, 245.꾸, 246.끝내주, 247.나서, 248.내려가, 249.달, 250.던지, 251.땊, 252.밟, 253.벌리, 254.쓰러지, 255.엎드리, 256.올라오, 257.지우, 258.짜증나, 259.찢, 260.찾아보, 261.태우, 262.통하, 263.훔치, 264.고치, 265.닦, 266.땡기, 267.망하, 268.멕이, 269.모자라, 270.무너지, 271.바르, 272.비추, 273.뽑, 274.생각나, 275.안, 276.업, 277.정하, 278.즐기, 279.차, 280.추, 281.화내, 282.가리, 283.가져가, 284.감, 285.건드리, 286.내려오, 287.냅두, 288.늘, 289.데려가, 290.뒈지, 291.말리, 292.망치, 293.밉, 294.반하, 295.버티, 296.부리, 297.뺏, 298.숨, 299.업히, 300.잇, 301.켜, 302.털, 303.파, 304.기달리, 305.깔리, 306.끼치, 307.내주, 308.달리, 309.돌려주, 310.떠들, 311.떼, 312.망가지, 313.머무르, 314.바라보, 315.받아들이, 316.불러내, 317.빌리, 318.소리지르, 319.숨쉬, 320.싸지르, 321.오르, 322.이르, 323.째, 324.처먹, 325.택하, 326.틀리, 327.피우, 328.흘리, 329.갈, 330.견디, 331.굴, 332.기르, 333.기억나, 334.깨어나, 335.깨지, 336.꼬시, 337.나두, 338.날리, 339.널리, 340.넘어지, 341.놀리, 342.눈치채, 343.도망치, 344.때우, 345.띠, 346.모이, 347.물, 348.밀리, 349.불, 350.붙잡, 351.비, 352.비우, 353.살리, 354.새, 355.썩이, 356.앓, 357.열리, 358.의하, 359.이루, 360.입히, 361.장난치, 362.재우, 363.적, 364.접, 365.지켜보, 366.집, 367.집어넣, 368.쫓겨나, 369.찌르, 370.찾아브, 371.체하, 372.쳐다보, 373.화나, 374.흔들리.[5]

6. 형용사(VA)

1.있, 2.아니, 3.없, 4.좋, 5.같, 6.괜찮, 7.그렇, 8.많, 9.싫, 10.아프, 11.고맙, 12.나쁘, 13.이쁘, 14.어떻, 15.크, 16.맛있, 17.바쁘, 18.다르, 19.어리, 20.급하, 21.무섭, 22.재밌, 23.멋있, 24.어딨, 25.예쁘, 26.그릏, 27.똑같, 28.쉽, 29.반갑, 30.멋지, 31.필요없, 32.시끄럽, 33.편하, 34.심하, 35.비싸, 36.쎄, 37.궁, 38.낫,

---

5) 이상 동사들은 준구어 전체 동사 출현율의 93.931%를 차지함.

39.늦, 40.뜨겁, 41.슬프, 42.잘나, 43.길, 44.그, 45.아깝, 46.징그럽, 47.높, 48.배고프, 49.상관없, 50.아름답, 51.어렵, 52.짧, 53.가깝, 54.귀찮, 55.드럽, 56.젊, 57.착하, 58.춥, 59.귀엽, 60.빠르, 61.속상하, 62.차갑, 63.싫, 64.우습, 65.재미없, 66.즐겁, 67.깊, 68.더럽, 69.멀, 70.싸, 71.잘생기, 72.기쁘, 73.아무렇, 74.옳, 75.이렇, 76.넓, 77.못생기, 78.빨갛, 79.친하, 80.계시, 81.덥, 82.맵, 83.못되, 84.무겁, 85.부끄럽, 86.쓸데없, 87.약하, 88.틀리, 89.가볍, 90.고프, 91.문제없, 92.뭐하, 93.밝, 94.배부르, 95.아쉽, 96.작, 97.후지.[6)]

7. 보조용언(VX)

1.주, 2.있, 3.브, 4.하, 5.보, 6.마, 7.싶, 8.않, 9.말, 10.지, 11.놓, 12.버리, 13.드리, 14.가지, 15.못하, 16.(하), 17.두, 18.달, 19.오, 20.계시, 21.내, 22.나, 23.가, 24.갓, 25.낳(놓), 26.먹, 27.대.[7)]

8. 관형사(MM)

1.이, 2.그, 3.내, 4.한, 5.무슨, 6.니, 7.그런, 8.이런, 9.저, 10.두, 11.제, 12.다른, 13.몇, 14.삼, 15.어떤, 16.일, 17.모든, 18.아무, 19.세, 20.뭔, 21.첫, 22.저런, 23.백, 24.딴, 25.십, 26.어느, 27.삼십, 28.천, 29.사, 30.여러, 31.오, 32.일곱, 33.오십, 34.육, 35.별, 36.여섯, 37.요, 38.칠, 39.다섯, 40.백만, 41.열, 42.웬, 43.전, 44.지난, 45.한두, 46.단, 47.새, 48.구, 49.그른, 50.네, 51.오만, 52.오십만, 53.이딴, 54.이십, 55.팔, 56.현, 57.삼만, 58.아홉, 59.열한, 60.영, 61.오백.[8)]

9. 일반부사(MAG)

1.안, 2.왜, 3.잘, 4.지금, 5.다, 6.진짜, 7.못, 8.그냥, 9.빨리, 10.어떻게, 11.오늘, 12.더, 13.잠깐, 14.정말, 15.또, 16.이제, 17.여기, 18.너무, 19.그렇게, 20.많이,

---

6) 이상 형용사들은 준구어 전체 형용사 출현율의 95.870%를 차지함.
7) 이상 보조용언들은 준구어 전체 보조용언 출현율의 99.625%를 차지함.
8) 이상 관형사들은 준구어 전체 관형사 출현율의 94.181%를 차지함.

21.다시, 22.이렇게, 23.같이, 24.좀, 25.꼭, 26.한번, 27.그렇게, 28.아주, 29.그만, 30.아직, 31.이릏게, 32.먼저, 33.얼마나, 34.쫌, 35.참, 36.언제, 37.딱, 38.혹시, 39.증말, 40.일루, 41.자꾸, 42.사실, 43.금방, 44.없이, 45.거기, 46.그때, 47.아까, 48.도대체, 49.바루, 50.갑자기, 51.처음, 52.어서, 53.조용히, 54.되게, 55.안녕히, 56.막, 57.일단, 58.제발, 59.완전, 60.제일, 61.확, 62.벌써, 63.잠시, 64.별루, 65.저 기, 66.직접, 67.이리, 68.어떻게, 69.계속, 70.내일, 71.요즘, 72.원래, 73.맨날, 74.어제, 75.당장, 76.절대, 77.더이상, 78.아무리, 79.현재, 80.똑바루, 81.완전히, 82.무지, 83.열심히, 84.조금, 85.모두, 86.어차피, 87.얼른, 88.제대루, 89.진짜루, 90.하여튼, 91.혼자, 92.일찍, 93.잘못, 94.함께, 95.어디, 96.좀더, 97.이만, 98.가 끔, 99.가장, 100.어쨌든, 101.이케, 102.그동안, 103.대체, 104.물론, 105.아마, 106.영원히, 107.곧, 108.괜히, 109.솔직히, 110.역시, 111.바로, 112.아무튼, 113. 이따, 114.평생, 115.꽤, 116.빨, 117.아무래두, 118.쫙, 119.천천히, 120.가만히, 121.겨우, 122.방금, 123.어쩜, 124.이미, 125.쪼금, 126.차라리, 127.거의, 128.너 무너무, 129.미리, 130.분명히, 131.을마나, 132.저렇게, 133.전부, 134.정말루, 135.항상, 136.결국, 137.맘대루, 138.분명, 139.언제나, 140.오래, 141.쪼끔, 142. 하긴, 143.가만, 144.깜빡, 145.당연히, 146.대신, 147.뚝, 148.새루, 149.설마, 150. 이대루, 151.인제, 152.일부러, 153.절대루, 154.점점, 155.훨씬, 156.당분간, 157. 따루, 158.무조건, 159.싹, 160.이따가, 161.자주, 162.전혀, 163.확실히, 164.굉장 히, 165.굳이, 166.그날, 167.도루, 168.아예, 169.자세히, 170.충분히, 171.콩콩콩, 172.그저, 173.대충, 174.도저히, 175.드디어, 176.만약, 177.살살, 178.서루, 179. 어쩐지, 180.엄청, 181.요새, 182.죄다, 183.쭉, 184.특별히, 185.푹, 186.함부루, 187.그대루, 188.너무나, 189.멀리, 190.멋대루, 191.몰래, 192.반드시, 193.암만, 194.약간, 195.어쩌면, 196.오죽, 197.워낙, 198.적당히, 199.특히, 200.하두, 201. 각자, 202.글루, 203.깜짝, 204.날마다, 205.늘, 206.똑같이, 207.마음대루, 208.마 저, 209.매일, 210.무사히, 211.빨리빨리, 212.살짝, 213.새로, 214.서로, 215.암튼, 216.열라, 217.우선, 218.우연히, 219.워낙에, 220.저리, 221.적어두.[9]

---

9) 이상 일반부사들은 준구어 전체 일반부사 출현율의 94.641%를 차지함.

10. 접속부사(MAJ)

1.그럼, 2.근데, 3.그리구, 4.그러니까, 5.그래서, 6.그래두, 7.또, 8.그런데, 9.그러면, 10.그니까, 11.금, 12.그러게, 13.하지만, 14.그러다, 15.그렇지만, 16.그렇다구, 17.그래, 18.그리고.[10]

11. 감탄사(IC)

1.아, 2.어, 3.허, 4.야, 5.예, 6.아이, 7.응, 8.음, 9.흠, 10.아니, 11.뭐, 12.네, 13.좀, 14.저, 15.씨, 16.아유, 17.그래, 18.하, 19.쯧, 20.스, 21.자, 22.저기, 23.어허, 24.그, 25.어머, 26.참, 27.흐, 28.아이구, 29.아우, 30.어우, 31.이씨, 32.임마, 33.후, 34.하하하, 35.여보세요, 36.이, 37.흐흐, 38.씨발, 39.쯥, 40.으, 41.저기요, 42.허허, 43.허허허, 44.아니요, 45.와, 46.흐흐흐, 47.아하, 48.즘, 49.아씨, 50.에이, 51.아이씨, 52.체, 53.에이씨, 54.오, 55.어유, 56.오케이, 57.에, 58.흠흠, 59.어이, 60.치, 61.줌, 62.흥, 63.으흠, 64.무슨, 65.아하하하, 66.여보, 67.글쎄, 68.얘, 69.우, 70.그럼, 71.안녕, 72.어이구, 73.화이팅, 74.으흐, 75.그럼요, 76.어허허허, 77.워, 78.야야, 79.으유, 80.하하, 81.으아, 82.이바요, 83.쯥, 84.아후, 85.거, 86.야야야, 87.어후, 88.푸, 89.헤헤, 90.어허허, 91.에유, 92.아유씨, 93.아으, 94.이런, 95.흠흠흠, 96.왜, 97.엄마야, 98.으흐흐, 99.잉, 100.쯧쯧쯧, 101.하이, 102.허우, 103.헤헤헤, 104.흐윽, 105.씨팔, 106.아흐, 107.어유씨, 108.에이구, 109.오우, 110.우와, 111.으유씨, 112.으이, 113.헤, 114.그래요, 115.그러게, 116.글쎄요, 117.아하하, 118.크, 119.하우, 120.그쎄, 121.쉬, 122.쉿, 123.아우씨, 124.어우씨, 125.어휴, 126.어흐, 127.으이구, 128.쟈, 129.흑, 130.거참, 131.세상에, 132.어이씨, 133.예쓰, 134.예예, 135.으흐흐흐, 136.이바, 137.짠, 138.하유, 139.히히히, 140.건배, 141.쌰, 142.아이고, 143.아참, 144.아휴, 145.앗, 146.어머나, 147.어머머, 148.어험, 149.에라, 150.으이씨, 151.이봐, 152.하씨, 153.햐, 154.허후.[11]

---

10) 이상 접속부사들은 준구어 전체 접속부사 출현율의 94.733%를 차지함.
11) 이상 감탄사들은 준구어 전체 감탄사 출현율의 97.619%를 차지함.

12. 종결어미(EF)

1.어, 2.야, 3.ㅏ, 4.ㅔ요, 5.ㅓ, 6.ㅓ, 7.지, 8.다, 9.아, 10.어요, 11.ㅂ니다, 12.냐, 13.습니다, 14.죠, 15.네, 16.구, 17.ㄴ다, 18.아요, 19.는데, 20.ㅓ요, 21.ㅏ요, 22.자, 23.ㄴ데, 24.니, 25.나, 26.ㅓ요, 27.네요, 28.(ㄹ)께, 29.라구, 30.거든요, 31.는데요, 32.ㄴ가, 33.ㅂ니까, 34.구요, 35.예요, 36.ㄴ데요, 37.ㅏ라, 38.거든, 39.ㄹ래, 40.은데, 41.에요, 42.ㄹ게요, 43.게, 44.구나, 45.ㄹ게, 46.습니까, 47.애, 48.니까, 49.ㄹ까, 50.ㅓ라, 51.다구, 52.ㅓ라, 53.냐구, 54.ㄹ까요, 55.(ㄹ)께요, 56.래, 57.대, 58.드라, 59.(ㄹ)까, 60.ㅓ야지, 61.ㅏ야지, 62.ㄹ래요, 63.ㅂ시오, 64.라, 65.다니까, 66.ㄴ가요, 67.ㅓ야지, 68.을래, 69.라니까, 70.ㅂ시다, 71.군, 72.을까, 73.구만, 74.ㄴ대, 75.는다, 76.라구요, 77.아라, 78.어야지, 79.고, 80.어라, 81.ㄴ다구, 82.는구나, 83.애요, 84.나요, 85.ㄹ려구, 86.ㅓ서, 87.ㅓ야죠, 88.ㅓ서, 89.어서, 90.으니까, 91.냐구요, 92.든가, 93.은데요, 94.ㄴ다니까, 95.ㄴ지, 96.대요, 97.다니까요, 98.턴데요, 99.든데, 100.ㅂ쇼, 101.자구, 102.(ㄹ)까요, 103.ㄹ걸, 104.라니까요, 105.다면서요, 106.더라, 107.더라구요, 108.면, 109.군요, 110.는지, 111.다구요, 112.답니다, 113.ㄹ라구, 114.랍니다, 115.면서, 116.ㅏ서, 117.아야지, 118.어서요, 119.여, 120.ㄴ다니까요, 121.다며, 122.턴데, 123.래요, 124.으까, 125.으면, 126.지만, 127.다야, 128.대메, 129.더라구, 130.디, 131.ㅏ야죠, 132.ㅓ야죠, 133.아서요, 134.으께, 135.ㄴ대니까, 136.ㄴ대요, 137.든지, 138.라니, 139.라며, 140.래니까, 141.ㅓ서요, 142.으라구, 143.ㄴ다구요, 144.ㄴ다며, 145.드라구, 146.라면서요, 147.려구요, 148.씁다, 149.아서, 150.으니까요, 151.을게요, 152.을까요, 153.거나, 154.거덩, 155.그든, 156.니까요, 157.다가, 158.더군요, 159.데, 160.드만, 161.ㄹ려구요, 162.라는데, 163.라니요, 164.랜다, 165.러, 166.ㅓ서요, 167.유, 168.으래, 169.을라구, 170.쟈.[12]

13. 연결어미(EC)

1.구, 2.지, 3.ㅓ, 4.ㅓ, 5.면, 6.게, 7.ㅏ, 8.어, 9.아, 10.는데, 11.ㅏ서, 12.니까, 13.ㄴ데, 14.라구, 15.ㅓ서, 16.믄, 17.라, 18.다구, 19.다, 20.으면, 21.ㅓ서, 22.지만,

---

12) 이상 종결어미들은 준구어 전체 종결어미 출현율의 98.397%를 차지함.

23. ㅏ야, 24. 어서, 25. ㄴ지, 26. 아서, 27. ㄴ다구, 28. ㅓ야, 29. 나, 30. 고, 31. ㅕ야,
32. ㅕ두, 33. 는지, 34. 다가, 35. 면서, 36. 음, 37. 러, 38. 으니까, 39. ㅏ두, 40. ㄹ려구,
41. 어야, 42. 어두, 43. ㅓ두, 44. 은데, 45. ㅁ, 46. ㄴ가, 47. 도록, 48. 아야, 49. 으믄,
50. 더니, 51. ㄹ지, 52. ㄴ다, 53. 라면, 54. ㅓ다, 55. ㅏ다, 56. 거나, 57. 자, 58. 려구,
59. 며, 60. 으러, 61. ㄴ다면, 62. 다면, 63. 든, 64. 자구, 65. ㄹ려면, 66. 아두, 67. 냐구,
68. ㄹ라, 69. 을지, 70. 는다구, 71. 니, 72. 다는데, 73. 드니, 74. 느라구, 75. 라는데,
76. 여, 77. 길래, 78. 느라, 79. 든지, 80. 라서, 81. 으며, 82. 으면서, 83. 다시피, 84. 더라
두, 85. 던데, 86. 듯이, 87. ㄹ까, 88. 라니까, 89. 라두, 90. 려면, 91. 으나, 92. 자면,
93. 다니까, 94. ㄹ수록, 95. ㅕ도, 96. 애서, 97. 자마자.[13]

---

13) 이상 연결어미들은 준구어 전체 연결어미 출현율의 98.111%를 차지함.

부록2 - 준구어와 순구어의 형태 비교 목록

1. 일반명사(NNG)

1.말, 2.사람, 3.일, 4.엄마, 5.새끼, 6.집, 7.얘기, 8.때, 9.생각, 10.애, 11.오빠, 12.여자, 13.사랑, 14.아저씨, 15.전화, 16.아빠, 17.돈, 18.형, 19.놈, 20.미안, 21.친구, 22.남자, 23.자식, 24.시간, 25.전, 26.할아버지, 27.마음, 28.이번, 29.결혼, 30.밥, 31.감사, 32.앞, 33.안녕, 34.말씀, 35.차, 36.소리, 37.눈, 38.선생, 39.아버지, 40.영화, 41.술, 42.연락, 43.걱정, 44.얼굴, 45.상황, 46.호텔, 47.문제, 48.정도, 49.옷, 50.손님, 51.아들, 52.머리, 53.손, 54.아줌마, 55.다음, 56.이상, 57.날, 58.언니, 59.학교, 60.얼마, 61.부탁, 62.입, 63.확인, 64.누나, 65.바보, 66.아부지, 67.배우, 68.축하, 69.준비, 70.자리, 71.잘못, 72.지금, 73.기억, 74.아가씨, 75.딸, 76.회장, 77.형님, 78.생일, 79.이름, 80.속, 81.노래, 82.동생, 83.어머니, 84.학생, 85.사이, 86.병원, 87.처음, 88.시작, 89.여행, 90.남, 91.요원, 92.지랄, 93.정신, 94.오늘, 95.촬영, 96.문, 97.인생, 98.부모, 99.김밥, 100.상무, 101.필요, 102.인간, 103.사진, 104.세상, 105.가족, 106.후, 107.방, 108.거짓말, 109.수고, 110.공부, 111.선물, 112.애기, 113.안, 114.마지막, 115.경찰, 116.가능, 117.배, 118.인사, 119.할머니, 120.국장, 121.비행, 122.물, 123.회사, 124.과외, 125.약속, 126.가슴, 127.목걸이, 128.혼자, 129.불, 130.편지, 131.임무, 132.몸, 133.저녁, 134.진짜, 135.행복, 136.청소, 137.아침, 138.다리, 139.다, 140.맘, 141.조심, 142.사연, 143.끝, 144.옛날, 145.카드, 146.값, 147.화장, 148.고모, 149.개새끼, 150.자신, 151.선배, 152.길, 153.박사, 154.고생, 155.가방, 156.최고, 157.웬일, 158.한잔, 159.쪽, 160.기집애, 161.이해, 162.이유, 163.기분, 164.사고, 165.대기, 166.뻥, 167.방송, 168.팀, 169.내일, 170.기자, 171.시끼, 172.사실, 173.피, 174.하루, 175.꿈, 176.위험, 177.물건, 178.비밀, 179.별거, 180.가짜, 181.용서, 182.짜식, 183.선수, 184.장난, 185.밤, 186.결정, 187.대답, 188.난리, 189.다행, 190.별장, 191.수업, 192.아이, 193.반, 194.비, 195.잠, 196.냄새, 197.프로, 198.바이러스, 199.티켓, 200.번호, 201.정보, 202.위, 203.옆, 204.위치, 205.바람, 206.기사, 207.수술, 208.사장, 209.재수, 210.께임, 211.애인, 212.꼴, 213.뒤, 214.힘, 215.사건, 216.약, 217.해결, 218.핸드폰, 219.담배, 220.며칠, 221.도착, 222.마누라, 223.사정, 224.아까, 225.관계, 226.정

리, 227. 신문, 228. 화, 229. 밖, 230. 대통령, 231. 발, 232. 조직, 233. 하늘, 234. 피곤, 235. 상관, 236. 개, 237. 본인, 238. 과장, 239. 파악, 240. 스타, 241. 주인공, 242. 미래, 243. 총, 244. 가수, 245. 똥, 246. 반말, 247. 모습, 248. 판단, 249. 어른, 250. 계약, 251. 지난번, 252. 현장, 253. 싸인, 254. 관광, 255. 요청, 256. 커피, 257. 떡, 258. 느낌, 259. 관심, 260. 결과, 261. 실수, 262. 포기, 263. 카메라, 264. 통화, 265. 닭, 266. 아기, 267. 출판, 268. 팬, 269. 방해, 270. 죄, 271. 자료, 272. 뜻, 273. 개발, 274. 검사, 275. 사업, 276. 반지, 277. 땅, 278. 특별, 279. 오후, 280. 성공, 281. 택시, 282. 식사, 283. 긴장, 284. 짐, 285. 이동, 286. 바닥, 287. 사과, 288. 우산, 289. 주인, 290. 오랜만, 291. 침대, 292. 콜라, 293. 시험, 294. 밑, 295. 소개, 296. 기회, 297. 예전, 298. 순간, 299. 존재, 300. 지하, 301. 한마디, 302. 직원, 303. 취소, 304. 방법, 305. 이야기, 306. 상태, 307. 녹음, 308. 입장, 309. 외국, 310. 인터넷, 311. 질문, 312. 진행, 313. 성격, 314. 인정, 315. 도움, 316. 대상, 317. 운전, 318. 건강, 319. 테러, 320. 감독, 321. 건물, 322. 티, 323. 소설, 324. 휴가, 325. 상처, 326. 장사, 327. 연기, 328. 곤란, 329. 금지, 330. 입술, 331. 교육, 332. 책, 333. 연결, 334. 선택, 335. 경험, 336. 수준, 337. 목, 338. 과거, 339. 새벽, 340. 연습, 341. 취직, 342. 아버님, 343. 신부, 344. 영어, 345. 생활, 346. 이용, 347. 분위기, 348. 자연, 349. 맛, 350. 반응, 351. 감정, 352. 환자, 353. 열, 354. 오른쪽, 355. 왼쪽, 356. 회의, 357. 의도, 358. 선, 359. 허리, 360. 눈물, 361. 뉴스, 362. 대사, 363. 후회, 364. 연애, 365. 유학, 366. 코, 367. 우유, 368. 위원, 369. 방송국, 370. 반칙, 371. 이모, 372. 출근, 373. 암호, 374. 경우, 375. 자체, 376. 설명, 377. 의미, 378. 분석, 379. 졸업, 380. 신경, 381. 그날, 382. 스타일, 383. 음식, 384. 방향, 385. 의사, 386. 상대, 387. 훈련, 388. 귀, 389. 인물, 390. 집안, 391. 불편, 392. 출발, 393. 해외, 394. 여자애, 395. 이사, 396. 가게, 397. 수영, 398. 인기, 399. 조카, 400. 오해, 401. 왼발, 402. 복, 403. 사망, 404. 고통, 405. 투입, 406. 샤워, 407. 죽음, 408. 빚, 409. 세계, 410. 주제, 411. 광고, 412. 개인, 413. 관련, 414. 작업, 415. 강의, 416. 주문, 417. 계획, 418. 시대, 419. 살, 420. 삶, 421. 처리, 422. 유명, 423. 행동, 424. 전문, 425. 이미지, 426. 기대, 427. 다음주, 428. 핵, 429. 발견, 430. 모양, 431. 신, 432. 어머님, 433. 팔, 434. 무리, 435. 공식, 436. 기, 437. 원장, 438. 배달, 439. 의자, 440. 진정, 441. 잡지, 442. 우연, 443. 타입, 444. 출연, 445. 고객, 446. 조사, 447. 치료, 448. 기술, 449. 목소리, 450. 저번, 451. 비디오, 452. 이후, 453. 관리, 454. 키, 455. 가정, 456. 색깔, 457. 병, 458. 지원, 459. 남편, 460. 감기, 461. 표, 462. 대신, 463. 일정, 464. 아래, 465. 의원, 466. 모델,

467.접근, 468.직업, 469.맥주, 470.인터뷰, 471.고기, 472.월급, 473.예약, 474.규정, 475.소문, 476.신고, 477.등, 478.접촉, 479.곡, 480.식구, 481.열쇠, 482.눈빛, 483.확보, 484.예정, 485.공항, 486.피디, 487.부분, 488.학년, 489.내용, 490.군대, 491.그림, 492.작년, 493.에이, 494.단계, 495.현재, 496.뻐스, 497.여성, 498.노력, 499.수학, 500.티비, 501.교재, 502.기도, 503.도시, 504.동네, 505.단순, 506.시절, 507.재미, 508.미군, 509.식, 510.절, 511.근처, 512.땀, 513.운영, 514.종일, 515.상상, 516.김치, 517.순수, 518.피해, 519.교통, 520.마을, 521.고향, 522.마무리, 523.의지, 524.생명, 525.사, 526.실패, 527.예술, 528.이혼, 529.새, 530.숨, 531.오픈, 532.왕, 533.댁, 534.그때, 535.과정, 536.정치, 537.일반, 538.국가, 539.전공, 540.기관, 541.마찬가지, 542.방학, 543.음악, 544.글, 545.목적, 546.수, 547.책임, 548.스트레스, 549.중학교, 550.줄, 551.주변, 552.공, 553.계산, 554.백화점, 555.작품, 556.겨울, 557.계속, 558.우울, 559.국내, 560.내부, 561.성, 562.바지, 563.춤, 564.자랑, 565.부자, 566.과일, 567.날짜, 568.도망, 569.예상, 570.완벽, 571.주의, 572.지갑, 573.기차, 574.반복, 575.시집, 576.실망, 577.운, 578.유일, 579.추억, 580.쌀, 581.체크, 582.불만, 583.주사, 584.철수, 585.테스트, 586.배치, 587.참가, 588.빨간색, 589.적, 590.공사, 591.연극, 592.담, 593.대학, 594.실제, 595.지역, 596.단체, 597.반대, 598.경기, 599.중심, 600.여름, 601.통일, 602.공격, 603.장면, 604.현실, 605.행사, 606.대학원, 607.차원, 608.산, 609.욕, 610.직장, 611.지도, 612.무시, 613.부족, 614.사항, 615.주위, 616.담당, 617.뼈, 618.투자, 619.허락, 620.통제, 621.부인, 622.이전, 623.눈치, 624.속도, 625.써비스, 626.신발, 627.기록, 628.요리, 629.핵심, 630.보수, 631.신뢰, 632.칼, 633.특기, 634.보장, 635.신랑, 636.한쪽, 637.공개, 638.시골, 639.이틀, 640.적응, 641.싸움, 642.양반, 643.군인, 644.알바, 645.출신, 646.고개, 647.여기저기, 648.이메일, 649.존중, 650.코스, 651.가을, 652.겁, 653.남쪽, 654.현지, 655.흥분, 656.무대, 657.수집, 658.우, 659.공연, 660.독재, 661.방안, 662.신체, 663.영혼, 664.기획, 665.실력, 666.퇴근, 667.예, 668.만약, 669.발표, 670.점수, 671.개념, 672.하나, 673.고등학교, 674.활동, 675.시장, 676.특징, 677.국민, 678.의식, 679.변화, 680.은행, 681.시민, 682.가운데, 683.부담, 684.요구, 685.화면, 686.근무, 687.전달, 688.제곱, 689.갈등, 690.파일, 691.추가, 692.주말, 693.표정, 694.시기, 695.징상, 696.가난, 697.고려, 698.봄, 699.일요일, 700.빵, 701.글자, 702.꽃, 703.별, 704.머릿속, 705.진실, 706.감동, 707.모두, 708.

여유, 709.지점, 710.디자인, 711.바다, 712.싸이즈, 713.거래, 714.연예, 715.평소, 716.주민, 717.주소, 718.특수, 719.이민, 720.국회, 721.안주, 722.우주, 723.이자, 724.지구, 725.떡볶이, 726.막내, 727.강, 728.고급, 729.규모, 730.요인, 731.이성, 732.이중, 733.전송, 734.책상, 735.통장, 736.허용, 737.안전, 738.안쪽, 739.자전거, 740.주도, 741.호랑이, 742.간, 743.대본, 744.뱃속, 745.영업, 746.유치원, 747.편, 748.평생, 749.형제, 750.설거지, 751.시나리오, 752.절차, 753.제자, 754.예의, 755.대화, 756.차이, 757.교수, 758.문화, 759.연구, 760.중간, 761.정부, 762.기본, 763.발음, 764.기업, 765.상품, 766.전쟁, 767.제품, 768.기간, 769.의견, 770.표시, 771.자유, 772.현상, 773.환경, 774.효과, 775.마이크, 776.아웃, 777.부부, 778.종교, 779.보통, 780.법, 781.상담, 782.지방, 783.문자, 784.참여, 785.국제, 786.가치, 787.유지, 788.토요일, 789.금, 790.불안, 791.극복, 792.씨, 793.업체, 794.지적, 795.제대, 796.활용, 797.내년, 798.요소, 799.돌, 800.범위, 801.답, 802.배경, 803. 보호, 804.남녀, 805.선언, 806.시청, 807.예방, 808.자극, 809.정권, 810.사태, 811. 편집, 812.농담, 813.일종, 814.통신, 815.군, 816.시스템, 817.신혼, 818.이, 819.성장, 820.유치, 821.종이, 822.참고, 823.크기, 824.판, 825.합의, 826.예측, 827.정체, 828.짱, 829.메일, 830.벽, 831.이하, 832.최종, 833.추진, 834.자살, 835.확률, 836. 데모, 837.미팅, 838.소화, 839.쏘주, 840.최악, 841.거부, 842.기름, 843.매장, 844. 미디어, 845.보험, 846.손해, 847.업무, 848.영감, 849.의상, 850.주식, 851.한계, 852.계란, 853.몸매, 854.부장, 855.안보, 856.증거, 857.축제, 858.동사, 859.등급, 860.복학, 861.시위, 862.충성, 863.포인트, 864.가설, 865.계통, 866.기쁨, 867.대출, 868.동작, 869.마련, 870.미사일, 871.본부, 872.자존, 873.조기, 874.큐, 875.간격, 876.대비, 877.신비, 878.전략, 879.조합, 880.취향, 881.현금, 882.변형, 883.시동, 884.좆, 885.사용, 886.표현, 887.운동, 888.요즘, 889.언론, 890.면, 891.단어, 892.학번, 893.능력, 894.영향, 895.컴퓨터, 896.상대방, 897.달, 898.역할, 899.고민, 900.역사, 901.대학교, 902.아르바이트, 903.공간, 904.문장, 905.음성, 906.동아리, 907.결론, 908.숫자, 909.이론, 910.조, 911.최근, 912.거리, 913.채널, 914.뇌, 915.대표, 916.모임, 917.발생, 918.특성, 919.포함, 920.종류, 921.기계, 922.단위, 923.칭찬, 924.경영, 925.집중, 926.부대, 927.형식, 928.심리, 929.충격, 930.등록, 931.민간, 932.서로, 933.도로, 934.세금, 935.인상, 936.취미, 937.피부, 938.결국, 939.공기, 940.혀, 941.안정, 942.전자, 943.권리, 944.드라마, 945.성적, 946.산업,

947. 점심, 948. 평화, 949. 피씨방, 950. 현대, 951. 소유, 952. 자동, 953. 강사, 954. 기타, 955. 큰일, 956. 행위, 957. 교실, 958. 날씨, 959. 열흘, 960. 유행, 961. 이제, 962. 해, 963. 장소, 964. 정, 965. 귀걸이, 966. 노래방, 967. 놀이, 968. 연관, 969. 원칙, 970. 유리, 971. 입력, 972. 자세, 973. 전환, 974. 과학, 975. 기법, 976. 당, 977. 출석, 978. 감각, 979. 골, 980. 바깥, 981. 세력, 982. 친절, 983. 근거, 984. 글씨, 985. 물질, 986. 중앙, 987. 향수, 988. 회원, 989. 간섭, 990. 남자애, 991. 치마, 992. 계기, 993. 오전, 994. 완전, 995. 욕심, 996. 자격, 997. 재산, 998. 전날, 999. 전부, 1000. 텔레비전, 1001. 화요일, 1002. 독자, 1003. 모니터, 1004. 믿음, 1005. 복사, 1006. 빽, 1007. 설득, 1008. 수정, 1009. 스토리, 1010. 여건, 1011. 제거, 1012. 케이스, 1013. 개방, 1014. 교체, 1015. 만남, 1016. 무기, 1017. 방문, 1018. 분류, 1019. 소주, 1020. 숫, 1021. 시설, 1022. 외부, 1023. 일월, 1024. 컵, 1025. 편안, 1026. 공포, 1027. 반장, 1028. 보름, 1029. 안부, 1030. 양파, 1031. 의문, 1032. 이빨, 1033. 일방, 1034. 확장, 1035. 희망, 1036. 검토, 1037. 냉장고, 1038. 모자, 1039. 본격, 1040. 사탕, 1041. 살인, 1042. 십이월, 1043. 쎄트, 1044. 존경, 1045. 질서, 1046. 짝, 1047. 차례, 1048. 테레비, 1049. 통과, 1050. 대응, 1051. 동원, 1052. 목욕탕, 1053. 보고서, 1054. 불행, 1055. 비난, 1056. 빛, 1057. 임신, 1058. 장비, 1059. 전투, 1060. 천재, 1061. 취급, 1062. 볼펜, 1063. 성실, 1064. 스스로, 1065. 증상, 1066. 진주, 1067. 점, 1068. 동안, 1069. 저작, 1070. 평가, 1071. 페이지, 1072. 발달, 1073. 엑스, 1074. 과목, 1075. 위기, 1076. 인식, 1077. 기준, 1078. 주장, 1079. 세대, 1080. 해당, 1081. 양, 1082. 금요일, 1083. 층, 1084. 코드, 1085. 소개팅, 1086. 조정, 1087. 초등학교, 1088. 습득, 1089. 작용, 1090. 에프, 1091. 가격, 1092. 발전, 1093. 올해, 1094. 체제, 1095. 동기, 1096. 삼월, 1097. 강조, 1098. 적용, 1099. 요번, 1100. 밴드, 1101. 실시, 1102. 남북, 1103. 설정, 1104. 일부, 1105. 차지, 1106. 상, 1107. 실질, 1108. 업종, 1109. 원인, 1110. 자금, 1111. 차단, 1112. 테입, 1113. 경쟁, 1114. 과제, 1115. 목요일, 1116. 소비, 1117. 잔, 1118. 회복, 1119. 작성, 1120. 설치, 1121. 팔월, 1122. 관점, 1123. 기초, 1124. 동시, 1125. 동의, 1126. 봉사, 1127. 알, 1128. 진단, 1129. 첨, 1130. 파트, 1131. 교환, 1132. 독립, 1133. 반품, 1134. 종합, 1135. 채권, 1136. 만화, 1137. 시인, 1138. 와이, 1139. 용어, 1140. 인, 1141. 경향, 1142. 고사, 1143. 대회, 1144. 마디, 1145. 마이너스, 1146. 시계, 1147. 전통, 1148. 제한, 1149. 패스, 1150. 흐름, 1151. 개봉, 1152. 객관, 1153. 남성, 1154. 아, 1155. 철학, 1156. 교과서, 1157. 당황, 1158. 부정, 1159. 색, 1160. 제트, 1161. 흰색, 1162. 돼지, 1163. 선호, 1164. 스피커, 1165. 아파트,

1166. 지배, 1167. 태도, 1168. 강화, 1169. 비율, 1170. 신호, 1171. 엽기, 1172. 자원, 1173. 제공, 1174. 평등, 1175. 감상, 1176. 계좌, 1177. 등장, 1178. 사상, 1179. 상징, 1180. 외모, 1181. 제작, 1182. 중, 1183. 궤도, 1184. 민주, 1185. 성분, 1186. 승인, 1187. 시도, 1188. 임금, 1189. 장관, 1190. 제안, 1191. 포장, 1192. 화제, 1193. 대, 1194. 부서, 1195. 뽈, 1196. 오염, 1197. 장점, 1198. 전형, 1199. 체질, 1200. 택배, 1201. 개성, 1202. 낮, 1203. 무선, 1204. 방면, 1205. 복수, 1206. 비용, 1207. 성함, 1208. 스포츠, 1209. 아나운서, 1210. 대변, 1211. 비중, 1212. 수출, 1213. 안경, 1214. 이번주, 1215. 접수, 1216. 최초, 1217. 추구, 1218. 파란색, 1219. 합리, 1220. 간부, 1221. 감염, 1222. 계열, 1223. 고발, 1224. 다이어트, 1225. 바, 1226. 시내, 1227. 시선, 1228. 연합, 1229. 영상, 1230. 의무, 1231. 접종, 1232. 주행, 1233. 지속, 1234. 체력, 1235. 친척, 1236. 통합, 1237. 플라스, 1238. 각종, 1239. 감성, 1240. 경계, 1241. 고양이, 1242. 공감, 1243. 립스틱, 1244. 변경, 1245. 보도, 1246. 선전, 1247. 세포, 1248. 소득, 1249. 시점, 1250. 실어증, 1251. 암, 1252. 요령, 1253. 우려, 1254. 이월, 1255. 일치, 1256. 절대, 1257. 지사, 1258. 찬성, 1259. 표지, 1260. 학과, 1261. 혼란, 1262. 확대, 1263. 가, 1264. 고장, 1265. 근육, 1266. 꿀, 1267. 동영상, 1268. 범주, 1269. 변수, 1270. 복제, 1271. 상병, 1272. 서명, 1273. 세부, 1274. 수입, 1275. 왜곡, 1276. 전국, 1277. 정장, 1278. 제출, 1279. 치즈, 1280. 컨트롤, 1281. 타격, 1282. 타임, 1283. 견해, 1284. 마당, 1285. 맥락, 1286. 모범, 1287. 미술, 1288. 방어, 1289. 배려, 1290. 블랙, 1291. 소재, 1292. 아이티, 1293. 약주, 1294. 예배, 1295. 온도, 1296. 우수, 1297. 음료수, 1298. 인원, 1299. 충돌, 1300. 화학, 1301. 계획서, 1302. 관여, 1303. 기지, 1304. 발상, 1305. 순위, 1306. 승리, 1307. 어린애, 1308. 우선, 1309. 웃음, 1310. 장갑차, 1311. 풀, 1312. 환상, 1313. 언어, 1314. 중요, 1315. 사회, 1316. 경제, 1317. 한국어, 1318. 학기, 1319. 금융, 1320. 논문, 1321. 전체, 1322. 토론, 1323. 교사, 1324. 장애, 1325. 교회, 1326. 기능, 1327. 프로그램, 1328. 집단, 1329. 대부분, 1330. 비교, 1331. 실명, 1332. 마이나스, 1333. 시, 1334. 원, 1335. 실험, 1336. 엔지오, 1337. 측면, 1338. 분야, 1339. 오류, 1340. 국어, 1341. 영역, 1342. 평균, 1343. 제시, 1344. 주, 1345. 해석, 1346. 형태, 1347. 당시, 1348. 장, 1349. 개혁, 1350. 방식, 1351. 수비, 1352. 화자, 1353. 과, 1354. 목표, 1355. 체계, 1356. 민족, 1357. 방언, 1358. 싸이트, 1359. 지식, 1360. 기존, 1361. 문법, 1362. 짜증, 1363. 표준, 1364. 결합, 1365. 에너지, 1366. 말뭉치, 1367. 기독교, 1368. 다시, 1369. 원리, 1370. 정책, 1371. 신청, 1372. 저작물, 1373. 조건, 1374. 꽈, 1375. 비판, 1376. 팝업, 1377. 제목,

1378.정의, 1379.창, 1380.교양, 1381.써비쓰, 1382.전기, 1383.형성, 1384.근대, 1385.모국어, 1386.문학, 1387.사전, 1388.일본어, 1389.연어, 1390.월요일, 1391. 인증, 1392.후배, 1393.공동체, 1394.그룹, 1395.사월, 1396.숙제, 1397.텍스트, 1398.고, 1399.급, 1400.논의, 1401.모집단, 1402.시각, 1403.이때, 1404.전반, 1405. 제도, 1406.공동, 1407.변인, 1408.분리, 1409.분산, 1410.취업, 1411.통계, 1412.편 차, 1413.표본, 1414.구, 1415.대학생, 1416.도서관, 1417.말차례, 1418.문제점, 1419.순서, 1420.언론사, 1421.에스, 1422.오월, 1423.웹, 1424.특이, 1425.하나하 나, 1426.휴학, 1427.극성, 1428.수능, 1429.논리, 1430.비행기, 1431.수강, 1432.수 요일, 1433.양성, 1434.제기, 1435.쩜, 1436.축구, 1437.테이프, 1438.홈페이지, 1439.고시, 1440.목사, 1441.번역, 1442.세무, 1443.연수, 1444.오락, 1445.주일, 1446.패턴, 1447.플러스, 1448.학문, 1449.형태소, 1450.감흥, 1451.디, 1452.반도 체, 1453.써클, 1454.외국어, 1455.조교, 1456.중국어, 1457.화장실, 1458.결혼식, 1459.골다공증, 1460.공무원, 1461.공유, 1462.권력, 1463.사투리, 1464.수단, 1465.약간, 1466.우리말, 1467.집행부, 1468.차이점, 1469.콘솔, 1470.특정, 1471. 공주, 1472.규칙, 1473.만족, 1474.생산, 1475.양쪽, 1476.오디오, 1477.음소, 1478. 임의, 1479.자격증, 1480.전문가, 1481.한자, 1482.화가, 1483.노동, 1484.발화, 1485.유월, 1486.자녀, 1487.극장, 1488.듣기, 1489.따운, 1490.본드, 1491.분포, 1492.사례, 1493.사자, 1494.선교사, 1495.자본, 1496.조절, 1497.직접, 1498.차별, 1499.틀, 1500.혼, 1501.개선, 1502.결제, 1503.공군, 1504.그대로, 1505.늑대, 1506. 동물, 1507.반영, 1508.배송, 1509.보편, 1510.부실, 1511.비타민, 1512.사단, 1513. 사주, 1514.세트, 1515.어미, 1516.엔지니어, 1517.연구원, 1518.이익, 1519.일상, 1520.플레이어, 1521.학부, 1522.함수, 1523.회화, 1524.계급, 1525.고찰, 1526.골 절, 1527.공통점, 1528.교류, 1529.군사, 1530.대조, 1531.대중, 1532.분자, 1533.석 사, 1534.선거, 1535.순, 1536.습관, 1537.실행, 1538.아내, 1539.어깨, 1540.어려움, 1541.언어학, 1542.옥스, 1543.육군, 1544.이것저것, 1545.주파수, 1546.파워, 1547.판매, 1548.팩스, 1549.합의서, 1550.흡수, 1551.고전, 1552.국문과, 1553.도 끼, 1554.말투, 1555.문명, 1556.사무실, 1557.설문, 1558.식당, 1559.연대, 1560.욕 구, 1561.이슈, 1562.자막, 1563.전개, 1564.주관, 1565.지하철, 1566.피에이, 1567. 감, 1568.공익, 1569.공통, 1570.교괴, 1571.국어학, 1572.균형, 1573.기역, 1574.묘 사, 1575.문과, 1576.언급, 1577.연령, 1578.유도, 1579.인지, 1580.자유주의, 1581.

저장, 1582. 정서, 1583. 주체, 584. 질환, 1585. 체육, 1586. 컴퓨타, 1587. 피드백, 1588. 피자, 1589. 합격, 1590. 향, 1591. 가구, 1592. 겉, 1593. 교정, 1594. 근본, 1595. 레벨, 1596. 바탕, 1597. 반면, 1598. 삐, 1599. 선정, 1600. 수시, 1601. 수용, 1602. 실습, 1603. 알레르기, 1604. 억양, 1605. 요약, 1606. 이슬람, 1607. 재단, 1608. 재정, 1609. 저작권법, 1610. 중기, 1611. 중소, 1612. 질, 1613. 창업, 1614. 커플, 1615. 콘트롤, 1616. 파, 1617. 파이, 1618. 패짱, 1619. 풍물, 1620. 프린트, 1621. 할인, 1622. 화장품, 1623. 검정색, 1624. 공용, 1625. 교수법, 1626. 교장, 1627. 국세청, 1628. 단점, 1629. 대체, 1630. 도입, 1631. 동일, 1632. 등록금, 1633. 만점, 1634. 메세지, 1635. 민주주의, 1636. 배포, 1637. 법정, 1638. 병장, 1639. 본론, 1640. 분과, 1641. 빠스타, 1642. 상근, 1643. 상당, 1644. 상식, 1645. 서양, 1646. 성대, 1647. 성인, 1648. 시월, 1649. 신문사, 1650. 싸운드, 1651. 암울, 1652. 에이치티엠엘, 1653. 여론, 1654. 외교, 1655. 월, 1656. 위주, 1657. 응용, 1658. 의사소통, 1659. 이과, 1660. 인구, 1661. 일시불, 1662. 임금, 1663. 자동차, 1664. 장교, 1665. 적극, 1666. 전사, 1667. 전이, 1668. 전제, 1669. 점포, 1670. 째즈, 1671. 촛불, 1672. 취지, 1673. 클릭, 1674. 파형, 1675. 폭, 1676. 필기, 1677. 한문, 1678. 한자어, 1679. 효율, 1680. 가명, 1681. 각자, 1682. 강좌, 1683. 검색, 1684. 계절, 1685. 계층, 1686. 골키파, 1687. 과자, 1688. 꽤, 1689. 국외, 1690. 권위, 1691. 긍정, 1692. 농구, 1693. 담임, 1694. 댄스, 1695. 메인, 1696. 명칭, 1697. 반성, 1698. 방울, 1699. 변호사, 1700. 보안, 1701. 분량, 1702. 선진국, 1703. 속담, 1704. 슈팅, 1705. 신앙, 1706. 엑스바, 1707. 엠티, 1708. 연세, 1709. 영, 1710. 옷감, 1711. 외래어, 1712. 외환, 1713. 유대교, 1714. 유발, 1715. 음절, 1716. 이단, 1717. 임용, 1718. 전도, 1719. 전반전, 1720. 전화기, 1721. 정규분포, 1722. 조음, 1723. 좌절, 1724. 지능, 1725. 집사, 1726. 추출, 1727. 칠월, 1728. 케이, 1729. 클, 1730. 탈세, 1731. 폭력, 1732. 한편, 1733. 합, 1734. 현역, 1735. 황제, 1736. 훈련소, 1737. 각각, 1738. 개고기, 1739. 개별, 1740. 경영학과, 1741. 고정, 1742. 공대, 1743. 공원, 1744. 교직, 1745. 궁극, 1746. 기구, 1747. 기말, 1748. 기숙사, 1749. 길이, 1750. 대립, 1751. 도구, 1752. 도덕, 1753. 도메인, 1754. 동갑, 1755. 동양, 1756. 동질, 1757. 뒤쪽, 1758. 등어선, 1759. 토래, 1760. 모드, 1761. 무좀, 1762. 미용실, 1763. 반미, 1764. 방위, 1765. 보급, 1766. 부여, 1767. 부호, 1768. 브랜드, 1769. 비리, 1770. 사관학교, 1771. 사립, 1772. 상호, 1773. 색상, 1774. 설사, 1775. 성경, 1776. 성과, 1777. 성립, 1778. 성명, 1779. 세기, 1780. 소금, 1781. 스케일, 1782. 시간표, 1783. 아이디, 1784. 알림, 1785. 업데이트,

1786.엔, 1787.연구소, 1788.오, 1789.왕자, 1790.유사, 1791.유형, 1792.음, 1793. 의장, 1794.의존, 1795.인슐린, 1796.입학, 1797.자본주의, 1798.장기, 1799.전자 쌍, 1800.정신과, 1801.제약, 1802.주심, 1803.주한, 1804.지리, 1805.최대, 1806.추 세, 1807.친밀, 1808.칼라, 1809.코메디, 1810.쿼터, 1811.투명, 1812.표준어, 1813. 프로그래밍, 1814.한정, 1815.항등원, 1816.화풍, 1817.황사, 1818.가공, 1819.가 위, 1820.가입, 1821.각질, 1822.검정, 1823.결과물, 1824.경제사, 1825.공공, 1826. 교차로, 1827.그래프, 1828.꽃감, 1829.남매, 1830.논쟁, 1831.다원, 1832.도깨비, 1833.도리아, 1834.만화책, 1835.메시지, 1836.명사, 1837.물리, 1838.미터, 1839. 반론, 1840.발언, 1841.방지, 1842.배정, 1843.법대, 1844.법인, 1845.복음, 1846.부 각, 1847.뿌리, 1848.서구, 1849.성향, 1850.수거, 1851.실업, 1852.실지, 1853.아카 데미, 1854.앞쪽, 1855.야채, 1856.약제, 1857.어, 1858.어린아이, 1859.엑티벡스, 1860.엘, 1861.엠, 1862.여가, 1863.용량, 864.위원장, 1865.유행어, 1866.음운, 1867.이등병, 1868.인풋, 1869.일어, 870.자제, 1871.자폐, 1872.잠바, 1873.정규, 1874.정종, 1875.좌우, 1876.주어, 1877.지정, 1878.지체, 1879.지혜, 1880.창작, 1881.청년, 1882.체험, 1883.최소, 1884.추천, 1885.출판사, 1886.치킨, 1887.침체, 1888.칼로리, 1889.토마토, 1890.파인애플, 1891.편입, 1892.필수, 1893.학생회, 1894.합성, 1895.행정부, 1896.협력, 1897.혼성, 1898.활성, 1899.후반, 1900.가사, 1901.가편, 1902.간접, 1903.경청, 1904.고유, 1905.관념, 1906.교육학, 1907.군단, 1908.귀고리, 1909.기독교인, 1910.논술, 1911.농활, 1912.단기, 1913.답변, 1914. 덕, 1915.랜, 1916.레코더, 1917.레포트, 1918.링크, 1919.막걸리, 1920.메모리, 1921.모레, 1922.모음, 1923.믹서기, 1924.발효, 1925.법률, 1926.복지, 1927.불황, 1928.브이, 1929.새내기, 1930.선녀, 1931.수막염, 1932.술집, 1933.신전, 1934.심 리학, 1935.억압, 1936.에이에쓰, 1937.연장, 1938.옵션, 1939.원자, 1940.유대인, 1941.유리구두, 1942.유효, 1943.이큐, 1944.장학금, 1945.재로, 1946.정보량, 1947.조화, 1948.중도, 1949.지, 1950.초코렛, 1951.최저, 1952.컬레, 1953.코너킥, 1954.탄압, 1955.토끼, 1956.투쟁, 1957.펜, 1958.피씨, 1959.피치, 1960.학술, 1961. 항목, 1962.행정, 1963.헤딩, 1964.화일, 1965.경력, 1966.고속, 1967.교생, 1968.뉴 런, 1969.다리미, 1970.답사, 1971.모방, 1972.무용, 1973.문서, 1974.미성년, 1975. 변별, 1976.병정, 1977.보관, 1978.보충, 1979.복소수, 1980.빈도, 1981.상위, 1982. 상표, 1983.설문지, 1984.성숙, 1985.순환, 1986.시민운동, 1987.십일월, 1988.아이

큐, 1989. 악기, 1990. 약물, 1991. 에피소드, 1992. 엠피쓰리, 1993. 여지, 1994. 용병, 1995. 인삼주, 1996. 인써트, 1997. 정모, 1998. 정운, 1999. 차비, 2000. 채팅, 2001. 크림, 2002. 태극전사, 2003. 포탈, 2004. 해소, 2005. 혈당, 2006. 후기.

2. 의존명사(NNB)

1. 거, 2. 씨, 3. 수, 4. 번, 5. 줄, 6. 것, 7. 분, 8. 년, 9. 터, 10. 중, 11. 데, 12. 원, 13. 때문, 14. 꺼, 15. 적, 16. 시, 17. 짓, 18. 만, 19. 개, 20. 곳, 21. 명, 22. 점, 23. 쪽, 24. 동안, 25. 살, 26. 대, 27. 대루, 28. 뻔, 29. 지, 30. 장, 31. 시간, 32. 척, 33. 땜, 34. 일, 35. 층, 36. 가지, 37. 달, 38. 주일, 39. 프로, 40. 만큼, 41. 리, 42. 잔, 43. 포인트, 44. 김, 45. 내, 46. 듯, 47. 양, 48. 이상, 49. 개월, 50. 덕, 51. 방, 52. 뿐, 53. 초, 54. 통, 55. 미터, 56. 바, 57. 법, 58. 군데, 59. 바람, 60. 병, 61. 집, 62. 끼, 63. 등, 64. 마디, 65. 벌, 66. 호, 67. 세, 68. 주, 69. 년도, 70. 마리, 71. 부, 72. 셈, 73. 자, 74. 종, 75. 채, 76. 간, 77. 건, 78. 나름, 79. 놈, 80. 듯이, 81. 딴, 82. 송이, 83. 외, 84. 위, 85. 이래, 86. 인, 87. 키로, 88. 퍼센트, 89. 편, 90. 푼, 91. 겸, 92. 국, 93. 군, 94. 껀, 95. 당, 96. 대로, 97. 등등, 98. 바퀴, 99. 센치, 100. 킬로미터, 101. 평, 102. 갑, 103. 거리, 104. 교시, 105. 권, 106. 그람, 107. 기, 108. 기가, 109. 꺼리, 110. 년대, 111. 단, 112. 도, 113. 동, 114. 둥, 115. 류, 116. 마련, 117. 말, 118. 매, 119. 메가, 120. 모양, 121. 미리, 122. 밀리, 123. 바이트, 124. 박, 125. 번째, 126. 볼트, 127. 불, 128. 비비, 129. 비트, 130. 비피에스, 131. 세크, 132. 센찌, 133. 센치미터, 134. 센티, 135. 센티미터, 136. 승, 137. 식, 138. 쌍, 139. 쎈치, 140. 엔, 141. 월, 142. 이, 143. 조, 144. 주차, 145. 차, 146. 측, 147. 케이, 148. 케이비피에스, 149. 키로헤르쯔, 150. 킬로, 151. 타, 152. 탄, 153. 투, 154. 패, 155. 퍼센테이지, 156. 한, 157. 헤르쯔, 158. 형, 159. 호선, 160. 회.

3. 대명사(NP)

1. 나, 2. 너, 3. 뭐, 4. 내, 5. 이거, 6. 우리, 7. 저, 8. 니, 9. 그거, 10. 어디, 11. 여기, 12. 누구, 13. 제, 14. 당신, 15. 자기, 16. 누, 17. 거기, 18. 걔, 19. 그녀, 20. 저희, 21. 얘, 22. 저거, 23. 쟤, 24. 그쪽, 25. 이쪽, 26. 언제, 27. 이것, 28. 아무것, 29. 지, 30. 거, 31. 저기, 32. 여러분, 33. 자네, 34. 그, 35. 아무, 36. 이놈, 37. 그놈, 38. 이눔, 39. 이년, 40. 그것, 41. 그분, 42. 이, 43. 저쪽, 44. 뭣, 45. 그애, 46. 그이, 47. 너희, 48. 아무거, 49. 저년,

50.저놈, 51.그년, 52.요거, 53.댁, 54.무엇, 55.이곳, 56.이분, 57.그대, 58.여, 59.저
것, 60.머, 61.아무데, 62.요기, 63.것, 64.모, 65.예, 66.요, 67.고것, 68.네, 69.야,
70.요쪽, 71.고거, 72.고기, 73.그곳, 74.그기, 75.그들, 76.누구누구, 77.누군가,
78.무어, 79.뭐뭐, 80.어, 81.얼, 82.요것, 83.요고, 84.요놈, 85.울, 86.저분, 87.즈희,
88.즤.

4. 수사(NR)

1.하나, 2.둘, 3.셋, 4.투, 5.원, 6.일, 7.쓰리, 8.완, 9.넷, 10.쌔븐, 11.다섯, 12.삼,
13.서른, 14.아홉, 15.열, 16.공, 17.둘째, 18.억, 19.여섯, 20.이, 21.만, 22.백, 23.셋
째, 24.십, 25.오, 26.일곱, 27.천, 28.첫째, 29.구, 30.네다섯, 31.넷째, 32.다섯째,
33.두째, 34.륙, 35.마흔, 36.몇, 37.몇, 38.몇몇, 39.사, 40.삽, 41.수백, 42.수십,
43.스물, 44.여덟, 45.여든, 46.영, 47.예순, 48.육, 49.제로, 50.조, 51.칠, 52.파이브,
53.팔, 54.포, 55.한.

5. 동사(VV)

1.하, 2.가, 3.되, 4.알, 5.오, 6.그러, 7.보, 8.먹, 9.모르, 10.죽, 11.살, 12.받,
13.브, 14.맞, 15.주, 16.만나, 17.들어가, 18.디, 19.이러, 20.사, 21.쓰, 22.나, 23.들,
24.듣, 25.드리, 26.잡, 27.자, 28.보이, 29.놓, 30.기다리, 31.치, 32.찾, 33.일어나,
34.미치, 35.타, 36.보내, 37.어쩌, 38.믿, 39.힘들, 40.죽이, 41.다니, 42.앉, 43.만들,
44.생기, 45.갖, 46.갔다오, 47.울, 48.찍, 49.대하, 50.버리, 51.마시, 52.가지, 53.입,
54.들어오, 55.끝나, 56.내, 57.위하, 58.부르, 59.걸리, 60.싸, 61.내리, 62.떠나,
63.묻, 64.남, 65.계시, 66.때리, 67.놀, 68.두, 69.빠지, 70.돌아가, 71.돕, 72.서,
73.데리, 74.열, 75.시키, 76.읽, 77.웃, 78.낳, 79.뜨, 80.키우, 81.팔, 82.바라, 83.돌
아오, 84.헤어지, 85.참, 86.들오, 87.비키, 88.들리, 89.구하, 90.잊, 91.끊, 92.도망
가, 93.움직이, 94.지키, 95.팔리, 96.빼, 97.올라가, 98.걸, 99.이기, 100.잘되, 101.
쏘, 102.다치, 103.따라오, 104.원하, 105.배우, 106.바꾸, 107.사귀, 108.돌, 109.늦,
110.그르, 111.차리, 112.웃기, 113.닮, 114.신경쓰, 115.정신차리, 116.뛰, 117.까,
118.찾아오, 119.값, 120.떨어지, 121.지내, 122.짓, 123.가져오, 124.터지, 125.모

시, 126. 싸우, 127. 쉬, 128. 잃, 129. 벗, 130. 잘살, 131. 맞추, 132. 지나가, 133. 뵈, 134. 책임지, 135. 붙, 136. 붙이, 137. 풀, 138. 돌리, 139. 알리, 140. 찾아가, 141. 사라지, 142. 자라, 143. 데려오, 144. 인나, 145. 대, 146. 지, 147. 물어보, 148. 큰일나, 149. 올리, 150. 가르치, 151. 변하, 152. 놀래, 153. 취하, 154. 넣, 155. 따, 156. 맡, 157. 챙기, 158. 가만있, 159. 바주, 160. 잊어버리, 161. 넘, 162. 어울리, 163. 잡히, 164. 내놓, 165. 속이, 166. 숨기, 167. 갖다주, 168. 말, 169. 넘어가, 170. 벌, 171. 끌, 172. 피하, 173. 놀라, 174. 저러, 175. 까불, 176. 느끼, 177. 지나, 178. 얻, 179. 세우, 180. 고르, 181. 밀, 182. 밝히, 183. 맡기, 184. 뵙, 185. 알아브, 186. 따르, 187. 막, 188. 알아듣, 189. 피, 190. 전하, 191. 놓치, 192. 까먹, 193. 그만두, 194. 뒤지, 195. 바뀌, 196. 당하, 197. 태어나, 198. 막히, 199. 씻, 200. 떨, 201. 신, 202. 박, 203. 패, 204. 꺼지, 205. 잃어버리, 206. 깨, 207. 끄, 208. 외우, 209. 닫, 210. 남기, 211. 붓, 212. 굶, 213. 주무시, 214. 봐주, 215. 들키, 216. 힘내, 217. 살려주, 218. 자빠지, 219. 모으, 220. 끼, 221. 걸, 222. 알아보, 223. 만지, 224. 넘기, 225. 뚫, 226. 튀, 227. 눕, 228. 치우, 229. 먹이, 230. 썩, 231. 다녀오, 232. 닥치, 233. 속, 234. 끝내, 235. 낳(놓), 236. 물어브, 237. 통하, 238. 달, 239. 내려가, 240. 올라오, 241. 깔, 242. 지우, 243. 던지, 244. 밟, 245. 찢, 246. 꺼내, 247. 쓰러지, 248. 태우, 249. 꾸, 250. 벌리, 251. 땎, 252. 구르, 253. 관두, 254. 끝내주, 255. 훔치, 256. 엎드리, 257. 짜증나, 258. 찾아보, 259. 정하, 260. 뽑, 261. 고치, 262. 차, 263. 바르, 264. 즐기, 265. 망하, 266. 추, 267. 무너지, 268. 안, 269. 모자라, 270. 닦, 271. 비추, 272. 땡기, 273. 멕이, 274. 업, 275. 생각나, 276. 화내, 277. 잇, 278. 가져가, 279. 내려오, 280. 늘, 281. 켜, 282. 버티, 283. 감, 284. 가리, 285. 건드리, 286. 반하, 287. 털, 288. 뺏, 289. 말리, 290. 숨, 291. 데려가, 292. 부리, 293. 파, 294. 냅두, 295. 망치, 296. 뒈지, 297. 밉, 298. 업히, 299. 틀리, 300. 받아들이, 301. 빌리, 302. 달리, 303. 오르, 304. 바라보, 305. 흘리, 306. 떠들, 307. 떼, 308. 피우, 309. 이르, 310. 깔리, 311. 돌려주, 312. 기달리, 313. 택하, 314. 끼치, 315. 망가지, 316. 째, 317. 머무르, 318. 내주, 319. 불러내, 320. 숨쉬, 321. 처먹, 322. 소리지르, 323. 싸지르, 324. 이루, 325. 의하, 326. 모이, 327. 적, 328. 살리, 329. 넘어지, 330. 처다보, 331. 불, 332. 집어넣, 333. 새, 334. 열리, 335. 비, 336. 밀리, 337. 띠, 338. 갈, 339. 기르, 340. 집, 341. 날리, 342. 꼬시, 343. 물, 344. 붙잡, 345. 비우, 346. 찌르, 347. 견디, 348. 놀리, 349. 입히, 350. 접, 351. 쫓겨나, 352. 흔들리, 353. 장난치, 354. 체하, 355. 지켜보, 356. 때우, 357. 앓, 358. 재우, 359. 굴, 360. 깨어나, 361. 널리, 362. 썩이, 363. 기억나, 364. 깨지, 365. 눈치채,

366.도망치, 367.찾아브, 368.화나, 369.관하, 370.다루, 371.없애, 372.짜르, 373. 옮기, 374.흐르, 375.짜, 376.겹치, 377.마치, 378.인하, 379.몰, 380.울리, 381.거치, 382.섞, 383.끊기, 384.빨, 385.향하, 386.상하, 387.짤리, 388.낫, 389.몰리, 390.뿌리, 391.씹, 392.떠오르, 393.깨우, 394.놔두, 395.삐지, 396.세, 397.내밀, 398.다물, 399.때려치, 400.담그, 401.심, 402.벌이, 403.부러지, 404.아끼, 405.애쓰, 406.꿈꾸, 407.끼어들, 408.뻗, 409.쫓, 410.흔들, 411.비웃, 412.서두르, 413.알아주, 414. 줍, 415.당기, 416.얼, 417.차이, 418.쑤시, 419.조지, 420.쫓기, 421.누르, 422.채우, 423.담, 424.일으키, 425.크, 426.합치, 427.띄우, 428.틀, 429.뒤집, 430.끓이, 431. 들이, 432.찍히, 433.닿, 434.긁, 435.뜯, 436.펴, 437.늙, 438.졸, 439.매, 440.지치, 441.쪼개, 442.딸리, 443.쥐, 444.꼬이, 445.모잘라, 446.실리, 447.저지르, 448.토하, 449.노리, 450.뱉, 451.젖, 452.줏, 453.떠올리, 454.숙이, 455.붙들, 456.날, 457.맞히, 458.못살, 459.묵, 460.오가, 461.개기, 462.걸어다니, 463.두들기, 464. 들르, 465.들어주, 466.뿌러지, 467.그리, 468.따지, 469.비하, 470.살펴보, 471.쓰이, 472.줄이, 473.벗어나, 474.굽, 475.마르, 476.깎, 477.돌아다니, 478.겪, 479.가르키, 480.묶, 481.헷갈리, 482.속하, 483.풀리, 484.갖추, 485.삶, 486.쏜, 487.졸리, 488.멈추, 489.걸어가, 490.떨리, 491.댕기, 492.지르, 493.꾸미, 494.내보내, 495. 떨어뜨리, 496.베끼, 497.쫄, 498.튀어나오, 499.권하, 500.담기, 501.먹히, 502.지니, 503.헤매, 504.누리, 505.싣, 506.뛰어가, 507.잡아먹, 508.건지, 509.끌려가, 510.다리, 511.들어서, 512.뛰어들, 513.띄, 514.감추, 515.건너, 516.튀기, 517.끌어내, 518.받치, 519.얻어먹, 520.닫히, 521.솟, 522.쫓아내, 523.꺾, 524.달라붙, 525.닳, 526.빌, 527.자리잡, 528.쫓아오, 529.흩, 530.내쫓, 531.돋, 532.시달리, 533.채, 534.갈키, 535.껴안, 536.넘어서, 537.뒤집히, 538.따라다니, 539.물들, 540. 뭉개, 541.바래, 542.쓸, 543.잡혀가, 544.그치, 545.죽치, 546.쳐들어오, 547.늫, 548.따라가, 549.몰르, 550.자르, 551.드러나, 552.늘어나, 553.매기, 554.맺, 555. 이끌, 556.스, 557.깨닫, 558.높이, 559.늘리, 560.삼, 561.앞서, 562.돌아보, 563.넘어오, 564.미루, 565.부치, 566.들여다보, 567.불르, 568.긋, 569.뽑히, 570.날라가, 571.다가가, 572.마주치, 573.여기, 574.날아가, 575.돌아서, 576.물리, 577.끼우, 578.박히, 579.엎, 580.낮추, 581.묻히, 582.살피, 583.새기, 584.갈리, 585.그, 586. 기울이, 587.돔리, 588.메꾸, 589.빠뜨리, 590.빼내, 591.빼놓, 592.식, 593.씌우, 594.때, 595.삼키, 596.거두, 597.꺾이, 598.내치, 599.덜, 600.둘러보, 601.둘러싸,

602. 뒤집어쓰, 603. 머물, 604. 밀어붙이, 605. 바로잡, 606. 앉히, 607. 옮, 608. 잊히, 609. 괴롭히, 610. 날라다니, 611. 물러서, 612. 번지, 613. 앞두, 614. 걸어오, 615. 놔두, 616. 다투, 617. 드러눕, 618. 들려주, 619. 떨어트리, 620. 메, 621. 물려주, 622. 바치, 623. 밟히, 624. 베, 625. 빼먹, 626. 뿌시, 627. 야단치, 628. 끊이, 629. 끌어올리, 630. 넘겨주, 631. 들뜨, 632. 들어앉, 633. 떠넘기, 634. 뚜드리, 635. 바꿔치, 636. 부수, 637. 부시, 638. 앞장서, 639. 외치, 640. 읽히.

6. 형용사(VA)

1. 있, 2. 아니, 3. 없, 4. 좋, 5. 같, 6. 괜찮, 7. 그렇, 8. 많, 9. 싫, 10. 아프, 11. 고맙, 12. 이쁘, 13. 어떻, 14. 크, 15. 맛있, 16. 바쁘, 17. 다르, 18. 어리, 19. 급하, 20. 무섭, 21. 재밌, 22. 멋있, 23. 어딨, 24. 예쁘, 25. 그릏, 26. 똑같, 27. 쉽, 28. 반갑, 29. 멋지, 30. 필요없, 31. 시끄럽, 32. 편하, 33. 심하, 34. 비싸, 35. 쎄, 36. 궁, 37. 낫, 38. 늦, 39. 뜨겁, 40. 슬프, 41. 잘나, 42. 길, 43. 그, 44. 아깝, 45. 징그럽, 46. 높, 47. 배고프, 48. 상관없, 49. 아름답, 50. 어렵, 51. 짧, 52. 가깝, 53. 귀찮, 54. 드럽, 55. 젊, 56. 착하, 57. 춥, 58. 귀엽, 59. 빠르, 60. 속상하, 61. 차갑, 62. 싶, 63. 우습, 64. 재미없, 65. 즐겁, 66. 깊, 67. 더럽, 68. 멀, 69. 싸, 70. 잘생기, 71. 기쁘, 72. 아무렇, 73. 윲, 74. 이렇, 75. 넓, 76. 못생기, 77. 빨갛, 78. 친하, 79. 계시, 80. 덥, 81. 맵, 82. 못되, 83. 무겁, 84. 부끄럽, 85. 쓸데없, 86. 약하, 87. 틀리, 88. 가볍, 89. 고프, 90. 문제없, 91. 뭐하, 92. 밝, 93. 배부르, 94. 아쉽, 95. 작, 96. 후지, 97. 두렵, 98. 어지럽, 99. 옳, 100. 지겹, 101. 간지럽, 102. 강하, 103. 괴롭, 104. 귀하, 105. 노랗, 106. 느리, 107. 맛없, 108. 밉, 109. 부드럽, 110. 부럽, 111. 싱겁, 112. 안타깝, 113. 엄청나, 114. 엄하, 115. 외롭, 116. 재미있, 117. 적, 118. 파랗, 119. 흔하, 120. 검, 121. 구리, 122. 까다롭, 123. 낮, 124. 두껍, 125. 뒤늦, 126. 묘하, 127. 새롭, 128. 소용없, 129. 아이, 130. 야하, 131. 어둡, 132. 올바르, 133. 점잖, 134. 좁, 135. 짜, 136. 커다랗, 137. 가렵, 138. 곱, 139. 까맣, 140. 낡, 141. 낯설, 142. 놀랍, 143. 독하, 144. 둔하, 145. 드물, 146. 똥그랗, 147. 뛰어나, 148. 맑, 149. 붉, 150. 서럽, 151. 수많, 152. 숱하, 153. 시커멓, 154. 쓰, 155. 안쓰럽, 156. 이르, 157. 짝, 158. 쪼그맣, 159. 하얗, 160. 희, 161. 감명깊, 162. 거칠, 163. 걸맞, 164. 길, 165. 게으르, 166. 격하, 167. 고달프, 168. 고르, 169. 과하, 170. 관계없, 171. 군, 172. 굵, 173. 그러, 174. 그르, 175. 그립, 176. 껄끄럽, 177. 껌, 178. 나, 179. 날카롭, 180. 달, 181. 달르,

182. 대, 183. 동그랗, 184. 둥글, 185. 따르, 186. 매끄럽, 187. 바르, 188. 벅차, 189. 번거롭, 190. 빡세, 191. 뻔하, 192. 뼈저리, 193. 새까맣, 194. 세, 195. 속되, 196. 시, 197. 시리, 198. 쑥스럽, 199. 악하, 200. 앓, 201. 얇, 202. 어리석, 203. 어설프, 204. 어이없, 205. 어쩔, 206. 여즭, 207. 역하, 208. 유별나, 209. 인상깊, 210. 잘, 211. 재미나, 212. 재수없, 213. 저렇, 214. 조그맣, 215. 좇같, 216. 지나치, 217. 진하, 218. 짙, 219. 쪼끄맣, 220. 쭙, 221. 찐하, 222. 차, 223. 추하, 224. 폭넓, 225. 푸르, 226. 하, 227. 하찮, 228. 허옇, 229. 활기차, 230. 흐리, 231. 힘들.

7. 보조용언(VX)

1. 주, 2. 있, 3. 브, 4. 하, 5. 보, 6. 마, 7. 싶, 8. 않, 9. 말, 10. 지, 11. 놓, 12. 버리, 13. 드리, 14. 가지, 15. 못하, 16. (하), 17. 두, 18. 달, 19. 오, 20. 계시, 21. 내, 22. 나, 23. 가, 24. 갖, 25. 낳(놓), 26. 먹, 27. 대, 28. 나가, 29. 가주, 30. 가즈, 31. 낳, 32. 노, 33. 듯하, 34. 만하, 35. 말#, 36. 법하, 37. 부, 38. 블, 39. 뼈리, 40. 뻔하, 41. 아니하, 42. 죽, 43. 척하, 44. 체하, 45. ㅎ.

8. 관형사(MM)

1. 이, 2. 그, 3. 내, 4. 한, 5. 무슨, 6. 니, 7. 그런, 8. 이런, 9. 저, 10. 두, 11. 제, 12. 다른, 13. 몇, 14. 삼, 15. 어떤, 16. 일, 17. 모든, 18. 아무, 19. 세, 20. 뭔, 21. 첫, 22. 저런, 23. 백, 24. 딴, 25. 십, 26. 어느, 27. 삼십, 28. 천, 29. 사, 30. 여러, 31. 오, 32. 일곱, 33. 오십, 34. 육, 35. 별, 36. 여섯, 37. 요, 38. 칠, 39. 다섯, 40. 백만, 41. 열, 42. 웬, 43. 전, 44. 지난, 45. 한두, 46. 단, 47. 새, 48. 구, 49. 그른, 50. 네, 51. 오만, 52. 오십만, 53. 이딴, 54. 이십, 55. 팔, 56. 현, 57. 삼만, 58. 아홉, 59. 열한, 60. 영, 61. 오백, 62. 본, 63. 옛, 64. 각, 65. 만, 66. 모, 67. 스무, 68. 총, 69. 고, 70. 두세, 71. 맨, 72. 석, 73. 온갖, 74. 고런, 75. 넉, 76. 두어, 77. 따른, 78. 매, 79. 멘, 80. 몇, 81. 몇몇, 82. 서너, 83. 세네, 84. 째, 85. 아무런, 86. 약, 87. 양, 88. 어든, 89. 오랜, 90. 온, 91. 요런, 92. 윗, 93. 이런저런, 94. 이른, 95. 주, 96. 지, 97. 헌.

9. 일반부사(MAG)

1.안, 2.왜, 3.잘, 4.지금, 5.다, 6.진짜, 7.못, 8.그냥, 9.빨리, 10.어떻게, 11.오늘, 12.더, 13.잠깐, 14.정말, 15.또, 16.이제, 17.여기, 18.너무, 19.그렇게, 20.많이, 21.다시, 22.이렇게, 23.같이, 24.좀, 25.꼭, 26.한번, 27.그릏게, 28.아주, 29.그만, 30.아직, 31.이릏게, 32.먼저, 33.얼마나, 34.쫌, 35.참, 36.언제, 37.딱, 38.혹시, 39.증말, 40.일루, 41.자꾸, 42.사실, 43.금방, 44.없이, 45.거기, 46.그때, 47.아까, 48.도대체, 49.바루, 50.갑자기, 51.처음, 52.어서, 53.조용히, 54.되게, 55.안녕히, 56.막, 57.일단, 58.제발, 59.완전, 60.제일, 61.확, 62.벌써, 63.잠시, 64.별루, 65.저기, 66.직접, 67.이리, 68.어떻게, 69.계속, 70.내일, 71.요즘, 72.원래, 73.맨날, 74.어제, 75.당장, 76.절대, 77.아무리, 78.현재, 79.똑바루, 80.완전히, 81.무지, 82.열심히, 83.조금, 84.모두, 85.어차피, 86.얼른, 87.제대루, 88.진짜루, 89.하여튼, 90.혼자, 91.일찍, 92.잘못, 93.함께, 94.어디, 95.좀더, 96.이만, 97.가끔, 98.가장, 99.어쨌든, 100.이케, 101.그동안, 102.대체, 103.물론, 104.아마, 105.영원히, 106.곧, 107.괜히, 108.솔직히, 109.역시, 110.바로, 111.아무튼, 112.이따, 113.평생, 114.꽤, 115.빨, 116.아무래두, 117.쫙, 118.천천히, 119.가만히, 120.겨우, 121.방금, 122.어쩜, 123.이미, 124.쪼금, 125.차라리, 126.거의, 127.너무너무, 128.미리, 129.분명히, 130.을마나, 131.저렇게, 132.전부, 133.정말루, 134.항상, 135.결국, 136.맘대루, 137.분명, 138.언제나, 139.오래, 140.쪼끔, 141.하긴, 142.가만, 143.깜빡, 144.당연히, 145.대신, 146.뚝, 147.새루, 148.설마, 149.이대루, 150.인제, 151.일부러, 152.절대루, 153.점점, 154.훨씬, 155.당분간, 156.따루, 157.무조건, 158.싹, 159.이따가, 160.자주, 161.전혀, 162.확실히, 163.굉장히, 164.굳이, 165.그날, 166.도루, 167.아예, 168.자세히, 169.충분히, 170.콩콩콩, 171.그저, 172.대충, 173.도저히, 174.드디어, 175.만약, 176.살살, 177.서루, 178.어쩐지, 179.엄청, 180.요새, 181.죄다, 182.쪽, 183.특별히, 184.폭, 185.함부루, 186.그대루, 187.너무나, 188.멀리, 189.멋대루, 190.몰래, 191.반드시, 192.암만, 193.약간, 194.어쩌면, 195.오죽, 196.워낙, 197.적당히, 198.특히, 199.하두, 200.각자, 201.글루, 202.깜짝, 203.날마다, 204.늘, 205.똑같이, 206.마음대루, 207.마저, 208.매일, 209.무사히, 210.빨리빨리, 211.살짝, 212.새로, 213.서로, 214.암튼, 215.열라, 216.우선, 217.우연히, 218.워낙에, 219.저리, 220.적어두, 221.가까이, 222.간만에, 223.게다가, 224.고만, 225.그나마, 226.당시, 227.디게, 228.상당히, 229.영, 230.이왕,

231. 일케, 232. 제대로, 233. 조만간, 234. 진작, 235. 팍팍, 236. 대빵, 237. 덜, 238. 또한, 239. 빵, 240. 빵빵, 241. 어여, 242. 어쨌거나, 243. 왠지, 244. 정확히, 245. 지끔, 246. 최소한, 247. 팍, 248. 하필, 249. 한참, 250. 함, 251. 화끈, 252. 가득, 253. 가뜩이나, 254. 간신히, 255. 감히, 256. 골고루, 257. 그리, 258. 그저께, 259. 기냥, 260. 꼬박꼬박, 261. 꽉, 262. 높이, 263. 단순히, 264. 도로, 265. 때로, 266. 마치, 267. 마침, 268. 매번, 269. 무작정, 270. 미처, 271. 밤새, 272. 비교적, 273. 선뜻, 274. 스스로, 275. 실컷, 276. 어저께, 277. 어째, 278. 억지루, 279. 여전히, 280. 은근히, 281. 일일이, 282. 잔뜩, 283. 정, 284. 정작, 285. 존나, 286. 종종, 287. 질질, 288. 쭉쭉, 289. 최대한, 290. 턱, 291. 폭삭, 292. 한창, 293. 갈수록, 294. 과연, 295. 그만큼, 296. 그제서야, 297. 극히, 298. 급기야, 299. 기껏, 300. 깊이, 301. 까딱, 302. 꺼꾸루, 303. 꼐속, 304. 꾸준히, 305. 내내, 306. 넉넉히, 307. 단지, 308. 대개, 309. 대따, 310. 대략, 311. 동동, 312. 들, 313. 따로, 314. 딱딱, 315. 마땅히, 316. 막상, 317. 말없이, 318. 매우, 319. 무려, 320. 무척, 321. 미리미리, 322. 비록, 323. 뻥, 324. 순간, 325. 슬슬, 326. 심지어, 327. 썩, 328. 쏙, 329. 쑥, 330. 쓱, 331. 쓸데없이, 332. 어쩌다, 333. 어찌나, 334. 어트게, 335. 얼만큼, 336. 오로지, 337. 요롷게, 338. 이대로, 339. 죽, 340. 즘, 341. 진짜로, 342. 찍, 343. 첨, 344. 탁, 345. 툭, 346. 틀림없이, 347. 퍽, 348. 픽, 349. 한꺼번에, 350. 혹시나, 351. 획, 352. 가급적, 353. 가끔가다, 354. 가령, 355. 각각, 356. 간단히, 357. 간략히, 358. 간절히, 359. 간혹, 360. 갈기갈기, 361. 갓, 362. 거꾸로, 363. 거듭, 364. 거진, 365. 결코, 366. 고대로, 367. 고렇게, 368. 고스란히, 369. 곧바로, 370. 그다지, 371. 그대로, 372. 그래, 373. 그러게, 374. 그럭저럭, 375. 그런대로, 376. 그마만큼, 377. 그야말로, 378. 그케, 379. 극구, 380. 글로, 381. 금새, 382. 기껏해야, 383. 깜빡깜빡, 384. 꺼꾸로, 385. 꺼꿀로, 386. 꼼짝, 387. 끊임없이, 388. 끼리끼리, 389. 내지, 390. 넘, 391. 늘상, 392. 능히, 393. 다만, 394. 다분히, 395. 다소, 396. 다행히, 397. 단, 398. 달리, 399. 대강, 400. 대게, 401. 대놓고, 402. 대단히, 403. 대뜸, 404. 대체로, 405. 더구나, 406. 되도록, 407. 따끔, 408. 따로따로, 409. 딱딱딱, 410. 딱히, 411. 딸랑, 412. 떡, 413. 또는, 414. 똑, 415. 똑바로, 416. 뚝뚝, 417. 띡, 418. 마음대로, 419. 만일, 420. 맘대로, 421. 매년, 422. 매주, 423. 멍, 424. 몬, 425. 문득, 426. 및, 427. 바로바로, 428. 반짝, 429. 벙글, 430. 별로, 431. 보글보글, 432. 보다, 433. 보통, 434. 부시시, 435. 부지런히, 436. 불과, 437. 붕, 438. 붕붕, 439. 비로소, 440. 삑삑, 441. 뾰쪽, 442. 뽕, 443. 사실상, 444. 살짝살짝, 445. 새삼, 446. 샥, 447. 서서히, 448. 설사, 449. 소위, 450. 소홀히, 451.

슥, 452. 실은, 453. 실제, 454. 싱글, 455. 싱글벙글, 456. 쌩판, 457. 씩, 458. 아니, 459. 아무래도, 460. 아슬아슬, 461. 앞서, 462. 어느새, 463. 어떠게, 464. 어뜨게, 465. 어렴 풋이, 466. 어리버리, 467. 어짜피, 468. 어째서, 469. 어쩌구저쩌구, 470. 어쩌다가, 471. 어찌, 472. 어퉁게, 473. 억지로, 474. 언뜻, 475. 언젠가, 476. 얼렁, 477. 얼마, 478. 얼마큼, 479. 얼핏, 480. 엊그제, 481. 여지껏, 482. 여태, 483. 여태껏, 484. 여하튼, 485. 예컨대, 486. 옛날, 487. 오늘날, 488. 오랫동안, 489. 오직, 490. 오히려, 491. 왔다 갔다, 492. 왕창, 493. 요롱게, 494. 요만큼, 495. 울컥, 496. 웬만큼, 497. 유독, 498. 유 심히, 499. 의외로, 500. 의외루, 501. 이래, 502. 이래저래, 503. 이루, 504. 이른바, 505. 이를테면, 506. 이리저리, 507. 이만큼, 508. 인자, 509. 일로, 510. 자칫, 511. 장차, 512. 저절로, 513. 적어도, 514. 전연, 515. 절대로, 516. 점점점, 517. 점점점점, 518. 점 차, 519. 정말로, 520. 젤, 521. 조끔, 522. 졸라, 523. 좌우지간, 524. 주로, 525. 지극히, 526. 지글지글, 527. 진정, 528. 짐, 529. 짝, 530. 쫙쫙, 531. 쭈욱, 532. 쯤, 533. 차마, 534. 차츰, 535. 차츰차츰, 536. 차각, 537. 착, 538. 참으로, 539. 채, 540. 철저히, 541. 칭칭, 542. 캡, 543. 톡, 544. 통째로, 545. 툭툭, 546. 특히나, 547. 하다못해, 548. 하도, 549. 하여금, 550. 하하, 551. 한, 552. 한동안, 553. 한때, 554. 할튼, 555. 함부로, 556. 혹은, 557. 후, 558. 휠씬, 559. 흔히.

10. 접속부사(MAJ)

1. 그림, 2. 근데, 3. 그리구, 4. 그러니까, 5. 그래서, 6. 그래두, 7. 또, 8. 그런데, 9. 그 러면, 10. 그니까, 11. 금, 12. 그러게, 13. 하지만, 14. 그러다, 15. 그렇지만, 16. 그렇다 구, 17. 그래, 18. 그리고, 19. 그래야, 20. 그러다가, 21. 그르니까, 22. 즉, 23. 그러믄, 24. 그러니, 25. 그렇다면, 26. 그러구, 27. 그러나, 28. 그러더니, 29. 그르구, 30. 그른 데, 31. 그믄, 32. 글구, 33. 헌데, 34. 건데, 35. 검, 36. 그까, 37. 그까는, 38. 그깐, 39. 그 니까는, 40. 그니깐, 41. 그라고, 42. 그래도, 43. 그러고, 44. 그러니까는, 45. 그러니 깐, 46. 그러면은, 47. 그러므로, 48. 그러믄은, 49. 그러자, 50. 그런까, 51. 그런데도, 52. 그렇다고, 53. 그렇다면은, 54. 그렇지마는, 55. 그르니깐, 56. 그르면, 57. 그르믄, 58. 그름, 59. 그리고는, 60. 그면, 61. 그면서, 62. 그면은, 63. 그서, 64. 그치만, 65. 근 까, 66. 근까는, 67. 근깐, 68. 근데도, 69. 근데두, 70. 긍까, 71. 까, 72. 따라서, 73. 말하 자면, 74. 아니면, 75. 아니면은, 76. 아니믄, 77. 아님, 78. 아무튼, 79. 왜냐면, 80. 왜냐

면은, 81.왜냐믄, 82.왜냐하면, 83.왜냐하면은, 84.이까는, 85.이러면, 86.이럼, 87.인까, 88.하기는, 89.하기야, 90.하긴, 91.하여간, 92.하여튼, 93.하여튼간, 94. 하이튼, 95.하이튼간, 96.하지만은, 97.하튼, 98.해서.

11. 감탄사(IC)

1.아, 2.어, 3.허, 4.야, 5.예, 6.아이, 7.응, 8.음, 9.흠, 10.아니, 11.뭐, 12.네, 13.좀, 14.저, 15.씨, 16.아유, 17.그래, 18.하, 19.쯧, 20.스, 21.자, 22.저기, 23.그, 24.참, 25.흐, 26.아이구, 27.아우, 28.이씨, 29.임마, 30.후, 31.하하하, 32.여보세요, 33.이, 34.흐흐, 35.쯤, 36.으, 37.저기요, 38.허허, 39.허허허, 40.아니요, 41.와, 42.흐흐흐, 43.아하, 44.즘, 45.아씨, 46.에이, 47.아이씨, 48.체, 49.에이씨, 50.오, 51.오케이, 52.에, 53.흠흠, 54.치, 55.줌, 56.홍, 57.으흠, 58.무슨, 59.아하하하, 60.여보, 61.글쎄, 62.얘, 63.우, 64.그럼, 65.안녕, 66.화이팅, 67.으흐, 68.그럼요, 69.워, 70.야야, 71.으유, 72.하하, 73.으아, 74.이바요, 75.쯥, 76.아후, 77.거, 78.야야야, 79.푸, 80.헤헤, 81.에유, 82.아유씨, 83.아으, 84.이런, 85.흠흠흠, 86.왜, 87.엄마야, 88.으흐흐, 89.잉, 90.쯧쯧쯧, 91.하이, 92.허우, 93.헤헤헤, 94.흐윽, 95.아흐, 96.에이구, 97.오우, 98.우와, 99.으유씨, 100.으이, 101.헤, 102.그래요, 103.그러게, 104.글쎄요, 105.아하하, 106.크, 107.하우, 108.그쎄, 109.쉬, 110.쉿, 111.아우씨, 112.으이구, 113.쟈, 114.흑, 115.거참, 116.세상에, 117.예쓰, 118.예예, 119.으흐흐흐, 120.이바, 121.짠, 122.하유, 123.히히히, 124.건배, 125.쌩, 126.아이고, 127.아참, 128.아휴, 129.앗, 130.에라, 131.으이씨, 132.이봐, 133.하씨, 134.햐, 135.허후, 136.이야, 137.아멘, 138.에휴, 139.카, 140.아아, 141.엉, 142.예예예, 143.우아, 144.머, 145.아구, 146.아니야, 147.야아, 148.으응, 149.음음, 150.차, 151.흐흠, 152.게, 153.고, 154.그런, 155.그롷지, 156.그죠, 157.그지, 158.그쵸, 159.그치, 160.내, 161.네네, 162.네에, 163.노, 164.노우, 165.마, 166.막, 167.모, 168.뭘, 169.미안, 170.쏘리, 171.아고, 172.아냐, 173.아뇨, 174.아니다, 175.아니오, 176.아아아, 177.아아아아아, 178.아야, 179.아잇, 180.엄, 181.엇, 182.에에, 183.에에에, 184.여, 185.예에, 186.오오, 187.오케, 188.오호, 189.와아, 190.요, 191.우우, 192.으익, 193.으으, 194.으으믐, 195.으으웅, 196.으음, 197.음음음, 198.음음음음, 199.응응, 200.이제, 201.인자, 202.인저, 203.인제, 204.저런, 205.제,

206.젠장, 207.즐, 208.짤, 209.칫, 210.하휴, 211.한, 212.허어, 213.혁.

12. 부사격조사(JKB)

1.에, 2.에서, 3.한테, 4.으루, 5.루, 6.까지, 7.서, 8.랑, 9.부터, 10.보다, 11.처럼, 12.하구, 13.으로, 14.로, 15.에게, 16.ㄹ루, 17.이랑, 18.과, 19.와, 20.보구, 21.같이, 22.에다, 23.다, 24.대루, 25.께, 26.게, 27.만큼, 28.더러, 29.로써, 30.에다가, 31.다가, 32.으로써, 33.한테서, 34.로서, 35.에게서, 36.으로서, 37.하고, 38.보고, 39.나, 40.ㄹ로, 41.보러.

13. 보조사(JX)

1.ㄴ, 2.두, 3.은, 4.는, 5.만, 6.요, 7.나, 8.까지, 9.이나, 10.라두, 11.이라두, 12.밖에, 13.도, 14.이요, 15.야, 16.뿐, 17.부터, 18.마다, 19.든, 20.말구, 21.서, 22.대루, 23.란, 24.이야, 25.조차, 26.야말루, 27.이란, 28.다가, 29.마저, 30.라도, 31.라도, 32.가, 33.다, 34.대로, 35.따, 36.따가, 37.또, 38.ㄹ, 39.라고, 40.래도, 41.로부터, 42.를, 43.마는, 44.만이, 45.백에, 46.뿐이, 47.서부터, 48.야말로, 49.여, 50.예, 51.으로부터, 52.이나마, 53.이라도, 54.치고.

14. 접속조사(JC)

1.과, 2.하구, 3.랑, 4.와, 5.이랑, 6.이나, 7.에, 8.나, 9.든, 10.이든, 11.라든가, 12.이라든지, 13.이며, 14.고, 15.니, 16.라던가, 17.라든지, 18.래든가, 19.래든지, 20.이고, 21.이니, 22.이라던가, 23.이라든가, 24.이래든가, 25.이래든지, 26.하고.

15. 선어말어미(EP)

1.시, 2.ㅓㅆ, 3.ㅏㅆ, 4.겠, 5.ㅕㅆ, 6.었, 7.았, 8.으시, 9.ㅕㅆ었, 10.였, 11.ㅏㅆ었, 12.랬, 13.ㅓㅆ었, 14.었었, 15.옵, 16.것, 17.겄, 18.앴, 19.더, 20.리, 21.ㅕㅆ었었, 22.으리, 23.잖, 24.다잖.

16. 종결어미(EF)

1.어, 2.야, 3.ㅏ, 4.ㅔ요, 5.ㅓ, 6.ㅓ, 7.지, 8.다, 9.아, 10.ㅂ니다, 11.냐, 12.습니다, 13.죠, 14.네, 15.구, 16.ㄴ다, 17.아요, 18.는데, 19.ㅓ요, 20.ㅏ요, 21.자, 22.ㄴ데, 23.니, 24.나, 25.ㅓ요, 26.네요, 27.(ㄹ)께, 28.거든요, 29.는데요, 30.ㄴ가, 31.ㅂ니까, 32.예요, 33.ㄴ데요, 34.ㅏ라, 35.거든, 36.ㄹ래, 37.은데, 38.에요, 39.ㄹ게요, 40.게, 41.ㄹ게, 42.습니까, 43.애, 44.ㄹ까, 45.ㅓ라, 46.다구, 47.ㅓ라, 48.냐구, 49.ㄹ까요, 50.(ㄹ)께요, 51.래, 52.대, 53.드라, 54.(ㄹ)까, 55.ㅓ야지, 56.ㅏ야지, 57.ㄹ래요, 58.ㅂ시오, 59.라, 60.다니까, 61.ㅓ야지, 62.을래, 63.ㅂ시다, 64.군, 65.을까, 66.ㄴ대, 67.는다, 68.아라, 69.고, 70.ㄴ다구, 71.는구나, 72.애요, 73.ㄹ려구, 74.ㅓ서, 75.ㅓ야죠, 76.ㅓ서, 77.으니까, 78.냐구요, 79.은데요, 80.ㄴ다니까, 81.ㄴ지, 82.대요, 83.다니까요, 84.던데요, 85.ㅂ쇼, 86.자구, 87.(ㄹ)까요, 88.ㄹ걸, 89.다면서요, 90.더라, 91.더라구요, 92.면, 93.군요, 94.는지, 95.다구요, 96.답니다, 97.ㄹ라구, 98.랍니다, 99.ㅏ서, 100.아야지, 101.여, 102.ㄴ다니까요, 103.다며, 104.던데, 105.래요, 106.으까, 107.으면, 108.지만, 109.다야, 110.대메, 111.더라구, 112.디, 113.ㅏ야죠, 114.ㅓ야죠, 115.아서요, 116.으께, 117.래니까, 118.ㅓ서요, 119.으라구, 120.ㄴ다구요, 121.ㄴ다며, 122.드라구, 123.려구요, 124.씀다, 125.아서, 126.으니까요, 127.을게요, 128.을까요, 129.거나, 130.거덩, 131.그든, 132.다가, 133.더군요, 134.데, 135.드만, 136.ㄹ려구요, 137.랜다, 138.러, 139.ㅓ서요, 140.유, 141.으래, 142.을라구, 143.쟈, 144.대니까, 145.더구만, 146.드라구요, 147.소, 148.쇼, 149.요, 150.으까요, 151.지요, 152.ㄴ다면서요, 153.ㄴ답니다, 154.는데, 155.다니, 156.던가, 157.ㄹ걸요, 158.란다, 159.마, 160.을걸, 161.을래요, 162.길래, 163.ㄴ다는데, 164.냐고, 165.느냐, 166.는다구, 167.다니깐요, 168.단다, 169.대는데, 170.던지, 171.데요, 172.랄까, 173.소서, 174.아야죠, 175.오, 176.으냐, 177.을걸요, 178.거던, 179.ㄴ다메, 180.내, 181.는가, 182.는군, 183.는군요, 184.는대요, 185.다는데, 186.다메, 187.더군, 188.더라고, 189.든, 190.ㄹ라고, 191.ㄹ지, 192.래메, 193.을게, 194.을려구, 195.자고, 196.거든예, 197.거등, 198.거등요, 199.고요, 200.그덩, 201.그든요, 202.그등요, 203.까, 204.까요, 205.께, 206.께요, 207.ㄴ다고, 208.ㄴ다고요, 209.ㄴ다매, 210.ㄴ데예, 211.노, 212.느니라, 213.는걸, 214.는다고, 215.다고, 216.다니깐, 217.대나, 218.대니까요, 219.대드라, 220.댄다, 221.더라고예, 222.더라고요, 223.던가요, 224.도다, 225.드라고, 226.드라고

요, 227.드래, 228.ㄹ께요, 229.ㄹ라구요, 230.ㄹ래나, 231.ㄹ려고, 232.래드라, 233. 로다, 234.ㅂ시요, 235.ㅑ, 236.아여, 237.아예, 238.으니깐요, 239.은가, 240.재, 241.제, 242.쥐, 243.지예.

17. 연결어미(EC)

1.구, 2.지, 3.ㅓ, 4.ㅕ, 5.면, 6.게, 7.ㅏ, 8.어, 9.아, 10.는데, 11.ㅏ서, 12.ㄴ데, 13.ㅕ서, 14.믄, 15.라, 16.다구, 17.다, 18.으면, 19.ㅓ서, 20.지만, 21.ㅏ야, 22.ㄴ지, 23.아서, 24.ㄴ다구, 25.ㅓ야, 26.나, 27.고, 28.ㅕ야, 29.ㅓ두, 30.는지, 31.다가, 32.음, 33.러, 34.으니까, 35.ㅏ두, 36.ㄹ려구, 37.ㅓ두, 38.은데, 39.ㅁ, 40.ㄴ가, 41.도록, 42.아야, 43.으믄, 44.더니, 45.ㄹ지, 46.ㄴ다, 47.ㅓ다, 48.ㅏ다, 49.거나, 50.자, 51.며, 52.으러, 53.ㄴ다면, 54.다면, 55.든, 56.자구, 57.ㄹ려면, 58.아두, 59.냐구, 60.ㄹ라, 61.을지, 62.는다구, 63.니, 64.다는데, 65.드니, 66.느라구, 67. 여, 68.길래, 69.느라, 70.으며, 71.다시피, 72.더라두, 73.던데, 74.듯이, 75.ㄹ까, 76.으나, 77.자면, 78.다니까, 79.ㄹ수록, 80.ㅕ도, 81.애서, 82.자마자, 83.냐면, 84.ㄹ려, 85.ㅓ야지, 86.으라구, 87.거든, 88.건, 89.ㄴ다면서, 90.ㅏ라, 91.으니, 92.으라, 93.은가, 94.은지, 95.을라구, 96.기에, 97.는가, 98.다고, 99.다든가, 100. 대는데, 101.던지, 102.듯, 103.ㄹ라구, 104.래두, 105.려, 106.을려구, 107.을수록, 108.꾸, 109.ㄴ다고, 110.ㄴ다든가, 111.다면서, 112.더니만, 113.더래두, 114.드라 두, 115.ㄹ라면, 116.ㄹ러, 117.ㄹ려다, 118.래서, 119.ㅏ야지, 120.ㅓ도, 121.ㅓ라, 122.으려고, 123.을라, 124.을려면, 125.건대, 126.고서, 127.고자, 128.까, 129.꼬, 130.ㄴ다거나, 131.ㄴ다는데, 132.ㄴ다니까, 133.ㄴ다던가, 134.ㄴ다던지, 135.ㄴ다 든지, 136.ㄴ다면은, 137.ㄴ데도, 138.ㄴ데두, 139.냐, 140.냐고, 141.냐니까, 142.냐 면은, 143.냐믄, 144.노니, 145.느냐, 146.느니, 147.느라고, 148.는다, 149.는다거 나, 150.는다고, 151.는다든가, 152.는다든지, 153.는다면, 154.는다면은, 155.다거 나, 156.다던가, 157.다든지, 158.다면은, 159.대니까, 160.더라고, 161.더라구, 162.더라도, 163.더래도, 164.던, 165.던가, 166.되, 167.드니만, 168.드라고, 169. 드라도, 170.드래도, 171.드래두, 172.ㄹ라고, 173.ㄹ라면은, 174.ㄹ래니까, 175.ㄹ 래다가, 176.ㄹ래면, 177.ㄹ래면은, 178.ㄹ려고, 179.ㄹ려니까, 180.ㄹ려다가, 181. ㄹ려면은, 182.ㄹ뿐더러, 183.ㄹ지라도, 184.랄지, 185.래, 186.래니까, 187.래도,

188.랴, 189.ㅁ서, 190.므로, 191.믄서, 192.믄은, 193.ㅏ다가, 194.ㅏ도, 195.ㅏㅆ자, 196.ㅓ다가, 197.ㅕ야지, 198.아도, 199.아야지, 200.애, 201.야, 202.여서, 203.여야, 204.요, 205.으니까는, 206.으니깐, 207.으라고, 208.으려면, 209.을까, 210.을라고, 211.을라면, 212.을런지, 213.을려고, 214.자고, 215.자니, 216.자면은, 217.지마는, 218.케.

18. 관형형전성어미(ETM)

1.ㄴ, 2.는, 3.ㄹ, 4.은, 5.을, 6.던, 7.란, 8.다는, 9.단, 10.ㄴ다는, 11.자는, 12.으, 13.ㄴ단, 14.(ㄹ), 15.는다는, 16.려는, 17.대는, 18.으란, 19.래는, 20.잔, 21.냐는, 22.는단, 23.든, 24.으라는, 25.ㄴ대는, 26.느냐는, 27.더라는, 28.ㄹ라는, 29.ㄹ려는.

19. 체언접두사(XPN)

1.여, 2.부, 3.첫, 4.쌩, 5.왕, 6.대, 7.불, 8.괴, 9.촌, 10.무, 11.비, 12.잔, 13.친, 14.제, 15.한, 16.신, 17.헛, 18.재, 19.맨, 20.반, 21.생, 22.원, 23.정, 24.준, 25.초, 26.최, 27.고, 28.급, 29.노, 30.역, 31.주, 32.짝, 33.공, 34.구, 35.단, 36.민, 37.소, 38.실, 39.악, 40.저, 41.진, 42.짓, 43.참, 44.총, 45.캡, 46.타.

20. 명사파생접미사(XSN)

1.들, 2.이, 3.님, 4.적, 5.네, 6.장, 7.기, 8.자, 9.실, 10.사, 11.인, 12.상, 13.째, 14.씩, 15.쯤, 16.대, 17.질, 18.원, 19.성, 20.짜리, 21.금, 22.구, 23.부, 24.비, 25.생, 26.권, 27.집, 28.감, 29.둥이, 30.체, 31.가, 32.끼리, 33.심, 34.증, 35.지, 36.소, 37.어, 38.전, 39.철, 40.측, 41.형, 42.회, 43.관, 44.꾼, 45.서, 46.객, 47.력, 48.ㅁ, 49.물, 50.수, 51.제, 52.짓, 53.파, 54.품, 55.화, 56.간, 57.거리, 58.률, 59.범, 60.변, 61.식, 62.일, 63.투성이, 64.용, 65.율, 66.쟁이, 67.판, 68.계, 69.론, 70.류, 71.별, 72.시, 73.직, 74.경, 75.급, 76.껏, 77.께, 78.단, 79.당, 80.명, 81.슈, 82 어치, 83.여, 84.썩, 85.층, 86.하.

21. 동사파생접미사(XSV)

1. 하, 2. 되, 3. 시키, 4. 거리, 5. 당하, 6. 대, 7. 허, 8. 이, 9. ㅎ.

22. 형용사파생접미사(XSA)

1. 하, 2. 스럽, 3. 답, 4. 만하, 5. 되, 6. ㅎ, 7. 롭, 8. 허, 9. 틱하.

23. 어근(XR)

1. 죄송, 2. 어뜩, 3. 중요, 4. 어떡, 5. 유치, 6. 궁금, 7. 불쌍, 8. 확실, 9. 만만, 10. 멀쩡, 11. 대단, 12. 소중, 13. 치사, 14. 멍청, 15. 시원, 16. 웬만, 17. 간단, 18. 당연, 19. 똑똑, 20. 깨끗, 21. 느끼, 22. 답답, 23. 당당, 24. 심심, 25. 자세, 26. 조용, 27. 복잡, 28. 뻔, 29. 유력, 30. 한심, 31. 끔찍, 32. 따뜻, 33. 뚱뚱, 34. 비슷, 35. 뻔뻔, 36. 서운, 37. 신기, 38. 심각, 39. 억울, 40. 특이, 41. 독특, 42. 리얼, 43. 섭섭, 44. 솔직, 45. 순진, 46. 지저 분, 47. 튼튼, 48. 든든, 49. 빡빡, 50. 어떠, 51. 어색, 52. 화려, 53. 떳떳, 54. 못마땅, 55. 무난, 56. 민감, 57. 민망, 58. 비롯, 59. 섹시, 60. 적당, 61. 진지, 62. 황당, 63. 훌륭, 64. 희미, 65. 강력, 66. 쾌씸, 67. 굉장, 68. 근사, 69. 깔끔, 70. 날씬, 71. 딱딱, 72. 뚜렷, 73. 막막, 74. 막연, 75. 버벅, 76. 뿌듯, 77. 산만, 78. 섬세, 79. 성급, 80. 수월, 81. 신선, 82. 썰렁, 83. 어마어마, 84. 엉뚱, 85. 예민, 86. 위대, 87. 이러, 88. 잔인, 89. 저렴, 90. 정 당, 91. 쪼그만, 92. 찝쩍, 93. 차분, 94. 참신, 95. 초라, 96. 충분, 97. 탁월, 98. 터프, 99. 흥미진진, 100. 희한, 101. 간략, 102. 강경, 103. 강렬, 104. 거만, 105. 거창, 106. 건 전, 107. 계걸, 108. 공교, 109. 괴이, 110. 교묘, 111. 그러, 112. 그만, 113. 근엄, 114. 글 로시, 115. 긴밀, 116. 깐깐, 117. 깜깜, 118. 꼼꼼, 119. 난감, 120. 난해, 121. 넉넉, 122. 널널, 123. 다양, 124. 다정, 125. 단단, 126. 달콤, 127. 당혹, 128. 대담, 129. 두리뭉실, 130. 마땅, 131. 매콤, 132. 명확, 133. 모호, 134. 무관, 135. 무뚝뚝, 136. 미묘, 137. 미 세, 138. 미숙, 139. 미약, 140. 바람직, 141. 발랄, 142. 방대, 143. 불구, 144. 비슷비슷, 145. 비참, 146. 빵빵, 147. 뻘쭘, 148. 뻘쭘, 149. 사소, 150. 생소, 151. 세세, 152. 소심, 153. 스펙타클, 154. 싹싹, 155. 쓸쓸, 156. 씸플, 157. 애매, 158. 어눌, 159. 어중간, 160. 엄격, 161. 연약, 162. 연연, 163. 열악, 164. 온순, 165. 온전, 166. 요러, 167. 요만, 168.

원만, 169.위태, 170.이따만, 171.이러이러, 172.이만, 173.이쁘장, 174.익숙, 175. 자발, 176.잡다, 177.적절, 178.적정, 179.절실, 180.정중, 181.정직, 182.정확, 183. 조급, 184.중대, 185.지루, 186.착실, 187.철저, 188.초조, 189.초췌, 190.치밀, 191. 치열, 192.친근, 193.친숙, 194.타당, 195.타이트, 196.탄탄, 197.통통, 198.평범, 199.푸짐, 200.풍부, 201.험악, 202.확연, 203.활발, 204.획일, 205.후덥지근, 206. 흡사.